imaginist

想象另一种可能

理
想
国
imaginist

用得上的哲学

破解日常难题的
99 种思考方法

徐英瑾 — 著

上海三联书店

前言　做用得上的哲学，过讲道理的生活

　　大家好，我是徐英瑾，目前是复旦大学哲学学院的教授。我研究的哲学方向听上去有点稀奇，叫"人工智能哲学"，就是要把哲学和人工智能这个比较火热的话题结合在一起，由此打通文科和理科之间的界限。

　　不过，诸位现在打开的这本书，还是将讨论更为一般的哲学问题。诸位过去所读的哲学教科书，估计讨论的是"理论化、系统化的世界观和方法论"，听上去太玄虚了。而我们这本书的主旨，就是在日常生活中让哲学理论对标具体的话题，以便让哲学有用武之地。

为什么我们需要哲学

　　哲学是在人类各门学科下进行思想沟通的一门事业，它是思想界的商人。"思想界的商人"是什么意思呢？想象一下，若我们穿越到汉代的丝绸之路上去，你的任务，是从长安出发，运丝绸到罗马去卖。

而你要做好这份国际商贸的工作，就既要了解什么是丝绸，也要了解罗马人民爱什么商品。同时，你还需要了解沿路的风土人情，会很多种语言，这样才能把生意给做成。

同理，人类的学科发展越丰富，知识体系越庞大，在不同的知识分支之间，进行这种交流的必要性也就越高——否则，假若每个人只是知道自己眼前的一亩三分地里的情况，就没有人有办法思考那些需要结合很多门学科知识才能思考的大问题，特别是战略性的大问题。

普通人也要会用哲学来思考，因为普通人也会面临一些决定人生命运的战略性抉择。请注意，战略抉择要奠基在讲道理之上，你可不能随心所欲地说"我就想这么做"，你得说清为何这么做。首先，你得说服你自己，为何这么做；其次，你得说服别人，为何这么做是合理的。

哲学能给你提供这种思考方法。因为哲学所处的层次高、牵扯广，能够对很多战略性问题的解答提供思想指引。不要小看哲学，因为每个人的人生都会碰到战略层次上的问题，并由此有求于它。

"用不上的哲学"与"用得上的哲学"

我强调本书讨论的哲学是"用得上的"，这就预示了有些哲学是"用不上的"。"用不上的哲学"，大概有三种类型：

庸俗辩证法：无关痛痒

庸俗辩证法（注意：这不是指黑格尔的原版辩证法）的套路大家并不陌生，无非就是"否定之否定""对立统一"，等等。它为什么用不上？就拿"对立统一"来说：

举个例子，比如一个人力资源部的经理，按照老板的命令，要解雇 20% 的员工。很不幸，张三就成了这 20% 当中的一个。

但要把他开掉，还是得讲理由不是？人力资源经理就说："您虽然工作能力突出，但您和我们公司之间的契合度还是有点儿问题的，所以就不得不请您另谋高就了。"这时张三就会说："按照'对立统一'这条辩证法原理，我也有优点是不是？同理，你这个人力资源经理也是有缺点的。你自己咋就不把自己炒了啊？"张三这样说，话就没法说下去了。

庸俗辩证法的思维有时候就是这样，说了等于没说，类似于医生在开药的时候，给每个人都开同一个药方："多喝水，多休息"，无关痛痒。

哲学史的药方：远水不救近火

第二种思路是紧扣哲学史。譬如，告诉你亚里士多德的《尼各马可伦理学》是怎么回事，讲清楚柏拉图思想有早期、中期、后期的变化，讲讲黑格尔《精神现象学》，等等。

但是这些思想家所讨论的语境和话题，毕竟与他们各自的时代有着密切的关系，比如亚里士多德对于政治哲学问题的反思，就无法脱离他所熟悉的希腊城邦的政治生活。然而，时隔 2000 多年，若仅仅是站在哲学史的角度讨论这些文本，而不做任何融会贯通的话，今人就没有办法把古代的哲学文本和当下问题加以打通。

批判性思维：过分强调理性

第三种思路就是所谓的"批判性思维"。"批判性思维"是什么意思呢？首先要说明，"批判"在哲学语境里面不是骂人的话，是梳理、划界的意思，是个中性词。"批判性思维"就是说，你对于任何一个观点，都要用理性的头脑加以梳理，既看正面证据，也看反面证据。

这貌似是一种很好的思维方式啊！然而，现在流行的批判性思维训练，实在是过于强调人类理性的一面，但凡是有生活经验的人都知道：人一直讲道理，其实很累的。即使是科学家、哲学家，在陷入爱情的时候，有可能也会不讲道理了。所以批判性思维训练的一个最大的问题，是高估了理性的适用范围。

为了避免上面三种哲学教育理念所体现出来的偏颇，我们便提出三个对策：

第一，在讨论具体问题时候强调语境与分寸感，别老是一套万古不变的辩证法规则。

第二，讨论哲学时，不以哲学史为纲，而是以哲学问题为聚焦点。

第三，我们既要关注人理性的一面，也要关注人非理性的一面。

为了进一步讲清楚这三个要点，我就要对整本书的纲要进行解释了。

我们这本书将分成五个部分：

第一部分，"逻辑论证：思考的方法与原则"。这一部分的任务，就是用逻辑学的知识去讨论哲学思维的构建。这就好比说，古人造房前，我们先得设计好特定的榫卯结构，以便连接不同的建筑部件。

那么，我们构建哲学思维的榫卯结构是什么呢？那就是各种推理工具。比如演绎推理、归纳推理，或者是溯因推理。学会熟用这些工具，乃是哲学思维的基本功。

第二部分，"认知心理学：思考的心理活动"，其任务是研究哲学思维背后的心理根基，揭示人类非理性的根源。由此我们就知道了，在日常生活中，我们究竟会犯哪些谬误，为什么会犯谬误，其中的哪些谬误是可以容忍的。

第三部分，"心灵哲学：谁在思考？"，其任务是追问谁在进行推理活动？其答案当然是人类的心灵。那么，心灵的本质又是什么呢？搞不清楚这个问题，我们也就搞不清楚，讲道理的先天条件究竟是什么了。

第四部分，"知识论：你在思考什么？"，其任务是搞清楚通过讲道理的活动，我们得到了什么？答案就是知识，也就是靠谱的真信念。那么，究竟什么是知识，什么又是信念呢？这就是本部分的讨论所要解答的。

第五部分，"语言哲学：你用什么思考？"，这一部分要讨论的问题是，我们用怎样的工具讲道理？当然是语言。而要讨论语言，我们就要讨论语言的本质，以及它和心灵、世界的关系。

这一部分的结尾，也可以说是全书的结尾。我也希望，大家随着这五个单元的锤炼，能够发现一些抽象的哲学思维对于具体的生活的意义，以此提高生活的满意度和幸福度。

另外需要说明的是，由于这本书的主要设想读者是对哲学有兴趣的一般大众（还有广大中学生与非哲学专业的大学生），所以，与本书讨论相关的参考书目，我都未在正文中给出（另外，我在写作过程中，所参考的资料一大半都是英语的，如果硬是要列出来，恐怕也会吓跑大多数读者，于是反复思虑后，决定干脆不列）。不过，我还是在全书末尾，就如何以本书为起点深入学习哲学，提出一些选书与读书方面的建议。

本书是我在"看理想"平台上的音频节目"用得上的哲学"的文字精简版。在此，我要特别感谢梁文道先生盛情邀请我在该平台上为广大受众奉献上这一节目，同时也要感谢何艳玲编辑在音频制作方面付出的心力。刘畅编辑在处理音频节目的文字稿的时候，也做出了自己的贡献。对于本节目感兴趣的读者，可以收听本节目的完整版。完整版包含了本书所不包含的大量"番外篇"，即运用哲学知识评论社会热点问题的短音频节目。另外，与现在大家看到的文字版不同，"用得上的哲学"的音频版基本上用的是口语，所涉及的具体案例也与文字版有所差异，所以，读者若能在阅读文字版时同时收听音频版，就一定能够提高对于本书内容的理解深度。同时，也希望大家能够关注我在"看理想"平台上的另外一档音频节目"哲学家的十种生活提案"——这是"用得上的哲学"的姊妹篇，只是风格更偏向于欧陆哲学，而不是英美分析哲学。

本书虽然是针对普通读者的哲学普及书，但是其中关于人工智能哲学、知识论与语言哲学的部分，也是基于我在相关专业领域内的研究成果的——而且，此类研究也得到了相关的科研基金项目的支持（国家社科重大项目"基于信息技术哲学的当代认识论研究"，项目号：15ZDB020；教育部哲学社会科学研究重大课题攻关项目"新一代人工智能发展的自然语言理解研究"，项目号：19JZD010）。在此也对基金提供方一并表示感谢。

目 录

第二章　认知心理学：思考的心理活动

第三章　心灵哲学：谁在思考？

第四章　知识论：你在思考什么？

第五章 语言哲学：你用什么思考？

第一章

逻辑论证：思考的方法与原则

1. 为什么要讲道理

哲学讨论，在本质上就是我们平时所说的"讲道理"，而我们在讲道理时会用到的技巧，就是这里所说的逻辑论证。在这一章，我们将以逻辑论证为线索，向大家介绍讲道理的一般方法与原则。

为什么要讲道理？

首先需要指出的是，一般人讲道理，哲学家也讲道理，二者都会在此过程中用到很多逻辑技巧，而这些技巧本身并不会因为二者讨论问题之不同而不同。具体而言，哲学家会讨论一些诸如"人类除了自己的肉体之外，是否还有灵魂"之类的抽象问题，但他们所使用的讨论工具，只不过是将普通人在日常生活中已经使用过的一些逻辑技巧加以淬炼而已，并非完全在常识之外另起炉灶。

无论是对哲学家，还是对普通人而言，讲道理都是件好事情，其理由如下：人是一种社会性的动物，需要和别人协同才能心想事成。

但每个人都有自己的小九九，为了促成合作，就只有两个办法，一种是讲道理，一种是不讲道理。何为"不讲道理"？就是用暴力和金钱等硬力量来迫使别人屈从你的意志。讲道理的方式则是：通过论证、方案和图景，让人心悦诚服地跟着你走。

为什么我们要多讲道理呢？不仅仅是因为我们热爱和平，更是因为讲道理的效率高。

举一个例子：如果你要通过暴力让另外 20 个人全部接受你的意见，那么你就要像《叶问》里的叶师傅一样，用咏春拳把 20 人全部打倒。但这是不是很累？如果你有一番好的道理，一口气说服了 20 个人，这是不是更有效率？

语言是一种非常有效的沟通方式，利用语言来讲道理，能够使人类以更高的效率把社会阶层的各个环节构建出来，变成一座复杂的社会大厦。

那么讲到这一步，我们可以对"讲道理"这件事本身有一个更高层面的看法了：讲道理是为了让大家能够在社会协同的网络当中，以理性的方式，完成"个体意志"与"集体行动"之间的铺路活动。

换言之，此类铺路的活动，就是从一些大家普遍接受的前提出发，慢慢地把大家带到那些原先不被接受的结论上，由此可以为更加复杂的社会协同工作提供思想准备。哲学论证无非就是日常生活中讲道理的高度精致化而已。

为了讲道理，我们需要做点什么？

当然，我首先自然是希望诸位读完本书。除此之外，还想提一些宏观上的要求。

要求一：我们的文化有一个倾向，即不太鼓励大家去倾听论敌之言。但我希望大家在听别人论证的时候，无论他的观点你是否同意，要有起码的耐心。

要求二：对于中国人来说，要学点外语。汉语很难表现虚拟语气和从句结构。虚拟语气就是反事实条件句，例如，"倘若我是你，我就不会做那件事。"从句结构也是汉语中比较缺乏的一个现象，汉语一般不把句子写得过于复杂，而在西语文本里，复杂从句可谓比比皆是。譬如康德的名言："我思这个表象之伴随我的其他的一切表象，这一点是必然可能的。"——这话用汉语说是非常别扭的。

那么，这两种语言现象，究竟能在何种意义上助益思维呢？概言之，虚拟语气能够帮助大家看清现实世界和虚拟世界之间的不同，换言之，能让大家在使用虚拟语气的时候，意识到条件句所描述的事情是假的。顺便说一句，很多人在思维中经常有个误区，就是把脑子里想的那件事情，当成是真实发生的事情，由此导致了很多错误决策。

从句思维也相当重要。如果你的句子里有比较丰富的从句结构，那么你的思维架构就从"矮平房"升级成了"哥特式教堂"。换言之，就说明你的心智管控能力非常强，你可以对不同的语言要素加以拼接，并且迅速地检查它们之间的逻辑关联。能够做到这一点，你的哲学思维水平客观上也就得到了提高。

要求三：是我特别要强调的，平常说话和写文章的时候，多用"我"，少用"我们"——尤其是在提出一种新的理论主张时，多说"我认为"或者"笔者认为"（而在阐述某些常识的时候，对于"我们"的运用则不妨相对宽松一些）。不得不指出，汉语文化圈有一个很奇怪的现象：很多人明明在阐述他自己的观点，但张口就说"在我们看来"，弄得气势很足的样子。

那么，"我们"到底是指什么呢？如果你是代表一个公司与另外一个公司说话，这"我们"显然就是指你们公司。如果你这篇文章是两个人或两个人以上署名的，这个"我们"显然就是指写文章这些复数的作者（请参看本书第 66 节对于"集体意向性"的讨论）。

但是在很多情况下，这个人并不是代表公司说话，他也不是代表两个或两个以上的作者说话。这个"我们"实际上是一个隐蔽的意识形态的"我"。这种行文习惯对于逻辑论证非常不利。

逻辑论证的过程，非常像造房子，即通过一些思维上的榫卯结构，将思维的部件组合在一起。如果造房之喻能够成立，那就应该有人为房屋的建造质量负责，由此来看，若哲学论证做得不好，也应该有人负责。所以你要说清楚"我"是谁，"我们"是谁，由此明确发言的责任人。

反之，如果"我们"之所指不明确，你就随意用"我们"，那你就只是自己融没在一个想象的强大集体当中，并用该"集体"的力量来掩护自己。如果长期让自己处在这样一种精神状态下，你的逻辑论证水平与说理水平也就无法提高了。

在经验的指导下使用逻辑

讲到这一步，我还需要对第一章进行一个简单的概观。本章是对逻辑思维的一个反思性讨论。我们大致会讲三重道理。第一是逻辑之理，第二是语义之理，第三是经验之理。

我在讨论这三重道理时，会把更多的时间和精力放到经验之理的讨论上，这也就使得我对于这个问题的讨论和传统的批判性思维教材有所不同。传统的批判性思维教材，也许更多强调的是逻辑之理，却相对忽略人类经过长期的自然观察与社会实践所积累而成的那些经验，以及那些经验对逻辑工具使用所产生的潜移默化的影响。

　　接下来，我就会按照这个原则，罗列一些三重道理在生活场景中的具体体现，并通过对这些生活场景的分析，来让大家了解哲学论证的一般原则与方法。

2. 不讲道理这事，我们天天干

在本节中，我们要先来概观哲学论证，或者说理活动所牵涉的三类道理。换言之，如果有人逻辑论证错谬百出，你就要知道，他究竟是在哪个说理层次上犯了错误。

三重道理：逻辑之理、语义之理与经验之理

任何一个论证要完全成立，就要在三个层面上全部成立，这三个层次乃是：逻辑之理、语义之理与经验之理。

弥漫宇宙的逻辑之理

逻辑之理就是根据逻辑推理规则而说理的方式。举一个例子：如果小张的钥匙在他的小包里，而他的小包又放在他的大包里，小张的钥匙又在哪里？显然就在他的大包里。

第一个前提是"小张的钥匙的确在小包里"，第二个是"他的小

包的确在他的大包里"，如果这两个前提都是对的，那么，从这两个前提中，就得到了第三句话，也就是结论，"他的钥匙在他的大包里"。上述说理过程，用的就是逻辑之理。

逻辑之理的特点是：你不要做任何的经验调查，你甚至也不需要对语词的含义进行深入考究，你也能够得到结论。逻辑弥漫宇宙，无所不在。

充溢着内容的语义之理

语义之理就是奠基于语词之间意义关系的那些道理。

一个相关的例证是：如果小张买了一只包包是咖啡色的，它必定也就是褐色的。为什么呢？因为"咖啡色"和"褐色"指的是同一种颜色。你要知道这个结论，你就必须要知道"咖啡"是什么颜色，要知道这词的意义是什么。这与对于逻辑之理的运用可有所不同，因为在运用逻辑之理时，你可以完全不知道"钥匙"是什么。

语义之理的适用范围是我们的语言所能够表达的这个世界。这里我要指出，我们语言所能表达的世界，可能要比我们的世界本身小，因为人类语言的理解能力还是非常有限的。

虽有局限却依然有用的经验之理

第三重道理是经验之理，它是奠基于我们既有经验知识与背景框架的道理。

经验之理类似于日常生活中我们经常做的推理，譬如：既然某人以前的模拟考的成绩都这么差，那么，他能考上北大这事就不太会发生。尽管他考上北大这事，在语义表达上没毛病，在逻辑上也可能，但我们却依然倾向于认为这事不会发生。

这一重道理的适用范围，相对来说会局限于我们的经验，而且推论的结论并不是完全有效的，但是它却非常管用。

很显然，我们的经验常识所能够覆盖的这个世界，要比语言所能够覆盖的世界稍小。因为我们的语言能够覆盖一些在经验上看来很荒谬的事情。比如这句话："我和某个美国政要在月亮背面喝了酒。"——这句话的确是语言能够表达出来的，也可以被听懂，但显然不符合经验之理，因为这事实在是太不可能发生。

不讲道理这事，我们天天干

下面我就要举出一些具体案例，来证明在一个更复杂的环境中，使用这些论证的道理来做事情不是那么容易的。

马未都：司马光没有砸缸

首先我们来看逻辑之理。比如，马未都先生曾经和一位宋史专家进行过一场对谈，里面讨论一个问题，司马光砸缸这件事情是真还是假。马未都会告诉你，以宋代的技术，做不出这么大的缸。

这场辩论里首先呈现出来的，是在逻辑层面上的考量。这里有两个命题。如果司马光砸缸是真的，那么司马光那时候，就肯定真有一个大得能装小孩的缸给他砸。而马未都则说，这样大的缸当时不存在。很显然，一个说缸当时存在，一个说缸当时不存在，这就是逻辑矛盾。

领导很重视你？那么他呢？

我们有时也会犯下语义层面上的错误。比如，领导到不同地方去视察工作，经常说，"我们非常重视你们 A 部门的工作"，"我们也非常重视你们 B 部门的工作"。

但"重视"这个词的语义就是把某物当成聚焦点，然后忽略他者。如果什么都重视，实际上就等于什么都没有重视了。大家可以想想看，我们是不是经常犯这个错误？

另外一种是，我们中国人有时候爱"模糊"，就是我们不愿意说清楚现在的状态，说话有可能都会留有分寸，觉得把话说得活络一点，不把自己的定位定得太清楚，以后为人处事就能留有余地。但是在有些特定环境中，暧昧是要闯大祸的。

比如，在第二次鸦片战争时，两广总督叶名琛面对英法侵略军的进攻，采取的所谓"不战、不和、不守、不死、不降、不走"的模糊策略，最后反而给敌人借口说，他是一个没有办法进行有效谈判的野蛮人，所以敌人就可以自由使用武力进行攻击。

张三被外星人拐走了？

关于经验之理，可以举个最简单的例子。比如，张三失踪了，家人去报警，有个小警察提出一个可能性，即张三是被外星人掠走了。老警察肯定会说："你一边凉快去。"因为它不符合我们的日常经验。我们的日常经验中没有任何一部分能够有效地支持"外星人就在我们身边"这样一个结论。

让经验去指导逻辑

那么在做事的时候，你的计划应该是什么？

第一步，要看你要做这件事的规划，是否有逻辑上的问题。

第二步，要看是不是有语义上的问题。

第三步，要看是否有经验上的问题。

但还是要提醒大家注意，这只是一种理想状态中的循序渐进。在真实的生活当中，我们还要把三者结合在一起。因为这三者的覆盖范围有彼此重叠的部分，人类所处的现实状况，也往往同时受到这三重道理的支配，所以具体要用到哪层道理，还是要灵活应对。

逻辑之理起的是地基的作用，向上一层乃是语义之理，再向上一层则是经验之理。即使我们现在是在建筑物的天台上一起开思想派对，也得预设该建筑的地基是稳固的。

3. 营造哲学讨论的氛围

本节我们讨论的话题是，怎样的社会环境适合讲道理。之所以谈这个话题，是因为并非所有的社会环境都对说理的人友好。

我所给出的关键词有两个，一个是"对等"，另一个是"均衡"。也就是说，在一个社会中，如果各个成员在知识以及实际的经济力量方面都相对地对等与均衡，这样一个社会就更容易讲道理。

为什么对等与均衡有益于哲学讨论？

雅典的公民社会有讲道理的氛围

讲到哲学，按照大多数观点，应该是发源于古希腊的。为何是古希腊呢？原因之一是，古希腊的城邦社会有一个对等、均衡的社会结构。

譬如，雅典的城邦实际上是由以几千名男性成员为核心的公民社会所组成的。根据这种制度，很多重要的事情，都是要由公民大会来进行集体投票决定。因此，一个人要用论辩的方法，让大多数的公民觉得他的主张是对的，他的个人的意见才能够上升为城邦的集体意志。

在政治生活中用辩论达成目的的典型案例，便是雅典优秀的政治家地米斯托克利说服他雅典同胞们的故事。

话说那时，在雅典城外，路人甲发现了一个巨大的银矿，轰动全城。关于如何用好这银矿里的银子，有两种意见。一种意见便是，立马就把这钱给分了，人人发财。

然而，地米斯托克利却提出了一个新建议，就是把银子全部交给公家，然后公家用这笔钱来打造一支舰队，这样就可以收整个希腊世界各个城邦的保护费。由此从长远看，大家能够分的钱反而更多了。

请注意，地米斯托克利并不是通过下命令实现他的政治计划的，他是在雅典公民大会上通过雄辩说服了雅典公民，雅典公民最后也是通过投票，通过了他的提议。

他为什么要说服其他雅典公民呢？道理非常简单，因为大家的力量是彼此均衡的。要建立一支舰队，就要去砍木头，并把木头加工成战舰，这就需要木匠；更重要的是，舰队的运作需要划桨的水兵，这些人力资源在相当程度上都有赖于普通雅典市民（虽然奴隶也能承担很多劳动，但在雅典，奴隶是不当兵的，因为他们的爱国指数不如自由民）。

对等与均衡：因利他，故利己

还有一个考虑对等和均衡的角度：我们每个人在做决策时，很可能都默默受到一种隐蔽的利己主义的支配，即以不自觉的方式，提高自身生物学意义上的繁殖适度。

人是一种脆弱的动物，壮不如河马，敏不如猎豹。因此，我们必须通过人和人之间的联系和交往才能克服个体的脆弱性，由此使得老有所养，幼有所托。因此，人际合作既有利于提升群体的德性，也有利于提升种群的繁殖适度。

合作更能提升工作效率。假设有一董事长，为人虚怀若谷，从谏如流，辩论时候从不以势压人。从表面上看来，他貌似缺乏领导权威，但恰恰是他的这种作风，能使得很多决策错误在一开始就得到暴露，由此节约整个公司运作的时间成本和经济成本——而这最终也会对董事长自身的利益构成良性反馈。所谓"我为人人，人人为我"也。

怎样营造平等和均衡的哲学讨论氛围

那么，我们究竟该如何营造平等和均衡的社会氛围呢？有两个方面。

打造一个让更多的人可以来说理、听理与评理的平台

换言之，就是要让不同社会阶层的人，都可以在一个统一的说理机制上，把他们的利益说清楚，把他们的诉求说清楚，让他们有机会说明那些支持自己主张的理由。同时，又要组织一个尽量公正的评理团，让各种意见都能得到合理的处理。

在具有不同法制传统的国家，如何达成上述目的的具体司法实践乃是不同的。在英美法系国家，听理与评理的，除了法官，还有陪审团。陪审团的成员并不是专业法律人士，而是通过抽签的方式形成的，因此，他们的见解就代表了公众当时的一般智识水平。这也就构成公众意见与法学精英意见之间的平衡。

而在大陆法系国家的司法实践中，也往往并非是一个法官说了算。譬如，在我国的司法实践中，合议庭就会对个别法官貌似有问题的裁

决进行重新审查，并按照"少数服从多数"的原则，追求一个最大公约数。这种强调对等和平衡的法律机制，实际上就能让司法公正有更大的几率被实现。

让器物竞争倒逼说理文化的形成

一个良好的器物竞争的氛围，对说理氛围的形成也是非常有利的。这里所说的"器物"，可以小到一方砚台、一块橡皮、一支铅笔、一部手机，也可以大到一架客机。

这些器物，在本质上都是某种凝固化的和物态化的论证形式。举个例子，你如果在纸上演算一道几何题，这事本来是精神样态，但该演算过程若被程序化了，并装到了手机里，该演算过程也就物态化了。所以，不同的手机软件的竞争，背后便是隐蔽的论证形式的竞争。

很显然，充分的商业竞争下，每一个技术制作者本身的文化水平和逻辑论证水平都能得到校验，这种竞争甚至可以倒逼公司内部说理文化的形成。换言之，为了应对市场竞争，一家公司的管理者就应当鼓励各级员工能够畅所欲言，鼓励他们能及时提出问题、解决问题。

4. "如果"和"那么"能互推吗?

本节要讲到每一个讲道理的层面，就讲道理的各种技术和技巧进行更细致的讨论。很显然，我们应该先从最基础的逻辑之理开始，所以本节要对逻辑之理所涉及的一些专用名词和基础知识，进行一些概括。

逻辑之理是一种演绎论证

论证主要分为两类，一是演绎论证，二是归纳论证，逻辑之理实际上就是演绎论证。

演绎论证，是一种从普遍出发，走向个别的推理方式。而归纳论证则是从个别出发，走向普遍。演绎论证的前提性的信息相对来说比较丰富，结论的信息比较少，能够完完全全地保证你从出发点跑到终点。归纳论证则相反，它的前提信息相对比较少，而结论信息则要丰富，所以你要得出的结论没有百分之百的可靠性。

论证的有效性与真：你不可能每次都蒙对

"真"这词我暂不做太多解释，目前就暂时将其理解为"和事实相符"。

关键是，什么叫"有效性"呢？在逻辑中讨论"有效性"，聚焦点便是前提和结论之间的正面联系是否能够成立。请注意，一个结论它本身是不是真的，和得出它的推理是否有效，这是两个话题。逻辑不负责检查假说与事实。你若有一个错的假设或观察，虽然这个观察并不符合事实，但是你的逻辑用对了，你的推论就依然有效。

举一个例子：如果秦始皇吃了仙丹，他就可以长命百岁——这是推理里出现的第一句话。第二句话是经验观察，即秦始皇的确吃了仙丹。由此你就可以得出一个结论：秦始皇可以长命百岁了。很显然，这个推理的结论是错的，但之所以错，不是因为说话人用错了逻辑，而是说话人所依赖的经验假设与事实不符。

所以，"有效性"仅仅是指前提和结论之间的联系是稳固的，但并不保证：前提也好，结论也罢，它们都与另外的事实建立起了对应关系。但是，既然"有效性"并不能保证"真"，那么为什么还要特别关注"有效性"呢？

原因在于，如果推理本身就是无效的，结论是非常难成真的。请注意，我并没有说结论就一定是假的，而是说非常难成真。因为存在着蒙中正确答案的可能性。例如，高考的时候，你有一道选择题没做出来，只好瞎蒙，但你却蒙对了。

但即使你是蒙对了，你推理出正确答案的过程依然是无效的。更麻烦的是，几乎没人可以靠纯然蒙题来考满分。所以，若要稳定地产生"真"的结论，基于"有效性"的检查仍然不可或缺。

逻辑之理的一般有效形式：条条大路通罗马

接下来要讲一些基础的演绎论证形式。我会在每个有效的推理形式后面附带说一个无效的形式，用以对比。

肯定前件式 vs 肯定后件式

第一种有效的推理形式，叫"肯定前件式"。肯定前件式里面的核心词是"前件"。什么是"前件"呢？

凡是用上"如果……，那么……"这一句型的句子，就叫"条件句"。这个句子里面的"……"若用英文字母来表达，就变成了这样一个结构："如果P，则Q。"P这个子句是和"如果"连在一起的，且先于子句Q出现。这就叫"前件"。与"那么"联系在一起的子句Q，则叫"后件"。

肯定前件式，便是这样的推理形式：

如果P，则Q；

P成立；

所以Q成立。

例如：

如果人憋气一个小时以上，人就憋死了。

现在这个人的确憋气一个小时以上了。

所以这个人已经被憋死了。

这个推理我相信大家在直觉上都会觉得是对的。

那么，既然有"肯定前件式"，是不是就有"肯定后件式"呢？好吧，我们就姑且先写下其格式：

如果P，则Q；

Q成立了；

于是 P 成立。

我们再用刚才例子代入这个格式，看看能够得到什么：

如果人憋气一个小时以上的话，人就憋死了；

某人的确被憋死了；

所以这个人事先已经憋气了一个小时以上了。

而这个推理恐怕就有点问题。因为，他可能没有憋气一个小时以上，而仅仅是憋气了 12 分钟，但这已经足够憋死他了。

这也就是说，如果我们把"前件"比作通向目标的道路，把"后件"比作一个目的地（比如罗马）的话，所谓的"肯定后件"就是指：你已经达到了目的地。但因为世界上还存在着其他通向目的地的道路（正所谓"条条大路通罗马"），所以，你到达目的地这件事本身，并不足以确定你先前走的是哪一条道路。

有人或许会抬杠：若有人将通向罗马的公路全封了，而只留下一条国道呢？换言之，某些结果的产生，若就只能有一种原因呢？但在我看来，世界上存在的典型因果关系往往是多对多的，一因一果严格对应的事情，相对罕见。所以我还是要主张：在大多数情况下，我们都要勇敢、坚定地把"肯定后件式"当成一种无效的推理形式来予以排除。

否定后件式 vs 否定前件式

有效推理的第二种形式，叫"否定后件式"。

"否定后件式"里的"后件"，就是"如果 P，则 Q"里面的 Q。"否定后件式"的形式是这个样的：

如果 P，则 Q；

非 Q；

所以非 P。

我们再用憋气的例子说明：

如果人憋气一个小时以上，他就会憋死；

你现在没死；

所以你没有经历过憋气一小时以上的恐怖经历。

这个推理是有效的。

不过，"否定后件式"虽然有效，"否定前件式"却是无效的。其推理形式是这样的：

如果 P，则 Q；

P 不成立；

所以 Q 不成立。

举个例子：

如果一个人憋气一小时以上，他就会死；

他憋气没有超过一个小时以上；

所以这个人没死。

这个推理是无效的。你可以设想一下，即使这个人憋气的时间没到一个小时以上（比如，只憋了 59 分 59 秒），他显然也会被憋死。

为什么"否定前件式"不行呢？我们再用前面道路的比喻来说一下，"前件"就是通向罗马的道路，"后件"就是作为目的地的罗马。所谓的"否定前件"是指：在这么多通向罗马的大道当中，你封住了其中一条，说：此路不通。但是，仅仅凭借这一点，你可不能下结论说：别人也到不了罗马，因为别人也可以走别的道呀。

为了帮助大家记忆，我编了一个顺口溜：前肯后否推理成，前否后肯谬误深；无效推理很难真，有效推理未必真。

也就是说："肯定前件""否定后件"能够促成有效推理，"否定前件""肯定后件"却会催生谬误推理。如果推理逻辑形式有问题，结论即便对了，也是蒙对的，而且大多数情况下你是很难蒙中真理的。如果推理的形式都没问题，但这也不保证你的结论一定真，因为你仍然要通过经验调查，来担保推论中出现的每一个前提都是符合事实的。

5. 复杂问题如何化繁就简？

前文已经讨论了有效的演绎论证的基本形式。本节我们要讨论一个更加复杂的推理形式，这就是所谓的"三段论"。

在开始前需要提醒各位注意：这一部分内容，有一点烧脑。希望大家少安毋躁，先测试一下自己对于抽象的逻辑论证的忍耐力。

三段论：词项层面的逻辑推理

那么什么叫"三段论"？首先我们就要对其性质加以厘定。"三段论"就是包含了三个命题的推理形式。最典型的三段论是这样的：

你的钥匙在你的小包里；

你的小包在你的大包里；

所以，你的钥匙在你的大包里。

与前面所说的"肯定前件"和"否定后件"相比，"三段论"的特点是啥？简言之，"肯定前件"和"否定后件"是在命题的层面来处理语言成分之间的推理关系，而"三段论"则是在词项的层面来处理语言成分之间推理关系的。

那么，什么叫"词项"，什么叫"命题"？

命题就是陈述出真理的句子，例如"徐老师是上海人"。这句话有三个组成部分，"徐老师""是""上海人"。"徐老师"和"上海人"就是词项，是这个句子的一个构成成分。而"是"又是"徐老师"和"上海人"之间的黏合剂，把它们联系在了一起。

这里需要说明一下，在三段论里，"徐老师"我们一般把它说成是"主语"或者是"主词"，英文里主语叫"subject"，我们简称它为S；"上海人"我们把它称之为"谓语"或"谓词"，英文叫"predicate"，我们简称为P；"是"则是把主语和谓语联系在一起的"系词"。

所以，三段论里出现的每个命题，都有"主语＋是＋谓语"的结构，也可以说成是"S＋是＋P"。也就是说，三段论把每一个句子都切分成更小的单元，允许你在这些更小的单元之间进行重新排列组合。

"S是P"走四方

三段论具有很强的灵活性，下面我就要证明它非常有用，能应付对各种现象的刻画。

从表面上看，我们的很多语言现象貌似并不具备"S＋是＋P"的结构。然而，我们还是有法子将其全部顺化为三段论的格式。

比如，在"林黛玉爱贾宝玉"这个句子中，貌似就没有"是"。但不要紧，我们可以将其改写为"林黛玉与贾宝玉之间的任何一种关系都是带有恋爱色彩的"。我们甚至可以以这个被改写出来的句子为起点，构造出一个三段论：

林黛玉与贾宝玉之间的任何一种关系，都是带有恋爱色彩的；

林黛玉给贾宝玉写诗这事，是对二者关系的一种体现；

所以，林黛玉给贾宝玉写诗这事，是带有恋爱色彩的。

这个推理是有效的。为了满足三段论的形式，我在这个推理中制造了一些复杂的词项。第一个是"林黛玉与贾宝玉之间的关系"；第二个是"带有恋爱的色彩"；第三个是"林黛玉给贾宝玉写诗这事"。

通过名词化，我们可以把所有的句子都按照"S 是 P"这样的结构处理了，由此方便用三段论的格式去套用之。此法若熟练掌握，当可妙用于对于各种语句的改写。这样做的好处就在于：若你能将各种复杂的句子都适当地转换为"S ＋是＋ P"的形式，那么，你就可以化繁为简，以最快的速度厘定各种推理中的有效式和无效式，由此也能够在逻辑之理的层面上快速、有效地鉴别谬误。

三段论术语升级版

讨论逻辑，总免不了使用术语。那么，讨论三段论牵涉到的术语，有了 S 和 P 是不是就够了呢？其实还不够。

接下来，我就要引入两组新术语。第一组术语叫"大前提""小前提""结论"；第二组术语叫"小项""大项""中项"。

大前提、小前提和结论

"大前提""小前提""结论"，实际上就是三段论里出现的三个命题各自的名称。

先来说"结论"。这就是"所以"后面跟的句子。看看这个三段论：

所有的人都是会死的；

贾宝玉也是人；

所以，贾宝玉也是会死的。

"所以"后面的这句话便是"贾宝玉也是会死的"。它显然就是结论了。

三段论里有三个命题。"结论"以外，剩下的两个命题就是前提句了。先出现的叫"大前提"，后出现的叫"小前提"。在典型的三段论证里，大前提所说的事情一般比较普泛。与之相比，小前提往往会给出一些更为具体的信息。

以上文提到的贾宝玉的例子为例。那个三段论里，第一句是"所有的人都是会死的"——这说的显然是一件很普泛的事情。

"贾宝玉也是人"，则是贾宝玉这个特定对象的一个断定。这里的前一句话是大前提，后一句话则是小前提。

小项、大项和中项

我们要在确定哪个句子是"结论"的情况下，才能够有效地分出什么是"小项"，什么是"大项"。

由于三段论里的每一句话都是"主语＋是＋谓语"的结构，所以我们就很容易找到结论里的主语与谓语。结论里出现的主语，即小项；结论里出现的谓语，即大项。

比如，在"贾宝玉也是会死的"这一结论中，主语是"贾宝玉"，即小项；谓语是"会死的"，即大项。

那什么是"中项"呢？"中项"就是在结论中没有出现，却在两个前提句中出现的那个项。在关于贾宝玉的这个三段论推理中，中项即"人"。

具体而言，在该三段论的大前提"凡人皆有死"里，出现了"人"；

在小前提"贾宝玉是人"里，也提到了"人"；而在结论"贾宝玉也是会死的"里，却没有"人"。所以，"人"就是在前提中出现，却在结论中不出现的那个项，即中项。

中项的任务，就是使得从前提到结论的推理通道能够被打通。它起到的是桥梁的作用。

量词如何影响三段论逻辑的推理

逻辑学里的"量词"，讨论的是数量关系。主词通过"是"和谓词联系的时候，就会牵涉到对这一联系的强度的刻画。这实际上也是一种对于数量关系的刻画。

比如，在"所有的人都是会死的"这个句子里，"所有"这个量词就表示了主、谓之间的最强联系：所有的主词所涉及的对象都属于谓词所指涉的类。请注意，如果量词发生了改变，推理结果的有效性也会发生改变。比如，如果我们将"所有的"改为"有些"，并构造出下面的三段论，这个三段论就是无效的：

有些人是情痴；

贾宝玉是人；

所以贾宝玉是情痴。

所以说，量词的选择不是小事。

三段论中的四类量词

因为数字的数目是无限的，无法在逻辑中一一处理，所以古典逻辑学家就找到了四类量词。

第一类量词叫"全称肯定量词"，即"所有的……是……"。由此构成的句型是"所有的 S 都是 P",示例是"所有的人都是会死的"。第二类量词叫"特称肯定量词",即"有些……是……"。由此构成的句型是"有些 S 是 P",示例是"有些人是会死的"。第三类量词叫"特称否定量词",即"有些……不是……"。由此构成的句型是"有些 S 不是 P",示例是"有些人不死"。第四类量词叫"全称否定量词",即"所有的……不是……"。其句型是"所有的 S 都不是 P",示例是"所有人都不会死"。

四类量词的缩写

全称肯定、全称否定、特称肯定、特称否定,这词说起来实在是太累了,所以语法学家和逻辑学家就发明了一些外文缩写来简略地表达。我给出一些思维上的诀窍,来帮助大家记住这些英文缩写。

第一个是全称肯定,外文缩写是 A。大家可以通过"all"(所有)记忆之。

第二个是全称否定,外文缩写是 E。大家可以通过"negation"(否定)记忆之。

第三个是特称肯定,外文缩写是 I。怎么强化记忆呢?大家就这么想:"I"就是我,"我"则是特殊的,其意思与"特称肯定"正好匹配。

第四个是特称否定,它的外文缩写是 O。这 O 怎么记?大家就联想到"Oh,no!"这个英文里惯常的表达吧。

由以上四类量词主导所构成的四类命题,分别叫 A、E、I、O 命题。不过,这些字母缩写的来源的真正出处,并不是我上面提到的那些记忆诀窍,大家要注意。

有了上面的讨论,大家不妨猜测一下一些新的外文缩写是啥意思。比如,"SEP"啥意思?这就是主语(S)与谓语(P)之间用"全称否定关系"（E）联系在一起；同理，"SIP"就是指主词和谓词以特称肯定的方式联系在一起了；"SOP"就是说主词和谓词以特称否定的方式联系在一起了。换言之：

SAP：*所有的 S 都是 P*；

SEP：*所有的 S 都不是 P*；

SIP：*有些 S 是 P*；

SOP：*有些 S 不是 P*。

经过这样处理后，你就可以把复杂的语言形式，按照特定格式的方式来加以处理了，这就为我们继续讨论三段论的有效推理形式，打下了基础。

6. 记不住的二十四式

前文讨论三段论时，引入了很多术语。一个三段论本身是由三个命题构成的，第一个命题叫大前提，第二个命题叫小前提，第三个命题叫结论。在讲到三段论的词项构成时，我们提到了小项、大项、中项，也提到了四类量词，全称肯定、特称肯定、特称否定以及全称否定。这些术语若加以排列组合，会变出很多格式。

这些格式不涉及具体的内容，而只涉及形式。只要你抓住了格式，就可以快速对整个论证的有效性进行检查。就三段论推理而言，其有效的格式有二十四种之多。详见下文。

二十四式以外，没有有效推理

一开始，还是得复习一下有关的术语表达的外文缩写。小项即 S；大项即 P，这是大家已经知道的。那么中项呢？大家只要联想起英文"middle"就能猜到其缩写了。对了，中项即 M。S、P 与 M 之间的联系方式，则有 A、E、I、O 这四种可能，A 即全称肯定，E 即全称否定，I 即特称肯定，O 即特称否定。

我们先通过一个例子，看看怎样活用这些英文缩写：

所有的人皆有死；

所有的希腊人皆是人；

所有的希腊人皆有死。

这里的第三句话显然是结论，所以我们就可以看出句子的主语是什么。主语是"希腊人"，即 S 项。谓语是"有死"，这就是 P 项。所以，结论句"所有的希腊人皆有死"便是 S 和 P 之间的连接。

但 S 和 P 之间的联系的强度是怎样的？是很强的，是通过"所有"这个词来加以完成的。所以这是个全称肯定句，是 A。因此，我们把这个结论句写成 SAP。

那么该推理的中项是什么呢？中项就是没有在结论中出现的项，这就是"人"。也就是说，大前提"所有的人皆有死"与小前提"所有的希腊人皆是人"里都有"人"，但这个"人"，并没有出现在结论里面。所以，"人"就是 M 项。

再看大前提"所有的人皆有死"。里面有 M 项（"人"）与 P 项（"有死"），二者的连接还是 A，所以第一句话就是 MAP。

第二句话："所有的希腊人皆是人"——其中，"希腊人"是 S 项，"人"是 M 项。二者的联系还是 A，因此第二句的形式就是 SAM。

所以，这个三段论的结构就是：

大前提：MAP

小前提：SAM

结论：SAP

逻辑学家把上面这种格式，称之为"巴巴拉式"，因为"巴巴拉"

（Barbara）这词，正好出现了三个 A。所以如果你看到一个推理形式是符合巴巴拉式的，就是一个有效推理。

判断三段论是否有效的方便法门

"巴巴拉式"只是二十四式之一，余下还有二十三式。一一记忆下来，的确非常累。有何方便法门？请看下文。

判断三段论是否有效的着眼点有两个。第一是从词项上看，第二是从量词的使用上看。

词项使用出错

此类错误主要可以分为两种可能性。第一种是中项用错了，第二种是小项用错了。

我们先来看一个中项用错的论证例子：

> 所有男的都是人；
>
> 林黛玉是人；
>
> 所以林黛玉是男的。

这个论证显然是无效的。在这句话里什么是中项？显然是"人"。而这个中项为什么用错了呢？

这就需要说到中项的作用了。中项实质上就是小项和大项之间的桥梁。作为桥梁，它就有必要使得中项所涉及的那些对象在相关的语句中"全员出场"，以作为桥梁的稳定基石。

有一个专用的术语来描述这种"全员出场"的现象——"周延"。说一个概念得到了周延，就是说，从属于它的所有对象都在句子里以肯定的方式得到了展现，或用打比方的方式来说：它们站在一起，让人给它们拍了一张"全家福"照。

回到上面例子中看，"人"这个中项在大前提"所有男的都是人"中就没有得到周延。为何？因为当你肯定所有男的都是人的时候，"所有"这个量词是加在"男的"上面的，不是加在"人"上的。因此，这话并未涉及一张对于"人"这个概念的所有下属对象的"全家福"。

"人"在"林黛玉是人"这话里也没得到周延，其道理与上文所说的也差不多。既然"人"在大前提与小前提里都没有被周延，这个推理的结论就不成立了，因为中项"垮掉"了（顺便说一句，只要在两个前提中，中项哪怕周延一次，中项的桥梁作用就依然能成立）。

上面就是中项用错的情况。那么，小项用错又是咋回事？这就叫"小项不当扩大"。我们来举一个例子：

有的中国游客在东京不文明；

东京在日本；

故此，所有的中国游客在日本的表现都是不文明的。

这个推理错在哪里？不难看出，小项"中国游客"在第一句话里并没有被周延，而在结论中，它却周延了，因为它被"所有的"这词给修饰了，这就等于被偷拍了"全家福"。

换言之，在大前提里，小项所断言和涉及的范围本来就一点点，现在却在结论中被扩大了。这里的问题是：前提里的这点信息是不足以支持我们去拍摄一张关于小项的"全家福"的，所以这推理是无效的。

量词使用有误

下面，我们再看看在量词的角度怎么样来判断论证是否有效。我们可以把全称肯定、全称否定、特称肯定、特称否定这四类量词分为两类，一类是肯定类，一类是否定类。然后把所有的肯定，看成是数学中的正数，把所有的否定，看成是负数，然后记住四字箴言："同类相推"——这就基本够了。

这四个字的意思是：正的前提推出正的前提，负的前提推出负的前提。换言之，你如果看到负推出正，或者说正推出负，你就可以迅速判定这里的推理是无效的。举一个例子：

所有的中国人都不爱吃马肉；

所有的马肉都不是牛肉；

所以，所有的中国人都爱吃牛肉。

"所有中国人都不爱吃马肉"，是个全称否定命题，"所有的马肉都不是牛肉"，也是一个全称否定命题，而该三段论的结论却是一个正命题。而负命题推出正命题这种事情是不会发生的。可见，推理是无效的。

按照上述窍门，大家就可以迅速地判断哪些三段论的论证形式是无效的。

7. 提供选择时如何涵盖所有可能性?

之前所讨论的三段论,更多的是在词项层面上讨论推理。例如,"人""有死的""希腊人",都是词项。

但是,三段论也有一些更复杂的变形,未必就是在词项的层面上。譬如,本节要讲的选言三段论就是如此。

选言三段论:P和Q之间的选择关系

选言三段论,是在不同的选择项之间进行排除,最后得到剩余项的推理方式。

举个例子:

这道题要么是我做错了,要么是我做对了;

现在,我肯定是我做对了;

所以,这道题我没错。

我们用 P 来表示"我错了",用字母 Q 来表示"我对了",所以上面这个推理就是：

要么情况是 P，要么情况是 Q；

现在的情况是 P；

所以，就得否定情况 Q。

这时，我们要区分肯定前件式和选言三段论。在选言三段论中，把 P 和 Q 联系在一起的，乃是选择关系，也就是"要么……要么……"的关系。而在肯定前件式中,把 P 和 Q 联系在一起的，则是"如果……，那么……"的关系，即条件关系。选择关系和条件关系是不同的。

排中律：在"是"与"不是"之间残忍选择

选言三段论看似是非常容易的一个推理。但在一些复杂的情况下，是可能会犯错误的。

因为要构造一个有效的选言三段论，在大前提里所提到的各种选项，必须覆盖所有的可能性，不能有所遗漏。

如果没有把各种可能性全部覆盖到，那么推理就会出现疏漏。但是，人非全知的神，要构造出一个毫无疏漏的大前提，何其难也。一个有效的偷懒办法，就是去调用一个逻辑规律，即"排中律"。"排"就是"排除"的意思，"中"就是中间状态。这个中间状态指的是真和假之外的第三种状态。

在排中律中，真和假被看成了光谱的两极，当中的暧昧状态，比如说"说不清""好像是""好像不是"这种状态，就叫中间状态了。我们把这些中间状态排除掉，就遵从了排中律的指导。

选言三段论里面，排中律能起到什么作用？我们用一个偶像剧里常见的例子来说明之：

女主角要么爱男主角，要么不爱男主角；

她的确爱男主角；

所以"女主角不爱男主角"这个选择项是假的。

请注意，这个论证是有效的。道理非常简单，因为在使用排中律的时候，我们对世界做了一种简单有效的二元区分：第一种情况便是女主角爱男主角，第二种情况便是其余的所有情况。由此一来，我们实际上就把可能碰到的所有情况全部涵盖了。

证人，请回答"是"或"不是"

在法庭辩论中，尤其是在英美法系的证词盘问阶段，排中律的使用非常频繁。

比如，证人在被问及问题的时候，要在"是"和"否"之间清楚地回答。证人坐在证人席上，对方的律师发问，前者答之。庭审记录如下：

律师："证人，在案发前，你的确看到被害人与嫌疑人在酒吧里斗殴，是吗？请回答'是'还是'不是'。"

证人："好像是吧？"

律师："'好像是'是什么意思？我听不懂，你到底看到了还是没看到？"

证人："我确定是看见他穿了一件黄色的衣服，长得胖胖的，和现在这个嫌疑人长得有点像，我觉得他好像是同一个人，但不能100%确定。"

律师："好，根据你刚才的证词，你不能够确定你看到的是嫌疑人和被害人打架。你能够确定的是，你看到了一个和现在的嫌疑人长得有点像的、身材有点胖胖的男人和被害人打架，请问在美国这样长相的人很多，凭什么你看到的人，一定是这个嫌疑人？"

由此看来，若证人要回答刚才律师提出的"你是否看到被害人和嫌疑人打架了"这个问题，他只能说"我没有看到"，因为"是"是不能容忍模糊表达的。排中律就在这里派上了用场，因为它排除了模棱两可的情况。

排中律无法解决的人生难题

本节最后，我想说一说选言三段论和人生哲学的关系。

人生之难，难在选择，如考学、婚恋、移民、择业方面的重大选择。人生道路，无论选对选错，结果你都必须自己承担。

而人生道路的选择往往不是二选一的，是一道复杂的选择题，其选择项有多少个，是不确定的。因此，如何在人生道路的论证过程中构造出一囊括所有选项的大前提，便成了一件极具挑战性的事情。

你当然可以使用排中律，说什么"要么我选这条道，要么我就选除了这条道以外的任何一条道"，但是这个说法对于实际生活的帮助却不是很大。因为"除了这条道以外的任何一条道"可能会有很多条。

要回答这个问题，就不得不提及与选言三段论有关的另外一个逻辑技巧，也就是二难推理了。请看下节。

8. 哪些话往左往右都是坑?

排中律的确是个好东西,它既能帮助我们简化思维,同时又能助我们很快地把一个选言三段论构造出来。

但是在解决具体问题的时候,排中律或许用处不会很大。譬如,警察甲问警察乙:"老乙,嫌犯有什么特征,能跟我说说?"乙说:"现在我们可以确定的是,嫌犯开的车子,要么就是黄色的,要么就不是黄色的。"

甲听了就不满意了:"乙你能说点有用的吗?这条信息基本上没用,所有马路上的车,要么就是黄色的,要么就不是黄色的。"乙则补充说:"现在有新情报了,这辆车的确不是黄色的。"

甲还是不满意,因为"不是黄色的"这一点被确定下来以后,大家还是不知道它到底是棕色的、黑色的,还是白色的。因为排查的范围依然非常大,在这种情况下要运用排除法就有点难。这就说明,若只有逻辑技巧,而缺乏生活常识,我们可能依然会难以应对日常生活中的种种难题。

二难推理：抓住关键筹码

使用选言三段论的问题是，你可能会在前提里漏了关键选项，而为了避免遗漏，人们就会使用排中律。然而，经过排中律的整理而得出的前提，虽然不会遗漏选项，但是内容贫乏，不太管用。不过，在某种情况下，我们却可以利用上面这些既有的逻辑技巧做一点有用的事情：利用选言三段论来构造二难推理。

"二难推理"就是说：让你的对手陷入一个局，在这个局中，朝左走有坑，往右走也有坑——而且，在这个局中，别的路也被封死了。这样一来，你的对手往左走也会掉坑里，往右走也会掉坑里。

举个警匪片里经常出现的桥段：坏蛋绑架了警察的家人，打个电话对警察说："你把我小弟放了，否则我就撕票。"——这样警察就会陷入两难，即：选择妥协，他可以救了家人，但他会亵渎法律；选择不妥协，他就维护了法律，但会害了家人。这就是一个很麻烦的困境。

二难推理为什么能让人感到为难呢？因为要正确运用二难推理，就必须预设对方已经进入了一个局，即在这个局中，对方的确只有两个选择内容可选。换言之，二难推理的构造者必须用人为的方法故意做成一个局，把对手逼到这两个选择项上。再说一次，你一定要在事实的层面上的确做成这个局。譬如，你要有能力威胁到他的利益，或者说，你手里的筹码要足够重。

关于"抓筹码"，不妨再举一个历史上的例子：在楚汉相争的时候，有一次刘邦的爹和老婆（就是后来的吕后），被对手项羽给捉住了。项羽告诉刘邦："刘兄，你的老爹和你的老婆都被我抓住了。我给你两个选择：第一，要么你现在就和我混，叫我一声大哥，从此以后咱们继续做兄弟，我马上放人；第二，你不跟我混，我也不强求，但我可就要撕票了哦！"

刘邦呵呵一笑，对他说："这老婆我已经很烦了，你爱怎么着就怎么着了。爹我也不管了，你若下得了毒手的话，请便。再见了您呐。"刘邦这样一说，项羽就无计可施了，因为他抓错了筹码。

二 "美"推理：坑里有温泉

有人或许会问：若有人设局用二难推理应付我们，我们该怎么回应呢？

首先可想到的方法就是：给对手传送假消息，让别人误以为你对某件事很在意；或是让别人误认为你没有他所设想的两条路之外的第三条道了——但是你心里知道，其实你自己还有第三条道可走。

好吧，这些都是要心眼的做法。除此之外，还有什么别的路可走呢？还有一个办法，就是把一个让人沮丧的二难推理反过来看，让其变成一个能够带给人希望的推理结构。这一招，可是炮制"心灵鸡汤"的不二法门。

假设有一位仁兄，最近闷闷不乐，因为他陷入了一个两难困境之中，此即，"要么我考上了某海外名校，要么我没有考上某海外名校。如果考上了某海外名校的话，那么我就会因为巨额学费而背债，然后我的人生就会苦哈哈；如果我没有考上的话，那么我就会失去了深造的机会，那么我的人生也注定是苦哈哈。所以结论，我的人生必定是苦哈哈的"。

所以，他就变得非常没有斗志。他只想到了这两种可能性，而且每种可能性都挺黑暗的，貌似他面前的人生道路已经走不通了。

现在你只要使用一些逻辑和语义层面上的技巧，就可以帮他解脱这样思想的痛苦。你就可以这样和这哥们说：对，就这么两种可能性，要么就是考上，要不就没考上。

但是如果你考上了那个海外名校，你就能够得到深造，因此你就不会那么苦哈哈；如果你没有考上，你就不用背债了，因此你也不会那么苦哈哈。结论是，你不会那么苦哈哈的。所以，你要笑对生活哦。

这种心灵激励法的要害在哪里呢？

前面已经说过了，在二难推理中，推理的构造者其实做了一个局，让你左右都为难，好像死活都会掉坑里。而目前的这种心灵治疗法的要点就在于告诉你：左右都有坑不假，但这两个坑里面都有温泉哦，你掉到坑里，正好洗个温泉澡，这也未尝不是一件好事。换言之，这就是把"掉坑里"这件事往正面的方向引，让你看到这件事的光明面。

对于一个事态的不同层面和不同维度的表达，能够使得我们把二难推理变成一个兼利推理。这就是积极的二难推理的构建。

9. 见风不一定就下雨

假言三段论："如果……那么……"的糖葫芦

"假言"推理，就是所谓的具有"如果……那么……"结构的推理。有人或许会问：前面难道不已说过"如果……那么……"这一结构了吗？所谓的"肯定前件式""否定后件式"，难道不都具有"如果……那么……"这一结构吗？我们现在为什么又要再讲？

还是要讲，因为我们现在要讨论的是比较复杂的推理形式，即要把各式各样的"如果……那么……"变成一个串，这就叫"假言三段论"。

我们举一个比较简单的案例：

如果一个人憋气一个小时，那么，他的大脑就会高度缺氧；

如果大脑高度缺氧，那么，人就会死；

所以，如果一个人憋气一个小时，那么，他就会死。

假言三段论的一个特点，就是把所有的假言条件句像糖葫芦一样串起来，并让这个串当中的每个环节都能环环相扣，即从第一句的信息，一路贯穿到最后一句的信息。

如果我们用字母来表达刚才所说的憋气的例子——比如用 P、Q、Z 这三个字母分别来表示三个命题——的话，那么，我们就可以说：

如果 P，则 Q；

如果 Q，则 Z；

那么如果 P，则 Z。

我们是否可以增加信息的数量呢？当然是可以的，但是你要保证其中的任何两个信息之间的关系都是传递得过去的。

孔子的假言三段论有效吗？

历史上的孔子就做过这样一个论证：

名不正则言不顺，

言不顺则事不成；

事不成则礼乐不兴，

礼乐不兴，则刑罚不中；

刑罚不中，则民无所措手足。

首先我们可以肯定的是，孔子在这里给出的是一个假言三段论。它和前文憋气的例子，结构是比较类似的。

但这是不是说孔子的推理就没有问题？我觉得这一点需要仔细考量。由于孔子给出的是一个非常复杂的假言三段论推理，所以，孔子所构造的这个"糖葫芦"中的每一个环，都要在信息传递上起到承上启下的作用，否则，其第一环和最后一环之间的信息沟通就会出现问题。

但我恰恰认为孔子的这串糖葫芦的某个环节出了问题。就那拿

"礼乐不兴，则刑罚不中"这句话来说：凭什么说，一地的礼乐水平就和刑罚的公平问题有这么密切的关系呢？比如，在变法后的秦国，礼乐虽不兴，但刑罚奖惩却相对公平。所以孔子的这个论证或许是有问题的。

假言中的滑坡：见风就是雨

那在这里我们就必须要引入一个新的概念了，即"滑坡论证"，这也是逻辑教科书里经常出现的一个词。什么叫"滑坡论证"？让我们不妨先来看下面这个比方：

首先，你发现了这样一种情况：一辆车没人在操纵（司机可能在打盹），从山顶上往下滑，滑了 10 米；然后，你看到它又往下滑了 20 米；然后，你又看到它往下滑了 30 米。

得到上述信息后，你立即就得出结论：这辆车会一路滑到山谷里面去，当中不会停下来。但在得到此结论之前，你却不去研究它继续下滑的趋势是不是会得到延续，就匆忙得出结论，认定车一定会滑到山谷里。

很显然，在得到上述结论之前，你却忽略了其他的可能性：有可能车刚刚滑到一半，司机就突然醒了，立刻把车刹住了。另外一种可能性是：半山腰有块大石头，车子被大石头堵上了，结果没掉下去。其实，还有 N 种其他的可能性，都可以使得这辆车停下来。

滑坡论证的毛病，用白话说就是"听风就是雨"。用更严格的话语来说，就是在构造复杂的假言三段论的时候，不去认真检查其中每一个假言判断的合理性，而是一味假设第一个假言判断所表露出来的趋势能一路贯彻下去。

人生赛道的任何一个时刻都是起点

不过，滑坡论证的毛病，在日常生活中还真是难以避免呢。

我可以举出一个关于"起跑线"的例子。现在有很多父母逼着自己的孩子在起跑线上玩命。这些父母其实已经在心里默默构造出了这样一个有问题的假言三段论：

如果孩子输在幼儿园，那么他就会在小学输掉；

如果他输在小学，那么他就会在中学输掉；

如果他输在中学，那么他就会在大学输掉；

如果他输在大学的话，那么他就会输掉整个人生。

很不幸，这个论证是有谬误的。它哪里错了？实际上从经验的角度来讲，它的每一个承上启下的环节都是有问题的，因此，这是一个典型的滑坡论证。

那么，这里的"滑坡"是什么，"刹车"又是什么呢？

这个"坡"，就是指一个衡量人生成功指数的赛道，而所谓的"输在幼儿园"，就是指"赛车"在"赛道"上的初始成绩不太好。换言之，按照上面的论证，你若看到一个孩子开局时的局面比较惨，所以你就会预言：他以后会步步惨，类似于在坡道上一滑到底。这也是为什么可以用"滑坡"这样一个隐喻，来描述这些思维方式。

但这个论证毕竟是错误的，它错就错在：它把跑步的赛道和人生的道路做了一个错误类比。对跑步而言，判定输赢的规则，乃是非常清楚的。但人生的赛道，规则就很复杂了。你做一个科学家和做一个商人，各自的"成功"评价标准是非常不一样的。人生的赛道可是林林总总的。

其次，即使将人生之路勉强比作赛道，这个论证也是成问题的。

正是因为人生的赛程很长，所以真正优秀的赛跑选手要考虑后劲的问题。所以，在起跑线上，不可用力过多。现在很多教育专家都在批评，为什么我们的孩子到大学阶段创造力不足，就是因为应试教育开展得太残酷、太激烈，太多的精力消耗在了赛程的前半段。

讲到这里，有人会觉得有点不服气，说孩子基础打好没什么不对。我个人的观点是，进行适当的早教是有一定帮助的，但是这些教育必须要和孩子的兴趣结合在一起，不要向孩子灌输"你不能输在起跑线上"的思想。譬如，你要真心让他觉得：英语是一门有趣的语言，要让他通过英语看到人生赛道的丰富性、人生的可能性。而我更推荐的一个关于人生的隐喻：人生在任何一个时刻都是你的起点，任何一个时刻你都会开出一条新的赛道，你的输赢，完全可以按照你的内心来界定。

10. 给你造一个"稻草人"

本节主要讨论的是概念混淆。从这个话题开始，我们要从逻辑之理慢慢过渡到语义之理了。

语义之理的意思是：你要判断论证是否有效，就要知道这个论证中牵涉到的关键词项的意思。语义之理受到逻辑之理的控制，但它自己又规定了经验之理的表达范围。要讲语义之理，它牵涉到的最基本环节就是各式各样的概念，概念是语义承载的最基本的单位，我们首先要防止在概念层面上产生混淆。

不顾语境，乱贴标签

我们先谈一谈概念混淆的几个具体表现形式。它的第一个主要表现形式是：不顾语境，乱用语义标签。

"语境"的意思是，我们使用一些语言表达式的周遭环境、谈话背景等。很多语词含义的确定，一定要根据语境来。例如，"我"这个词：

"我"指谁？我说"我"的时候，这个词就指徐老师。你用这个词的时候，就指你自己。

谁在使用这个词这件事，本身就构成了一个语境。大多数人都有能力把表达式含义根据语境加以补足。但是要小心，很多人误以为抽象名词的含义是自足的，其实即使是这些字眼，其意义也是要根据语境加以补足的。"自足"的意思是，不需要语境而自带了完整的语义。

比如，在中文自媒体上经常出现的一个词："民粹主义"。很多人都试图把它做一个负面词来使用。但是，民粹主义和我刚才所说的像"我"这样的词一样，必须要结合语境，才能获得固定的含义。

不同的人，虽然他们都有"民粹主义"标签，但他们的主张却不一样。有些人主张加税，认为国家应该加老百姓很多税，用于公共福利开支。有些人主张减税，认为应该藏富于民，让老百姓决定自己应该怎么花钱，政府应该少管事。而这两类人都自称是"民粹主义"。

而你反对民粹主义，到底是要反对第一类人，还是要反对第二类人？你不可能两类人都反对，因为就国家的税收政策而言，无非就是增税和减税两种可能性。

为了避免上面这种逻辑矛盾，我们还是先要澄清"民粹主义"的含义。我对"民粹主义"的定义是：凡是有这种特点的施政观点，都叫"民粹主义"：公共政策的制定，要根据社会中普罗大众的一般直觉来制定，而不能够根据少数精英的意见来制定。

然而，在不同国家的不同历史阶段，普罗大众的意见可一直在变。有可能在某一历史阶段中，普罗大众主张减税，而在另外一个阶段，普罗大众主张增税。所以你在说"民粹主义"时，就得说清楚，你指的是哪个国家的哪个历史阶段的哪个人群的民粹主义。否则，"民粹主义"就成了一个很空洞的标签。

只有结合具体历史语境，并由此充实相关概念的意义，我们才能在逻辑论证的过程中有效避免语词的歧义，并清楚明白地说明自己的主张。

层次混乱：曹操的两个头盖骨

另一种和概念混乱相关的谬误，叫"层次混乱"。关于层次混乱还有一个更哲学化的讲法，叫"范畴谬误"。来看下面这个例子。

一个人年轻时的时间段，是不能够拿出来作为一个平级的单位，与他的整个人生相提并论的，因为某人的青春岁月已经内在地熔铸到此人的生命整体中去了。否则，我们就会闹出这样一则笑话：

据说最近河南开了一个古墓，竟然是三国枭雄曹操的墓。在这个墓的棺材里还发现有两个头盖骨，一大一小。然后经过考古学家的研究，这个大的确定了，是曹操的头盖骨。那小的那个是谁的？另外一个人说，那是曹操小时候的头盖骨。

说到这一段下面大家可能都会笑，因为这太荒谬了。小时候的曹操是不可能与作为一个整体的曹操相提并论的。你如果认为这两个可以并列来看，那么你就犯了范畴谬误。

稻草人谬误：堂吉诃德的风车

前文我们讲到了两种概念混乱的具体表现，一种是"不顾语境、乱贴语义标签"，另外一种是"层次混乱"。下面我们引入一个新的概念，叫"稻草人谬误"。

"稻草人谬误"，就是混用各种概念混乱的方法，给你造一个"稻草人"来混淆视听。现在我就举一个具体案例：

比如，有一个地方叫赵家庄，赵家庄有个地主叫赵员外。他为人不是很厚道，收租总是喜欢多收。假设张三是乡民的代表，代表乡亲去和赵员外谈判。

张三说："赵员外，您的租子收得太多了，行行好吧，今年收成都不好，能不能少收点？大家都乡里乡亲的，心别太黑。"

赵员外说："可别忘了，去年乡里的桥坏了，还是我出钱修的呢，我心怎么就黑了呢？你可不能这样抹黑我修桥的善举。"

赵员外说的这个话，就是在玩弄稻草人谬误。老实说，张三并没有否定赵员外修桥这一善举，他批评的仅仅是，今年他的租收得的确有点多。然而，赵员外硬是说张三批评自己修桥的善举，这就等于立了一个"稻草人"（"快来看啊，张三竟然连修桥这事都要怼！"），并将其强加给了张三。这也就等于转移了人们的注意力，使得大家忘记了他今年多收租这一事实。

稻草人谬误的一个比较复杂的形态，会牵涉到对于"事实"的表述和"可能事态"的表述之间的混淆。也就是说，某事已然发生了，这是一回事，某事可能发生，则是另外一回事。千万不要把对于某事可能性的断言说成是对这件事的客观事实性的断言。

举个例子：如果张三仅仅是犯罪嫌疑人的话，这可不意味着张三真犯罪了。嫌疑人和真正的罪犯之间可是有重大区别的。作为嫌疑人，他只是承载了"可能犯罪"这种性质，但未必是真正的、事实意义上的犯罪主体。但是，很多人分不清楚这两个概念之间的区分，甚或之，别有用心的人也会在这里故意制造语义混乱，然后构造"稻草人谬误"，以便谋求他们的一己之利。

11. 从相关出发，慢慢抵达真理

本节将讨论一些比较抽象的概念，并澄清这些字眼之间的词义混淆。这些抽象概念可以分为三组：第一组是：真的、假的；第二组是：兼容、不兼容；第三组是，相关、不相关。它们是我们在评价命题或者是命题之间关系的时候，所用到的最抽象的字眼。防止这些字眼之间出现词义混乱，对促成高质量的论证来说是非常重要的。

第一组：真的还是假的？

我们先来说"真的""假的"。首先要肯定的是，"真""假"是对于单个的句子或者命题性质的一种描述。比如，对于命题"张三杀了人"而言，它什么时候是真的呢？当它符合事实的时候；什么时候是假的呢？当它不符合事实的时候。

"真的"与"假的"，这可都是很大的词，因为它们可以与各种命题内容相互匹配：小王真的和小张拍拖了，真的还是假的？这个数学猜想真的被证出来了，真的还是假的？什么命题内容都可以放在真的假的前面，只要你这个命题是有意义的。

第二组：兼容或不兼容？

"兼容""不兼容"是什么意思？首先要肯定的是，它表达的是两个句子或者两个以上句子之间的关系。"兼容"就是两个命题可以是同真的，"不兼容"就是它们不可以是同真的，也就是说，一者之真可以推出另一者之假。我举个例子：

你前面有个单色的杯子。同样一个杯子，你说"这个杯子是绿色的"，这是一个命题，说"同一个杯子是红色的"，这是另外一个命题，这两个命题不兼容，二者不可能是同真的，因为红色和绿色是两种不同的颜色。

需要注意，我现在讲的"兼容""不兼容"，仍然是在语义之理的层面上来讨论的。如果没有这个语义知识的话，是没办法做判断的。

下面，我们继续讨论一些更加复杂的牵涉到词义分析的案例。

现在有这样两个命题：

张三杀人了。

李四也杀人了。

这两个命题是兼容还是不兼容？是否可以同真呢？为了判断这一点，你就要对这两句话的关键语词进行含义的分析。这里的关键的语词是什么？是"人"。

"人"的语义分析

首先，我们分析"人"这个词。"人"，到底指的是哪个人？如果张三杀的人和李四杀的人是彼此无关的，而张三和李四也是八竿子打不着的两个人，那么我们会认为这两个命题没有什么关系。在这种情况下，我们会说上述这两个问题是兼容的。

"杀"的语义分析

现在我们设想另一种情况，如果张三杀的人和李四杀的人是同一个人，这种情况是否能够保证两个命题兼容呢？这就要分析"杀"这个词。"杀"是个动词，描述的是动作，而凡是动作，都要在时间和空间中展开。故此，面对"杀"这个词，我们就要问了：在哪杀人？在什么时候杀人？

这时我们又得分情况讨论了。第一种情况：两个人杀人的时间与地点是重合的。比如：

张三是在1979年圣诞节，于多伦多杀死了被害人约翰；

李四也是在1979年圣诞节，于多伦多杀死了被害人约翰。

在这种情况下，两个命题可以同真，因为可以设想张三和李四是一个犯罪团伙的两个成员，他们合谋，在同时、同地点杀死了同一个被害人。这在逻辑上是说得通的。

第二种情况：二人杀人的时间与地点不重合，但死的是同一个被害人。比如：

张三是在1979年的圣诞节，于多伦多杀死了约翰；

李四则是在2018年的圣诞节，于多伦多杀死了约翰。

这两个命题恐怕是不能够同真。因为一个隐蔽的背景知识是，被杀死这件事只能够发生在一个时间点，一个人不能被杀死两次。所以这两个命题不能同真，因此，这两个命题就是不兼容的。

第三组：相关或不相关？

最后来说"相关""不相关"。二者和"兼容""不兼容"一样，讲的是两个命题和两个以上的命题之间的关系，而非指单个的命题。但是，"相关""不相关"和"兼容""不兼容"在其他方面还是不太一样的，比如两个命题彼此兼容，并不意味着彼此相关；两个命题彼此相关，并不意味着两个命题彼此兼容。现在举例说明：

假设张三杀了约翰、李四杀了彼得，两件事情发生的时空完全错开，张三不认识李四，约翰和彼得也没关系，这两者当然可以是兼容的，两者可以是同真的。这两个案子显然也是不相关的，一个案子有可能在巴黎，一个案子有可能是在罗马。

那么，判断这两个命题相关不相关的标准是什么？就是这两个命题讨论的话题是否重合。比如：

张三在 1979 年杀死了约翰。

李四在 2018 年杀死了约翰。

"约翰"显然是个共通话题，使得两个命题彼此相关。在有些情况下，两个命题貌似是没有共通话题的，但经过一些推理，我们却发现它们仍然是分享了某些潜在的共通话题的。因此，我们也可以认为这两个命题是相关的。例如：

张三杀死了约翰。

李四杀死了彼得。

从表面上看，张三非李四，约翰非彼得，两个命题应该是不相关的，但是警察经过调查发现：被害人约翰是一个黑帮的小弟，而彼得同样也是这个黑帮的小弟。由此，本来的命题就要被改写了，第一个命题就变成了"张三杀死了一个黑帮小弟"，第二个命题变成了"李四也杀死了同黑帮的另一个小弟"。这种改写，可能就会引导你设想这两件事之间的关联了。

但必须指出，如果把联系范围扩大到全人类，所有的案子都是有关联的，这样，也就无所谓"无关"与"有关"的区别了。因此，我们在判断一件事和另一件事是否相关时，还要服务于特定的经验目的，譬如破案。我们再根据具体目的指向，来缩小我们对于相关性检查的范围，以免浪费时间。

从"相关性"出发，慢慢抵达真理

以上说的三组词——（1）真、假;（2）相关、不相关;（3）兼容、不兼容——之间的差别，在日常生活中常被人忽略，并由此使得论证的质量下降。所以，我们首先要区分三者之间的区别。

接下来，有人或许会问：在论证中，我们究竟要优先保证这三组词中的哪一组所提出的正面价值要求呢？换言之，是要保证句子的真更重要，是要保证话题的相关性更重要，还是要保证信念系统内部兼容更重要呢？

其实它们都重要。但是，在我们做事情的过程中，对这些语词的把握还是要有一个次序的。比较理想的次序是：

第一步，先保证相关性，保证谈话对象讨论的是同一个问题。

第二步，保证每个人说的话都要是彼此兼容的。

最后，再来确定说出来的，都是真话。为什么把"真"放在解决问题的最后呢？那是因为我们不是全知全能的，你认为是真的事，不一定是真的。与之相较，讨论的话题是否相关，我们的信念系统彼此是否兼容，是相对容易被检查的事项——所以，从我们容易检查的事情出发，慢慢地抵达真理，这才是讨论问题的正确路径。

12. 一个比喻的自我修养

上面介绍的论证思路，都属于常规路线。但是，为了开脑洞，有时候也不妨剑走偏锋。这时候，类比论证就能起很大的作用。

怎么打个巧妙的比方？

"类比论证"，俗称就是打比方。也就是说，当我们说两个事项 A 和 B 相关的时候，我们可以通过打比方提取相关性。类比思维的一个重大功用，就是能够帮助你快速地理解问题、把握关系，同时找到问题的解决路径。

为了帮助大家理解这一点，我们不妨就把《三国演义》的故事加以萌化，以作为相关案例。

比如，刘备要开一个公司，这公司里缺一个经理，而关羽、张飞都不像是能当经理的样子。他就在招聘网站上问了："有人来做总经理吗？"然后，几万份简历"哗"地就涌到他面前了。刘备没法睡觉了，不吃不喝看简历也看不过来。

　　这时，他就需要快速地在这些海量的信息里找到更适合做他团队经理的人。这时候他的微信群里有人说话了。一个非常信任的人对刘备说："我推荐一个人才，叫诸葛亮，他的简历你优先看。"可刘备说没听说过诸葛亮呀，凭什么他就行呢？推荐人又说："诸葛亮对于您的帮助，就好比是管仲对于齐桓公的帮助。"刘备一听，原来他这么厉害，于是就开始认真读他的简历了。

　　这里提到的管仲，是齐桓公创立霸业时的重要辅臣。说诸葛亮之于刘备，就像管仲之于齐桓公，这也就意味着诸葛亮能够像管仲帮助齐桓公一样帮助刘备创立霸业。而正是靠着类比思维的帮助，刘备才能够在这么多人之中迅速地将诸葛亮给挑出来，以解决他的团队构建难题。

　　类比思维在问题解决路径当中所起到的作用，可以被抽象为这个样子：假设有一个要素叫 A（管仲），可以达成目标 C（促成霸业）。现在我们又知道 B（诸葛亮）与 A 很类似——所以，B 也可以促成目标 C。这就是类比论证。

找准关键的"像"：老天爷不瞎，别敷衍了事

　　但类比论证不能乱用。下面我就讲讲，哪些类比思维是无效的。举个例子，中国古代如果碰到大旱灾，要让老天爷下雨，皇帝经常做的就是要祭祀求雨。在祭祀求雨的过程中，人们经常做的事，就是要捏一条土做的龙，以便求雨。为什么要做龙？这其实是一个类比论证：

　　1. 真龙能够引发大雨；

　　2. 土龙和真龙很像；

3. 所以，土龙也可以引发大雨。

这就是做土龙的道理。这个论证有问题吗？我们且不管"真龙能够引来大雨"这个大前提的真假，我们只考察这个论证本身是否有效。

我认为是没有效果的。我们前面说过诸葛亮与管仲的例子。在那个例子中，诸葛亮和管仲是在一个很关键的维度上彼此相像的——这不是说管仲个子高，诸葛亮个子也高，也不是说管仲小时候长过青春痘，诸葛亮小时候也长过青春痘。这里的关键是：两个人都有治国的才能，而治国的才能对于安邦定国这件事来说是直接相关的。所以，就像齐桓公看重管仲一样，刘备也看重诸葛亮。

看来，要打好比方，要保证两件事像还不行，而且还要保证二者在一个非常关键的方面上像才行。但我们又如何知道哪些方面是关键的，哪些方面又不是关键的？这就不是类比推理能够迅速解决的问题了。这需要另外一种思维的介入，此即"因果归纳"。

而对于因果问题的讨论，已经逼迫我们进入经验之理的天地了，后文会有详述。不过，现在还没到正式讨论经验之理的时候。

13. 为何黄西的脱口秀对有些人来说不好笑?

本节主要谈一谈"预设"在推理之中所起到的作用。"预设",即"预先在论证中所做出的那些设定",也就是所谓的"背景知识"。

黄西脱口秀里的预设是什么?

为了了解预设,我们首先来看一个案例。我们知道,有一个华人脱口秀明星黄西,在美国非常有名。他曾给时任美国副总统的拜登(他在本书出版时已经是美国总统)表演过一场脱口秀,相关视频在中文自媒体的传播度也非常广。

其中有这么一段,讲到的是黄西在进行入美籍的考试时,他被问到了这样一个问题,"你知道什么是美国宪法的第二修正案吗?"黄西的答案是个反问句:"宪法第二修正案?难道这就是我家楼下便利店被抢的原因吗?"

他说完以后,在场的美国人哄堂大笑,但是很多看中文字幕的中国观众却是一脸混沌。为什么美国人都笑了，很多中国人没笑？这就是因为他们没有美国人的背景知识。美国宪法第二修正案是允许公民合法持枪的，这样一来，买枪就非常容易了。不过，这样一来，坏人买枪也很容易，你楼下的便利店不就时刻等着被抢了吗？

所以，黄西一看到美国宪法第二修正案，就立即联想到了楼下便利店被抢的这一经验，而这种联想本身也构成了某种对于美国拥枪文化的反讽。美国的听众有这种背景知识，也听出了黄西的言外之意，也感受到了这一反讽背后的严肃的法律问题。而如果中国听众缺乏对于美国文化的相应了解，是很难感受到美国听众所感受到的东西的。

如何运用预设，充满"武德"地聊天？

在日常对话中，"预设"或说"背景知识"是起到很大作用的。我在上课的时候也碰到一些学生，他们会在不相干的事情上破坏我构成的某种隐蔽的预设。

例如，有一次我在课堂上讨论了这样一个问题：如果把达尔文主义用到社会科学中去的话，我们会得到什么后果。比如有一门学科叫"演化心理学"，其核心思想，就是把达尔文用来讨论生物演化的那种理论结构，用来讨论人的心理结构。这就预设了达尔文的演化论在生物学层面上是有用的，否则心理学家也不会用它。

但有个学生这时就说了："老师，你先得跟我说明白，为什么在生物学层面上达尔文是对的呢？"而我则说："你若要怀疑这个预设的话，我下面这课就没法上了，你不能一路就这样怀疑下去。"这就是人们日常所说的抬杠。

什么叫"抬杠"？从哲学的角度上看，"抬杠"就是破坏谈话预设的共识前提和背景知识，使得讨论无法进行下去。

但也有人说，如果这样说的话，那么科学史上是不是很多人都在抬杠呢？譬如，本来我们都认为大地是平的，后来发现地球是圆的了，第一个发现地球是圆的的人肯定被人指责是抬杠，是不是？达尔文一开始也被人指责是抬杠，因为达尔文以前的人是不相信物种演化的。你这样反对抬杠的精神，不是要破坏人类的创新精神吗？

我来告诉大家：哥白尼、达尔文对于传统见解进行挑战的例子不算抬杠，他们都是伟大的科学英雄。这是因为，他们提出新见解的时候，是有根据的。它们指出了旧见解的问题，然后才提出了新见解。同样的道理，如果一名学生在哲学课堂上指出达尔文有问题，那他就得说明达尔文哪里有问题，要给出一个论证，并承担论证的责任。但现在我那个学生是怎么做的呢？他觉得达尔文有问题，却要让我来承担论证责任，这就很荒谬了。所以这才叫"抬杠"。

现在，我们已经看到了，对于一场建设性的谈话来说，保持说者与听者彼此预设的一致性，到底有多重要。这些预设其实也不是不能挑战，但谁来踢馆，就应当先自己备好证据——否则就是"不讲武德"。

14. 这点balance你心里可以有

本节主要谈一谈如何识别预设。

看完前文的朋友，可能会问这样一个问题，照你前面的讲法，预设好像是一个经验之理（比如达尔文的理论的正确性，就是经验之理的一部分），可为什么你要在语义的层面上讨论它呢？

的确，预设牵涉到了很多经验层面上的信息。然而，我们之所以能在语义的层面上讨论预设，是因为谈话预设与谈话表层意思之间的语义关系，是可以在语义层面上处理的。

换言之，虽然对于具体预设地对错的判断，我们有时的确需要诉诸经验，但关于预设的语义内容是什么，我们可以仅仅通过对于谈话表层意思的挖掘，来加以确定。掌握这一技巧，对于帮助我们理解别人的思想，构建良好的谈话的互动关系，是非常有益的。

下面我们就来看一些具体例子。

技巧一：名词的预设

谈话时，我们总是会使用到名词，而在大多数的情况下，如果人们只是在一个陈述句中谈到一个名词，这些名词所指涉的对象就应该是存在的。

比如，有一位编辑与老张说了这句话："你最近可以和小曹谈一次。他最近写的那篇稿子，写的是什么东西，他还是中文系毕业的呢！"这句话里面提到了一些名词，比如说"小曹"是个名词，"那篇稿子"是个名词，等等。由此看来，这句话就预设了这个世界上有一个人叫小曹，同时也预设了世界上有一篇小曹写的稿子。"小曹"和"那篇稿子"这些名词指涉的对象都是存在的，这就是预设。

技巧二：状态副词的预设

除了名词的预设，很多状态副词的使用也可以体现预设。

有些苦情戏里面会说："妈妈，能再爱我一次吗？"这句话里面出现了"再"。"再"这个词它又预设了什么呢？预设的是妈妈曾经爱过我。请注意"再"这个词的使用，它预设了与字面语句所描述的事件类似的事件，在过去已经发生过了。

技巧三：动词的预设

很多动词的使用也包含了相关的语义预设。

比如下面这段对话："小曹，你最近在干吗？""我在写小说。"另一个人问小曹："你难道还没有停止追求文学梦？"那么"停止"

这个动词，它所给人的预设是什么？这个预设是小曹一直在追求文学梦，而且提问人是知道这一点的。

为什么"停止"就牵涉到"一直"？因为停止是个动作，一个动作戛然而止，就说明这个动作曾经开始而且曾经持续。

技巧四：心理动词的预设

还有一类动词，它也有一个非常复杂的预设：这类动词值得说明，这就是所谓的心理动词。心理动词是指你的心理动作，比如"你知道""你相信""你怀疑""你抱歉""你后悔""你期望"，等等。

我们就可以看这样一个例子。比如，你说了这么一句话："张三知道李四是杀人犯。"请注意，虽然这句话的主语是张三，但是这句话的核心词心理动词是"知道"，这就说明你（作为说话人）也认为李四是杀人犯。假设你认为李四不是杀人犯，张三只是道听途说，你就不该这么说了，你得说"张三认为李四是杀人犯"——这时候，李四在你的心目中是不是杀人犯这件事是未定的。

心理动词"相信"和"知道"之间的区别，可以被总结为：当你说别人相信一件事的时候，你本人不一定认为这件事是真的，而当你说人知道一件事的时候，你自己也认为这件事是真的。这就是"知道"这个词所具有的很强的预设力，在使用时需要特别注意。

一个更加复杂的案例是"忘记"。"小张出门忘记带钥匙了"——这句话预设了什么？预设的是小张应当不忘记带钥匙，而且小张应当是知道带钥匙这件事的。它还带有一个具有规范性色彩的预设，即他应当知道并应当记起这事。

技巧五：条件句中的预设

要注意，如果牵涉到条件句，里面所涉及的预设就会更加微妙。比如：

第一句话，如果约翰认为我有个"80后"的弟弟，他就会更好地理解我现在的做法了；

第二句话，如果约翰知道我有个'80后'的弟弟的话，他就会更好地理解我现在的做法了。

第一句话的开头是"如果约翰认为……"，第二句话开头的是"如果约翰知道……"——这两句话背后的预设是不一样的。第一句话并没有预设我一定有个"80后"的弟弟，但是第二句话却预设我一定有一个"80后"的弟弟。

所以，"知道"出现在这里，就是反复地提醒你：它说的事情是成立的，即使前面有一个"如果"，也不会影响这一点。这是我们在做复杂的从句分析的时候所要注意的。

我们来总结一下。虽然对于预设真假的讨论将不得不诉诸经验之理，但是，只要对谈话中所牵涉的一些语词的意义进行恰当分析，我们仍然能够获得足够丰富的关于谈话预设的信息。譬如，我们可以分析谈话中出现的名词、状态副词、动词，尤其是各式各样的心理动词，以此来管中窥豹、一叶知秋。

15. 润物细无声地坑你

本节谈一谈对于预设的误用将会给论证带来的各种麻烦。

循环论证：墨索里尼总是有理

对于预设的种种误用，都可以被视为一种论证谬误形式的衍生品，这种论证谬误形式就是所谓的"循环论证"。

循环论证的特点便是在前提里已预先地表达了结论的内容，或者说，结论已经提前出现在前提里面了。换言之，预设的内容就是论证的结果。但这种论证是无效的，因为论证是从"已知"到"未知"的思想摆渡，而不是从"未知"到"未知"的同义反复。

循环论证是胡搅蛮缠者最喜欢的思想扰乱器之一。譬如，在意大利的法西斯主义统治时期，就有一句名言叫"墨索里尼总是有理"。那么，为什么这句话本身是对的？因为墨索里尼总是有理。好吧，因为墨索里尼总是有理，所以墨索里尼总是有理——这就是循环论证：

你不知道它的结论是从哪里来的，因为它的前提就是它的结论。

——那么，是不是只要吾辈使得论证的前提或者预设变得与其结论在内容上彼此不同（而不是彼此同义反复），由此就不会导致论证的谬误形式了呢？没这么简单。"不同"的隔壁邻居是"不类似"，正如"相同"的近邻是"类似"一样。换言之，如果你的预设依然包含了与结论类似的内容，那么，这样的论证依然貌似就是"循环论证"的衍生品。

"循环论证"衍生品的误用形式：照坑你不误

这样的衍生品，大致有"诉诸后果""诉诸传统"与"诉诸人格"这三种。

诉诸后果：治不好病的都是庸医

诉诸后果的论证的特点是：在论证之前，论证提出者已经做出了这样一个预设：他主观上希望出现的那个结论，就肯定代表了真理。

在日常生活中，很多人就是喜欢听他希望听到与乐意听到的事情。比如，某公司的领导他要重用小张，便故意问下面的人："你们对小张这个人有什么意见？"下面的人如果秉承领导的意思，就得故意说一些关于小张的好话，那个领导听了自然会非常开心。有可能小张实际上并没有这些人说的那么好，但是只要领导认定了小张，他就会接受这些人所给出的"论证"。

但是"诉诸后果的谬误"之为谬误，并不意味着我们不能通过做一件事情所导致的客观后果，反过来去检查做这同一件事的思想的前提。那么，为什么上面的做法的确可以被允许，但"诉诸后果的谬误"却依然是谬误呢？这是因为，此处所说的"后果"并不是实际的后果，而是说话人内心希望看到的后果。这就等于换了一种方式，将自己的论证结论放到论证前提中去了。所以，这是一种衍生版的循环论证。

诉诸传统：祖宗之法不可变

"诉诸传统"指的是：在自己的论证前提中，无原则地诉诸传统，认为祖宗之法不可变。请注意，我反对的是无原则地诉诸传统，而不是反对合理地去借鉴传统。我的意思是，在传统中的有些做法明显地遭遇反例的前提下，我们就不能诉诸传统了——若非如此，"萧规曹随"还是可以的。在我看来，要求无条件认可传统的人，肯定会遭遇到两个难题：一个是逻辑难题，一个是语义难题。

先来说说逻辑难题。假设你的祖宗就是一个很喜欢变化的人，那么你若要诉诸传统的话，你又该怎么做呢？你要做一个保守的人，还是做一个善变求新的人？这里的逻辑难题是，如果你是学着祖宗一起善变的话，你就得去改变你的祖宗定下的某些规矩；但如果你在每件事情上都按照祖宗的要求去做的话，那么，你又如何在祖宗在此日的做法与其在彼日的做法之间进行取舍？

另外一个是语义难题：如何理解与解释祖宗的特定行为的意义？不同的解释方案，显然会将你引向不同的传统——你要遵从其中的哪一个，这又会导致新的难题。所以，喜欢诉诸传统的人，彼此之间经常为了争夺解释权而斗个不亦乐乎。

诉诸人格：差生怎么可能做出这道题

什么叫"诉诸人格"呢？就是在做逻辑论证的时候，预设一个人的人品或者人格好，他的行为与信念就是靠谱的；一个人的人品、人格不好，他的行为与信念肯定就是不靠谱的——且不论他到底说了啥，做了啥。

我们小时候都会碰到这样一个问题。比如，如果你是班上的一个差生，被认为数学成绩不好。假设某一次数学测验，你的成绩考得特别好，这时候老师可能会怀疑你作弊。为什么呢？因为老师使用的是一种"诉诸人格"的论证。这个"人格"不仅仅是指道德，也可以泛指你的一般意义上的能力。老师认为你就是数学能力差，在这样的一种预设的引导下，他就认定你是不可能做出这么难的证明题的。由此他就会接着想：既然你真的把正确答案解出来了，那很可能就是因为你作弊了。

必须指出的是，这种粗放的思维方法，很可能会误伤一些无辜的同学，尽管它有时候也能帮助老师找到真正的作弊者。但需要注意的是，即使是有同学真作弊了，诉诸人格的论证也不能作为"呈堂证供"，因为它缺乏客观的有效性。

最恶意的预设误用：故意催眠别人

接下来我们说说所谓的"预设催眠"。

"预设催眠"是指：论证的构造者明明知道这个论证是有问题的，但出于某些特殊的原因，故意通过类似于催眠的方法，来使得别人接受该论证的特定预设，由此接受这个论证本身。由于此类论证的使用者是"揣着明白装糊涂"，所以他们对于预设的误用是带有明显的主观恶意的。而在前面提到的几种预设误用中，论证的构造者可能是自己真糊涂了，而不是装糊涂。

为什么"接受预设"会与"催眠"联系在一起了呢？我们之前说过，"预设"和"逻辑前提"之间的关系是，逻辑前提是被说出来的预设，预设则是没有被明说出来的逻辑前提——所以，预设往往是以润物细无声的方式隐藏在我们的背景知识之中的。也正因为预设没被明说出来，所以它们很容易在认知检查中被大家忽略。换言之，玩弄预设信息的催眠者，会偷偷地把他们要喂的料，以"预设"的方式嵌入到你的背景知识里面去，由此进入到你的潜意识之中，然后再引导你得出他希望你所得出的这些结论。

比如，有一个董事长，他若要对员工洗脑，就会这样说："家长么，都应该关心子女；故此，我这个董事长，也会关心员工的。"这句话里面有一个未被明说的预设，便是：董事长与员工之间的关系，可以被类比为家长与子女之间的关系。也就是说，董事长通过这种隐蔽的类比，制造出了一种类似于家庭的公司氛围。

但他这么说的真实意图是什么？可能便是要强化公司内部的垂直管理关系，让员工心甘情愿地接受超额的劳动。但是这件事不能明说，只能通过预设来慢慢对员工洗脑，由此使得相关信息成为员工思维当中的模板。

就此，我已经概要说明了何为"循环论证"，何为"预设误用的种种形式"。我前面已经提到过，这些预设误用的形式都是循环论证的某种衍生品，因为二者之间是有某些类似之处的。具体而言，循环论证的本质，是把结论预先放在前提当中——而这个前提本身的合法性却根本没有得到任何的检查。同样的道理，误用预设的种种论证谬误的共同点也就在于：这些论证的预设的合理性，全部没有得到认真的检查。只不过，"预设"还是有其特殊之处的：凡是预设，均没有被明说；而在循环论证中，凡是被预先给定的前提，确实已经得到了清楚的表征。因此，我们就可以将"误用预设"的种种形式，视为循环论证所"生"下的更为狡猾、更懂隐形术的子女。知道了这些游戏该怎么玩，我们也就能够在日常生活中提高鉴别这些把戏的本领。

16. 戴眼镜的都是渣男？

本节要讨论的是归纳论证。由此，我们的讨论内容也将慢慢进入经验之理的层面。

复习一下：讲道理有三个层次：第一个层次是逻辑之理，第二个层次是语义之理，第三个层次是经验之理。逻辑之理讨论的是语句或命题的逻辑形式，语义之理讨论的是各个概念之间的语义关系，而经验之理则牵涉到上述这些道理在经验世界中的运用。经验之理的层面上，最典型的论证形式就是归纳论证。

归纳论证：戴眼镜的都是渣男？

归纳论证的特点是什么？它的特点是前提的信息没有办法涵盖结论的信息——前提的信息比较少，结论的信息比较多，所以结论要跳出前提的范围，给出更普遍的结论。

我举一个例子：小红在以往所交的男朋友都是渣男，而且他们都是戴眼镜的。从这个前提中能不能得出这样的结论呢？天下戴眼镜的男人都是渣男。大家或许立即就会觉得这个结论有一些不对劲。但从论证角度看，这的确是一个归纳论证（尽管很不成功），因为它从对于一些个别情况的搜集当中，试图得出一个具有普遍性的看法。

人们在日常生活中经常要使用归纳论证。为什么呢？因为人类的生活太复杂、案例太多了。因此，我们需要一些普遍性的概括，让我们抓大放小。这些概括从哪里来呢？从归纳中来。

归纳论证的问题是：尽管它的确很有用，但是它有时却很不靠谱。然而，完完全全靠谱的归纳论证，其实是不存在的。现在我们就碰到了一个难题了：归纳论证要不靠谱到什么程度，才算是不可接受的？"可接受性"的标准是什么？真的是愁煞人。不过，为了入门，我不妨先讨论哪些归纳论证肯定是非常不靠谱的，由此把这些最极端的案例加以排除。然后，我们再看看余下的归纳论证的案例是不是更靠谱一些。

三人成虎式的"仓促概括"与"幸存者谬误"

第一类非常不靠谱的归纳论证，就是所谓的"仓促概括"。意思是说：从一部分很小的样本出发，仓促地得出了一个很具普遍性的结论。我们平常所说的"三人成虎"这个成语，说的也就是这意思。

还有一些别的案例。有些人去国外，可能带有一些不良的卫生习惯，如随地吐痰。但是，若一个外国人看到个别国人有这种行为，他就做出了这样一个不太恰当的概括，说中国人都是这个样子——这就是仓促概括的具体案例。

还有一个很有意思的谬误，它与仓促归纳有点像，即"幸存者谬误"。"幸存者"在这里指的就是战争中有能力活下来并且提交战斗报告的人。换言之，若军队上级要研究战场的真实情况，他们的归纳所依赖的具体样本，仅仅来自幸存者，即那些能说话的人，而无法涵盖那些已经死掉的人的所见所为。因此，这样的取样是非常偏颇的。

我们在日常生活中也会碰到这个问题。有些人觉得进行高学位的深造没有什么意义。他们所提出的一个理由就是，你看看马云，他商业做得那么成功，但是他的学历恐怕要比他所管理的很多人的学历都要低，所以学历有什么作用呢？但是他忘记了马云是商战当中的幸存者。我们不要忘记了，在同一个战场中，已经有多少人倒下去了；在职场竞争中，到底有多少低学历的人一直没有爬到较高的生态位。

为何仓促归纳在日常生活中如此常见？这就是因为一个"懒"字。换言之，人类在搜集案例的时候，总是从身边比较容易搜集的那些情况出发，而忽略那些自己看不到的事情。但是请注意：恰恰在你看不到的事情里面，或许就藏了很多"魔鬼的细节"——所以，当我们进入经验之理的层面来思考问题的时候，我们就要伸长"触角"、多听多看，摆脱私见可能带来的误导。

拒绝归纳：三万人都不成虎

第二种归纳谬误，就是所谓的"拒绝归纳"：即使是在样本量已经足够多的情况下，也拒绝归纳出一个结论来。

举个例子：一个皇上要服某个炼丹士献上的仙丹。太医跟皇上说："这个炼丹士已经用这种仙丹喂死五千个太监了，皇上您不要再吃这仙丹了。"皇上仍然将信将疑，要求再找一万个宫女去做人体实验。这就叫"拒绝归纳"。

拒绝归纳之所以会产生，很可能就是因为当事人性格过于狐疑，由此对任何经验调查表示疑问，优柔寡断，没有大主意。在这种情况下，他们对于归纳所需要的样本空间的规模，往往会提出非常高的要求，高到让人根本无法接受。与"三人成虎"的毛病相比，这种毛病更为致命——因为仓促概括依然有机会蒙中真理，而拒绝归纳则永远不可能得出任何结论。

基于"吸睛度"：死于心脏病的人真的更多吗

这种谬误的意思是，当海量的事物在我们的心理世界中呈现出来的时候，我们的注意力机制会天然地对其中的某些具有"吸睛度"的事情感兴趣，而对另外一些事情加以忽略——而那些我们感兴趣的事情就会自然进入了相关的归纳活动所依赖的资料库，而那些我们不太感兴趣的事项则在归纳活动中被忽略。

请看下面一个例子：有心理学家曾经问过很多美国人一个问题："你觉得在世界上死于流感的人多呢，还是死于心脏病的人多？"很多人都说死于心脏病的人多，尽管实际答案是死于流感的人多。

为什么呢？因为"心脏病"是一个很有"吸睛度"或者"凸显度"的词，"流感"没有这么大的凸显度。我们心理上容易偏向更有凸显度的字眼，想起身边的人因为心脏病死掉的案例，而会忽略掉死于流感的真实人数。

基于趣味性：越八卦越好玩

第四种是基于趣味性的谬误。这里为何要提到"趣味性"呢？任何案例，只有变成语言的形式，才能在公众之间流传。但容易被流传的，往往是故事，也就是具有有趣的情节与人物的事件结构。换言之，越八卦的故事就越容易得到流传，尽管并非越八卦的故事越容易是真的。

然而，当人们在考虑一件假设性命题的成真概率的时候，往往就会把那些更有趣、更八卦的证据性事件纳入考量范围，由此导致概率误判。

很多在自媒体上做营销的人也是抓住了这个心理。要营销一个故事，这个故事里面就要扯上权力、金钱、性等等"刺激"要素。在这样的一个信息环境中，大家很可能就会得出一些错误的结论。

排斥重要案例：意大利军队最厉害，除了不会作战之外

第五种是排斥了最重要的例外的归纳概括。

这话说起来有点拗口，我来解释一下。大家都知道，再好的归纳概括也肯定有例外。正因为害怕有例外，所以我们为了把话说得比较圆润，就会说"一般而言这个概括是成立的，只是在某某例外发生的情况下它才不成立"。然而，如果例外太多了，或者把太重要的事情也当成例外了，上述的这种概括法就会被质疑。

比如，小张说，根据他对二战史的研究，意大利军队是二战中最厉害的军队，除了不太会打仗以外。这实际上就是把军队的最为重要的一个功能（打仗）当成例外来加以排除了。

现在我们来小结前面的讨论。尽管所有的归纳论证多多少少都有点不靠谱，但我们还是要先把那些最不靠谱的归纳论证予以排除。哪些归纳论证形式是明显不靠谱的？第一种就是所谓的仓促归纳，第二种就是在有很多证据的情况下仍然拒绝归纳，第三种则是基于表征的"吸睛度"的归纳，第四种是基于故事的趣味性来进行的归纳，第五种是在归纳的例外中放置过于重要的事项的错误。

17. 归纳是一种主观世界的产物

　　为什么要讨论归纳的本质呢？因为我们的经验之理在很大程度上都是通过归纳获得的，怎样的归纳是靠谱的，怎样的归纳是不怎么有效的，是我们在日常生活中经常要想到的问题。所以，我们要在哲学层面上来思考归纳的本质是什么。

　　而要考虑归纳的本质，就必须回答这样一个问题：归纳到底是不是一种主观心理的产物呢？或者，它还是像演绎逻辑一样，是具有一定客观性的推理形式呢？

　　这里我就不得不提到两位哲学家对于归纳本质的观点。一位是哲学家大卫·休谟，另一位是纳尔逊·古德曼。这两位哲学家都认为：归纳都是主观性的，都是主观世界的产物。但这一观点，我们要怎么理解呢？下文将分别介绍休谟和古德曼的观点。

休谟：归纳是基于时空毗邻关系的一种心理习惯

休谟认为，人们所说的归纳活动，就是生活在感官所能触及的世界中的人类心灵所作出的一些心理概括活动。这个概括活动所依据的，就是人类心理的各式各样的秉性、倾向和习惯。这就是休谟关于归纳本质的心理主义论点。

请注意，休谟所说的世界，是你能听到的、摸到的、看到的、嗅到的，或是你能想到的世界。不过，即使思想也离不开感官。比如，一个高三男生做了个梦，班上的女神总算理他了——但是，它在梦里面所想到的那个女神的面容，仍然是他白天所已经看到的，仍然是对于他的感觉要素的不同结合。

但在我们的感觉世界之外，真的就没有什么"外部世界"吗？针对此问，休谟就反问大家了，你能超出你的感官世界吗？你即使试图对一座不曾存在的金山进行思考，也是把你已经看到的不同的事物的不同感觉要素加以重组罢了。人人皆在自己可触及的世界之内，孙悟空是跳不出如来佛的手掌心的。

基于上述观点，休谟再邀请我们思考这样的问题：归纳的对象是什么？归纳的目标是什么？很多人恐怕会说：归纳的目的是找到规律、与法则，而且这些规律和法则往往是以因果律或者因果形式体现出来的。

但休谟的进一步的问题是：这些因果律和因果形式，到底是在哪里呢？

一个人如果不了解休谟哲学，而只凭借他自己的直观去判断的话，十有八九就会回答说：这些因果律，实际上就是世界本身的客观规律。但这恰恰不是休谟所要说的。

休谟为了与常识的这种观点作战，提出了这样的一个论证：假设因果律是客观存在的话，那么原因发生了，结果就会发生，是不会发生"原因发生了，结果却没有发生"的例外的。但是，在我们观察到的经验现象里面，凡事都是有例外的。

休谟最喜欢举的例子是："太阳晒石头，石头热了。""太阳晒石头"，这是你先观察到的一个现象，"石头热了"则是后续的现象。不得不承认，你的确观察到了这两类现象之间的前后相续，然后在不同的时间与不同的地点，这样的一个前后相续关系又反复出现。由此，你就产生了一个心理习惯：下次太阳晒石头的时候，石头也会跟着热了。

但麻烦的是，经验世界充满例外，你不能够保证心理习惯不会被打破。说不定哪一天，太阳晒了很长时间，但是石头就是没热。或者倒过来说，今天没怎么出太阳，阴雨蒙蒙的，但是石头反而热了。这也就是说，如果你只看到"太阳晒石头"，就认为"石头热了"是它引起的，并认为这两者之间有因的联系，那么，按照休谟的哲学标准，你的这种想法就有点不靠谱了。

在休谟看来，那种百分之百靠谱的因果框架模型是不存在的。能够存在的，乃是在我们可触及的世界之内的寻找规律的心理活动，而这个活动的实质就是归纳。归纳活动所依赖的心理机制，有追求稳定的、可重复模式的倾向，也就是仰仗于习惯的力量。

休谟的相关想法，总结起来就是三句话：第一，客观因果不存在；第二，主观因果即归纳；第三，归纳的本质即心理习惯。记住这三句话，就可以把休谟哲学当中最重要的思想把握住了。

古德曼：归纳是对于概念系统的选择

世界上并不是只有休谟一个人在思考归纳问题。下面我们就要引入另外一个哲学家。他是个美国人，叫纳尔逊·古德曼。

古德曼的思路是这样的：任何概括和归纳的结果做出来之后，总得用语言表达出来。要用语言表达，就要用到概念，比如在语句"所有的人都会死""所有的鸟都会飞"中，就会用到"飞""死"这些概念。然而，在此过程中，挑选不同的概念，概括的结果是不一样的。所以，最后我们偏好哪一种概括结果，在根底上就是一个概念选择的问题。

为了说明这一点，他给出了一个思想实验。

我们都知道，人类的颜色词汇可谓林林总总，有"绿的""蓝的""透明的""白的""青的""黄的""紫的"——所有的这些颜色词汇都有一个特点，就是它们本身并不包含时间因子。

比如，"过去这朵花曾是红的，现在这朵花还是红的，未来这朵花恐怕就不会红了"，"红"这个词和"过去""现在""未来"这三个词分属不同的概念系统（即颜色系统与时间系统）。不过，硬是要打破这两个系统之间的界限，也是可以的。比如，有人就可以发明一个新词，叫"现在红"——也就是说，这个词表示这朵花"现在就是红的"。很显然，这个词就自带时间因子了。

古德曼就顺着上面的思路说，我们现在就不妨想出这样一些自带时间的颜色词，比如"绿转蓝"。"绿转蓝"是什么意思？就是在一个小时之内你看它，它还是绿的，但过了一个小时以后，它就转成蓝色了——所以就叫它"绿转蓝"。

但为什么这个新概念会引起哲学困惑呢？相关困惑如下：假设你现在得到了一块宝石，并观察它59分钟了。宝石现在的颜色仍然是绿色的，现在就问你：这块宝石归根结底是什么颜色？现在你有两个概括方案。第一种概括是：既然我已经看了它59分钟，并看到它一直是绿色的，那么，它就是绿色的。第二种概括是：它的颜色是"绿转蓝"。这是因为，既然"绿转蓝"的意思是指一个小时以后它就会变成蓝色，而现在还没到一个小时，所以它就可能是"绿转蓝"的。那么，到底说它是"绿色"好，还是"绿转蓝"好呢？

根据古德曼的哲学观点，你选择哪一个概念系统，你就会得出怎样一个概括的结论。如果你接受的概念系统和大多数人一样，认为颜色词是不应自带时间因子的，那么就会说它是"绿的"；但是，如果接受了一种自带时间要素的新的颜色概念系统，你也就会认为"绿转蓝"这样的概念也是可以接受的，并由此采纳第二种概括。

所以，在古德曼看来，归纳方案之间的斗争，在根底上乃是不同的概念系统之间的角逐。至于心理习惯的作用，也只有在确定概念系统的前提下才是重要的。在这个问题上，古德曼的想法与"习惯"二字不离口的休谟是不同的。

哲学讨论要秉持省力原则

我个人的哲学观点还是比较偏向休谟。在我看来，休谟实际上已经提出了一个基本思维原则，就是心理活动其实是按照节省和省力的原则来进行的。

具体而言，我们为什么要把两个相邻的现象，看成彼此之间有因果关系的？就是因为这样想省力。你把两个毗邻的东西归为一类，这多省力啊。

而像"绿转蓝"这些概念的介入，则会破坏这个省力原则，这里面所牵涉的观察时间的长度实在太惊人了。如果人类要使用这样一种概念来思考的话，会非常非常累。总结起来就是：在哲学讨论和科学讨论里，我们都要秉持这样一个原则：你如果能够用相对简单的道理说明复杂现象，那么你就应当偏好相对简单的道理——除非这些道理的确无法将其所面对的现象解释清楚。

18. 康德、休谟和亚里士多德的神仙吵架

上面我们主要说的是归纳，而本节则要讨论因果关系的本质。当讨论到归纳的时候，经常会牵涉到因果，因为二者就像一枚硬币的两面。

正确地判断因果关系，对于我们的日常生活和工作是有很大作用的。这是因为，我们若要在经验的层面上对世界上所发生的诸事件之间的关系进行梳理的话，就特别需要因果关系来帮助我们。

那么，因果关系的哲学本质是什么呢？不管它是什么，首先我们要确定：对于因果的讨论，肯定是处在经验之理的层面之上的。

因果关系里的时间因子

讲到因果，我们经常使用的句型是"因为……发生了，所以……发生了"。稍微一转换，也可以变成"如果……发生了，那么……发生了"。如果把它转换成"如果……那么……"的句型，那么，这就

很像在"逻辑之理"的层面上所讨论的"条件句"了。既然因果之理都是可以用"如果……那么……"的句型来表达的，那么，为什么因果之理不能在逻辑的层面上来加以讨论呢？

之所以不能这么做，理由就是：尽管所有的因果关系都可以通过"如果……那么……"这样的句型来加以表达，但是很多"如果……那么……"的句子，未必就一定表达了因果关系。先看下面这个例句：

如果连你的话都可以相信，那么母猪就能上树了。

这句话并不是因果关系的表达，但它是逻辑之理层面上的"条件句"的一个案例。

这里需要注意的是，在这样一个"如果……那么……"的句子里，有一个很重要的因素是不出现的，也就是时间的前后相续关系。在"信你的话"和"母猪上不上树"之间，没有先来后到的关系。

再看另一个句子，情况就不一样了：

如果老大现在就对小弟发令的话，小弟我立即背着母猪上树。

这里情况就不一样了，因为这里明显是有一个因果关系的。换言之，在这种情况下，因与果在时间上的前后相续关系是非常明显的：肯定是老大先发命令，小弟才能跟着执行命令。

不过，这也不是说前后相续的事件发生了，就一定是因果关系，因为两件事可能是偶然地前后相续了。比如，你上了地铁 3 号线，我也跟着上了地铁 3 号线，这未必是因为你和我之间有什么因果关系。与之对比，你如果发个短消息给我，说"我上 3 号线了，你快跟上我"，我看到这个消息也上去了，这就是因果关系。所以，有时间先后相续未必保证因果，但是凡有因果关系者，必然有时间上的前后相续关系。

存在感官范围之外的客观因果吗？

正因为因果性和时间完全勾连在一起，而时间又是感觉材料存在的基本形式，所以我们就回到前面那个问题上了：在感官范围之外，到底有没有因果性呢？而这又牵涉到了另外一个问题，在感官范围之外，到底有没有时间呢？

关于这方面的讨论，不同的哲学家是有不同看法的。在这一节我们也要引入几个哲学家的讨论，就是康德、休谟和亚里士多德。

客观因果不存在

休谟发言："我再重申一下我的观点，所有的因果都是主观因果，客观因果根本就不存在；而主观的因果归根结底就是归纳，归纳的本质是一个心理活动，其本质就是习惯……"

亚里士多德说："我觉得这个世界上真的是有原因的。你在感官范围之内与之外所划定的楚河汉界，我认为是有点夸张了。我认为，原因和结果之间的关系有四种，这主要是根据原因分类，分别叫'形式因''质料因''目的因'与'动力因'。"

休谟听不懂了，说："你能举些例子吗？"

亚里士多德说："好，我问你一个问题，你家房子为什么那么牢固？从形式因的角度上来看，就是因为你房子的设计方案（形式），是最牛的设计团队做的。形式因的介入，也牵涉到了时间上的先后相续，因为客观上是设计师设计图纸在先，按图施工在后，所以前面的事情才能牵引出后面的事情之间。"

"说完了形式因，再来说质料因。质料因，就是材料所提供的成因力。你在造房子的时候，从市场上买来了最好的建筑材料，并保证所有的材料都按照正确的形式被配备到了一起，楼自然就起来了。但再好的图纸，也需要建材去实现它，所谓'巧妇难为无米之炊'。"

说到这里，休谟就说了："我现在听明白了，你要讲的'动力因'，大致就是说：这个房子建立在地基上，完全符合力学的原理，能够得到足够的支撑，所以这个楼很牢靠。至于你要说的'目的因'，是指设计团队建造此楼的主观目的，如到底是造商用楼还是商住两用楼，等等。没有造楼的目的在前面牵引，是没人会去造楼的。"

亚里士多德说："孺子可教。而且我特别要强调的是，这四种原因都是客观存在的。换言之，由于的确存在着某人去盖楼的动机和目的，的确存在着地面对于墙壁或者整个建筑的支撑力，的确存在着建筑的设计图纸，而且的确存在着相关的建材，最后，楼才被盖了起来。"

但休谟立即反击："可您不想想看，您说的这些，有哪一项脱离了人的感官范围和思想的范围的？你觉得这个团队的图纸好，这是因为大家都说好，这些东西可都在感官范围之内。同样的道理，另外的几种原因也可能是感官世界的一部分。"

休谟继续说道："在我看来，与任何别的人一样，您所看到的，无非就是不同的感觉表象。它们反复出现，您的心灵则由此找到了一些规律，在这个基础上您再对它们进行归类，并认定这些表象分别与目的、形式、质料与动力有关。但是，这样的归类，能够在根上影响到我的理论的准确性吗？您的'四因说'能够跳出感官世界的一亩三分地吗？"

感官范围内也有客观性

两个人吵到这里，康德终于插话了："休谟，我首先得表明立场。在某些问题上，我是和你站在一起的。我也认为因果关系不能超越感官的限度。但是我的论证在细节上却和你略有不同。"

"我的论证是：我们讲因果关系的时候，都要涉及时间上的先后相续。但时间是从哪里来的？根据我的研究，时间就是我们心灵产生出来的，而时间又构成了因果关系当中一个非常核心的要素——在这样的情况下，因果关系又怎么可能是在我们心灵之外的东西？它肯定也是我们心灵构造出来的。"

"但休谟啊，你的理论也犯了个错误，即认为人类的因果概括全部是心理习惯。按照你的说法，科学中的因果研究的客观性也就没有了，因为貌似一切都是心理习惯么！但我们都必须要承认，牛顿力学是有客观性的。所以，与科学相关的因果联系也应当应该有客观性的。"

康德接着说："那么，怎么既承认因果关系在感觉限度内，又承认其有客观性呢？那就得重新定义'客观性'。以前我们说的'客观性'，指的是因果关系与真实世界中相关情况的彼此符合；我现在所说的'客观性'，是指感官范围之内人与人的观点之间的彼此符合。这种意义上的'客观'，并没有超越感觉的界限。"

这时候休谟说："你说的这个想法好有意思，好像是对我的理论做了一个非常有趣的补充。"亚里士多德听了非常不开心，他发现康德归根结底还是倾向于休谟的，就气呼呼地转身走了。

哲学讨论是没有答案的

上面呈现给诸位的这番对话，是我在书桌前空想出来的。我想通过这则对话告诉大家一个道理：哲学讨论是没有固定答案的。哲学训练的目的，是让你看到各种哲学思想相互交锋的过程，由此提高自己思考抽象问题的能力。这也是本书写作的意义。

19. 寻找靠谱的因果配对

　　本节的主题,说的是"穆勒五法",而这"五法"是专用于处理"因果配对"这一问题的。

　　为何"因果配对"会成为问题? 我们知道,这世界上有很多事情之间都可能有因果关系,而休谟给出的寻找因果关系的方法,就是看作为前提的事件和作为后果的事件,它们彼此之间是不是在时间上前后相续,空间上是否彼此相邻。如果时—空上彼此接近的事件反复出现,休谟就会认为这就是因果了。

　　但这个方法实在太粗糙了,因为在日常生活中,很多前后相续的事件只是偶然地前后相续,彼此之间未必有真实的因果联系。所以,休谟并没有真正解决"因果配对"的难题。

穆勒五法: 寻找靠谱的因果配对

　　休谟既然不行,我们就来看看休谟的英国同乡、哲学家穆勒怎么

来处理这个问题。他的诀窍乃是"穆勒五法",内容如下:

求同法：找到稳定出现的因素

"求同法"，就是在纷繁复杂的可能的因果序列中，找到反复出现的、前后相续的事件模式。

比如，假设一个病人得了病，现在你要不断改变药方的组合来给病人吃，以便了解哪一种药是真正有效的。随着实验的展开，你慢慢发现，有些药物组合能够把病人治好，有些组合不能够把病人治好。你最后发现，所有能够把病人治好的药方组合都出现了一味药 A，由此，你就可以得出结论：很有可能就是 A 把这个病人治好了。这就是一种稳定的因果联系。

而运用"求同法"的条件，就是：你的确观察到了两类事件之间的相续出现的反复重演。如果你没有得到这样的观察结果，这办法就没用武之地了。

求异法：关注异常因素

"求异法"是说，如果导致某一个特定效果出现的先行发生的事件群里面，有一个事件是新出现的，而且，假若这个新事件消失，原本会出现的后续事件就不会发生了，那么，这个新事件很可能就是相关后续事件的原因。

比如一个人得了病，不停地给他吃不同的药，人都吃不好。突然有一天，他又吃了一味药 B，结果病就好了。由此看来，B 和疗效之间可能就有因果关系了。

使用"求异法"的先决条件是：你的确观察到了某一个新因素的加入导致了结果的发生——注意，你必须保证这个因素的确是新的。

从某种角度上来看，求异法和求同法的运用，都要求你老老实实地跟着经验观察给出的实际数据走。换言之，数据是主动的，你则是被动的；数据里出现了共同因素，你就得用"求同法"，数据里出现了新因素，你就得用"求异法"。所以，"穆勒五法"中的这前两种都有点消极的意味。

求同求异共用法：用异常检验寻常

顾名思义，此法就是把"求同法"和"求异法"放在一起用。

比如，你用求同法知道了药 A 对于治疗某种病很可能是有效的。但是，你还不是绝对确定这事。于是，你就开了一个新药方，里面就没有 A——而"A 的缺失"本身就是这个新药方的新因素。与之前被动地接受"没有 A，病人就没有被治好"的这样一个事实不同，现在，你是故意地制造一个新的案例来进行实验，而这种做法，能够大大加强前面已得出的初步结论的可靠性。

"求同求异共用法"的使用，预设了你对环境有一定的调控力，因此，这是一个主动性色彩会更强的方法。

剩余法：以已知确定未知

第四即"剩余法"。实际上是我们前面所讲的选言三段论在归纳当中的一种巧用。

它的一般形式是这样，举一个例子：有一个人他得了"三高"（血脂高、血压高和血糖高）了，所以，他就同时吃了三种药（A、B、C）来治病。已知 A 就是用来降血压的，B 就是用来降血脂的，C 的功能则是未知的。吃完以后，体检结果出来了：病人的血压降低了，血脂降低了，血糖也降低了。现在问：C 到底是用来治什么的？

很多人都会推出 C 是用来治高血糖的。推理如下：病人已经吃了专治血压的药，他也吃了专治血脂的药，那么，这两种药与降血糖之间的因果关系就被排除了。所以，只有 C 才可能降高血糖。

但认真的读者或许会想到这种可能性：C 其实无法降血糖，而将血糖降下来的实际是 A——只是以前医生都不知道 A 除了降血压之外还有这功能。这种可能性在逻辑上是不能被排除的。

如果事实恰好就是这样，你说 C 是用来降血糖的，那么就会铸成大错。

怎么避免此类错误呢？就是要把"求同法""求异法"与"求同求异并用法"复合使用，复合层次越多，你犯错误的可能性也就会越小。这也就解释了为什么每一种药在上市之前，都要经过这么长时间的实验。

共变法：谁发生变化了

所谓的"共变法"，字面含义就是"一起变起来"（无论是一起变强，还是一起变弱）。

我们都知道，因果关系一般涉及了两个事项：第一个事项是原因，第二个事项是后果，原因和后果之间的联系则往往有一个强度的问题。此强度本身又取决于二者之间的"共变契合度"：例如原因越强，后果就"心有灵犀"地跟着变强；原因越弱，后果就"萧规曹随"地跟着变弱。若前者变强，后者却没跟着变强，这就不是"共变"了。

那么，怎么使用"共变法"？其做法是：如果你猜测某两个因素之间有因果关系，为了验证此猜测，你就得控制那个被怀疑成是原因的因素，并通过调节它的强度的量，来观察由此产生的后果的强度。如果结果的强度是跟着原因的强度一起变化的，就可以说两者之间是共变的，你就有理由下结论说：两者之间真有因果关系。举个例子：为了检测药物 A 是不是能够起到降压作用，你就可以通过控制给药量来进行判断：是不是药多一点，血压的下降就更加迅速，而药少一点，血压下降就更加缓慢呢？

但是使用这个方法，也是有先决条件限制的，即：你的确既有能力控制原因的变化的量，又有能力观测到结果的变化的量。同时，你要保证在控制这两个量之间关系的时候，要让那些不相干的因素退出实验现场。

从被动到主动：穆勒五法大致靠谱

以上五个方法，对于前两个方法的运用，相对比较被动——换言之，你要真正观察到相同或者相异的现象，你才能用此二法；而对后三个方法的运用，则要求探求者付出一些主观精神努力，特别是对环境进行一些人为的控制和调整，以便找到因果联系。

这里我还是要提醒大家注意一点，"因果配对"的活动还是在经验之理的层面上所进行的，而经验之理的特点就是：它不能够保证结论 100% 靠谱。所以，穆勒五法的运用，是不能够保证大家最后探寻到的因果关系反映了绝对真理——它只能够保证你找到的因果关系是大致靠谱的。

20. 那些"蒙"出来的科学发现

溯因推理：对未知科学规律的反向推理

本节将介绍一种复杂的因果配对方法，即"溯因推理"。先举一个例子：牛顿坐在苹果树下面，突然被苹果砸了脑袋，他就想：今天苹果落下，明天梨子落下，这林林总总的现象背后应该有个共通的东西。于是他想啊想，终于发现了万有引力定律。万有引力定律可以统一地解释各种力学现象——下至苹果落地，上至天体运动。这样的一个因果解释，和前文所讲的因果解释的差别在于：它所瞄向的解释，将落实为一些高度抽象的科学规律，而对于这些规律的表述，则将牵涉到一些很抽象的大词，比如说"力""质量""加速度"，等等。

那么，这些抽象的解释到底是怎么来的？这就需要"溯因推理"助上一臂之力了。

假设—演绎模型：大胆假设，小心求证

"溯因推理"究竟该怎么展开呢？一个很典型的具体操作方法，就是所谓的"假设—演绎模型"。对于它的一个通俗化表达，就是"大胆假设、小心求证"。下面，我就把"假设—演绎模型"展开的四个步骤和大家讲一讲。

假设：遵从"奥卡姆剃刀原则"

既然讲到"假设—演绎模型"，首先就要说"假设"是什么。这里说的假设，就是对于事物之间最抽象的因果联系的猜测。这个问题的答案或许会让大家非常吃惊，它的来源就是靠一个字，"猜"，或者换一个字，"蒙"。

大家说，既然第一步是"猜"，那这怎么就是一个有用的方法论呢？但"猜"不等于胡猜。猜也是有条件的，一个很重要的条件就是：猜的大方向不能太离谱，比如，那些明显不合理的猜测，就要被率先过滤掉。

那么，哪些猜测是明显不合理的呢？除了那些违背逻辑原则的猜测（如犯下自相矛盾、循环论证等错误的猜测），一个很重要的鉴别原则，就是"奥卡姆剃刀原则"，其内容是："若非必要，请不要随意增加你的理论对象的数目"——换言之，你的理论模型、你的猜测模型应该尽量简单。

举一个例子：张三突然失踪了，这就有了两个假设，一个假设是有仇家把他绑架了，另外一种假设是外星人跑到地球，把张三捉去做样本了。虽然这两个假设都有可能是真的，但是你要把第二个迅速排除掉，因为第二个假设太复杂了，它带有一堆复杂的预设。这些预设包括：不但存在着地外生命，而且地外生命的智慧与行动力已经达到了可以飞到地球旅行的地步。这个假设要验证起来太复杂，而且我们现在没有任何切实的证据证明我们身边有外星人，所以从方法论角度看，你就要把这个假设排除掉。

再小结一下：在猜测过程中，除非为了应付某些特殊的复杂现象，而不得不把假设弄得复杂一点，我们提出的假设要尽量简单。

演绎：在证据和猜测之间搭一座桥

我们现在来说第二步，"演绎"。为何要有这一步？因为你只有猜还不行，要给证据。但是证据往往是一个具体的、感性的事情，而猜测往往是很抽象的。这就会倒逼你造一座桥，以便联系证据和猜测。这座桥就是由演绎来搭建的。"演绎"的意思就是：从假设的前提出发，推演出某些结果。

这些被演绎出来的结果要具备两方面的性质。第一个性质是，它100%是从前提当中所获得的。第二个是，这样的一个推论要对实验的验证有用。比如，我现在做一个假设："地球是圆的"，而我从中演绎出来的推论就是："因为地球是圆的，所以我从现在的西班牙出发，绕一圈再回来，就能够重新回到西班牙"。请注意，后面一句话虽然还没有执行，但是这句话本身是可以兑现为一个行动的，我们可以通过该行动来倒过来验证地球是不是圆的。

验证和比对：找到足够大的样本空间

假设—演绎模型的第三步是"验证"。验证这事，说很容易，做往往很难，比如在前面那个例子里面，你真要验证地球是圆的，就得真派一艘船从西班牙出发，然后再绕地球一圈航行回来，这可太辛苦了。除了这些劳作方面的辛苦之外，在概念层面上，你还得把验证的结果和你假设演绎出来的推论相互比对，看看实验结果是不是验证了它。比如，你真的回到西班牙了，就证明地球是圆的；如果你没有回到西班牙，跑到别的地方去了，就证明该假设或许是不对的。

大家说了，那原先的假设没得到验证，该怎么办呢？那你只能够做另外一个假设了，直到你发现一个正确的假设为止。所以，有时候我们要通过溯因推理找到一个正确的因果解释，是非常麻烦的。为什么科学家有时候做研究也是靠运气？如果你一开始就猜到一个正确的假设，下面的工作就一气呵成了。所以猜功还是很重要的。

另外一个需要注意的问题，就是在我们通过实验手段对假设进行验证的时候，一定要多做实验，不能因为看到一个正面的例子，就认为你的假设成立了；也不能够因为看到一个反例，就认为你的假设不成立——而是要做大量的实验，看看正面证据和反面证据的比例，并由此形成一个足够大的关于证据的样本空间。毫无疑问，做此类研究，是需要大量的时间、精力和财力的投入的。

21. 内鬼肯定有两个

前文我曾提到，在猜测的环节，我们要服从所谓的"奥卡姆剃刀原则"。不过，这条原则实在是过于单薄，我们似乎还是需要别的原则来帮助自己迅速找到一个正确的猜测方向。有些人认为，"中庸之道"也能帮助我们找准猜测方向。不过,我却认为中庸之道并非总是靠谱的。

中庸之道：内鬼肯定有两个

什么叫"中庸之道"？就是在两个比较极端的猜测之间，找一个不那么极端的猜测（顺便说一句，这里说的"中庸"与中国儒家在伦理领域里说的"中庸"，完全不是一回事，这一点后面还会详谈）。

我们举一个例子：在电视剧《潜伏》中，军统的一个谍报站站长发现某军事情报泄露了，那显然是因为出了内鬼。他想了想，开会的时候就四个人读过这份情报，除了自己，另外三个人都显然有可能泄密了。那到底是谁呢？

如果站长用中庸之道来思考问题的话，那么他就可能认为内鬼是两个。为什么是"两个"呢？他会这么想：如果三个都是内鬼的话，那么就说明这个情报站除了他，就已经全部被渗透了，这个假设太极端；但是如果只有一个内鬼的话，人数又少了一点。三个太极端、太多，一个太少，于是他就选择了这样一个假设：内鬼有两个。

这显然很荒谬，因为在这个语境当中，没有什么很好的理由来追求中庸之道。为什么？我来一层一层分析。

第一个理由：没有任何理由可以告诉我们，在上述的案例中，出了两个内鬼的概率，要高于有一个内鬼和有三个内鬼的概率。所以，盲目取中道的做法，缺乏概率论的支持。

第二个理由：有时候就根本没有什么中道可取。比如，有一个女孩子迎面向你走过来，她的手则放在兜里，而你的任务则是猜测她是不是戴着结婚戒指。这时候你只有两个假设，她已经结婚了，或者没结婚，而没有什么中道可取。

第三个理由：中庸之道有时候会导致两头不讨好。比如有一个政府，要在劳工和企业家之间两面讨好。劳工希望政府推出左翼的经济政策，比如增加税收来增加福利，而企业家则希望政府推出右翼色彩的经济政策，譬如减少税收，来提高企业家办企业的积极性。结果政府将税收做了个折中，但新收的税收量，既没高到支撑起国家福利的程度，又已经高到足以吓跑资本家的程度，这样，左翼和右翼都会不满，中庸之道就导致了两边不讨好。

第四个理由：中庸之道很可能会导致自相矛盾。譬如，如果有一个脑子更加糊涂的政府，一边承诺减税，一边承诺增加福利，而没有注意到福利的钱归根结底是税收来的，那么，上面的自相矛盾的举措，就会导致其任何政治诺言都没有办法得到兑现。

勇气，是怯懦与鲁莽的中道？

讲到这里，有人或许会为中庸之道辩护，有一些人可能会把亚里士多德给搬出来，说他是主张中庸之道的。

按照亚里士多德的说法，人有各式各样的德性，有些人非常鲁莽，有些人非常怯懦，有些人则具有勇气。那么勇气、怯懦和鲁莽之间的关系是什么？亚里士多德解释：他认为人有一种像胆气或者血气这样的东西，如果你的胆气和血气量太多了，就是鲁莽；胆气和血气量太少了，就是怯懦；如果分寸刚刚好，这就是勇气。

我认为，亚里士多德的分析可能有点问题。他的预设是什么？就是所谓的勇气、怯懦和鲁莽，这三者之间的关系，是胆气多少的关系。我认为，勇气和鲁莽之间的区别并不在于胆气的多少，而是因为勇气是带有一个不能被还原为胆气的要素的，这就是智慧。如果你足够智慧，看到了做这件事是有可能成功的，那么，你这个行为就可能更大胆一点。换言之，正因为智慧的减少和增加，不是在胆气这个维度上发生的，所以你就不能很简单地把勇气视为怯懦与鲁莽的中道了。

做事的逻辑：圆融地推行不圆融的道理

那么，中国人（特别是儒家）讲的圆融意义上的"中庸之道"指的是什么意思呢？就是指做人要谦和，得理还得饶人，不能咄咄逼人，要尊老爱幼。这个层面上的中庸之道，并不是我前面所说的中庸之道。我前面所说的中庸之道，是在两个假设之间，寻找一个相对来说不那么极端的中道。仅仅因为这个所谓的中道看上去不那么极端，就去偏好它，这就不对了。

在这里，我们一定要分清楚做事的逻辑和做人的逻辑，它们是不一样的。虽然我不否认在做人的逻辑上我们要圆融，但是如果我们在做事的逻辑上一直保持这种糊里糊涂、老好人的态度，那么整个社会最后是要为我们的愚蠢买单的。所以，我们要找到一个方法，圆融地推行不圆融的道理，以中庸的方法走向极端。请注意，"极端"并不是个贬义词，它是个中性词，它在此专指对于合理性的无保留的支持。

22. 成年人，冷酷一点好

我们在前面已经谈了讲道理的三重境界：第一重是要在逻辑之理上把所有的道理讲清楚，不能犯各种逻辑的谬误；第二重是语义之理，就是要把表达的语义给搞通顺了；第三重是经验之理，即如何做好归纳推理与溯因推理。而"马基雅维利主义"就是对这些思想要素的一个综合运用。

马基雅维利眼中的冷酷世界

尼科洛·马基雅维利是意大利的学者、哲学家、历史学家、政治家、外交家，是文艺复兴时期的一个重要人物。他写了一本很有意思的书，叫《君主论》。

《君主论》在西方思想史上一个重要的、划时代的意义，就是告诉大家政治这件事和道德没什么关系。正因为如此，马基雅维利主义在很多人的心目中是一个自私自利、表里不一，为了目标不择手段，刻薄寡恩，只看利益的形象。

而本节要指出的是，马基雅维利主义有部分的合理性，此即：你不能够把对一件事情的道德判断和对一件事情的可行性分析混为一谈。

泛道德主义之殇

把道德判断和事实判断混在一起，这种观点叫"泛道德主义"。泛道德主义的表现是什么呢？只要一件事做砸了，就说是某个人的德性出问题了。但真相很可能是这样的：不是某个人的德性出问题了，而就是他的技术不行，或者，他对客观世界的了解有问题。

泛道德主义在论证当中又牵涉两个具体的论证谬误，一个叫诉诸动机的谬误，一个叫诉诸后果的谬误。指出这两个谬误，也能够帮助大家看清楚马基雅维利主义在局部上的合理性。我们一个个来说。

诉诸动机：你居心不良，说话就不靠谱

第一种，就是所谓的"诉诸动机"的谬误。它的形式是这样的：如果某人说的话是出于不良动机的话，那么，他说的话肯定是不靠谱的。现在，我的确能够确定，此人说的话肯定是基于某种不良的动机的，所以，他说的话肯定不靠谱。

这个论证是有效的，因为符合所谓的"肯定前件式"。肯定前件式指的是什么呢？复习一下：如果 P 发生，则 Q 发生；现在确定是 P 发生了，那么，Q 就是成立了。在上述案例中，P 是"说话出于不良动机"，Q 则是"说的话不靠谱"。

但是，一个推理符合肯定前件式，仅仅是符合逻辑之理，不等于

说它同时就自动符合了语义之理和经验之理。

举个例子：有一个叫小张的同事，他非常嫉妒别人，心胸狭隘，而且他每次发言都是为了证明自己最聪明，而不是为了把问题讨论清楚。有一次我在发言中把一部电影里的男主角的扮演者刘德华，误说成了另外一个明星吴彦祖。于是，小张就举手发言，说我搞错了。

那他批评我的动机是什么呢？根据我的判断，他的动机就是为了挤对我。但是，他批评的内容对不对呢？他批评的内容是对的，刘德华当然不是吴彦祖。在这种情况下，你不能因为小张发言的动机是不良的，因此就否认他说的话有道理。马基雅维利主义者就是要把情感和事实分成两端，不把二者纠合在一起。

诉诸后果：一个字，干

泛道德主义所造成的另外一种逻辑谬误，就是所谓的"诉诸后果的谬误"。什么叫"诉诸后果的谬误"？

此即：正因为某事一旦被做成了，其效果已经被预判为好的，所以，我们就应当去做这事。

在讨论泛道德主义的语境里面讨论这种谬误，其衍生形式便是：只要做某事在道德上是可以加分的，我们就去做它，而不必关心我们要做的事情本身是否在技术上可以被实现。

有很多西方的政客在竞选的时候，都喜欢玩弄这样的把戏。问选民：要不要福利？要不要免费医疗？大家说当然要了。但问题是，免费医疗和福利的钱从哪里来？政客就仅仅说这是个好的结果，能够让大家都看得起病，却不讨论"钱从哪里"来这样一个现实的问题。

这里面的思维误区就体现在：这些政客先用道德绑架一个好的目标，却不顾实现目标的具体手段，这样胡搞，迟早出问题。

马基雅维利主义者就要求大家不要轻易被道德情感打动。换言之，你在做任何一件事情的时候，都要从逻辑之理、语义之理和经验之理这三个角度，对做这件事的可行性进行反复的衡量。

马基雅维利是个撒谎精？

马基雅维利主义还有个重要的特点，就是"撒谎不脸红"。因为按照马基雅维利主义的观点，一个人说的话，未必是对于他的真正动机的表露，而是为了达成某个目的而被运用的语言工具。所以，马基雅维利主义者并不觉得自己撒谎是件道德上值得愧疚的事；他也假设别人经常在撒谎。

但从哲学的角度看，不管你对别人撒不撒谎，至少你自己在思考自己问题的时候，是不能自欺欺人的。

反过来说，当你知道某些人在撒谎的时候，你至少已经大致确定了真相所处的范围。所以，当你发现别人在撒谎的时候，你的心智状态就已经比那些被欺骗的人要清爽多了。所以，你一定要有足够的脑力去鉴别，哪些话是谎言，哪些话不是谎言。

我下面就在逻辑之理、语义之理与经验之理之上各举一个例子，来看大家应当如何在社会生活中判断别人是不是在撒谎。

第一个层面，逻辑之理。比如，警察审问犯罪嫌疑人时，一般会遵循这样的鉴谎原则：如果被审者是一个诚实的人，至少其证词不会有大的逻辑漏洞——譬如，不会既说"我在前天晚上一直在家里"，又说"我在前天晚上一直没回家"（当然，小的逻辑漏洞难免，因为人的记忆是有误差的）。

第二个层面，语义之理，在语义之理层面上，我们也可以发现别人撒谎的一些迹象。比如某一个犯人向警察录口供的时候，先是信誓旦旦地说："我和小芳只是在 2016 年见过一面，之后没再见过。"但是他在下面的一次审问当中，一个没留神冒出一句"我和小芳再见面的时候，发现她整过容了"。

警察就问："'再见面'啥意思？你不是刚才说，你只和小芳有过一次见面吗？你为什么又要用'再'呢？"很显然，"我和小芳再见面"，这话本身就预设了 2016 年那次不是被审问者与小芳唯一的一次见面。

第三个层面，经验之理，即根据你对于世界的感知和生活经验来鉴谎。有一部美国电影叫《史密斯夫妇》，影片中两个特工成为一对夫妻，但是却相互不知道真实身份都是特工，而只是知道对方的掩护性身份。布拉德·皮特扮演的老公有点怀疑安吉丽娜·朱莉扮演的妻子是一个特工，所以在有一次吃饭的时候，他就故意把一个葡萄酒瓶从桌子上移开，让瓶子掉下去，而他的妻子就迅速地把酒瓶给接住了。这么个小动作，就暴露了他妻子的真正身份：特工——因为一般的白领女性是不太可能有这么好的身手。

我要指出的是，一个人即使在道德上讨厌这些撒谎者，他只要想和这些撒谎者做斗争，他本身也就要具备比撒谎者更高的智能。换言之，你如果觉得你是正义之士，要打倒坏人，你就要比他们更强大、更聪明。

23. 给你一个爱上开会的理由

罗伯特议事规则：普遍适用的开会手册

如何利用逻辑论证的力量，把事情办成？利用逻辑力量的基本社会规则是什么？就是"罗伯特议事规则"。

它的发明者是一位美国将领，其全名叫亨利·马丁·罗伯特。他在 1876 年的时候出版了一本手册，该手册对当时美国国会的会议规则加以简练化和程序化，使之普及于各行各业。

下面讲讲罗伯特议事规则的具体条目。

动议中心原则：提出个好话题，真心不容易

我们要讲的第一条就是"动议中心原则"。所谓的"动议"，就是我们要讨论的话题。必须要先有一个动议，再开会讨论，无动议则不开会。

提出个好动议真的不容易，因为它必须是具体的、明确的、可操

作的一个行动建议。举个例子，假设我是村长，我说我有个开会的动议，要倡导村里的精神文明。这是不是好的动议呢？我觉得这不是个好的动议。倡导精神文明当然是对的，问题是有什么具体的方案？譬如如何解决村子里的老人赡养问题？不落实到这些具体问题上，"倡导精神文明"这词就显得太抽象了。

主持中立原则：少说话，保持权威

第二条是"主持中立原则"。会议需要主持人，主持人的基本职责就是按照规则来裁判并执行程序，尽量不发表自己的意见，也不对别人的发言表示出某些倾向性的意见。

恰恰因为主持人少说话，所以他反而有权威。比如有些君主立宪制国家，君主的权威来自哪里？就来自于他基本上不管事。如果出了事，内阁集体辞职，君主是没什么责任的。大家反而觉得君主是好人，因为君主没机会犯错，这样他或她反而就有权威了。

从某种意义上说，主持人扮演的也是这个角色：他只是在行事规则上维持整个辩论能够有序地进行，而并不实质性地参与辩论，因此，他反而能够得到一定的权威。

机会均等原则：接下来，是你的表演时间

第三条是"机会均等原则"。该原则的意思是：每个人都不能抢话筒，轮到你说时，你才能够说。举手的时候，先举手者优先。但是如果有某一个派别没有一个人发言，这个派别在其他条件不变的情况下，也会优先得到发言权。总而言之，要让更多的派别能够有机会发言。

要维护这样一个原则，可真不容易呢。今天是一个被各式各样的

网络信息所淹没的时代，很多技术寡头实际上控制了大家的发言权与信息获取权。譬如，我们现在看到很多人刷屏，用"水军"或者网评机器人，在评分网站把一部电影分数刷得很高，或者拉得很低，硬是将对方的声音给压下去了。在极端情况下，甚至某些国家的领导人的社交账号也会被封掉。在这个时代，要保护好机会均等原则，可谓难上加难。但不管现实如何，理想总得有吧！

立场明确原则：没想好，你站起来干吗

第四条是"立场明确原则"。就是你要先说对这个动议我是赞成还是反对，然后说你为何赞成、为何反对。

比如有动议说，要在村头立一尊孔子像。你不同意，说不如去立荀子像。只要你有理由，这个新意见当然是值得拿出来与大家分享的。但你不能说，立一个谁的像这事我还没想好。你没想好，你站起来说什么？也不能说"我觉得造也可以，不造也可以"——立场一定要明确。

发言完整原则：你先让我把话说完

第五条是"发言完整原则"，即不能随便打断别人的发言。这不仅仅是基于礼貌的要求，它更多的是基于语义之理的要求。

为什么这与语义之理有关呢？因为完整的句子才能表达意思，你把人家的句子给截短了，那就不行。比如，有一个很重要的论证叫"归谬法"，归谬法的特点是什么？要假设对方的观点是对的，然后从这个假设中引申出错误的推论，利用"否定后件"的推理形式，倒推出来这个假设是错误的。如果你把人家的归谬法论证截取了一半，就让人家说了前一半，那弄不好会搞反人家的意思。所以，维持整个论证的语义形式的完整性是非常重要的。

面对主持人原则：别盯着我说话，我好生气

第六条是"面对主持人原则"。什么叫面对主持人呢？就是正反两方进行辩论的时候，他们不能够直接辩论，他们要眼睛看着主持人，让主持人来控制这个辩论的节奏。

原因是：如果正方和反方之间有一些情绪波动的话，有可能这个辩论就会变成人身攻击。但是面对主持人（或者是法官）的时候，大多数人都会克制住自己的情绪，这样辩论就容易进行下去了。

限时限次原则：拒绝霸屏

第七条是"限时限次原则"。这个原则是非常容易理解的，每个人发言的时间有限制，对同样一个动议的发言次数也有限制。比如，约定每人发言不能超过两分钟，或者约定关于同样一件事，不能够说三次。这道理也非常简单，这么做就可以让更多的人有机会发言了，防止有一些人控制整个会场。

一时一件原则：事要一件一件地掰扯

第八条是"一时一件原则"。什么叫"一时一件"呢？举个例子：我们今天开这个会就是一个时段，在这个时段里面，我们就讨论这一个动议，为了防止有人跑题。

尊重裁判原则：请不要倚老卖老

第九条是"尊重裁判原则"，这个原则就是要遵守裁判的各种裁定。比如，如果有些人违背了前面的一些规则——明明说好每个人只能发言两次，他说我是老资格了，我发言五次，行不行？这时候主持人就应该使用主持人的权威，使得这些破坏规则的人闭嘴。

有人说了，"权威"这两个字有多少分量？别人为什么要服从？这就牵涉到了大家是不是对规则本身有认识。如果大多数的人对这个规则本身有敬畏之心，就会站出来维护规则。

但是如果大多数人对规则的神圣性都不以为然的话，这个会就的确很难开好的。所以我认为，有时候权威是要借助于一些硬的力量的，比如法庭里的法警，是有权对咆哮公堂的人采取措施的。当然，使用这些硬的力量的权力，必须控制在尊重正常议事规则的人手里，否则麻烦可就大了。

文明表达原则：我只是看上去坏

第十条是，"文明表达原则"就是指，不得进行人身攻击，不得质疑他人的动机、习惯或者偏好，辩论应该就事论事。否则，就是诉诸动机的谬误。

在公开的场合下之所以不允许随意质疑别人的发言动机，还是基于另外一重考量，就是"动机"这个东西很难给出客观的证据来加以表明。为了确保公平，所有人发言，都可不问其动机，我们只讨论他们之所言是否符合逻辑之理、语义之理与经验之理。

充分辩论原则：开长会是很有必要的

第十一条是"充分辩论原则"。我们开会，最后往往会有一个表决环节，但在表决之前我们要进行充分的辩论。如果这个会议关系到很多人利益的话，辩论的总时间甚至会更长。所有人的意见都得到充分展现，每个人都有机会把这件事想透了，这时候才能够举手。

反之，如果你仓促组织一场辩论，逼迫有些人在很短的时间内做出决定的话，那么，很多人可能就因为没有把问题给想透，而把票给投错了。这样，民主决策的意义也就被大打折扣了。

多数裁决原则：微弱的多数，算不算多数？

最后，第十二条是"多数裁决原则"，就是"少数服从多数"。这可能是我们大家非常熟悉的一条原则，不用做太多的解释。不过，不得不承认，在某些情况下，"少数服从多数"会产生一个很麻烦的问题，那就是：微弱的多数算不算多数？

这是一个很好的问题。我这里稍微还是要为"多数裁决原则"做一个小小的辩护。虽然我也承认，20001 张选票打败了 20000 张选票，算不上很明显的优势，但是这至少说明：至少有微弱的多数是赞同这个意见了，这个举措是有利于社会稳定的。

为什么是有利于社会稳定的呢？因为就算 20001 个人的举措是错的，大家发现这一点后，真正要埋怨的还是他们当中的大多数，这就不至于把批评集中到某一两个人的身上，分散了决策风险。

当然，在总票数非常多的情况下，"微弱多数的胜出"这一说法也很可能就会成为对于某些龌龊的舞弊行为的掩护（因为"微弱的多数"与"微弱的少数"之间的差距实在是太不明显了）。而一旦舞弊的嫌疑没法被洗清，上文所说的社会稳定效应，也会立即消失，因为"失败"的一方会产生针对"胜利"一方的不满情绪。所以，我个人更倾向于在一个人员数量可控（因此更难出现舞弊）的环境内实现"多数裁决原则"。

逻辑规则需要社会规则来落地

总而言之，罗伯特议事规则的作用，就是在一个相对局限的时间和空间里，以一定的组织形式将大家组织起来进行问题讨论。在这个过程中，要做到平和、公正、非暴力、有理说理、言简意赅，以绅士淑女的态度把问题给解决了。

我们讲的逻辑之理、语义之理、经验之理，要落实在这个世界当中，是需要具体的社会中的人去执行的，如果社会当中的大多数人都蔑视这些规则的话，这些规则就不存在了，或至少只不过就是一些印在纸上的油墨痕迹罢了。

我并不觉得我们引入罗伯特议事规则时，要每一条都照搬，因为我们也有自己的文化特点，但是我们要抓住里面的核心思想。这个核心的思想是什么？就是让不同利益团体都能够在一个公共的平台上面发声，完成所谓的不同力量之间的一个均衡和均势。

认知心理学：思考的心理活动

24. 哲学家失恋也难过

　　第二章要讨论的是：论证背后的心理学机制，即从心理学的角度来看说理。不过，为什么讲道理这件事需要牵扯到心理活动呢？

　　通过前文我们知道，讲道理是分三个层次的，分别是：逻辑之理、语义之理与经验之理。在这个环节中，我会特别要强调经验之理，因为无论一个人讲的道理有多玄，说理的人本身肯定就是一个活生生的、呼吸着的人，而凡是人，其心理活动就必然会受到相关心理与生理条件在经验层面上的限制。比如，一个人若没睡好，在研究复杂的论证的时候，其大脑就会表现得"不给力"，频频出错。

　　所以，讲道理的内容或许可能是先验的，但是讲道理活动本身肯定就是经验的。人类的心理活动，实质上就是使得说理得以展开的最基本的经验条件。既然这一限制是没有办法摆脱的，所以我们就必须讨论人类的心理活动。

　　不过，人类的心理结构，并不是为了应对抽象的逻辑推理而被演化出来的。很多人都讨厌抽象的论证，而是喜欢看具体的比方，喜欢老师拿日常生活中的例子来说事。喜好具体、厌恶抽象，这一点本身其实没啥丢人的，因为这恰恰就是人类心理活动的特点。

但是，从学术角度看，过滤掉论证的具体内容，从中萃取出抽象形式，对于逻辑思维的深入是有帮助的，因为这能够帮助我们进行非常复杂和精密的推理。从这个角度看，我承认，学术意义上的逻辑推理，多少有点"反人性"。那么，又该怎么让高级思维所具有抽象性与日常思维所具有的具象性之间的界限，不至于那么明显呢？这就需要我们从哲学的角度来考察一下心理学了。

心理谬误难以避免，哲学家失恋也难过

那什么叫"心理学"呢？这个问题好像很容易回答，因为心理学并不是一门让大家感到陌生的学科。我自己给它一个非常笼统的定义，即，"心理学就是研究人类主观感受与外部行为各自的原因以及彼此之间的因果关系的学问"。也就是说，心理学就是解释你为什么会有这样的一个主观感受，又解释你为什么会给出这样的行为的，同时还解释你的感受与行为之间的联系是什么。

心理学包括的领域非常宽广，本书更多关心的是与推理有关的心理学原理，就是为什么这么多人在论证的时候会做出一些推理谬误，这些推理谬误背后的心理机制是什么。

表面上看来，哲学家一般是以彰显理性著称，是理性的化身。但是不要忘记一件事，哲学家也是吃五谷杂粮的，也是有着非常复杂的心理活动的。哲学家失恋以后也是很难过的，而且难过的程度可能比一般人还高一点，因为哲学家一般都比较自傲，被拒绝了以后心里会更加受伤。

在此，我们就看到了事实和规范之间的某种二元对立。什么是"事实"呢？事实就是大家实际上是怎么做的。什么叫"规范"呢？规范就是从抽象的理念出发，大家该做什么。

前文，更多的是从规范的角度来谈的，谈我们到底该怎么做推理，怎样才会不犯下各种逻辑谬误。现在我们要从天空回到大地了，看看我们实际上是如何进行推理的，甚至了解我们实际上是如何犯下那些推理谬误的。然而，如果我们不知道这些谬误是如何导源于我们的心理机制的，我们就无法与谬误本身进行战斗。这句话也可以倒过来说，与谬误战斗的第一步，就是先去理解谬误的产生机制，然后再反戈一击。这就是本章的思想宗旨。

两个关键词：节俭、利己

下面，我就非常简单地把第二章的路线图和大家说一下。

第一节，显然是开宗明义地让大家知道，为什么我们要谈心理学，为什么它与说理有关。然而，我就要从演化心理学的角度来讨论人类智能的本质。我提出两个关键词是"节俭"与"利己"。

讲完这些，我们就会下降到更加细微的一个层次，来讨论各种心理谬误产生的具体机制。比如，"工作记忆"是怎么导致我们忘事的；"易取性捷思法"是怎么样仅凭借人的衣装，就判断出他实际上的社会地位的；"对于韵律的偏好"是怎么驱使我们对名人名言产生这么大的兴趣的，等等。讲到其中任何一个思维陷阱的时候，我都会把这个思维陷阱得以产生的机制说清楚。

最后作为总结，我会讨论这样一个问题：信息时代的到来，能不能改变人类节俭或者利己的思维本性？我自己得出的结论是"不会"。

我甚至认为，信息时代的某些特征，是反而有可能加剧我们心灵野蛮化的。另外，就如何与这些错误思维倾向做斗争这一点，我也会给出解决方案。

下面，我们即将开始这一次充满趣味的心理学之旅，从心理学的角度反过来看哲学。

25. 爱偷懒的锅，该让原始人来背

既然进行推理思维的人，本身是有心理活动的，那么，我们在推理时可能犯下的种种谬误，就应当与我们心理活动的某些特征有关系。故此，要在推理当中少犯谬误，或者至少能够预测到我们会犯什么谬误，我们就要了解一点心理学。

在本节中，我想讨论一个根本问题：人类的心理活动究竟是为何而生的？对于这一话题的讨论，将涉及演化心理学的知识。

在心理学语境里重新讨论演化论

我们都知道，人类身上任何的主要器官都是自然选择的产物，人的脑子自然也不例外。我们也知道，心理活动是人脑活动的一个高层次显现方式，换言之，心理活动离不开人脑所提供的物质上的保证——这就类似于计算机软件层面上的运作，离不开硬件方面的保证。

既然人脑是来自于自然选择的，而心理活动本身要靠健全的脑机能来支持，所以，从这两点当中我们就又推出了一个结论：人类的心理活动也是自然选择的产物。而所谓"演化心理学"，就是从自然选择的角度来看待人类心理活动实质的学问。演化心理学的基本论点如下：

论点一：大脑就是台计算机，充满程序和套路

演化心理学认为，大脑就是一台信息处理机：有各式各样的信息输入了大脑，大脑就按照各种内装的程序，对这些信息加以处理，然后输出。

或许有人说：神经系统的一些简单反应——比如说条件反射——或许的确是程序性的，但更高级的精神活动——特别是艺术与哲学——难道也是程序性的吗？这些心理学家的回答是：它们也是程序的产物。这些活动貌似有极大的灵活性，但它们只不过是把大量简单的程序性运用反复地迭代，最终才产生了那种表面上的灵活性。

有人或许还会问：既然连头脑最活络的哲学家的思考，最终也是程序性的，那么，为什么现在我们的人工智能产品的表现，看上去好像还是那么机械化？他们的回应则非常简单：那是因为人类思维程序的复杂程度，超出了现在计算机专家或者是人工智能专家的理解能力——如果哪一天他们能够理解人脑的程序，他们就能造出真正的通用人工智能系统了。

论点二：大脑是被自然选择和性选择所塑造的

为何有这样的论点？先问个根本性的问题：我们为什么有智能？这是因为采集—狩猎时代的生活环境，倒逼人类发展出智能。说得具体一点，在上百万年的采集—狩猎时代中，人类要生存、繁衍，就要

寻找可吃的植物、要追击猎物，甚至要猜测猎物的心理活动。同时，人类也要建筑自己的巢穴、防止雨水的侵袭，学会保护火种。这些活动都需要广泛的智力参与。

我们大家都是人类学意义上的"智人"。智人在解决各种环境的时候，其表现要比其他人科物种要好，这也就是我们智人成为自然选择游戏之幸存者的道理。与之相比，我们在远古时代的近亲尼安德特人，也就是因为在智商上比我们智人稍微笨了一点——其实就是笨了这么一点点——最后竟然就灭绝了。这就是残酷的自然选择机制。

除了自然选择以外，还有一个选择是"性选择"，也就是通过在婚配游戏中成为赢家，而使得自身的基因得到延续。

在人类的各个文化中都发现了一种共通的现象，也就是在性选择当中，女性对男性的要求相对来说比较高，所以，男追女累，女追男相对轻松。演化心理学家从演化论的角度提供了一种解释，就是女性卵子的产生成本高。

女性的卵子每月只能产生一个，所以她要精细挑选男性配偶，这样才能够使得她的基因传播得好。而男性则每一次交配都能够提供好几亿个精子，成本很低，所以他对于男女关系天然地会抱着一种随意的态度。

所以女性比较担心被男性背叛，也因为她的生育成本比较高。那么在这样一个博弈的环境里面，任何一个男性要获取女性的芳心，就要付出更多的努力，并要显得比别的男人更聪明一点、更有智商一点。所以说，男人的成功，是被女性倒逼的。

论点三：大脑认知机制的F4

这个论点就是，我们大脑的认知机制不是一块，而是有不同分组，以应对不同问题的。

哪些问题呢？生物学家经常讲"F4"这个概念，这是在生物学上经常讲的四个英文单词，第一个英文单词是"Feed"（喂养），第二个是"Fight"（战斗），第三个是"Flee"（跑），第四个也是 F 打头的，这是和繁殖有关的。但是由于众所周知的原因，我不想拼出这个英文单词。

不同模块的运作模式是不一样的。比如说战斗模块的运作，在化学上就需要肾上腺激素的分泌。如果是"喂养"这一模块的话，与其运作相关的化学元素可能就是催产素。所以，人的精神状态实际上是在不同模式之间转换，彼此之间的转换可能会有一种突然性，这就像汽车换挡一样。

了解这一点，对于我们的日常生活也是很有帮助的。你在观察别人的时候，就要意识到别人可能是处在某种心理模式之下。而对方处于不同的心理状态中，说理策略也是不一样的。对于已经处于战斗防御姿态的辩论对象来说，要让其心平气和地接受反面意见，是很困难的。

论点四：很多大脑活动是无意识发生的

也就是说，人类大脑模块的程序化运作的相当一部分，不需要你有意识地去控制其运作才能顺利运作——它们类似于自主呼吸，能够进行自动化的运作。换言之，这些运作都是在无意识层面上的。

论点五：我们都是穿着现代文明外衣的原始人

人类大脑的主要架构，在漫长的采集—狩猎时代就已经成形了，所以相对短暂的人类文明史，对上述架构的影响力是非常有限的。

之所以这么说，是因为演化需要很长时间，演化生物学家所考虑的时间单位动辄百万年，而人类进入农业文明才六千多年，这点时间是不足以改变自采集—狩猎时代就已成形的原始人的心灵架构的。

这一点对我们的启示是：别看周遭的每个人表面上都是西装革履，但实际上我们都是穿着现代文明外衣的原始人。所以，千万不要太高估现代人的理性。

节俭和利己：推理谬误的根源

从演化心理学对于人类心理机制的上述看法当中，我们能提炼出什么观点？我觉得主要有两点。

第一点是：我们心智机器的运作要符合"节俭性原理"。"节俭性"是指什么？就是指投入产出比要高。之所以这个比值要高，就是因为我们大脑的种种适应性机制都是自然选择所塑造的，因此，生物的演化过程就是某种意义上的投资，而凡是投资，都要讲投入产出比。比如，我们人类为何有相对大的眼睛呢？就是因为大眼睛本身能够带来生物学上的便利。假设某物种是穴居动物，整天躲在洞穴里面，那里根本就没光线，结果其眼睛辨色能力非常好，那这就是典型的投资浪费了。

同理，智人是所有灵长类动物里，大脑消耗能量占身体能耗总比例最高的一个物种，可见，演化机制在人类智力上已经投入巨资。既然已经有了如此巨大的消耗了，又怎么能够再随意增大开支，以降低投入产出比呢？所以，我们的大脑在思考问题的时候，就会有偷懒的天然倾向，以利节能增效。

从这个角度看，人类在做逻辑推理时所产生的很多谬误，其根源，很可能就是原始心灵对于那种简单粗暴思维方式的诉求。但为何这种诉求在远古时代是"节能"的，今天却催生出推理谬误呢？这是因为，我们这些现代人的心灵依然是原始的，但我们在信息时代所面对的问题却是崭新的，而当我们去用旧工具面对新问题的时候，就有可能会产生彼此不匹配的问题。

我们从演化心理学提炼出的第二个论点，是"利己"。这是因为，演化进程最关心的就是本族群基因的传播，所以演化论天然就是一种带有"利己"色彩的观点。

"利己"二字，自然地就和我们今天做科学、做推理的目的产生了冲突。今天我们做科学、做推理的目的是为了求真理，而不直接是为了利己（间接地利己当然是不可免的，比如为了评上职称）。但是很不幸，既然我们是带着原始人的心灵去做科学、做推理的，这自然就会使得推理的过程过早地被"利己"的色彩所污染，由此促成推理谬误的产生。

26. 成年人思维里的童年印记

人类个体从婴幼儿变成成人的过程，其实就是我们整个物种心理演化过程的缩影。即使是成年人，我们的思维方式仍然带有孩童思维的种种印记。所以，让我们复习一下孩童时候是怎么思考问题的，可以帮助我们理解为何成年人也会在推理中产生各种推理谬误。

顺化与调试：从儿童看成人的两种认知框架

儿童发展心理学，有两个用得上的概念，一个概念叫"顺化"，一个概念叫"调试"。它们是由儿童心理学大师让·皮亚杰提出的。

万物都可顺化为我的认知框架

什么叫"顺化"呢？就是指，人类会按照大脑中已有的认知框架去认识新事物。举个例子，婴儿刚出生的时候经常吸吮东西，为什么？因为他的概念框架相当简单，这世界上只有两类东西，一类是"可吸吮的",另一类是"不可吸吮的"。他把万事万物都放在嘴巴里吮一吮,看看有没有奶水出来,就是试图把万事万物都归类到这两个箩筐里。

很显然,这是个非常粗陋的解释世界的框架。对于此类粗糙的分类框架的滥用,就会导致"范畴谬误",就是把不同性质的事物都放到同一个框架里面去了。

世界可以调试我的认知框架

"调试"的意思是指,人类为了能够认识新事物来调整自己的认知框架。这是一种更高级的认知阶段了。

婴儿成长到某个阶段,就不仅仅是吮东西了;他会尝试着去舔舔、咬咬东西,去体会这个对象的质感。这就说明,他的概念系统在慢慢地丰富,他知道除了吮以外,世界还有其他可以感知的维度,比如可以咬的东西、舔的东西等等。而这一概念系统的丰富化,本身是与婴儿来自世界的反馈相关的:正是因为来自世界的反馈如此丰富,所以,主体的概念系统才必须跟着丰富起来。

而在我们成人的世界里,来自世界的调试往往是指:你接触到了一个新的对于外部环境的描述,而且你发现,该描述系统要比你原先以为的那个世界更加复杂,而且更有说服力。通过接受这样的新描述系统,你的思维框架也就丰富了。

很显然,一个能不断进行概念系统的调试的人,就能够做到虚怀若谷,不停地挑战自己旧有的知识。

从儿童心理看思维发展的四个阶段

下面，我就来讲一下皮亚杰所提到的孩子从零岁到青春期的心理发展过程。需要注意的是，下面这四个阶段，依然与每个成年人都有密切关系，因为孩童时期的遗存思维痕迹仍然留在我们这些成年人身上。

感知运动阶段：确定词项与物体之间的稳定联系

第一个阶段是感知运动阶段。在 1 岁时，婴儿会形成"物体恒存"的观点。什么叫物体恒存呢？就是说，你给他看个玩具，这个玩具在他面前晃一晃，然后，你再将其藏起来，他就会到处找玩具。这就说明他很清楚，一个玩具即使藏起来，它仍然是存在的，只不过暂时看不到了。这就说明他已经初步形成了"物体是客观存在的"这样一个观点。

这一观念与推理的关系是：推理要求推理的各个要素都能够稳定地存在，这也就意味着，如果你认为这个"玩具"所对应的真正的那个玩具现在有了，等会儿又没了，那么，"玩具"这个词项本身的意义就定不住了，接下来，整个推理的大厦就会崩塌。

前运算阶段：以我心度他心

第二个阶段是前运算阶段。前运算阶段时间比较长，从 2 岁延长到 7 岁。在此期间，孩子已经能够使用语言及符号，已经能够讲故事。但问题是，他没有办法揣度他人的视角。

什么叫揣度他人的视角？就是要放弃自我中心，站在别人的立场上来想问题。比如，你给小朋友看富士山的画，而画中的富士山上，有一个小朋友站在山顶看山脚。你问他：现在画中的小朋友看到了什么？画外的小朋友，只能说出站在他的立场上所看到的山，而不能设想画中的小朋友在山顶上所看到的山脚的场面，因为他尚且不能够揣度他人的视角。

另一方面，他也没有办法掌握"守恒"的观点。什么叫守恒的观点呢？举个例子：拿一个圆筒状的容器，里面倒上水，然后把圆筒状容器里的水一滴不剩全部倒到圆锥状的容器里面。虽然水量不变，但显然圆锥状的容器水位线是与原先容器里的水位线不一样的。但小朋友发现这两个液面的高低不同，他就觉得这两个容器里的水量也是不一样的。他没办法掌握守恒。

无法掌握"守恒"这一点，与无法掌握他人视角这一点，两者又是彼此相关的，因为二者都意味着主体尚且无法消除自我中心主义。不过，不少成年人在处理相对复杂的推理的时候，也不能消除自我中心主义。这就会催生各种推理谬误。

具体运算阶段：世界是经验的归纳

从 7 岁到 11 岁，心智发展所对应的阶段，就是具体运算阶段。

在具体运算阶段，儿童已经克服自我中心主义了，而且能够初步地理解守恒性。不过，这一阶段的儿童和成人之间还有一些小差别：在这个阶段的儿童，你让他做一个演绎推理比较难，而归纳推理相对来说就比较容易。

我们知道，归纳推理的特点是从具体到抽象，而没有 100% 的可靠性。比如你今天看到一只乌鸦是黑的，明天看到另外一只乌鸦是黑的，足足看了 1000 只乌鸦都是黑的，那么，这是不是意味着第 1001 只乌鸦就一定也是黑的呢？你虽然并不完全确定，但你会觉得它大概也是黑的。这种推理，这一阶段儿童也能做。然而，对于这些孩子来说，演绎推理就相对来说比较抽象，它们有时候就跟不上相关的推理思路。

有意思的是，在前文我们阐述逻辑之理、语义之理与经验之理的次序，是与儿童的心理发展的实际次序相互颠倒的。从讲道理的角度看，逻辑之理构成了其他道理本身的逻辑前提，所以必须先说清楚。但是孩童的思维要跟上纯粹逻辑思维的需求，则需要很长的时间。这就好比说：数学是几乎所有自然科学的基础，但很多人都会抱怨数学好难。所以，学理上的基础性，绝不意味着教学意义上的易上手性。

形式运算阶段：对思考的过程进行思考

下面一个阶段，叫形式运算阶段，大约从 11 岁延展到 16 岁。在这个阶段的青少年，可以更好地进行纯粹的逻辑推演，譬如三段论推理。这个阶段的青少年还有一项心智能力是以前不具备的，叫"元思考"能力。"元"是指更高层面的意思，所以，"元思考"的意思也就是对你思考的过程进行再思考，这可以通俗地理解为"对于解题思路的表达"。

举个例子，有时候我们会问自己这样的问题："我好像最近的人生路走得不是很顺，我怎么就走到这一步了？我得思考一下，把正面的经验与反面的教训全部总结一下。"当你进行这种思考的时候，就是在从事"元思考"。

哲学就是一种元思考，哲学就是对我们思考天下万事万物的思想方法本身的思考，所以，虽然现在我们貌似只是在讨论心理学，但是我们也会对心理学和逻辑、哲学之间的关系进行元思考。

利己与节俭，可在思考中被消除吗？

讲到这里，我必须要指出：很多成年人的心智仍然不是很成熟。即使是受过良好逻辑训练，只要一不小心，思维就会掉到孩童的水准。为什么呢？因为按照孩童的方式来想问题，相对来说比较省力。

幼儿心理的第一个阶段就是用感知来判断。第二个阶段就是以自我为中心。而在第三个阶段中，孩童所看到的万事万物虽然有一定的抽象性了，但是他们一定要用一个具体的对象来为这个符号进行注解——这样这个世界就会变得更加直观化。

只有心理发展到第四个阶段（形式运算阶段），心智所面临的任务才足够抽象，而这样的任务也才是最挑战我们继承自原始人的古老心理架构的。所以，按照"利己"和"节俭"这两个原则，我们会时不时地往后退几步，按照前三个阶段的思维方式来进行思维。故此，即使作为成年人，我们仍然需要特殊的训练，让第四个阶段的思维模式能够在我们脑子里扎下根。

27. 男性大胆假设，女性小心求证？

大胆假设的男性和小心求证的女性

在本节中我们将要讨论性别因素对于推理进程的影响。有一种偏见，说什么女性不适合做逻辑推理，男性适合做逻辑推理。这个观点我觉得是错误的。但是，女性的具体思维方式仍然是和男性不太一样的。比如，在阅读理解能力，很多教育专家都发现，关于机械仪器的说明书，男性的理解力更强一点；而对于那些情感类的散文，女性的感知力更强一点。而在文本内容的记忆方面，女性的快速记忆能力略强，男性的长期记忆能力则略强。

概言之，男性似乎更擅长进行大尺度的推理，而女性则更擅长小尺度的微调。这样一个男女思维上的差异，背后还是有很深的演化论道理的。

在采集—狩猎时期，采集、狩猎这两种生产方式的区分，实际上也就是所谓的性别分工的体现。像采集植物、照顾孩子等活动，需要极大的耐心，这就需要女性的细心。男性则主要从事具有更大风险的狩猎活动——这类活动需要男性在大尺度内快速位移，并且要对猎物的逃跑方向进行大方向上的猜测。

这样的一种思维方式方面的性别分野，对于远古时代的人类来说是适用的。然而，随着现代生活的巨变，以及大量技术工具的出现，这种分野目前反而会给我们的生活带来某些不适应性。所以，我们最好能在男性思维与女性思维之间找到一个更为中性的平衡点，以适应现代社会的需求。

演化心理学：性中立人士智商更高

"性中立人士"，或者说异性恋倾向不明显的那些人士，他们的推理能力到底与异性恋者有什么差别呢？

英籍日裔的演化心理学家金泽聪，就是专门研究性和智力之间关系的。他有一个观点，就是同性恋者智商相对比较高，比较胜任复杂的推理。

——那什么叫"智商低"，什么叫"智商高"？

我在讲到让·皮亚杰的发展心理学的时候就曾说过，孩童的心理发展是有四个阶段的：心理发育更靠前的那些阶段，思维的生物性就更明显，越靠后的那些阶段，思维的社会性就越明显。同理，就"利己"和"节俭"这两个基本的心理运作原则而言，在越靠前的阶段里，其表现也就越明显，在越靠后的阶段，其表现也就越显得相对不明显了。从这个讨论框架来看，智商的高低，就可以被理解为对于人类思维中生物性的压制程度——压制得越好，智商就越高。

而同性恋者的特点，就是其本身的生殖欲望并不是那么强烈，所以，他们的思维就更少地受到利己性和节俭性这些要素的干扰，故此，他们的推理质量也就更高，当然也就更聪明了。

这种观点可以在动物界得到验证：试问，在一个蜂巢里边，蜂后、工蜂和雄蜂谁最聪明？

这里需要补充的是，依据动物的心理学研究的一般观点，动物的智慧程度是与它的行为复杂度挂钩的。按此标准，工蜂的确是比较聪明的，因为工蜂的行为非常复杂，包括制造蜂巢、喂养幼虫、采集花蜜，等等。蜂后看上去就不是很聪明的，因为它要做的事情很简单，就是和雄蜂交配、生娃。

那蜂后、工蜂和雄蜂里谁是"性中立人士"？答案是"工蜂"。为什么？因为工蜂是没有生育能力的雌性的蜜蜂，性器官发育不全，彼此之间也没有造成内耗的嫉妒或竞争，而只有无私的合作。

大自然为什么要保护同性恋的基因？

有人说了，我们能不能100%地学习蜜蜂？从生物学的意义上，对于我们高等哺乳动物来说，这样做是不太合适的。你可以设想，有七八万个人住在一起，繁衍后代的任务就交给一个女性的子宫了（她就类似于蜜蜂中的蜂后），这也太疯狂了。如果她出门被卡车撞一下，或者天上掉个流星把她给砸死了，我们整个族群就完了。

早期的人类团体人数是非常少的，而且每个个体都很容易死，所以在团体内部，大致就是50%雌性、50%雄性——这样的一个配比对于整个族群的安全生存来说是比较合理的。这在根本上就导致了男性思维和女性思维的二元化对立。当然，正因为男性思维和女性思维彼此之间都有一些偏颇之处，所以我们人类就要通过某些社会性手段来解决这个问题。比如，最简单的社会性手段就是组建家庭，由此促成男女的思维互补。

然而，人类当中的一部分人，仍然有点像蜜蜂世界里面的工蜂，是性中立人士。有人或许会问：如果同性恋本身也是基因的一种体现，这种基因本身是怎么样遗传的呢？毕竟同性恋者是不能生育的啊。

对此疑问，一般的解释性理论，乃是亲属选择理论。同性恋者自己当然是不会生孩子的，但是他的亲戚会生孩子，可能他的亲戚也带有同性恋的基因，只不过在他的亲戚身上是隐性基因，而非显性基因。只要他的亲戚把孩子生下来，岂不就是把那个同性恋基因也往下传了吗？

由此往下推理：同性恋的基因如果凑巧在这个孩子身上就变成了一个显性基因的话，这孩子就变成同性恋了；如果它变成一个隐性基因的话，这个孩子还是会继续结婚生孩子的。这在客观上就解释了同性恋为什么也能够通过生物学的链条传承下去。

既然同性恋的基因传承了那么长时间，很多演化心理学家就猜测，大自然保有这套机制是有道理的。同性恋的存在，对于我们整个人类整个族群的安全是有帮助的，因为他们放弃了自己的生育资源，全身心地投入某一个专业领域，为人类创造财富，提供思想上的有价值的东西，使得大家的整体利益提高了，这也就间接地提高了整个族群的生育率。

似乎哲学家的婚姻问题特别能印证上述观点。很多伟大的哲学家都是单身：斯宾诺莎单身、笛卡尔单身、伏尔泰单身、大卫·休谟单身、莱布尼茨单身、尼采单身、叔本华单身……其中有些人是真的对女性没什么兴趣。

哲学家康德的例子有点特殊。他说，自己年轻的时候好像对女性有过一点兴趣，但是因为穷，没钱买房子，也就没结婚，等到做了大教授以后，有钱了，有社会地位了，但是对女性仅存的那点兴趣也没有了。他住在哥尼斯堡，和一个男性仆人厮守一生，连仆人都不找女性。所以，康德一辈子没绯闻，女学生对他主动示爱他看都不看。当然，我这里没有暗示康德是同性恋者，我只能说他的女性缘比较差。

很多女性朋友批评男性思维叫"直男"，其含义似乎是说：仅仅站在男性的视角去看待一切，不完全理解女性世界在看什么、在想什么、在听什么。如果男性朋友要摆脱这种男性中心主义的思维方式，那么，努力掌握双性思维模式，就会有一定的帮助。换言之，男性除了要大胆假设之外，也要在小心求证方面多付出一点心力；至于女性，也要关注一些男性的世界，除了要保持自己的思维的细腻性，也要勇于大开脑洞。

好，现在我们基本上就把性别和推理倾向之间的关系说清楚了。接下来就会进入一些更加具体的讨论，来看看我们的思维会掉入怎样的心理思维陷阱中去。在讲到这些心理思维陷阱的时候，我不会特意地区分哪些陷阱是男人更容易掉进去的，哪些陷阱是女人更容易掉进去的，因为这些陷阱是"男女通杀"的。

28. 逃避可耻但有用

全能理性观：啥都知道

在讲"理性"问题之前，我们先要看看传统意义上的"理性"概念和我们要讲的"理性"概念之间有什么区别。

这就要从启蒙时代的理性观开始讲起了。启蒙时代，就是欧洲中世纪和文艺复兴结束以后的那个时代。"启蒙"这个词就预设了大家是蒙昧的，所以要来启蒙。这里面就预设了某种意义上的理性的傲慢：启蒙主义的学者都觉得自己很聪明，老百姓都很蠢。

这种傲慢就体现在拉普拉斯提出的理性观里面了。拉普拉斯是一位法国的思想家，同时也是一位科学家。拉普拉斯认为什么叫"理性"呢？他提出的答案就叫"万能理性"，也就是"啥都知道"的意思。什么叫"啥都知道"呢？譬如这个意思：如果我知道所有的社会规律，以及所有的社会个体在某一个时刻的心理状态与身体状态的话，那么凭借前面的信息，我就可以推知任何一个个体在任何一个别的时刻会做什么。

如果拉普拉斯的理性观是对的，我们就可以预先通过对于每一个个体的心理状态以及整个社会规律的把握，来推知某个事件会在几点几分发生。但实际上，我们是没有能力知道每一个个体的心理和身体状态的。至于所有的社会规律和心理学规律，我们也不能获知。

虽然单独把拉普拉斯的观点拿出来，好像显得很荒谬，但是在日常生活中，我们有时候还是稀里糊涂地预设了一种拉普拉斯式的观点，觉得别人是全知全能的，即他有健全的、万能的理性。这种预设可是会带来巨大的灾难的。例如，埃塞俄比亚航空公司的波音737—MAX8飞机的一次空难，在根底上就应当由全能理性观来买单。

原来，波音公司在设计此类飞机的飞行软件的时候，内置了一个防失速的自动控制程序，其功能是这样的：在飞机的仰角过大可能导致失速时，软件就会做出一个自动的反应，让飞机的机头往下压，使得仰角降低。设计师认为这样的一个设置是万无一失的，但是它们没有思考过这样的一个问题：如果传感器本身传来的关于飞机实际仰角的信息本来就错了，后面的软件反应也就会跟着错，最后可能立即导致空难。所以，一旦出现这样的问题，飞机软件就应当自动地将飞机的指挥权交给飞行员——但波音的设计师恰恰没有为软件与人力之间的转换准备好一个顺畅的转换渠道。

这样的软件设计错误，本身就体现了全能理性观的错误。这与其说是计算机的责任，不如说是设计者的责任。设计者极为傲慢地认为，他对于飞机知识的了解是充分的，而不愿意承认在某些情况下，软件设计方案可能会碰到他们没有预先想到的问题。

然而，所有的人类也好，人类造出的计算机系统也好，都是能力有限的系统，我们的运作要符合演化论的一个基本原理，即：演化进程并不偏好那些总是做出正确决定的系统（因为只有上帝才能永远不错，但上帝不是被演化出来的，而是被我们想出来的）；演化进程更喜欢的，则是那些能够做出对于自己的生存来说具有好处的决策的系统——但这些决策系统往往对未知事件持有开放态度，而不会自以为全能。

所以，人类理性系统的基本运作原则就是"管用就好"，并不是要追求那种完美的"全能理性"。"有限理性"就够用了。

有限理性观：差不多够用就行了

什么叫有限理性观？这就要提到一个学者赫伯特·亚历山大·西蒙。他是诺贝尔经济学奖获得者，同时也是计算机最高奖项"图灵奖"的获得者。他还有个中文名字叫"司马贺"，因为他是中国科学院的外籍院士。

根据西蒙的"有限理性观"，我们不可能做到全知全能，我们只能够在局部找到一个差不多的解决问题的方案，够用就行。实现这种理性观的具体操作方案，就叫作"手段—目标"路径。

"手段—目标"路径是什么意思呢？假设你现在有一个问题没有解决，例如我渴了，现在要喝水，这就是目标。要解决口渴的问题，那就要有手段，手段有很多种，第一种是喝汤，第二种是喝水，第三种是喝雪碧。

如果按照全能的理性观，我要对这三种能够让你解渴的方式进行详细的评估，然后按照最优的方案来处理。但是按照西蒙的观点，你随便拿一样出来，能把自己喝饱了就可以了，因为评估本身会浪费时间。

当然，这是个貌似微不足道的例子，而在人生更重要的决策上，西蒙的这种理性观也是有用的。举个婚恋方面的例子：有些女孩子在婚恋市场上态度非常挑剔，一直梦想找到"真命天子"，或是能够在各个方面与自己契合的人。这种人是不是在地球上有，我觉得也非常难说。即使有，花上十年的时间去找到他，是不是值当，我都觉得是个巨大的问号。

但如果我们放弃了"全能理性观"，放弃这种对于最优解的追求，而是比较实事求是地来盘点一下我们现有的时间资源，那么事情就轻松多了。比如，不妨就设定一个及格分，然后给出这样的一个决策：谁能满足这样一个最低的及格分要求，就和他过一辈子，而不要再得陇望蜀了。人生苦短，经不起折腾啊。

"思维土法"：逃避可耻，但是有用

虽然西蒙先生的理论有不少优点，但是也是有一些问题的。因为，对于它的方案的顺利执行，在相当程度上还是依赖于运气的。比如，有人会抱怨说：我也是按照西蒙先生的要求来做的，我也设了求偶的及格分，我的要求也不是很高，但我就是运气不好，找了半天都没有遇到一个人能够跳过及格分的。这该咋办？

在这种情况下，我们是不是还有别的方法能够解决问题呢？这就需要提到另外一个学者的名字：格尔德·吉仁泽。吉仁泽认为，即使是西蒙的有限理性观，还要进行进一步的升级，变成一种节俭性的理性，才能够让日常生活中的我们能够用得上它。

到底什么叫节俭呢？节俭实际上就是所谓的"思维土法"。这些"思维土法"未必能够保证你一定获得最佳的结果，但它管用。这听上去像一部日剧的名字:《逃避虽可耻但有用》——"逃避"听上去也是个"思维土法",具有一定的实用性。

最典型的"思维土法"如下：高考的时候，如果有一道 5 分的选择题，你画了半天的图都不知道这道题目该怎么做，后来你仔细想想看，我做出来了也不就拿了 5 分，后面还有更大的题目，不能把时间浪费在这一道题上面。在恋爱的时候，追某个男生或追某个女生，你一直觉得追不上，人家就不理你，这时候你可以退一步想，即使你追上他了又怎么样呢? 他也并不是一个最好的选择对象——这时候你就会释然了。

不过需要注意的是，你不是无条件做逃兵的，你是在选择逃避之前，已经算出来了：这事就是做成了，对你也没多大的帮助，所以，这个项目才是值得放弃的。

这里需要注意的是，我们今天所说的这些"思维土法"都是经验之理，它们既不是在逻辑之理层面上展开的，也不是在语义之理层面上展开的——正因为如此，这些"思维土法"有时候会把你带到沟里面去，产生很多谬误，所以这是一把双刃剑，得小心使用。

29. 思维的面板如何运作？

上一节我们讲到，从人类的心智架构上来看，我们就是有限性的理性动物。为了能够在非常有限的时间和相关资源的约束下解决问题，有时候我们只能走走捷径，用用土方法，差不多就行。

本节将从人类心智架构的组织形式的角度，来进一步察看我们使用"思维土法"的原因。

工作记忆：福尔摩斯的思维迷宫

工作记忆，英文是"working memory"。我这里就不谈对于它的学术界定了，我就说一个大家可能一听就明白的案例。

大家都应该知道"卷福"，即《神探夏洛克》的主演。他的本名是本尼迪克特·康伯巴奇。卷福演的福尔摩斯在断案子的时候，有一个叫"思维迷宫"的训练。他一闭眼，眼前就出现了一个很大的书橱，这个书橱里面有很多小抽屉、小门，每个小门和小抽屉里面都有些小卡片，每个小卡片上都有一个信息，这就是一个思维迷宫。

这个思维迷宫并不是真实存在的。与断案有关的那部分信息的存在时间也不会太长，就是他在思考问题的这一两分钟之内，过一段时间这个思维迷宫就消失了。如果明天他再断另外一个案子，有可能思维迷宫的组织形式就会与前面那个案子的思维迷宫大不相同。

这样的一个思维迷宫，就是工作记忆。所以，工作记忆就是方便你进行推理的思维面板。人类的大脑存储了太多的信息。这么多信息并非项项都和你当下要解决的问题相关。所以，你的脑袋里要产生一个思维面板，想想怎么把当下的问题给解决好，把那些不相关的问题给删除出去。

比如，在司马光砸缸的案例里，小司马光知道石头砸缸能够把缸砸破，难道别的小朋友就不知道？我相信别的小朋友也都知道，但为什么只有司马光小朋友做成了这件事，而别的小朋友没有做到呢？

这是因为，从心理学的角度看，司马光小朋友脑袋里面形成了一个思维面板，模拟了"石头砸缸"这样一个动作。在模拟图像的引导下，司马光就真做那个动作了。而其他的小朋友，虽然也知道石头是能够砸破大缸的，但是这一信息并没有进入他们的思维面板。

那么，他们的相关信息存在于哪里呢？心理学上有一个专门的术语叫"长期记忆"。而若要让信息从长期记忆的仓库转入思维面板，就好比说把藏书从书橱的深处给搬出来，放到桌面上，进入一种随时可翻动的状态。

出于某种机缘，小司马光成功地把"石头"从书橱的深处给抽离出来了，然后放到了他的思维面板上，所以，小英雄的称号就落到了司马光小朋友的头上。当然，有一些专家认为司马光砸缸的故事是假的，这就是另外一个话题了。

工作记忆的四部分构成

上面我已经引入了一个新的概念，就是所谓的长期记忆，也就是思维面板背后的整个知识库。除此之外，心理学家还会提到一个概念，叫"短时记忆"。短时记忆是比工作记忆更小的一个单位。那么，这个思维面板本身到底是由什么东西组成的呢？有一些心理学家就提出了一个四部分构成说，我就大致来说一说。

语音环路：每个人都该多对自己碎碎念

第一个部分，是基于语音的语音环路。就是你在想一些概念的时候，这个概念的语音就会进入你的大脑。或者别人在和你说一件事的时候，他的语音也会进入你的大脑。

语音能够让我们的论证变得更有效率。试想，你要进行一个论证，不妨就先把论证所牵涉到的关键语词的语音进行内部循环，这样才能够让你记住关键词项——否则，连词项都记不住，后面的论证又该怎么弄呢？

在我看来，学好哲学的第一步，与说相声的基本功差别不大，就是"说、学、逗、唱"，尤其是"学"。你要在语音上学会追踪这句话，这就是"学"的第一步。如果连语音都记不住，你就没有办法把抽象的含义往上附着了，因为意义连基本的附着点都没有。

视空图像处理器：画图解题

第二个部分叫"视空图像处理器"，主要用于加工视觉和空间信息。正因为工作记忆有很强的图像感，所以我们在讲论证的时候，

适当地可以增加类比的成分，使得这个句子变得更加生动，产生

画面感，这样能够引起听众的好感，能够让他跟得上你的论证。你如果只是说一些很抽象的东西，大家很可能就记不住了。

有一些科学史家说，爱因斯坦之所以厉害，就是因为当他看到那些抽象的数学公式的时候，他看到的都是图像，所以他对很多事情都能够比别人看得更深。

而我们普通人也能做到"图随言涌"的话，我们对于抽象的言语论证的理解能力就提升了。这本领也是需要反复训练的。不妨先多看看别人的图是怎么画的，以便逐步内化。

注意力中枢：聚焦重点

第三个部分，即注意力中枢，其功用就是使得你心目中的聚焦点，能够聚焦到正确的东西上面，不去注意与这件事没关系的事情。

请注意，注意力的聚焦能力是有限的，你不可能把聚焦点同时投射在四五件事情上面，所以一定要搞清楚我们现在具体要什么，思维面板上的东西不能画太多。比如，司马光在砸缸的时候，就不能太注意这缸上的花纹，因为这与他砸缸的任务无关，换言之，工作记忆也好，短时记忆也好，其负担都不能太重。记住这一点，这在论证中，无论对论证的提出者，还是论证的听众来说，都是有用的。

情境缓冲器：意义是记忆的黏合剂

最后一部分叫情境缓冲器。它的大致意思就是：你看到的这些事物，其彼此之间的关系是通过一些语词组织起来的。比如像石头撞击缸，"撞击"就是个语词，石头砸破缸，"砸破"又是个语词。"砸破"的语义和"撞击"的语义就像黏合剂一样，可以把"石头"和"缸"这两个名词结合在一起，构成某种表达因果关系的图像。

这一步的运作，能够帮助你把在工作记忆里面看到的东西传递给长期记忆。也就是在感性图像的基础上，加上抽象语义标签，然后通过语词本身的魔力，使得你的大脑能够记住它。

以上这点能够带给大家的启示是什么呢？就是我们在理解外部世界的时候，要按照某种意义系统对这个世界进行梳理，否则你就不太容易让自己长久地记住这件事。但需要注意的是，意义系统与图像的相互匹配，很可能会导致意义系统会反过来强迫图像重塑自己。

譬如，不少恋人分手很多年又见面了，彼此还爱着对方，但还有自尊没有放下，大家就互相指责，到底当时是谁第一个说分手的。在这时候，恋爱双方记得的，都是对自己有利的那段情节，好像自己都是无辜的，错的都是别人。为什么？因为他们各自的记忆已经按照其自己的意义系统而被重塑了。类似的现象在我们的日常生活的别的维度中也是会经常出现的。

30. 最容易想到的就是答案？

在前几节，我们反复使用了一个词叫"思维土法"，也就是我们思维中经常采用的一些捷径和土办法。当然，正式心理学教材里面是不会用"思维土法"这么土的名字的，这个词在英文里叫"heuristic"。它在中文里面的翻译很多，我采用的一种翻译叫"捷思法"，即一种能快捷地帮助我们进行思考的方法。本节就来讨论几个具体的捷思法。

在讨论具体的捷思法时，我们也有一个"由易至难"的排序。我们先讨论经验之理层面上出现的这些捷思法，然后再慢慢过渡到逻辑、概率这个层面的捷思法上去。

易取性捷思法：快说你最喜欢的是谁

我们要讨论的第一个捷思法叫易取性捷思法。"易取性"就是容易取得的意思。顾名思义，如果你被问到一个问题，有很多种答案都涌现在你的脑海里，那么，你最容易想到的那个答案，就是最易取得的答案。

比如，有心理学家把美国的一些人作为被试者找来，问一个问题："在美国，在统计学上最显著的人口死亡原因依次是什么？"被试者根据易取性捷思法对这一问题进行了回答。在他们的答卷上，第一名是怀孕、堕胎以及分娩；第二名是交通事故；第三是他杀；第四是火灾；第五是自杀；第六是乳房肿瘤。

而真实的统计数据如下：第一大死亡原因是阑尾炎；第二是心脏病；第三是自杀；第四是麻疹；第五是糖尿病。

为什么大多数人会倾向于认为怀孕、堕胎、分娩导致死亡的人数很多，或者是各类事故的死亡人数很多？就是因为这些画面很具有耸动性，而且也经常被媒体所播报。与之相比，新闻媒体是不太可能报道某个人得糖尿病或是阑尾炎而死的消息的。因此，这些信息没有进入大家的思维模板。

也有心理学家做过这样的一个测试，随机地给被试者一些城市的组合，左边是一个没什么名气的城市，右边是一个有名气的城市，比如左边是小石城（Little Rock，在阿肯色州），右边是芝加哥；左边是大急流城（Grand Rapids，在密歇根州），右边是洛杉矶，等等。被试者的任务，就是不借助任何资料，仅仅靠他脑子里的信息来判断：是左边那个城市的人口多，还是右边那个城市的人口多。

被试者一半是美国的学生，另外一半是德国的学生，结果非常让人惊讶的是，德国同学的正确率会略高一点。

这个实验也可以换一个文化背景进行重复，譬如，在问卷上，左边一个是无名的德国城市，右边一个是有名的德国城市，然后让大家来判断哪个城市的足球队更强一点。一半被试者是德国学生，另一半是土耳其学生，结果是土耳其学生得分更高。

怎么会出现这么奇怪的结果？心理学家吉仁泽提出了一种解释，即：很多外国学生在做这样的题目的时候，使用了易取性捷思法，就是哪一个城市的名字他听上去比较熟悉，他就认为这个城市很牛，因此，人丁兴旺、足球队水平也高。

而在问卷问到美国国情的时候，也恰恰是因为美国学生关于美国城市的信息比德国学生多，要美国人使用易取性捷思法反而会有困难。换言之，他们的思维模板上涌入的信息太多了，这些信息彼此争斗，反而将一些关键的信息给淹没了。

透过媒介使得信息"易取"

上面的讨论，实际上已经牵涉到了一个贯穿于动物界和人类社会的思维方式，那就是我们都是根据某些经由媒介的信息来获得事物本身的信息的。

什么叫"媒介"呢？媒介的英文是"medium"，也就是说，你和客观世界当中的一个中介性的对象。举个例子，如果你要把握的信息是某一个你不是太熟悉的城市的人口规模的话，你能够获取信息的方式基本上就是媒介所提供给你的——否则，你就得亲自到这座城市去做实际调查了。但谁愿意付出那么多成本，去获取这么一条与其当下的生存没有巨大关联的信息呢？除了依赖媒介信息之外，还有更省力的法子吗？

甚至在像老鼠这样的较为低等的动物上，我们都可以发现这种思维方式的痕迹。比如，虽然老鼠是不可能具有化学和生物学知识的，但是老鼠也可以有效地规避老鼠药。这是因为老鼠会观察，其他老鼠吃了某些特定口味的食物以后是不是会死。如果有老鼠死了的话，同一族群里其他的老鼠就都会避免这个类型或口味的食物。也就是说，其他老鼠的生存状态，就成了老鼠了解某种食物特性的一个很重要的媒介信息。老鼠也就是通过如此简单的捷思法，获得了其在生态环境当中的适应性。

下面，我们就谈一谈易取性捷思法在日常论证中的使用。

我们都知道，论证都是需要一些前提的，前提本身的来源往往是经验。比如我说，因为所有人都终有一死（大前提），而张三是人（小前提），所以，张三也终有一死（结论）。这个大前提本身不是从逻辑里面来的，而是从经验里面来的。

这也就是说，做逻辑论证的时候，我们要确定是否采用某一条信息，有时候是根据信源来决定的。信源若是可靠的，那么我们就会倾向于采用这个信息。

这又牵涉到不同人的不同预设：有些人就天然地相信某些信源是可靠的，有些人就天然地认为这些信源是不可靠的。这是因为，每个人在和外部世界打交道的时候，他的信息媒介都是不一样的，例如有些人只看微信朋友圈，有些人只相信他家三叔。这就会导致在论证中，大家在基本的信源可靠性问题上产生分歧，这是导致理想的辩论没有办法进行下去的很重要的一个缘由。

理性的对话也许是不存在的

不同人的预设背后，大家所接触到的信息媒介不一样，正是因为信息的媒介不一样，所以，我们在用捷思法处理信息的时候，看到的都是事物的不同侧面，并且认为自己看到的这个侧面才是重要的。

当然，我们都希望不同的辩论参与方能进一步修正自己的偏见，以达到互相的理解。但我必须得指出的是，初始偏见的产生，的确有一个很深的根源。因此，人类个体彼此之间的真正的理性的、和平的对话，其实是非常难促成的。

不过，如果我们牵涉到的问题，离政治、宗教、伦理、审美等主观性色彩浓郁的领域比较远，而是诸如科学、数学这样的客观性色彩比较浓郁的话题，那么对于信源的检查，在一定程度上是能够用以检查信息本身的合理性的。例如，一篇科学论文若被刊登在著名的国际科学杂志上，那么这篇论文胡说八道的可能性相对就比较低。

那么，既然捷思法的运用是带有一定风险的，我们在日常生活中使用这些方法的基本原则是什么？怎么做才能趋利避害？原则其实很简单。

如果这件事对你不是那么重要，你就用捷思法来思考问题。比如，假设你不是个做学问的人，要判断哪个人才是更有水平的教授，你就得根据他是哪个学校来的来做判断（当然，你至少要到相关学校的官网上看看是不是有这么一位教授）。而如果你是相关学科的研究人员的话，这样的信息检索方法就实在太糙了。你还要研读相关作者的论文，从论文的质量来判断相关学者的水平。总之，对不重要的信息，用粗略的信息检索法，对那些与你的工作生活直接相关的信息，则要更认真地核对信源。这样，即使我们在日常推理中犯了错，至少我们能够保证这些错误不影响我们工作生活中的那些核心领域。

31. 少壮不努力，老大徒伤悲？

本节将介绍"易取性捷思法"的特殊变种——"韵律偏好"，或者叫"谚语偏好"。

押韵的话就是真理？不靠谱

很多人都喜欢通过说俏皮话或者背谚语来做"论证"。

我们中国人好像特别喜欢这种方法。我们从小到大都听到各式各样的谚语：不好好读书，就被老师骂"少壮不努力，老大徒伤悲"；如果你和老人顶一个嘴，老人就说"不听老人言，吃亏在眼前"；读书的时候就看两三本，不愿意把书都读周全了，就会被人批评"书到用时方恨少，事非经过不知难"；老师教大家背唐诗，你顶嘴说"背那么多干吗？"，老师就会说"熟读唐诗三百首，不会作诗也会吟"。

很多人喜欢把这样的一些名人名言，嵌套在各式各样的论证形式里。比如：

大前提，少壮不努力，老大徒伤悲；

小前提，你是少年，而且你不努力；

结论，你的未来肯定很悲催。

从逻辑的论证上讲，该论证是有效的。但问题是，我凭什么相信第一句"少壮不努力，老大徒伤悲"就是对的呢？

一种解释是：这句话的确包含了祖先经验的结晶，但是还有一种解释：这句话朗朗上口，所以容易被传播。

由此我们就引出了这样一个问题，为什么一句话在韵律方面听上去好听，它就是真的呢？

我们为什么喜欢押韵？

一些并没有逻辑之理、语义之理和经验之理所支撑的"道理"，之所以进入了我们的日常生活，恐怕就是因为它们押韵、对仗，或者是有其他的审美特征。这个审美特征使得我们在念这些话的时候，能够产生一种心理上的愉悦。也就是说，我们不是因为这些话有道理而传播它们，而是因为这些话读起来感觉不错，容易被记住，所以去传播它们。

这也是人类记忆的一个特点：就是你要记得一项事物，原则上对于该事物的语言表达在音韵上就要有一种对称性。譬如，若每一个句子背后的韵母都是一致或类似的，你就可以经由这些韵母所提供的"记忆把手"，来记住整个句群。这就符合了工作记忆的工作特点——它要最快速地把长期记忆里面的东西放到思维面板上。

具有韵律感的表达式还能契合人类工作记忆架构的另外一个特点，即人类的记忆的运作在很大程度上是依赖于语音回听和语音回放的机能的。换言之，在人类心灵活动中被反复吟诵的语句，马上就会在工作记忆中占据更多的认知资源，并有更大的机会进入长期记忆。

那么，哪些语句容易被反复吟诵呢？自然就是押韵的那些。

谚语就利用这样一个特点，使得其能够顺利地进入人类工作记忆的思维面板，由此进入人类的长期记忆库。而在人类个体相互交流的过程中，这种押韵语句就很容易通过口耳相传，成为整个社会的集体财富，然后一代一代流传下去。

韵律偏好和另外一个捷思法有着密切的关系，就是所谓的流畅性捷思法。意思是说，如果你能够更好地、更流畅地、更痛快地处理一个对象的话，这个思维对象就会被认为是具有更高的价值的。换句话说，一个想法如果能够被更熟练和更优雅地表达出来，或者是在心中默念出来，你就会认为这个想法越有价值。

这里面最重要的一个运用就是，你如果要让别人觉得你说的每句话都是真理，你一定要练好普通话（若听众是外国人，就要练好外语）。话说不利索可不行。

在这里，我就要提一部非常重要的电影，就是《国王的演讲》。在这部电影里，英国国王虽然心中有锦绣，但嘴巴却口吃。他自己解决不了这个问题，只能够请一个高手来帮他，一句一句地纠正，由此才很好地履行了国王的职责。所以大家不要小看语言包装，它会影响大家对你的信心。

在面试的时候，我也发现有一些不太认真的面试官，根据参加面试的人说话的流利程度来判断说话的内容的质量。所以，在参加面试的时候，考生的表现一定要从容，说话一定要流畅，不要支支吾吾。

不过，在信息情报不足的情况下，通过语言表达式的韵律感与别人说话的流畅性来判断相关信息的可靠性，依然不失为一个可以被勉强一用的方法。或者，至少你可以运用这个技巧让听众提高对于你所提供的信息的可信度。

32. 先听好消息，还是坏消息？

第一章在讨论归纳问题时，我曾介绍过"仓促概括"，即根据很少的证据马上得出一个对于普遍性情况的估计。为什么人们倾向于犯下如此谬误呢？其实背后仍然是有某种捷思法在起作用，这就是本节所要说的"锚定效应"。

锚定效应：我们为第一印象所支配

什么叫"锚定效应"？这个"锚"，就是一个思想之锚，"锚定"就是说这个思想之锚会深深扎入第一印象所构成的河床之中，很难拔出来。更准确的定义是：心理主体在考虑导致一个结论的证据时，会更加依赖他最早获得的那些证据，或者说是第一印象。

举一个例子：甘地是印度的民族英雄（顺便说一句，他活了 79 岁），但世界上毕竟还有一些人不知道甘地是谁。于是，心理学家就找了两组都不知道甘地是谁的人来进行测试。

第一组人得到的问题是：有个人叫"甘地"，这个人要么是在9岁之前死的，要么是在9岁以后死的，他死时的真实年龄是几岁？问第二组的问题是：甘地这个人要么是140岁之前死的，要么是140岁以后死的，他死时的真实年龄是几岁？

实际上，从逻辑之理的角度看，这两组得到的信息量都是0，因为任何人都是在9（或104）岁之前死的或者9（或104）岁之后死的，这等于什么也没说。

当然，第一组和第二组的人也知道这个背景信息什么也没说，但是"9"和"140"这两个数字起到了不同的暗示作用，把他们最后的估测年龄往不同的方向拉了。第一组被试会想，为什么题目里面提到"9"？是不是甘地死的时候真的有点年轻？第二组就会想：为什么题目里面提到了"140"？是不是甘地死的时候的确年纪比较大？

结果，第一组得出的对于甘地年龄的估测是50岁，第二组是67岁。显然，50岁比67岁要年轻一点。这就是起点的偏差影响了结果。这就是锚定效应的显现。

锚定效应有时是我们的救命稻草

那么哪些人有锚定效应呢？答案是，所有人都有。

为什么锚定效应如此普遍，它背后的道理是什么呢？我个人认为，这是因为锚定效应的产生，符合演化进程自身所要依据的节俭性原则。这也就是说，在采集—狩猎时代的残酷的生存环境中，认知主体必须在特定的决策时间范围内就给出问题的解答，而没有太多的时间进行精细的思考。譬如，隔壁部落的张三来寻衅了，你到底是打还是跑？你不能想很久，因为张三不给你这时间。

所以你得想得快。但怎么样才能快呢？快的一个要诀就是，你不能处理太多的证据信息，而要缩小问题考虑所要涉及的证据量。但是，如果证据量缩小的话，你又该优先处理哪些证据呢？答案便是：先处理你先想到的证据，或者你先碰到的证据。譬如，你如果想起是你上次就把张三打败了，或者你曾把与张三武功水平近似的李四给打败了，你就根据这个印象来判断你这次也能打败张三。于是你就冲上去了。

要先听坏消息，还是好消息？

锚定效应既然如此普遍，我们就不要害怕它，反之，要利用好它。

首先，我们可以看看在企业管理学里怎么用好它。比如，老板要涨员工的工资——如果你是老板，建议你不要一步到位。你如果一下把工资涨得很高，一个新手入职就给他月薪税后1万，你就给他定了很高的心理的锚地，以后你就很难有余地继续涨工资了。如果你再涨个五百六百，他会不满意，但如果你要涨个五千六千，你自己的成本就支付不了那么多了。

当然，话又说回来，这并不是要建议所有的企业管理者在第一步把工资就定得非常低，因为这又会造成另外一种锚定效应，这种锚定效应就是：你这个企业经济实力不行，或者是个黑心企业，一天到晚剥削员工，好的员工很可能就不来了。如何勘定起始工资所造成的心理的锚的位置，是需要管理者注意的。

其次我们再来看一看，在个人成长的过程中，我们又该怎么利用锚定效应维护自己的心理健康。

这里运用的小技巧是：如果同时传来一个好消息与一个坏消息，不妨先听坏消息，再听好消息。

为什么？因为坏消息会把锚的位置定得非常低，而后面又跟着一个好消息，实际上能够带给你额外的愉悦，所以你整个经验和体验是以愉悦结尾的。而事情如果反过来收场的话，对你的心理健康就没什么好处了。

用"锚定调整捷思法"逼近真理

那么如果在更严肃的科学探究或者对社会问题的研究中，我们受锚定效应的左右，会不会做出不理性的决策呢？

在这里，我们就不妨考察一种新的捷思法，即利用锚定效应重构出个更复杂的捷思法，以便积极地引导锚定效应对我们的影响。这就是所谓的"锚定调整捷思法"。

它有两个关键词，一是"锚定"，二是"调整"。其含义非常清楚：你暂且容忍有一个思想之锚在你的脑袋里面，以此作为估算的起点，并在这个锚的左右下去寻找问题的答案——但是你要始终让自己抱有一颗开放的心，不断地接受新的证据来修正原来的预期。

不过，必须要指出的是，即使是两个具有同等心灵开放程度的人，因为他们起始的锚位水平的高低不一样，即使同样使用了锚定调整捷思法，他们最后所得出的结论还是会有所差别的。

初始的锚，应该抛在哪里？

讲到这里，我要谈一谈，到底是谁给了我们关于世界的种种原初看法，以决定我们最初的思想之锚应该抛在哪里。

这个问题很重要。如果一个人幸运地在一个正常的社会里面长大，他获得的原始信息基本上是正确的，那么，锚定效应反而可以帮助他迅速地确立比较正确的三观。

但是说到这一步，又有一个很深的问题出现了，就是什么叫"正确的三观"？

比如，在美国，你可能会通过不同的文艺作品了解到关于南北战争的不同信息。如果你作为一个美国人，第一次读到的关于南北战争的文艺作品是《飘》，或者是看了电影《乱世佳人》，你就会觉得这场战争的实质，就是一群北方佬破坏了南方人那种高歌牧野的浪漫生活。而且你还会发现，在南方，好像黑人奴隶和主人之间关系也还算和谐。

但是，如果你第一次看到的关于南北战争的文艺作品是《为奴十二年》，或者是电影《被解放的姜戈》，你就会认为，南方奴隶主的邪恶程度和奥斯威辛集中营的纳粹看守是一个等级的。

基于两种不同文艺作品所产生的第一印象，大家就会形成两种不同的锚定效应。虽然事后这第一印象也会被修正，但深层次的分歧仍然会隐藏在那里。所以这就牵涉到了一个非常重要的问题：到底该给孩子看哪些关于南北战争的电影，以决定孩子的思想之锚的抛锚地呢？不难想见，如何解答这一问题，关乎整整一代人的初始印象塑造权，关乎整个社会和国家的未来。

33. 为什么我们容易被诱导?

本节我们来谈和锚定效应很像的另一个心理学效应：框架效应。"框架效应"说的是什么呢？你如果已经预先假定了某个看法是对的，预先假定了看待该问题的角度是啥，那么，你只会关注到与你的既定看法相关的证据，而忽略别的部分。与"锚定效应"相对比，"锚定效应"预先定下的是关于事物的第一印象或证据，而在"框架效应"里面，被预先定下的则是描述事物的故事脚本，或者是看问题的视角。

框架效应：1/3的治愈率与2/3的死亡率

如果用一个比喻来说框架效应的话，这就好比说：我们都习惯于在自己的手电筒能够照亮的地方来找钥匙，而手电光圈的边界，也就构成了我们的思维框架的边界。

下述案例颇能说明框架效应的运作。假设有两种药，这两种药的药理不一样，但对于一种疾病的治愈率都是1/3。不过，很不幸，这是一种很危险的病，要么治愈，要么病死。因为暂时没有别的信息，所以科学家只能判断说这两种药应该是一样好，或者说一样差。

现在，假设你是个医药代表，你得劝说医院买你们的药。你可以这样和医院的负责人说："现在病患得的这病可是旷世绝症，别的厂家都束手无策，而我们厂的 A 药的治愈率则是 1/3。"这时候负责人反问："不是这样吧，听说还有一家 B 药厂，他们生产的 B 药，产品效果也不错啊？"你马上说："你可别忘了，B 药的死亡率是 2/3。"

这时，你作为医药代表，虽然没有歪曲事实，但是在讲到自己的药的时候，诱导听众去关注这个药所产生的正面信息，在讲到竞争对手的时候，就诱导听众去关注那些负面信息了。所以，如果医院方面受了忽悠，他们搜集证据的眼光也会只盯住你让他们看到的那些事项了。

框架效应是怎么产生的？

那么，"框架效应"到底是怎么产生的呢？我们就需要回忆一下前文的内容，就是所谓的"工作记忆"。

前文讲到福尔摩斯的时候，曾说到"思维迷宫"这个概念。"思维迷宫"便是工作记忆的工作场所，能够方便你从长期记忆里调取某些思想资源，在该工作场所的思维面板上进行一个快速、简洁的操作。我们也已经讲了，工作记忆当中有不同的组成模块，有一个模块叫情境缓冲器，它会在特定语义关联的帮助下，对工作记忆中出现的事物进行记忆黏合。因此，从某种意义上说，我们就是在一定的语义框架中来看待世界和理解世界的。

这里一定要注意，凡是语义框架都是主观、节俭的，因为语义框架必须要满足于在有限的时间内解决问题这样一个目的。而节俭的要点，就是省略掉和你利益没直接关系的事。

所以，只要你能引导对方关注到你自己需要他关注到的那些利益相关点，你就可以让对方的注意力跟着你的想法进行转移。这也是医药代表的例子所表达的意思：在有限的时间内，该代表先制造出了一个对自己有利的语言框架，然后再诱使别人的眼光也跟着他走。

如何弱化框架效应？

很多人会觉得，框架效应的存在，好像使得我们很容易被别人忽悠。所以，我们都希望在更加理性的决策中弱化框架效应。当然，弱化归弱化，与锚定效应一样，要彻底地消灭框架效应也是不可能的。

关于如何弱化框架效应，这里面有一些小技巧。

第一个技巧：决策的时候最好身边要有谋士——这个谋士起到的作用，就是要给你组织一个与你所习惯听到的语言框架反过来的语言框架，以对冲你前面得到的语言框架。比如，你原本的语言框架是给你看到你可能的损失，他则要反过来要让你看看你能赚到什么；相反，如果你原本的语言框架让你看到你会赚到什么，他则要让你看到你会有什么损失。

第二个技巧，就是换一种语言来进行思维。比如说，你要做一个重大的决策，结婚、买房，或者是考哪个学校，不妨用你自己会用的某一种外语，把同样一件事情再想一遍。

这事与外语又有什么关系？有关系，因为我们都太熟悉自己的母语了，而用母语思考问题，很容易掉到直觉给我们造成的迷魂阵之中。外语则不一样，一般而言，用外语不如用母语方便。所以，你用外语思考时，也许会变得更理性。

第三个技巧，听听孩子怎么说。为何呢？因为小孩子涉世不深，对有些概念的意思，只是知道个大概。比如说"死亡"——孩子大致是知道死亡的浅层含义的，譬如，他们看到动画片里面大灰狼吃掉兔子的画面，就大致知道兔子已经死了。但是他们还没有经历过生离死别，所以，当他们听到"某某药能够导致多少人治愈，或者多少人会死亡"之类的话时，心里的波动没那么大。正因为心理波动没那么大，他们反而能够比较冷酷地来思考这个问题。

34. 吃瓜群众是如何被忽悠上贼船的？

乐队花车效应：如何让吃瓜群众上你的贼船

"乐队花车效应"也叫"从众效应"。我们在媒体上常看到，在国外的政治竞选中，经常有一些拉票游行，其中有一些很漂亮的彩车，上面有人吹吹打打。如果你只是因为看到某政党的花车样子很炫，就决定投这个政党的票，这样的决策就是受到"乐队花车效应"影响的结果。

当然，"乐队花车效应"要起效，也未必真要做一辆花车出来，因为很多媒介性事物都能够起到花车的作用，如电视里的政治广告。所以，控制媒体是制造乐队花车效应的一个重要方式。

乐队花车效应可能是历史上各个政治派别之间进行宣传战时，大家所最为依赖的心理学效应。需要注意的是，在各国的政治竞选中有一个规律，就是有大批选民都是政治立场不鲜明的"吃瓜群众"，到最后一刻才会决定投靠谁。所以，精明的政客就会将花车造得绚丽无比，才能够让吃瓜群众上你的"贼船"。

为什么乐队花车效应这么普遍？

那么，为什么乐队花车效应那么普遍呢？我们可以用演化心理学的思路来回答这个问题。

我们知道，即使是原始人，个体的勇气和智力也不是均匀分布的。在一个族群或者一个部落中，有些人天然胆子大、脑子比较清楚，可以做大事，有些人只能跟在后面做随从。所以，对于那些胆子不是很大、脑子也不是很聪明的人来说，跟着英雄的足迹走下去，乃是提高生存适应性的一个很好的选择。

但问题是，谁来做英雄呢？在采集—狩猎时代这不是问题，因为谁打的猎物多，谁就是英雄。而今天，整个社会人实在是太多了，所以我们要通过媒体来了解这个人是不是英雄。但是，媒体本身是很容易被资本和权力控制的，甚至一定程度上可以颠倒黑白，所以，本来能够给原始人带来适应性的"花车效应"，却可能将现代人带到沟里去。

怎么样能够揭露媒体所做的这些虚假的包装呢？能够想到的一个办法就是，回到原始的"数伤疤"的核查机制上去。这也就是说，在原始社会中，一个人之所以有资格做领袖，就是因为他身上伤疤多，这就是说他在历史上所捕获的猎物也多。今天的我们，不妨也利用类似的思路，来进行对被考察对象的经历核查。

具体该怎么做呢？为了确保被考察的对象的经历是真实的，你不妨看看被考察的对立面是如何评价他的。如果他的某些优点，连其敌人也不否认，而只是用酸溜溜的方式予以承认，那么，这个优点就十有八九是真优点了。为何？因为被考察对象之敌人对于其的肯定性评价，就类似被考察对象留给敌人的伤疤，其存在已经得到了相关客观的验证。

恶性的乐队花车效应，可以让天使变成恶魔

现在我们就牵涉到了一个新的名词，叫"路西法效应"。"路西法"是上帝手下一个天使的名字，"路西法效应"的意思是："乐队花车效应"有时候会让天使也变成坏人。

比如，在 1971 年，有一个叫菲利普·津巴多的美国心理学家，就做了一个备受争议的实验，叫"斯坦福监狱实验"。他找了一大帮被试者，所有人都是好小伙、好姑娘，都身心健康、情绪稳定，都没什么问题。然后随机抽签，把他们变成狱卒和犯人这两组人，让他们置身于模拟的犯罪环境，进行角色扮演。

然而，这个角色扮演游戏一天比一天玩得逼真，后来扮演狱卒的那些被试者，真的就变成残暴不仁的狱卒，而扮演犯人的那些被试者也真的心理崩溃了。结果，有别的心理学家实在看不下去了，对津巴多提出了抗议，津巴多也最终停止了这个实验。

从该实验来看，在"身边人都在做坏事"这样的一个恶性乐队花车效应的影响下，一个好人——甚至是像路西法天使这样的好人——也可能变成恶魔。

还有一些相关的案例，可作为旁证。有很多参与过侵华战争的日本士兵写回忆录，说他们刚到中国战场上，看到很多的中国被俘士兵被莫名其妙地杀掉，还问长官："我们不是来建设'皇道乐土'的吗，怎么可以随便杀战俘？"军官就"教育"这些新兵说，什么"皇道乐土"啥的，其实都是宣传，多杀几次人就习惯了。很多日军士兵在战后忏悔的时候承认，他们就是受到这样的错误诱导，才慢慢丧失人性的。

怎么与乐队花车效应的负面伦理意蕴作战?

最后,我想讨论问题的是:如果我们也深陷在路西法效应所构成的恐怖环境当中,我们该怎么办?这是不是会使得心理主体自身的道德信念也发生变化呢?

不得不承认,这种情况的确很难避免。我举一个真实的例子:在一些二战的老照片上,一些纳粹党卫军在杀害了犹太人以后,就在犹太人尸体旁边拍照留念,脸上带着微笑,好像杀死的是一头牛或者一头象,而不是人类一样。这些微笑如此真诚,使得我有足够的理由相信,他们并不是要装作恨犹太人的样子,他们真的是非常仇恨犹太人,并且以杀犹太人为荣。从这个角度看,我有理由认为纳粹的洗脑机制是真的成功了。

由此看来,如果你能控制整个社会在讨论一个特定问题时的语义框架,你就可能会影响一代人。这也就是心理学知识与马基雅维利主义的政治态度相互结合之后所可能产生的恐怖效应。

怎么和这种可怕的倾向作斗争呢?我提出的方案,或许会出乎很多人的意料——与马基雅维利主义作战的最好武器,就是全面地散播马基雅维利的思想方法,以及与之配套的心理学知识。

也就是说,如果越来越多的人知道马基雅维利主义的思想方法,以及像乐队花车效应、锚定效应、框架效应这些心理学知识,那么,就会有更多的心理主体都根据自己的需要,去制造林林总总的心理花车,由此造成一种"此花车"与"彼花车"相互抵消的效应,以避免所有人都挤上同一辆行驶方向错误的花车。

35. 疾恶如仇，是我们的本性

诺布效应：这个老板不是什么好人

本节的关键词叫"诺布效应"。诺布，全名叫约舒亚·诺布，是一位实验哲学家。实验哲学是哲学的一个新分支，其学术观点是：哲学家不仅要在办公室里搞纯粹的思辨，还要像心理学一样做实验，以便确定哲学家关于某哲学论题的直觉是否与人民大众合拍。

诺布就做了个心理学实验。他先给被试者一个故事场景：某房地产公司老板与经理在开会谈一个房地产的项目。经理说，这个新项目能让公司赚大钱，但是会破坏环境。老板说，我才不管这个项目是不是会破坏环境，我就关心它能不能赚钱。结果这个房地产项目最终超额赚了大钱，但是环境也被污染了。

根据这个场景，心理学家问被试者一个问题，你觉得这个老板是故意去破坏环境的吗？大家选"故意"或"非故意"，结果有超过八成的人认为这个老板是故意破坏环境的。简而言之，这个老板不是好人。

第二个场景：某房地产公司老板在与经理开会，也是在谈房地产项目。经理汇报说，这个项目不仅会为公司带来盈利，而且，它还能改善当地的生态环境。老板说，对这个项目是否会改善当地的生态环境，我毫无兴趣，我就关心赚钱。结果，这个项目果然赚了大钱，而且正如经理所说的那样，环境也得到了改善。

那么，现在根据这个场景，问被试者一个问题，你觉得这个老板是故意去改善环境的吗？结果呢，认为老板是故意去改善环境的被试者，只占两成左右。请注意，刚才是八成，现在是两成，也就是说大多数人都不愿意把老板指认为一个善人。

既然案例一和案例二的逻辑结构显然是彼此对称的，那么，按照"对称性"原理，被试者对案例一和案例二背后所蕴含的老板意图的判断结果也应该是彼此对称的。但很奇怪的是，虽然在第一个案例中，被试者非常乐意将恶意归属给老板，在第二个案例中，被试者却不愿意轻易将善意归属给老板，这就显示出了二者在结果上的不对称。这种反常显然就需要特殊的解释。

最终，诺布就得出了这样一个结论：我们更喜欢在日常生活中去指认恶人，而不是那么喜欢去指认善人。也就是说，在"找恶人"这件事情上面，大家都很有积极性，而在找"谁是好人"这件事上，我们积极性却不够。该实验所发现的心理学效应，就叫"诺布效应"。

疾恶如仇：既利他，也自利

关于诺布效应，我个人的解释是：人们对于识别"坏人"的兴趣，可能就是一种对识别者自身有利的捷思法的体现。

请注意，在当下的理论语境中，"坏人"并不是指自私者，而就是指社会信用体系的破坏者。自私者一旦足够聪明，就不能做坏人，因为聪明的自私者必须要维护社会的信用体系的正常运作。为什么呢？如果社会信用体系崩塌了，聪明的自私者也会跟着倒霉。换言之，如果我们遇到一些坏人坏事，挺身而出，并去制止这些现象，这与其说是为了别人，还不如说就是为了自己的长远利益。这就是一种基于自私的利他。

上面这个说法，就解释了基于自私自利的我们，为什么会对恶人那么敏感。但为什么我们对找出善人这件事没有那么大的兴趣呢？

找出坏人是经济有效的

这道理很简单：因为相互协作是人类社会的常态，也正因为这是常态，所以我们才对谁是好人这件事，就没有太大的甄别兴趣，因为我们已经假设大多数人都是好人了。

有人或许会问：现实社会这么复杂，怎么就能够简单地说这个社会中的大多数人都是好人呢？

这是因为，虽然现在社会中有很多阴暗、不良的现象，但是人类文明发展到今天这一步，的确是变得越来越精致、越复杂了。这肯定是分工协作的产物，而不是互相拆台的结果。

所以，我们从现在人类文明的现状倒推出，大多数人都应该是在这个过程中做出了贡献的，所以说，社会中的大多数人都是好人。

这样一来，演化论就会偏好这样一种意图识别机制，即它更倾向于把坏人识别出来，而不是把好人识别出来。很显然，这样的设计更有效。大家不妨来看一下这个比方：假设我们到农村去支农，农民伯伯说，请城里的娃把眼前的这些苹果和鸭梨给分开来。你就问那伯伯了，到底有多少苹果？有多少梨？伯伯说，大概四分之三都是苹果，四分之一则是梨。好，请问你在做这个工作的过程中，是愿意把更多的精力投射到苹果上呢，还是投射到梨上？

答案当然是梨了，因为梨的数量比较少，如果你关心的是苹果的话，工作量就会增大。

演化论是按照最简朴的原则来发展自己的认知架构的。既然我们已经预设了坏人比较少、好人比较多，那么，专门去识别坏人就显得比较经济了。

关于诺布效应，我还有一个解释，即该效应与"归责机制"的运作相关。归责机制，就是寻找"谁该为坏结果负责"这一问题的答案的心理机制。

谁应该为坏结果负责？

在诺布所给出的第一个案例中，房地产项目的实施导致自然环境变恶劣了，这客观上也就使得人和人得以协作的外部环境变恶劣了。既然这是一种大家不喜欢看到的反常情况，我们就需要为此找到负责人，以便对他进行惩罚，由此修复人与自然之间的关系。而项目的决策人既然是老板，我们就自然会把一个"恶意破坏环境"的罪名安到老板的头上。

而在第二个案例中，我们看到环境是变好了，这一点并没有破坏我们的期望，而是顺应了我们的期望。既然是这样，我们的心理机制就处于平和状态，而不是战斗状态，所以，我们就没有很强的意图去追问是不是有人故意做出了这个伟大的行为，使得环境变好了。

当然，这不是说我们在任何时候都不会去找好人。比如，在一个非常关键的、非常困难的环境里面，真有一位大英雄在我们认为不可能做成好事的情况下做成了好事，我们当然就会把他识别为一个好人。譬如，川航机长在极为困难的情况下将飞机安全地降落到地面上的业绩，就因为超出了我们一般人的常识，而被广为传诵。而一般的好人好事，若其出色的程度还没有出众到足够引发众人的关注的份上，我们是不会那么轻易地启动我们的"好人搜索"机制的。

36. 我早就知道会这样！

本节要讨论的话题，叫"后视之明"。它有一个非常接地气的中文翻译，就是"事后诸葛亮"，我相信这个词就不用解释了。

我们学逻辑，当然是希望大家能够知道论证该怎么做。但实际上人们并不总是按照逻辑学的要求做论证的。你如果想要知道大家实际上是怎么做论证的，就需要学学认知心理学了。一句话：逻辑学教你做君子，心理学教你防小人——两者都会，你就接近成功人士的境界了。

那么，下面我就教大家一招怎么防小人：防止有人做"事后诸葛亮"，以"后视之明"这种方式给自己脸上贴金。

后视之明效应：我早就知道会这样

"后视之明"的英文是"hindsight"，其意思是：历史之流滔滔向前，你的视线本来是应从当下出发而去看未来的，而你却用现在你已经获得的历史知识，回头去看过去的历史，再去曲解历史。

比如，某人本来是说过这样的话的——"我觉得张三是有犯罪嫌疑的，我觉得张三是坏人"——现在却突然看到张三有非常有力的不在场证明了，立即就把话转回来了，转而说，"我什么时候说过张三有犯罪嫌疑？我一直说张三没犯罪嫌疑的。"

西方政客在选举中进行辩论也经常来这一套，根据形势的变化，修改自己早年的判断。当然，修改自己的见解本身没问题，问题是他们不承认当年自己所做过的判断，把自己前面说的话给否定了，这就是不诚实。

换言之，后视之明效应，实际上是一种对自我的精神历史进行重新解释的过程。如果你的心足够坚强，嘴皮子足够厉害，解释能力足够强大，什么样的证据都可以被重新组织、重新洗白，并被重新导向。

后视之明效应符合节俭性原则

下面，我们从一个更深的角度来解释，为什么会有这种心理效应。我们已经反复说过，人类的推理未必就是按照概率和逻辑的要求来进行的。为了迅速解决当下的问题，推理就要走最简洁的路径，并用上最少的推理步骤。而要使得推理步骤减少的最有效的办法之一，便是尽量扩大推理主体的"已知"的信息的稳固性，而缩小"未知"的范围（因为只有对于"未知的信息"的澄清才需要细密的推理加以处理）。——这与"后视之明"又有什么关系呢？

"后视之明"会以一种另类的方式扩大我们的知识体系的稳固性，即不是从内容的角度扩大之，而是从主体获取该条知识的时间的角度去增强知识的内在价值。换言之，在后视之明效应的支配下，人们往往会高估他们获取这一知识的时间的长度（或将其获得该知识的时间点往前推）。

有人或许会问：即使一条知识的被获取时间点被下意识地提前了，仅仅这样做难道就能够扩大知识体系的稳固性吗？——是的。知识类似葡萄酒。法国波尔多的葡萄酒，藏得越久越有价值——同样的道理，如果你相信你所掌握的某条知识在你的信念系统里已经存在了十年而不是十个月，你对于该条知识的调用也会显得更有自信。你甚至可以像相信你自己的手的机能一样相信这条知识的可靠性。进而言之，我们的认知系统为了增加自己所储藏的信息的价值，或许会自动修正这些信息的获取时间，使得这些信息看上去更像是老知识。若非如此，大量知识的储藏时间便会显得不够久远，这样一来，这些所谓的知识与其他的那些不太确定的信息之间的界限，也就会变得比较模糊。而大脑因为分不清两者之间的界限，就会费力对这些知识的内容反复核实，这样我们的大脑就会产生更多的能耗。

这一点也适用于我们对于身体技能的信任度：你是更愿意相信一个有 3000 个飞行小时记录的飞行员的飞行技能呢，还是更愿意相信一个只有 300 个飞行小时记录的飞行员的飞行技能呢？

另外还有一种猜测，可以解释"后视之明效应"的产生：我们的认知系统可能不会特别在意到底在哪个时间点我们获得了相关的知识——譬如，究竟你是在幼儿园学会了英文字母表，还是在小学一年级学会了字母表，这一点难道很重要吗？而在"维护自尊"这一心理禀赋的影响下，当大脑需要为掌握这一知识技能的时间点进行重新定位的时候，当然就倾向于将时间点调前了（你看，我学龄前就会背英文字母表了，多牛啊！）。

启动"后视之明效应"的两个条件

需要注意的是，我们并不是在任何情况下，都会开启"后视之明效应"，除非是以下两个条件得到了满足：

第一，需要被聚焦的事件是具有一定重要性的。

譬如，你若要对你和你的前男友或女友分手前的那次争吵进行反思，后视之明效应就很可能会被开启，因为恋人吵架分手这事是相对重要的。但如果你要回忆你哪次丢了一支铅笔这种小事，这种效应一般乃是不会被开启的。

第二，就是这些事件本身带来了与预期不同的惊奇效果。

有位心理学家叫马克·佩佐，他提出了所谓的"意义塑造模型"。他认为，人类是一种对反常有特别兴趣的物种，看到反常就会感到惊讶，就会问"为什么"，而为了回答此类问题，就要寻找事件之间的意义，若找不到，就会自己塑造意义。那么怎么塑造意义呢？大多数人是不会从头调查一个事件的原委的，而最省力的方法，就是从结果倒推出意义来。换言之，若反常现象不出现，人类心智的意义塑造机制也不会被激发，而"后视之明效应"也大概率不会出现。

让尽可能多的"后视之明"互相制衡

不得不指出的是，后视之明效应很难被彻底避免的，甚至是职业的心理学与哲学工作者也没办法避免。我们要反对的是那种过分的、赤裸裸的后视之明效应。换言之，至少在重大的公共事件上，我们要维持公共历史的相对客观性与可检测性。

举个例子来说，西方政客的竞选团队，往往会利用所谓的后视之明效应来造神，以便制造某某政客早就知道一切的假象。不过，不同的利益团队有不同的历史记录，这就会产生彼此的制衡。因为他们的观点彼此之间是有冲突的，这反而会给公众反思其各自言行的可靠性提供了机会。

这又回到本书开始的观点上去了，不同社会力量之间的制衡，是健康的论证活动得以发生的社会环境。

37. 已经付出这么多，该不该放弃？

本节的关键词是"沉没成本"。前面所说的"后视之明效应"主要是面向过去历史的，而"沉没成本"则主要是面向未来的。

沉没成本：应该在什么时候选择放弃？

什么叫"沉没成本"呢？假设有一件事，继续做分明已是无利可图了，但是，既然你已经在这件事情上花费了大量的时间、金钱，或投入了很多感情，你还是舍不得放弃。换言之，你虽然在理智上知道这事再做下去也不会成功，但你还是咬着牙做下去，结果反而浪费了更多的时间，浪费了你的机会成本。

讲到这里，大家就会发现，恋爱里好像经常会出现这种情况：某某女生明明知道对方是个渣男，就是不愿意和他分手。但问题是，她这样也浪费了和更好的男孩子在一起的机会，耽误了自己的青春。

商业上也有类似的案例：某个公司主管明明知道这项目赚钱的可

能性不大，但是他想，既然公司已经坚持这么久了，还是坚持把这个项目做下去吧！但为他所忽略的是，他把项目停掉以后所省下的资金和人力，可以做别的真正赚钱的项目了。

很不幸，我们的不少文艺作品也在加强"沉没成本"这种心理倾向。譬如，主流的文艺作品，都鼓励大家遇到困难要坚持下去，不要放弃，很少有作品鼓吹"逃跑可耻但有用"。不得不承认，的确有一些人，面对逆境，把那个貌似没希望的项目坚持下去，最终竟然成功了——但这些人所占的比例极低。文艺作品把这些人的成功加以聚焦并放大，并使得很多人产生了虚假的希望。

群体决策，能否避免沉没成本谬误？

有一句话叫，"三个臭皮匠顶一个诸葛亮"。一个人想问题可能会陷入沉没成本的思维效应，大家一起想问题，是不是就能够走出这个坑？恐怕也没那么简单，这就会牵涉到另外一个思维陷阱，叫"承诺升级"。

什么叫"承诺升级"呢？群体在面对某个项目日趋黯淡的前景时，非但不会收手，而且还会因为前期投入巨大而反复寻找理由，为自己的前期投入找借口，死活不肯撤掉项目。

"承诺升级"与"沉没成本"之间的不同是：在"沉没成本效应"中，是一个人面对困难的局面，而在"承诺升级"中，是一群人在面对这局面，而且，这些人彼此都在给对方施加压力，逼迫对方把这个项目再进行下去，结果反而使得撤退变得更难。为什么在群体中反而会让"死不服输"这个现象加剧？这是因为，大家都非常害怕自己第一个说出"撤项"这两个字，这样，他就会被别人攻击为胆小鬼。为了维护自己在团体中的地位，大家只能忍着眼泪，往肚子里吞牙齿。

选择放弃怎么那么难？

为什么我们人类有如此强的心理倾向去维持沉没成本呢？我认为这与两个心理效应有关：一个叫"珍惜被拥有物效应"，第二个叫"厌恶损失效应"。

所谓的"珍惜被拥有物效应"，就是这意思：一件东西被你拥有了，你就倾向于认为它的价值更高一点。比如，同样的一件宋朝古玩，在我的手里，你觉得估价是10万，这件古玩落到你手里了，你就马上说估价是12万。因为是自己的东西，就觉得这货更值钱。

这个效应一定程度上解释了沉没成本效应的产生。比如，假设你是这个项目的承担者，在某些条件下，"珍惜被拥有物效应"就会在你的心智中开启，你就会因此高估这个项目的未来价值，导致你不愿放弃它。

还有一个效应叫"厌恶损失效应"，就是一个人他在面对可能的损失与可能的收益时，更愿意设法去避免损失，而不是去获取收益。

比如两个项目，第一个项目，失败了会让你损失50万元，但是成功会给你赢得70万元；另一个项目，成功了只有3000元，失败了也仅损失3000元。在这种情况下，很多人都会去做第二个项目，因为第二个项目它的损失量比较小，但人们却因此忽略了潜在获利更多的第一个项目。

重视"沉没成本"的心理倾向，体现了人类对于过往历史的高度重视，并由此体现了人类对于未来的某种恐惧。对于执着于这种效应的人来说，未来可能的损失比过去的既有损失更加可怕。

以上两个心理效应，其实也都能从演化论的角度来加以解释。

在采集—狩猎时代，人们获取的资源非常少，必须节省地吃东西、吃猎物，所以就会有"两鸟在林，不如一鸟在手"的想法。这就催生了"珍惜被拥有物效应"。而"厌恶损失效应"也是这样：既然未来那么不确定，放弃现在的东西去追求未来，难道不会导致更大的风险吗？

如何克服沉没成本偏见？

最后我想谈谈怎么说服别人克服沉没成本偏见。

前面我曾说过古代雅典的政治家地米斯托克利的案例。当时，在雅典的吕克昂发现了银矿，很多人主张把银子平分了，地米斯托克利则主张，把钱全部集中在国家的手里，投资建设海军，建立霸权，然后再分钱，也就是去分未来的钱。

很明显，地米斯托克利的这个主张，前面全是纯投入，很难立即带来盈利。他是怎样说服大家，放弃自己的心理成见跟着他走的呢？

他采取了这样几个办法，第一是诉诸神谕，也就是通过神的口吻，让大家相信命运会站在雅典人一边，消除了大家对于未来的不确定感。

第二个方法就是制造需求：他让雅典人恨上一个世仇，即一个叫"埃伊纳"的岛国，而要打岛国就需要海军。

第三，就是进行可行性论证，他说咱们雅典人和埃伊纳人打过一仗，然而，那是通过租借别人的军舰才勉强打赢了敌人。这就说明了两点：第一咱们是打得过埃伊纳人的；第二上次要通过租借盟友的军舰来打敌人，我们如果有自己更多的军舰，就能够增加打败他们的概率。这就叫"可行性论"证。

他用了这样几个办法来使得大家不再看重手头的这些收益，而愿意把钱贡献给国家，让国家组织一支海军，最后国家打了胜仗，大家再分战利品。

总之，克服一个心理陷阱的方法，就是用别的心理技巧构成某种平衡，综合运用，以求将人心慢慢拉到自己一边。

38. 刻板成见也有用?

本节要讨论的这个话题，会牵涉到一个令大家比较头大的关键词，就是"概率"。数学恐惧症患者请坚持一下，这里的内容没你想象的那么难!

原始心灵识数困难：为什么现在花钱大手大脚

为什么要谈论数量关系? 数量关系难道不是数学所研究的问题? 我这里要说的是，这里我们不是要从数学的角度谈论数量关系，我们是从心理学的角度来看数量关系。

其实，在采集—狩猎的环境中，人类是不需要很复杂的数字的。比如，作为一个原始人，你大约是不会琢磨一亿人民币存到银行里，三年的定期利息是多少。因为你在日常生活中不需要"一亿"这个概念。

然而，现代生活已经使得我们这些继承自原始人的心智结构不得不一天到晚直面数字，不识数可不行。此刻我突然就想起斯大林说过的一句名言，"死一个人是个悲剧，死一万个人是个数字"。其实从心理学的角度看，这句话其实是有点道理的。这是因为，人类的工作记忆容量只能容纳少数人死亡的悲剧信息，而没有人的脑袋能够储藏一万个人的名字，以及一万个人的家庭状况。所以，对于"一万"这个大数来说，人脑只能以囫囵吞枣的方式将其吞咽下去，而根本没有脑力细分这个伤亡数字所涵盖的底层信息。

需要注意的是，甚至我们在面对一些大数的时候也会搞错。比如，"5个苹果"与"3个苹果"之间的差别，一般来说我们是不会忽略的，但是"100000000"与"1000000000"之间的差别，我们可能就会忽略(但后一个数字，可比前一个多一个"0"哦！)。为什么呢？因为"1后面跟多少0"这事，实在太不直观了，没办法在日常生活中体现出来。

合取谬误：心理原型在作祟

前面，我已经从心理学的角度讨论了数字表征是如何在人类的心智系统中浮现的。现在，我就要讨论一种特殊的数字谬误。这种谬误是和概率论有关的。

为什么要说到概率论呢？实际上，讲到经验之理的时候，我们已经特别说到了归纳。归纳就是从个别到一般的推理，而此类推理的结论的确定性并非是100%。但问题是：若不是100%，那到底是多少呢？科学家总是要精确的数据，而在没有精确数据的地方也要制造出一个精确性来——于是就有人发明了概率论。

然而，也正因为人类原始的心智并不能顺利地把握现代的数学工具，所以这也就影响了人们对于概率这个工具的使用，使得不少人在概率判断时也会出错。下面就来谈一个具体的案例，就是所谓的"合取谬误"。

什么叫"合取谬误"呢？它是一种推理谬误，在此谬误的作用下，人们认为单个条件发生的概率，要小于多个条件联合发生的概率——而按照概率学的基本原理，单个事件发生的概率，实际上要高于多重事件发生的概率。

如果大家还觉得上面的说法有点费解的话，不妨就来看看下面这个心理学案例，而主持相关心理学研究的专家，则是两位横跨心理学、经济学与管理学三个领域的学术大咖：阿莫斯·特沃斯基与丹尼尔·卡尼曼。

在他们所主持的心理学实验中，他们给心理学被试者一个问题：有个姑娘叫琳达，今年 31 岁，她单身、健谈、很聪明，她在大学的时候主修哲学，关心种族歧视和社会公正问题。请问：琳达目前的职业到底是什么呢？第一，她是个银行出纳员；第二，她是一个作为女权主义者的银行出纳员。

很多人都认为琳达是一个"作为女权主义者的银行出纳员"，因为整段故事的背景知识都在引导大家想到她可能是个女权主义者。但从概率论的角度看，这是有问题的，而且问题还很大。因为"作为女权主义者的银行出纳员"是个复合事件，而"成为一名银行出纳员"乃是一个单个事件，复合事件的发生概率肯定是低于单个事件的。这就好比说，"你买股票 A 赔钱"的概率，肯定要高于"你买股票 A 与股票 B，且二者都赔钱"的概率——因为后面一个事件，乃是一个复合性事件。平时我们说的"不能将所有的鸡蛋放在同一个篮子里"这样的话，也是基于类似的概率学原理。有投资经验的朋友肯定懂这道理。

然而，在特沃斯基与卡尼曼的心理学实验中，普通人在日常推理中所依据的推理规则，的确背了上述概率论原理。这又是为何呢？

这就需要提到女心理学家艾莉娜·罗什的"原型理论"了。按照她的理论，人类在处理关于某概念的信息的过程中，必须要用到关于这种概念的心理原型。什么叫心理原型？就是指在讲到一类概念的时候，你心目中所浮现出来的最具代表性的形象。

比如，现在让你想"家具"这个概念，我相信大家首先会想到"桌子""椅子"和"床"——如果马上就想到"壁炉"，恐怕就不太自然了。

现在，我们再将心理原型理论重新运用于解释关于琳达职业判定的心理学实验。我的解释大致是这样的：在心理学被试获悉了那段关于琳达的背景知识之后，他们发现琳达的形象，和他们心目中关于"女权主义者"的心理原型是十分契合的，因此，他们自然就会偏好包含了"女权主义"这个词的职业取向的预测。至于那个孤零零的"银行出纳员"选项之所以没有被偏好，则是因为相关的背景知识并没有告诉被试者任何相关的证据。

但为什么具有代表性的心理原型的"代表性"，不能用概率论来刻画呢？请看下面的心理学实验所提供的反例：

有人找来 105 名斯坦福大学的学生，问一个问题：是身材体重中等匀称的女生更能够代表斯坦福女生，还是身材超重的女生更能够代表斯坦福女生的一般形象？大家马上就会说，应当是身材中等的。

好，这时候心理学老师就换了个问题：你觉得在斯坦福大学校园里，是身材中等的、均匀的女生多一点，还是身材超重的那些女生数量上更多一点呢？这时候很多大学生就会说，好像我们看上去还是超重的女生多一点。

请注意，被试者自己都认为：我看到女生的实际频率，并不等于哪一类女生更具有代表性。这就说明，"频率"和"概率"并不能够取代"代表性"这个概念，用概率论直接来刻画"代表性"，是很有问题的。

读到这里，读者可能会糊涂，为何有时候我们会尊重关于概率论的合取规则，有时候又会蔑视这些规则呢？背后是不是还有更深的道理？我的回应是：在某些语境中，运用合取规则的条件会被满足，这就使得我们倾向于尊重概率论；反之，我们就会倾向于忽略概率论。不过，在哪些条件下，我们又该尊重概率论中的合取规则呢？

合取规则的运用条件

在我看来，运用概率论里面的合取规则的合适条件，即：两个被联合起来的命题，它们各自之间是没什么语义联系或者因果联系的。

举一个例子，你把500万元分别放在五个不同的基金理财项目里面，你想这五个不可能全爆雷吧？或者说，五个全部爆雷的概率，会低于其中任何一个爆雷的概率吧？这样想就对了，因为这五个基金之间是没因果联系的。不过，换一个背景条件，这样设定就会出问题，譬如：这五个理财项目背后是同一个老板，它们是互相拆借的。如果你从某个渠道获得此类信息的话，你就得放弃概率论的思维方式，转用"心理原型"思维大法。比如,你得利用你脑子里已经形成的关于"不良基金代理公司"的心理原型，并在该原型的启发下，进行更为审慎的投资决策。

如何克服"刻板成见"

讲到这里，大家可能就会有一个疑问：在日常生活中还有一个词叫"刻板成见"，也就是说你对某人、某事、某公司或者某种情况有一个大致的印象，这个印象有可能掺杂了很多偏见——而这些偏见的作用，又会对"理、中、客"的结论的达成构成干扰。然而，前面所说的"心灵原型"，难道不正是"刻板成见"的另外一种说法吗？"刻板成见"到底好不好？

对于上面的问题，我来解释一下。"心理原型"是我们借以处理外部世界信息的一种虽然非常粗糙，但又非常高效的工具，它能使得我们对于外部环境当中的挑战做出迅速的回应。它虽然可能会带来谬误，但是我们又不得不依赖它。至于"刻板成见"，其产生虽然与"心理原型"有关，但是其又包含了"面对新的反证顽冥不化"的新意蕴，因此在有害性方面远远超过"心理原型"。

那么，怎么能够做趋利避害呢？

我给出方案就是：如果你脑子里已经存有的心理原型没有遭遇反例的话，你就不妨继续使用这些心理原型——但是，如果你使用这些心理原型推理的时候，的确遭遇到了强大的反例，那么，你也要虚怀若谷地面对这些反例，并根据这些反例修正你前面的心理原型，以便有利于日后的推理。这也就是说，我们既要随顺原始心智的某些粗陋的特征，又要对现代社会的复杂性和开放性敞开心灵，这样才能做到兼得鱼与熊掌。

39. 关系到利益，做逻辑推理才带劲

本节将讨论心理活动为何会系统性违背逻辑之理。我们要讲的相关的案例，就是华生选择谬误。

华生选择实验：几乎没人翻动的第四张卡片

心理学家彼得·华生在 20 世纪 70 年代做了一个心理学实验，来证明我们在日常生活的推理中会违背一些逻辑规则。

实验的内容是：实验者告诉被试者，存在着这样一个心理学假设需要验证：如果有一个人得了被害妄想症，则他会把人的眼睛这部分画得比较大。现在，被试者的任务就是：证实或者证伪上述的假设。

相关的证据材料就是一些病历卡。病历卡是双面的，一面是文字，写着患者的出生年月与其病症（即其是不是被害妄想症患者），另外一面就是这个患者所画的人脸的图片，由此可看出其所画的眼睛大还是不大。

所有的这些卡片都被堆放在被试者面前。由于卡片不可能两面同时呈现，所以这里就出现了四张卡片：

卡片一是文字说明朝上，上写"本病患的确患有被害妄想症"；

卡片二也是文字朝上，上写"本病患没有患被害妄想症"；

卡片三是画朝上，其中人脸上的眼睛画得很大、很夸张；

卡片四是画朝上，其中人脸上的眼睛的尺寸是正常的。

这里还有个要求，这个要求就是被试者之间要有个比赛，即被试者要翻动数量最少的卡片以获取正确的答案。

相关的测验结果显示，几乎所有的被试者都去翻了第一张卡片。除此以外，也有不少人翻看了第三张卡片。但是，极少有人注意到第二张卡片，而且，几乎没什么人对第四张卡片有兴趣。

但是有意思的就是，从纯粹逻辑学的角度看，被试者应该去翻的，其实就是第一张和第四张。因为实际上几乎没有被试者去翻第四张，所以，至少从逻辑角度看，大多数人都没有完全答对这道题。

华生选择谬误：忽视反例，就看正例

为什么逻辑学家说翻第四张是正确答案？这就牵涉到了对于"实质蕴涵关系"这一逻辑关系的运用。大家可以看看下面这张真值表——该表能把所有我要说的信息都展列出来。

按照"实质蕴涵关系"，如果 P 是真的，而 Q 也是真的，那么，"如果 P 则 Q"也是真的。也就是说，如果"某人是被害妄想症患者"是真的，"某人画的人脸上面的眼睛比较大"也是真的，那么"如果某人是被害妄想症患者，那么他画的人脸上的眼睛就比较大"这一点也是真的。

某人是被害妄想症患者	某人画的人脸有大眼睛	如果某人是被害妄想症患者，那么，他画的人脸就有大眼睛
真（卡片一）	真（卡片三）	真
真（卡片一）	假（卡片四）	假
假（卡片二）	真（卡片三）	真
假（卡片二）	假（卡片四）	真

那么，按照"实质蕴涵关系"，如果说 P 是真的，Q 是假的，"如果 P 则 Q"这个假设还是真的吗？答案是"否"，因为这条规则对于 Q 的肯定与 Q 自身的虚假地位，是彼此矛盾的。

——那么，如果 P 是假的，Q 是真的，那么"如果某人是被害妄想症患者，那么他画的人脸就有大眼睛"这一假定是假的还是真的呢？按照"实质蕴涵关系"的要求，该假定依然是真的。这是因为：这个病患之所以把眼睛画得比较大，并不一定是因为他是被害妄想症患者，也可能因为别的原因。

——那么，如果前件是假的，后件是假的，"如果 P，则 Q"这一假设到底是真的还是假的呢？有点出人意料的是，这时候，该假设依然是真的。这是因为，在前件与后件都没有被满足的情况下，实际上假定本身的真假就没有得到任何正面证据的验证，或者是反面证据的驳倒——在此情况下，假定本身的安全性反而没有遭到威胁，因此是真的。

所以，按照刻画"实质蕴涵关系"的真值表，只有在"P 是真的，Q 是假的"这一种情况下，"如果 P，则 Q"这个假定才会被证伪。而体现这种可能性的，乃是"卡片四"。所以，从逻辑角度看，被试者应该做的事情，就是去翻看卡片四。

但是大多数人没那么做，这又是为什么呢？因为"卡片四"牵涉到了所谓的反例。这也就是说，在前提为真的情况下，它后面跟着这些事情不是真的，这就构成了对于被勘定的假设的一个反例。

根据华生等心理学家的观点，人们在日常生活中有可能会忽视反例，而只看正例。这又是因为：人类的原始思维机制，会更偏好对自己的原始设定相对友好的正面证据，以便保护自己的知识体系的一致性。至于思考反例，其实就等于是自我否定的第一步，而自我否定这事，是多少有点违背我们的原始心智的天然秉性的。

关系到利益，人人都是逻辑学家

以上说的这些，是不是意味着一般人没机会按照逻辑学家的要求去进行严密的推理呢？非也。实际上，在处理社会契约领域内的问题（譬如签订劳动合同）的时候，我们会突然变得很讲逻辑。如果按照社会契约领域内经常出现的契约形式，我们再把华生选择实验进行改写，并进行相关的心理学实验，结果就有点不一样了。

假设你是一个公司的成员，而你的任务是检测公司的契约是否得到了所有人的遵守。这条契约是：如果一个员工"996"加班一年的话，他就会得到一个去马尔代夫的机会。很显然，该契约的前件是"996工作一年"，后件则是"去马尔代夫"。现在，我们也把这些情况全部做成卡片，这样，我们也就看到了四张卡片：

卡片一，写着"全年的确做到了996"；

卡片二，写着"没有做到全年996"；

卡片三，写着"去马尔代夫这件事成行了"；

卡片四，写着"没有去成马尔代夫"。

现在，我们就要求被试要翻动最少数量的卡片，来判断公司的规定是不是得到了普遍的接受。前文已经讲过了"实质蕴涵"的规则。按此规则，若"P真且Q假"，则"如果P则Q"这一假定便是假的。所以我们要特别关注反映这种情况的"卡片四"。

非常有意思的是，讲到"996"这个例子，很多人都翻到了卡片四。这说明什么呢？一牵涉到大家的利益，我们就会敏感于反证，敏感于契约被背叛的情形，而如果处理的是个纯粹的学术问题，心智系统对于反证的敏感性则不会被激发。这就是所谓"重赏之下必有逻辑学家"。换言之，关系到个人利益了，尤其是牵涉到社会契约、背叛等情形，大家的脑子就会自动进入逻辑检查模式，每个人都精得像个逻辑学家。

因此，促使大家按照逻辑规则的要求去思考的一个关键，便是激发利益机制，换言之，就要想办法在具体的社会建制的设计中，能够让逻辑推理和利益结合在一起。

40. 文化传播是身体习惯的战争

文化是怎样传播的？

这一节的话题将从心理运作的规律，过渡到文化传播的规律。

众所周知，人类是社会性动物，时时刻刻都处在各种复杂的社会关系之中。然而，社会与文化的建立毕竟是以众多个体心智能力的存在为前提的。因此，从某种意义上说，文化传播依然可被视为是心理学的衍生分支。

但"文化"这两个字又该怎么解释呢？我的解释是：个体所获取并使用的那些能够对其行为产生影响的社会信息。

这句话有点抽象，我来举例说明。比如，若某人喜欢当众挖鼻孔，这就是他的私人习惯，而非文化。但假设有一个很奇怪的社会团体，该团体有个很奇怪的规矩，就是鼓励成员当众挖鼻孔。然后，就有一个新人也进了这个团体，并在其他成员的鼓励下也经常去当众挖鼻孔了——这就是文化的影响了。

文化影响有大有小。为何有的文化产品传播得广，有些则传播得不广？

要解释这个问题，就需要提到一个新名词，叫"模因学"，英文是"memetics"（也有翻译成"弥母学"的）。它的提出者，是英国的科普作家理查德·道金斯先生。何为"模因"？模因是文化传播单位，类比于生物学的基因。要明白何为模因，就要先明白何为基因。

在生物演化的过程中，基因的复制保证了物种的核心遗传信息的代际传递。然而，基因的变异又使得新性状的产生（乃是新物种的产生）成为可能。其具体的运作过程是：（甲）随机的基因变异产生了新性状（如原本没有的羽毛，等等）；（乙）新性状与环境进行匹配，若匹配合适，则个体的适应性便增加；（丙）适应性得到提高的个体得到了更多的繁殖后代的机会，并由此使得变异的基因得以被遗传；（丁）若上述过程反复重演，新性状就会在新种群那里"扎根"，甚至为新物种的诞生打下遗传学基础。

文化传播也与之类似。第一步就是文化意义上的基因变异，即模因变异——也就是对于既有的制作观念的修正，比如，人家拍黑白电影，你拍彩色电影；人家拍长电影，你拍微电影，等等。第二步就是遗传和复制，很多人都会模拟你既有的新点子。第三步，被复制的新点子在思想市场的环境中接受检验，看谁的点子活得长，能够传播得更广。第四步，在竞争中获得胜利的点子，则成为文化传播的赢家，有权进入下一轮游戏。

当然，这个过程还可以不断地进行下去，因为新的点子还可以衍生出很多新的变种，产生新变异，然后又遗传复制，进入下一轮的市场检验。正如基因可以被优胜劣汰一样，模因可以被优胜劣汰：成功的模因就可以传播出去，失败的模因则被淘汰。

什么点子容易被传播？

在模因复制的故事里，比较有趣的是复制环节——为什么有人要复制你的新点子，而不是其他人的点子的呢？这就牵涉到心理学的一些讨论了。

这里面牵涉两个心理机制，第一个是我们前面说过的"乐队花车"效应——你的花车造得越漂亮，别人就越可能模仿之。

第二个心理效应就是"追求奇异性"，换言之，新点子本身要足够怪异，才能引发大家的好奇与注意。这是为何？也正是因为这些新点子很反常，心理学家马克·佩佐所说的"意义塑造机制"才会在这时候发挥作用，激发大家自动脑补：为什么这点子那么奇怪？让我来赋予它意义……这样，这个故事就容易被传开了。

需要注意的是，这两个机制有时候是互相抵消的。这是为何呢？这是因为，要实现乐队花车效应，你要有很多的资本与很大的权力，但是权势集团内部的层级结构往往比较复杂，这就会导致对于"酷点子"的压制。而比较酷的点子，则往往是社会资源较少的集团想出来的，因为这样的集团内部层次相对简单，繁文缛节较少。这两股势力就构成了一种宏观上的均势和平衡。

有人或许会问：如果有人垄断了所有的"花车"制造能力，又用高薪把天下脑子聪明的人全部纳入他们的团队，这样，这两个效应就可以在一个集团中实现了，均势和平衡难道就不会被由此打破了吗？我个人认为，这种可能性在逻辑上是可以设想的，但是如果站在语义之理的角度去看，实现这种可能性的机会就不大了。从语义上讲，"新"点子的"新"就意味着和老的不一样。但问题是，对于一个庞大的集团来说，"老的"花车已经很成功了，它为什么还要花钱去换全新的花车呢？

此外，从经验之理的角度上看，既然老的花车已经成功了，在心理学上就会形成锚定效应，使得原有团队的人不再有动力去研发新的花车。但是，这样的心理效应却不太会在其竞争对手的心理世界中出现。为何？因为他们是市场新手，创业历史很短，除了求新，他们是没有别的竞争活路的。

这就是在心理学的层面上说清楚了为什么垄断会遏制社会创新。因为垄断会使得垄断者的心理路径，被"锚定效应"或"框架效应"之类的心理效应给锁死，让其丧失创新之雄心。

文化的战争，归根到底是身体习惯的战争

下面，我要提到另外一种垄断，这种垄断和前文所说的垄断有点不一样：它是生物学要素与文化要素（即模因的传播模式）相互结合的一种垄断方式。

食品文化的传播就是这样。某公司宣传一种食品文化，推销相关的食品，然后消费者吃了这种食品，其神经系统与肠胃的微生物也会慢慢接受这种食品，顺便也接受了捆绑在这种食物上的文化消费模式。肠胃的接受与精神的接受，在此是"一而二、二而一"的。

在这方面的一个很有说服力的例子，就是喝奶文化的传播。

其实，在乳品制造业进入人类的生活之前，乳制品是会引发成年食用者的腹泻或者腹胀的。这是因为，人类用于消化乳糖的酶，在断奶以后会停止分泌，以便体现自然选择的节俭原则。否则的话，我们采集—狩猎时代的祖先，在成年以后就会去追求更多的奶水，导致稀少的生存资源进一步不足。

但是，乳制品出现并向全球扩展之后，很多人已经通过基因方面的突变，而重新拾回了对于乳糖的消化能力。也就是说，喝奶习惯这一文化层面上的变量，反过来部分地重塑了我们的基因，使得我们具有了以前不具备的生物学需求。这也就是演化论专家经常所说的"文化与生物的共演化"。

这就告诉了我们一个很深刻的道理：由于不少文化习惯归根结底涉及的乃是身体习惯，所以，文化之间的战争实际上是身体习惯的战争。此类战争的实质，就是看谁能够先让受众接受一种身体习惯，建立起"锚定效应"和"框架效应"，然后再慢慢输入与前面的身体习惯配套的新的身体习惯，由此就可以把产品向一代代人卖出去了。

41. 光靠逻辑打天下，行不行？

本节我们从更宏观的角度来讲讲，为什么做哲学研究离不开心理学。

不得不承认，哲学史上很多哲学家对心理学不太友好。有两个重要的哲学家，一个是弗雷格，一个是胡塞尔，他们都提出一个口号，叫"反心理主义"。什么叫反心理主义？他们认为，哲学是讲道理的，讲规矩的，而心理学里面偶然性太多。

但我不这么看。我认为，哲学研究不一定要拒斥心理学。相关理由有四条：

理由一：哲学家的直觉不一定准，还是要走向大众

哲学家往往有精英主义情结，认为自己的见解一定高于大众。但该情结本身是有问题的，因为哲学家的直觉不一定准。

哲学家的直觉参与哲学工作的典型方式，就是"思想实验"，也就是在假想性的场景里面，来检验自己会产生怎样的直觉。因为这种

研究，几乎在书斋里就能完成，所以，这种哲学就被叫作"扶手椅哲学"，或者是"纯书斋哲学"。

以伦理学中经常讨论的"电车难题"为例：一个有轨电车的司机在开车，看到左边铁道上绑了一个人，开过去人就死了。但司机此刻又发现刹车坏了，所以只能右转，但在右边的轨道上，又恰好绑着五个人。司机到底是应当为救五人而牺牲一个人，还是为救一人而牺牲五人？面对这个问题你该怎么办？

哲学家研究这个问题时，并不需要真实地搭建一个实验场景，而只需要在头脑里设想就行了。这就是"思想实验"的做法。

但这种做法靠谱吗？我的忧虑是，在面对一个思想实验所提供的场景时，一个人已经接受的伦理学观点——比如"后果主义"或"义务论"——会对相应道德直觉的产生造成潜移默化的影响？

这里所说的"后果主义"是这样一个意思：一件事在伦理上该不该做，取决于这件事所能够产生的后果能不能给社会带来更大的功利。比如电车难题中，怎么开车才可以导致伤亡数字最小或获救人数最多，便是后果主义者所需要考量的问题。而"义务论"的意思是说，你做的所有事情都得根据你的道德原则，比如"任何人的存在都是不能被牺牲的，因为每个人都有自己的价值"。

有些哲学家天然地就是后果主义者，认为可以为了大多数人的利益而去牺牲小部分人的利益。另外一部分哲学家天然地就是义务论者，认为我们要去维护每一个人的利益，去维护绝对的正义。为这两种观点做辩护的人，背后都有很强的直觉，觉得他们是对的。但问题是，为什么你的直觉就一定对，别人的直觉就一定错呢？

因此，现在西方就出现了一个新的哲学流派，叫"实验哲学"。实验哲学就是要用心理学统计的方法，来检测一般的人对哲学问题的反应方式是什么，由此来检测哲学家的直觉是否和大多数人的一样。

理由二：哲学家也是人，也会犯各种谬误

现在不妨让我们来想想，到底什么叫"直觉"？我认为直觉就是心智机器在进行一系列的运作后，所涌现出来的一些表面现象，类似激烈的分子运动会在宏观层面上使得"热"这一现象得以涌现一样。而既然哲学家也是人，其心智系统的运作就不会与常人有本质差异，所以，哲学家的直觉产生方式也与常人不会有本质差异。所以，哲学家也不能彻底避免那些对常人构成混淆的心理陷阱——而这一点，天然就使得哲学家自己心理直觉的绝对可靠性遭到了质疑。

——那么，接受哲学训练的意义又是什么呢？哲学训练的意义，其实并不是要消除我们的心理偏见（这是不可能的），而是要调教我们的心理偏见。这就类似于大禹治水的办法：我们的心理偏见就像洪水，你堵是堵不住的，它肯定是要流到一个方向上去的。而学术训练的意义便是：它能够帮助我们努力引导其流到其该流的地方去。

比如，关于"乐队花车效应"的学术训练，并不是让你豁免于这个效应的影响，而是让你在挑选花车的时候机灵一点，不是看到第一辆花车就跳。一句话，要"三思而后跳"。

所以，哲学家和一般人的不同处就在于：哲学家经过训练以后，其用反思性的思维工具调教心理直觉的能力也就越高，尽管这一点并不意味着哲学家是不受心理偏见影响的。

理由三：不能光靠逻辑打天下

说光靠逻辑打不下天下，并不是说靠逻辑是有错的。靠逻辑当然是对的，世界上发生的所有事情必然要符合逻辑，这一点我从来不怀疑。但是大家必须记得，纯粹的逻辑表达是没有信息量的。比如我告诉你，"这次张三考北大，要么考上了，要么没有考上"，这话很符合逻辑，但是这话有信息量吗？没有信息量。

这还不是最麻烦的。如果你只用逻辑思考，不用捷思法，不用经验上的那些套路，你会浪费很多时间。

比如，日常生活中我们的确有时候会说"要么……要么……"这样的句子，比如，"如果你要在五个小时之内从上海到北京的话，要么坐高铁，要么坐飞机"。但是，你为什么只提这两个选择项，不提穿上钢铁侠的战衣飞到北京去呢？因为坐高铁或者坐飞机，是两种很典型的旅行方式，这显然是在心理学的所谓的"典型性效应"的控制范围之内的。换言之，如果你无边无际地思考各种逻辑上可能的从上海到北京的交通方式，而不受到任何心理学捷思法的制约的话，你就会浪费大量的时间。

理由四：人工智能的缺陷，倒逼出 传统逻辑学与统计学的局限

人工智能的发展，无非基于两个路数，一个就是基于逻辑的，一个就是基于统计的。

"基于逻辑的人工智能"的意思是：系统有一个固定的知识库，通过逻辑推理规则，让系统能在特定的环境内推理出对用户有用的结

果。此路数的人工智能的基本问题，便是其信息搜索过程缺乏足够强大的捷思法，所以其运作相对低效，很难足够灵活、快速地获得合适的推理结果。

"基于统计的人工智能"则是这个意思：即人工智能专家在一些特定的领域积累了海量的数据，并训练系统在一些特定的算法（比如神经网络算法）的指导下，预判同一个领域内类似的输入数据能够得到怎样的输出数据。这一路数的人工智能研究的主要问题是：相关研究者对于心理建模的问题不太感兴趣，特别不关心人类的心理是如何利用规模不大的数据量来获取信息的。换言之，离开了海量的训练数据，基于统计的人工智能是很难运作的，尽管人类的心理却可以有"三人成虎"的数据归纳能力。

所以，人工智能的缺陷，更让我们看清楚了传统的逻辑学和统计学的局限。而想要打破此种局限，我们就不能不重视心理学。

哲学要摆正其与心理学的关系

当然，捷思法也是双刃剑：它们能节省时间，但是也会让人承担被相关的心理谬误所误导的风险。但是，我们大可不必因噎废食。

捷思法未必靠谱，但这也就意味着它们未必不靠谱，所以在它们的指导下办事，我们还是有一定的成功机会。万一错了怎么办？不要紧，如果真发现错了，那就改，再错再改，无非就是这样的反复循环。

在这样的一个过程中，哲学应该摆正自己与心理学的关系。彻底忽略心理学的研究固然不可取，但对心理学所提供的关于人类心智的研究报告照单全收，也并不合适。从哲学角度看，心理学的研究虽然包含了关于人类心智运作的细节性信息，但相关研究结论往往比较碎片化，不够系统，特别是缺乏关于各类捷思法之间的关系的思考。在这方面，哲学思辨是能够借吾辈一臂之力的，因为宏观思考恰恰是哲学的强项。这也便是第三章心灵哲学的讨论所要触及的问题。

42. 谈谈智商测验这件事

很多人是通过智商测验了解心理学的。因此，就免不了有人要问：智商测验分数高的人就一定会擅长做论证、适合学习哲学吗？

下面就是我的一点管见。

智商到底是怎么一回事？

智商是个非常复杂的概念。按照"卡特尔三层智力模型"的见解，人类的智力的各个要素之间的关系，可以按照图-1的方式得到展示：

我今天要重点讲的是这个金字塔结构的第二层的两个重要因素，"流体智力"和"晶体智力"。

什么叫"流体智力"？流体智力就是你理解新问题、解决新问题的能力。这个能力就是看你学全新的东西的时候，学习的效率高不高。一般来说这个能力，会在青少年的时候达到高峰，并在老年衰退，所

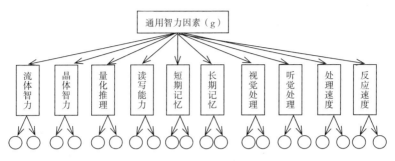

卡特尔三层智力模型（底层智力项已省略）

图 -1　卡特尔三层智力模型（底层智力项已省略）

以有俗语说"老不学艺"。

还有一个叫"晶体智力"，这个参数衡量的是人类的这项能力：假设你已经学会一些知识了，该参数将衡量你将旧知识运用到新场景上的能力。老人在这方面的能力并不比年轻人差多少，所以又有俗语说"家有一老，如有一宝"。

至于这两项能力之间的联系，则比较松散。我就记得有朋友和我抱怨，他小时候幼儿园里真给小朋友进行智商测验，自己得分很低，然后被人嘲笑了。但是自己小学成绩一向很好，在小学里还算学霸。他问我这事怎么解释。

我对这件事的解释有三种。第一，你遇到的智商测验所用的检测方式有很大问题；第二，智商测验的时候你大概状态不好，所以没有考出真实水平；第三，智商考试检测的是你的流体智力，也就是理解新问题、解决新问题的能力，而平常的考试检测的是你的晶体智力，所以两者测的不是一回事。

顺便说一句，高考主要是考察人类的晶体智力，也就是从现有的知识中找套路用来做考卷的能力。这可能就会导致名校集中了很多晶体智力发达，流体智力却或许不够发达的人。

怎么判断学生的流体智力的水平？非常简单，就是给他们讲一个他们过去没听说过的哲学论证，看他们是否能够听一遍就跟上。因为此类信息他们过去没获取过，没有足够的套路可以套，所以他们若能够听懂，这就大概率是流体智力之功了。不过，教师要做到这一点，首先要设法保证相关的信息的确是学生第一次获取的。

情商有多重要？

除了流体智力和晶体智力的分野之外，我觉得还有一个因素可以解释我上面说到的现象，就是为什么成绩好的同学并没有在课堂上表现得比成绩不好的同学更聪明。这个因素就是情商，也就是所谓的"EQ"。这和我们所说的智商是有点不一样的。

什么是情商呢？情商能力能够使得我们可以去相对正确地识别自己的情绪或者是别人的情绪，并且有效地区分这些情绪的类型（喜、怒、哀、乐等），并且利用这些信息去指导思维与行为，最终提高心理主体在社会环境中的适应性。

心理学家很早就重视所谓的情商的问题了。早在 1920 年，心理学家爱德华·桑代克就用"社会智能"这个词，来描述心理主体得以理解他人心灵状态的能力。至于情商与智商的关系为何，则见仁见智。有人认为二者彼此独立，但也有人认为情商是智商在社会交往领域的拓展。我个人对后面一种说法更加欣赏。

我认为，情商能力的运作，体现了人类心智对于所谓"心理理论"的执行力。所谓"心理理论"，就是心理主体如何根据别人的表情与行为来推测其内心的一些基本规律。此类规律可以被视为某种意义上的溯因推理。这也就是说，心理主体以别人的行为与表情为既定结果，反推出对方的何种内心状态导致了这样的行为与表情。

但是此类推理与别的类型的溯因推理之间的差异性又体现在哪里？差异性就体现在人类行为的复杂性上。以人的表情为例：人类表情非常微妙，尤其是我们亚洲人的面部表情比欧洲人还要微妙，所以你需要大量的时间去观察人、理解人，才能够掌握相应的信息。

而上述要求与现在的学校教育之间是有冲突的。目前的学校教育是不重视培养情商的，考试分数高，你就是好学生；如果你投入很多的精力培养同学之间的感情，了解别人的心理世界，就不太会被老师鼓励了，因为你已经因此而浪费了本该用来刷题的时间。高考考分高，在相当程度上就意味着情商培养的机会更少。

哲学学习到底需要什么智力？

这里我们就碰到一个更大的问题了：哲学学习到底需要什么智力？

哲学学习显然需要晶体智力，因为哲学史的学习需要有不错的记忆力。哲学研究更需要的是流体智力，因为原创性的哲学研究是要求研究者自己推理，并构造新的理论的。哲学学习也需要情商，因为哲学是人文学科——既然是关于人的学科，就要懂人的情绪。

按照美国哲学家威廉·詹姆士的观点，不同的哲学家其实是不同的心理类型的一个人格化，因此他提到了"硬心肠的哲学家"与"软心肠的哲学家"之间的分野。在他看来，哲学家不同的心理性格会导致其哲学理论也不一样。

我个人觉得詹姆士的观点有点意思。所以我认为，哲学家的心理类型最好也丰富一点，这样哲学理论的类型才会丰富化。但是统一的高考的模式，会导致考进来的全是刷题机器，学生的性格与智力模式都是差不多的，彼此之间就会缺乏应有的一种张力。这对哲学的长远发展来说，是不利的。

心灵哲学：谁在思考？

43. 我们的心灵在发生什么

我们的讨论在本章已经进入了一个新的单元——心灵哲学。本节我就要向大家解释一下，心灵哲学到底是个怎样的哲学分支。

什么是心灵哲学？

"心灵哲学"的英文是"philosophy of mind"。"Mind"虽然在中文中被翻译为"心灵"，但它更多地是指"心智"的意思，大家可不要往宗教灵修的方向去想。那么"心灵活动"到底指什么呢？它就是指，咱们脑子能够做的所有事情的一个总和。

那么，是哪些事情呢？近代苏格兰大哲学家休谟就告诉我们，心灵活动无非就是三种：一种叫"知"，我们的认知活动；一种就是"情"，我们的情感活动；一种就是"意"，我们的意志活动。

这里还有一个问题，我们前面已经讲了很多关于认知心理学的问题，那么心灵哲学和认知心理学的差别是什么呢？

心理学哲学更多考虑的是，心灵的具体功能和具体行为的产生机制。比如，各种认知偏见产生的机制是什么，它和演化论之间的关系是什么，等等。这些问题和科学更加密切一点。

而相比较而言，所谓的心灵哲学则是要从整体上去考察心灵的本质，它要追问一些很大的问题，比如以下三个大问题：身心关系问题、意识问题和意向性问题。

心灵哲学追问的三大问题

先来谈"身心关系问题"。先来举个例子，假设你觉得头疼，到医院里面去看病，做了 CT。出了结果以后，医生却说没毛病。可你的确感到疼了。医生说那主要就是你的一种幻觉。

这就很有趣了，如果你的精神感到不舒适了，难道你的身体就不会随之发生相应的改变吗？抑或说，这种改变的确发生了，只是仪器测不出而已？问得更深一点：到底身体是第一位的，还是精神是第一位的？我们的心灵感受，究竟应该在世界中占据怎样的地位？归根结底，这是个哲学难题。

那么，关于身心关系问题，主流的有两种意见，一种就是二元论，另外一种就是唯物论或者说物理主义。二元论主张，精神和物质各自都有自己的一亩三分地；唯物主义则认为，精神是附着在物质上的，人的疼痛都是附着在人的整个神经系统之上的。

显然，前一种观点更接近于一般人的观点，后一种观点则更接近于神经外科医生的观点。所以，对于哲学家来说，他就要选择到底是与大多数人站在一起，还是要与这些专业的医生结盟。

在心灵中得到深入讨论的第二个问题是所谓的"意识问题"。意识是所有人类精神活动当中最神秘的一种。人类的精神活动大致分两类，一类是我们用言语说得清楚的，另外一类是言语说不清楚，但我们确实能感受得到的。

举个例子，我如果在打腹稿想一篇文章该怎么写，这个打腹稿的过程是可以付诸文字的。但是，又有很多主观的精神活动是说不清楚的，比如说，我突然就觉得很痒。"痒"是一个非常抽象的词汇，但是如果要用语言表达出我的痒的话，我其实说不准确。

那么，意识问题，能不能够在唯物主义的框架中得以消化呢？科学能不能总有一天告诉我们意识到底是什么呢？这可是个巨大的问号。

这个问题也是对于前面所说的"身心关系"问题的一个深化，只不过因为对于意识问题的讨论已经太多了，以至于这个问题已经被分离出来，成了一个专门的话题了。

第三个问题是"意向性问题"。"意向性"就是指我们的思想能够关涉到脑子以外的一些事物的能力。比如，尽管火星和冥王星显然是在我的头脑之外的事物，我现在却能在书桌前思考火星上发生了什么事，冥王星上又发生了什么事。这个能力我有，但火星显然没有。

意向性为什么对心灵哲学很重要？历史上有一个叫弗朗兹·布伦塔诺的心理学家便认为：有没有意向性，是区别心理主体和非心理对象的一个很重要的标志。心理主体就是有意向性活动的主体，非心理对象就是指一块石头、一块橡皮之类的缺乏意向性活动的事物。

除了对以上三大问题的考察以外，心灵哲学也会关涉一些其他的问题，比如说"自由意志问题""自我的同一性问题""动物意识问题"，等等。

这样一来，我们就把心灵哲学所讨论的问题做了一个概览。与认知心理学的考察相比，心灵哲学的讨论，更加宏观、更加涉及本质，跨界色彩也更浓郁。我之所以讲完心理学哲学，再来讲心灵哲学，也正是考虑到了"循序渐进"的道理。

第三章的知识地图

我下面要谈谈本章的内容线索。

首先，我会花一定的篇幅，来讨论身心关系问题。要讲清楚身心关系问题，就得讲两种与之相关的经典理论：一种是笛卡尔的实体二元论，另一种是马勒伯朗士的身心平行论。然后，我还会讲讲身心一体论，以作为对于前二者的补充。

说完了以上三种理论，我会重点谈谈现在西方心灵哲学的主流理论，也就是唯物主义立场。我会在"唯物主义"的名目下面谈论其不同变种，如行为主义、心理功能主义、神经元沙文主义、机器功能主义等等。其中有些版本的唯物主义，会与神经科学、人工智能等学科的内容有所交叉。然后，我会站在唯物主义立场的外面，谈谈对于这些理论的一些反思，并提到上述反思所涉及的一些思想实验。这些思想实验虽然都具有反唯物主义的意蕴，但我都会给出基于唯物主义立场的相应的化解方案。

讲完身心关系这个大问题之后，我就会讲各式各样的意识理论，并涉及对于意向性问题的讨论。其后，我会再转入对于其他心灵哲学问题的讨论中去，如关于意图、欲望、自由意志、自我等问题的讨论。这一部分的讨论将始终预设唯物主义的立场。同时，我也会通过此类讨论，向读者展现唯物主义的心灵理论的强大的解释力。

让我们先从笛卡尔的二元论说起。

44. "我思故我在"到底是在说啥?

本节的主题词,叫"我思故我在"。我要从这样一句名言出发,来讨论实体二元论的思想到底是怎么一回事。

"我思故我在"与实体二元论

"我思故我在"这句俗语,是由大哲学家、数学家、物理学家笛卡尔所提出的。但关于这句话的真实含义,日常生活中存在着很多的误解。

最典型的一个误读是"因为我在思想,所以我就存在"。其实这话背后的哲学推理,要比其表面上的样子复杂多了。

笛卡尔为什么说出了"我思故我在"这句话?其缘起,乃是他所思考的下述问题:人类的知识太混乱、太不确定了——既然如此,我们能不能在天下所有的知识里面找到一些最确定的、最清晰的知识?

有人会问:做到这一点,难道很难吗?我们日常生活中经常碰到这样的一些知识，如"我眼前有一杯茶""我现在在地球上""我头顶上是蓝蓝的天"——这些日常知识虽然听上去大都很琐碎，但它们都很确定啊。

但笛卡尔认为，这还不确定。他随之就想出了一个惊人的思想实验——此实验日后启发了好莱坞拍摄了著名科幻电影《黑客帝国》。

笛卡尔设想：有一个邪恶的精灵——这个精灵被后世称之为"笛卡尔精灵"——在操控我们的整个意识状态，以使得我们产生了错觉，让我们误认为我们现在头顶上是蓝蓝的天——但实际上根本就不是。在科幻电影《黑客帝国》里面，同类设想就被转化为这个样子：人类的大脑通过一个超级计算机加以操控，邪恶的操控者在大脑皮层产生了一些电子信号，使得大脑误以为自己当下所看到的这些场景都是真的。

那么，笛卡尔的这个思想实验到底想说什么呢？他想说的是，你对于外部世界的知识，未必是100%可靠的，它也可能是一个笛卡尔精灵系统欺骗你之后所产生的结果。所以，你若要寻找这个世界上什么东西是可靠的，就不能够从你对于外部世界的经验知识出发——比如，你就不能够从"我眼前有一杯茶"这件事出发。

——那么，上一段中的"外部世界"是啥意思？与之对应的"内部世界"又是啥？现在就来详细说明之。假设我现在因为光线的缘故，把一个白色的球错看成是个红色的球。但有意思的是，即使如此，我却确信它是红色的。请问：我感知到它是红色的这一点，究竟是真的还是假的？

请注意，这里其实是出现了两个不同的判断：第一个判断是关于你所看到的这个球本身的颜色，第二个判断则是我的视野里所出现的斑点的颜色。第一个判断所涉及的，就是对于外部世界的呈报，而第二个判断所涉及的，则关于我的内部心理世界中的感觉现象的呈报。笛卡尔发现了一件非常有意思的事情：我们关于外部世界的呈报当然可能是错的，但是，关于我们的主观的感觉印象的呈报，则是不会错的。

即使我的大脑是像电影《黑客帝国》所描述的一样，完全是被一些电子元件或者一些电极所送来的电子脉冲所欺骗的，这依然不会动摇下面一个判断的真理性，即我的确感觉到了有一个红斑出现在我的视野里。至于它是怎么产生的，它是否对应外部世界客观存在的那个事物，则无法撼动我的感受的真实性。

这就是笛卡尔的发现：主观世界里事情的真假，好像与客观世界可以脱节。由此我们看到一些小窍门，任何一个命题，在前面只要加上了这样的一些词——"我感知到""我相信""我想象"，等等——由此构成的一个更加复杂的句子的真假，就会与本来那个相对简单的句子本身的真假完成了彼此的脱钩。换言之，即使外面电闪雷鸣，只要我相信现在外面晴空万里，我持有该信念这一点，就在我的主观精神世界中成了一条真理。至于我的主观意识活动统摄下的所有的精神活动，就是笛卡尔所说的"我思"。

但笛卡尔的名言乃是"我思故我在"。从"我思"到"我在"，到底是怎么过渡的呢？

思路如下：不难想见，"我思"所包容的内容乃是林林总总的，比如现在我想吃小龙虾，等一会儿我又想吃比萨，再过一会，我想去读读笛卡尔。所以笛卡尔就提出了下面这个问题，为何各式各样的"我思"活动，都能够被视为是"我的"？说这些活动均与"我"相关的根据又是什么呢？

笛卡尔的答案是：这是因为这些活动背后有一个"实体"，使得前面所说的不同的我思活动，均成了这个实体所具有的不同的属性。

那什么是"实体"呢？我来解释一下。这个世界上存在着很多很多的变化，但是这些变化必须要有一个东西来承载它——如果没有一个东西承载它的话，我们就没法描述到底是"什么东西"发生了变化。因此，"实体"在哲学里指的就是使得各式各样的事物的变化得以可能的一类自身不变的基质。

我举个例子来说明：有个演员本来是个童星，后来变成了小鲜肉，后来又变老了，发福了。毫无疑问，他的身体已经经历了巨大的变化。但是，当你说他发生巨大变化的时候，你必须要说有什么东西承载了这些变化——就是这个演员本身的"实体"。"实体"就是这样一类贯穿各种变化而自身不变的东西。

回到"我思故我在"的例子中去：笛卡尔发现，各式各样的心理活动变化若都是关于同一个人，其背后就肯定有一个实体将其贯串起来。这个实体就是"心灵实体"。

什么叫"心灵实体"？就是不管你的想法怎么变，肉体怎么变，你还是你。心灵实体就像一根线一样，把你所有的心理活动组成一个非常严整的序列，前后相续。

讲到这里的时候，有人就可能会问了：笛卡尔他是不是个主观唯心论者呢，认为世界上只要我想到的东西就是存在的，我没有想到的东西就是不存在的？

我觉得笛卡尔不是这个意思。笛卡尔承认世界上有物质性的存在——比如一个杯子——而且物质世界也是有自己的实体的。比如，一棵树从小树成为参天大树，之所以还是同一棵树，便是因为这些变化背后有物质实体在穿针引线。另外，诸如"质量守恒""能量守恒"这样的一些物理学原理，其背后也在一个很抽象的层面上预设了有些东西是不变的。这也便是物质实体观念的运用的体现。

所以，世界上至少就有两类实体了：一类是物质世界的实体；一类是精神世界的实体。笛卡尔个人认为，这两类实体都很重要，谁都不能灭了谁。

我们中的很多人都是二元论者

讲到这里，关于笛卡尔的二元论，我们也已有一个大致的了解了。在人的肉体存在与精神存在之间，笛卡尔当然是更加重视精神存在，但他从来没有否认人的肉体存在，也从来没有说人的肉体存在可以还原为人的精神存在，这一点我们要搞清楚。

讲到这里，有人会问了：笛卡尔主义的这套思辨，与我们的日常生活又有什么关系呢？我认为，二者的关系还不小，因为在日常生活中，不少人都是某种意义上的笛卡尔主义者。比如，我们好像都在预设世界上的很多东西是具有"二重存在"的特征的：一种叫"物理存在"；一种是"精神存在"，它们都有各自的实体性。

举一个例子：复旦大学在抗战的时候，被迁到重庆北碚区。学校的地理位置发生了变化，但复旦大学竟然还是复旦大学。有人说，学校的同一性是靠师生传承来维系的，然而，再过几十年，这些师生关系也几乎全部变了（在 20 世纪 50 年代的全国院系调整中，很多别的学校的名师都被调到了复旦，大大改变了江南的学术生态）。那么传承的是什么呢？一个很自然的答案就是：传承的是"精神"。那"精神"又是什么？这里显然指的是精神实体的统一性，而非物质实体的统一性。你看，这种历史叙述方式，难道不正带有笛卡尔二元论的哲学色彩吗？

45. 实体二元论的缺陷

实体二元论的缺陷

按照笛卡尔的想法，我们的整个世界（包括人）都是由两类实体所构成的：一类是物质实体；一类是精神实体——物质实体承载物质与身体变化，精神实体承载心理变化。

笛卡尔得出了这个结论以后，碰到了一个尴尬的问题：怎么解释心灵因果性？

什么叫"心灵因果性"呢？就是心灵事件与物理事件的相互因果影响。这就催生了下面的问题：心灵世界中所发生的事情（比如，感到口渴），为什么会导致物理世界中某些事情的发生呢（如移动胳膊，举起装着可乐的杯子，送到嘴边）？倒过来也可以问：物理世界中所发生的某些事情（比如有蚊子叮我），为什么会导致我们心灵中的某些事件（如感到痒）的产生呢？

那为什么实体二元论不能够解释这个现象？这是因为笛卡尔把话

说得太满了。他非要把实体分为两类——物质的和精神的——同时他又认为精神和物质是两类非常不同的实体。物质是有广延的（也就是说，是占据一定空间位置的），精神则是没有广延。比如，你可以说一只苹果在空间中的位置是在你的左边还是在右边；但是在"我想吃苹果"这句话中，"想"这个字所代表的精神活动，在物理空间中并没有一个明确的位置。

上述二分法，就会给所谓的心灵因果性带来了一个巨大的困扰。因果关系的成立要有一个基本的前提，叫"空间毗邻性原则"。什么意思呢？比如，一个台球打到了另一个台球，并使得后者运动的过程，必然会要求两个台球能够彼此接触，而二者满足了"彼此接触"这个要求，也就等于是满足了"空间毗邻性原则"。

同理，若我的意志、我的想法等精神事件要引起我身体的运作，这一点也需要我的精神与我的肉体在空间中彼此毗邻。但是按照笛卡尔的观点，我们的心灵实体根本就不在物理空间中，那么，附着在心灵实体上的精神事件，又怎么可能与物理事件在空间中彼此毗邻呢？所以，心灵因果性何以可能，是一个在笛卡尔的二元论框架内很难解决的问题。

另外，同样以心灵因果性问题为抓手，还有一个针对身心二元论的反驳乃是基于物理世界的"因果封闭性"的。什么叫因果封闭性呢？其意思是：我们这个世界中发生的所有的物理事件，它前面都有一个物理的原因，而没有别的种类的原因（所以说，对于别的种类的事件来说，物理世界是自我封闭的）。比如，若你要解释"为什么台球动了"，只要提到"前面有一个台球撞了这个台球"就够了，不用走出物理世界的范围，去寻找别的种类的原因。然而，笛卡尔却恰恰就在这些物理事件，还加入一类特殊的原因，叫"由精神事件所引发的原因", 这就破坏了"物理世界的因果封闭性原则"。所以, 如果我们要继续维护该原则的话, 就不能支持笛卡尔的身心二元论。

理性看待二元论, 避免陷入尖锐对立

上述这些抽象的思考与我们的日常生活又有什么关系呢? 前面我已经说过了, 很多人在日常生活中都预设了笛卡尔式的实体二元论思想的正确性, 尽管不少人未必知道谁是笛卡尔。但既然二元论的思想是难以处理心灵因果性问题的, 这也就意味着: 很多人预设的用以处理身心问题的思想框架是有很大隐患的。说得更具体一点, 对于二元论思想框架的预设, 会使得你陷入一种主观意志和外部物理世界之间的尖锐对立, 而使得你无法找到将意志力转变为实际效果的客观转化渠道。

举个例子: 某公司的生产供应链遇到了一些困难, 某些上游厂家不愿意为这个公司提供某类零件。面对此问题, 产品经理自然要着力将供货链重新给理顺, 努力找一家新的供货商。但是公司里面的一个领导却说, 我们现在要解决的问题, 是要加强我们克服问题的意志力。但这话就有点玄乎了, 怎么把意志力变成我们所需要的零件? 难道精神力量就能直接用以点石成金吗?

这种抽象强调精神因素的思路, 可能会导致你在日常生活中处处碰壁。精神因素即使是存在的, 也是被内在地整合在物理世界之中的一个内部因素, 而不是像笛卡尔所说的那样, 是处在物质世界之外, 并与物质实体相对立的心灵实体的属性。当然, 关于如何在物质世界之内解释精神因素的存在, 就不是笛卡尔哲学的题中应有之义了, 因为这种解释思路在根本上就是反笛卡尔的。

讲到这一步，我已经大致介绍完了关于笛卡尔的心灵哲学的大旨。在这个过程中，我略去了对于笛卡尔的相关著作（如《第一哲学沉思集》《哲学原理》等）的文本结构的介绍，因为这些信息对于哲学初学者来说，未必是最重要的。对于初学者来说，最重要的是知道笛卡尔哲学的运思特点。

笛卡尔哲学的运思特点是：他相信推理的力量，并为寻找知识确定性的绝对基础而孜孜以求。为此，他从"我思故我在"的这个原则出发，推出了他的整个实体二元论的思想。不过，在心灵因果性这个重要的问题上，他的理论遭遇到了重大的挑战。

——那么，在同样的问题上，别的心灵哲学家是否能够有比笛卡尔更好的表现呢？请看下文分解。

46. 天才们的疯狂猜想

上文我们已经看到了，笛卡尔的实体二元论，的确无法很好地处理心灵因果性问题。现在我们就来看看别的哲学家是怎么把这个问题想得更加圆融一点的。我们在此要提到的一个关键词，乃是"身心平行论"。

马勒伯朗士：是上帝让一切发生

顾名思义，"身心平行论"，就是说身和心是平行的、没有相交点。用身心平行论这种很奇特的观点来解决笛卡尔的哲学遗留问题的，便是笛卡尔的法国老乡马勒伯朗士。

马勒伯朗士读了笛卡尔的书后发现，心灵因果性的确是笛卡尔的二元论很难说明的一个问题，所以笛卡尔的体系是需要加补丁的。由于马勒伯朗士的神父身份，所以他的这个补丁里面又有很多基督教的风味。

作为讨论心灵事件和物理事件之间的因果关系的思想准备，马勒伯朗士首先邀请我们来思考纯粹物理领域内的因果关系。假设你有一个手机，你还有一块怀表，现在手机显示出来的时间是 11:05，怀表显示的也是这个点。下面，马勒伯朗士就问大家：你觉得到底是手机的时间引发了怀表的时间，还是怀表的时间引发了手机的时间？

这个问题的答案显然是"都不是"。所有人都会说：这两个计时器械背后依据的都是北京时间，而各个国家的官方时间背后还有一个最终的权威时间，这就是所谓的格林尼治时间，所以，不能说是某某钟表引发了另外一只钟表的运作。

马勒伯朗士接着往下掰扯：好，既然大家不反对我上面的叙述，我现在就不妨把手机和怀表之间的关系替换为心和身之间的关系——换言之，我们为何不能将我的心灵活动（如"我渴了"）与我的身体活动（如拿起可乐瓶子并喝掉可乐）之间的关系，也看成是两个钟表之间的关系呢？

继续往下想：在讨论钟表的时候，我们会很自然地设想它们背后有一个统一的格林尼治时间在统辖其运作——那么，我们为什么不能够设想，心灵实体的运作和物质实体的运作背后也有一个第三者，以成为使得两者能够相互协调的终极协调者呢？

在神父马勒伯朗士看来，该终极协调者就是上帝。这也就是说，马勒伯朗士认为，人类心智的运作与其身体的动作只是在表面上看起来像是具有因果上的相互作用，但实际上二者都是由上帝控制的。只要上帝偷懒一秒钟，我们的身心协调问题就会出现问题一秒钟。

很显然，按照马勒伯朗士的理论，从哲学角度上来看，其实根本就没有真正意义上的"心灵因果性"。心灵事件与身体事件都只是偶然的前后相续罢了。所以，马勒伯朗士的理论也被称之为"偶因论"。

我觉得马勒伯朗士是个天才。至少他想明白了一个道理：像笛卡尔那样在身和心之间非常牵强地搭桥的工作，注定是要失败的。他干脆反其道而行之，直接宣布这两者之间是没有桥梁的，而心与身之间的和谐，就是因为有上帝在默默地做担保。而且，也正是因为上帝自身的存在既不能证实也不能证伪，所以，要驳倒马勒伯朗士的理论，也并不是很容易。马勒伯朗士真是大大的狡猾。

莱布尼茨：万事万物都是单子

关于"身心平行论"，还有一种更复杂、更奇葩的理论，这个理论是由大名鼎鼎的德国哲学家莱布尼茨提出的。在他看来，在人类的身和心之间，有一种"预定和谐"。

那什么叫"预定和谐"？这得先从莱布尼茨的"单子"概念开始说。——"单子"又是啥？

莱布尼茨反复思考以后发现：无论是物质实体还是精神实体，都有一个根本的特征，就是这个实体能够把过去、现在、未来不同的状态拧成一股绳，变成一个具有自身同一性的东西。所以，莱布尼茨最后就得出了一个观点：即使是物质实体，它也是精神性的——如果我们将"精神性"理解为对于自身同一性的维系能力的话（而之所以说这种维系自身同一性的能力也是精神性的，乃是因为"同一性"本身只能通过精神活动来把握）。好吧，因此我们就需要一个覆盖面更宽泛的哲学术语，来指涉所有实体内部隐藏的精神性因素。这个术语就是"单子"。

不难想见，既然万物都蕴含单子，单子之间就必定会有三六九等。

在莱布尼茨看来，人类的灵魂是高级单子，因为里面蕴含的精神力量非常强大。但在我面前的一只苹果，虽然也是单子，但里面包含的精神性非常微弱，所以这只能算是低级单子。同样的道理，我们的身体——作为一种物理对象——也包含了一种低级单子，与作为高级单子的我们的灵魂相互对峙。

有了上面的讨论做基础，我们也就可以解释何为"预定和谐"了。什么叫"预定和谐"？就是每个单子都预见到了与别的任何单子相互协调、一起进入一个具体事态的可能性。在莱布尼茨看来，两个单子进入了一个事态后，二者之间就便有了一个主、从之别：一者为主（即积极者），另一者为从（即消极者）。前者就能被视为原因，后者就能被视为结果。

举个例子：为何一个台球撞到了另外一个台球之后，会引发后者的运动呢？这是因为第一个台球本身就已经蕴含了和别的台球相撞的可能性，而这一点是台球在被创造的那一刻就已经决定了的。而当它碰到第二个台球的时候，那种本来就已经蕴藏在其内部的可能性就变成了现实——这样一来，第一个台球就会成为这种关系里面的主动者。

至于那个被撞的台球，在它本来被创造的时候，也已经蕴含了它被别的球撞的这种可能性，现在既然撞击实际发生了，这种可能性也就体现出来了。在这种情况下，第二个球就体现为被动的、消极的状态。主动与被动相互配合，也就配出了一个因果关系。

如果把莱布尼茨的观点套到心灵因果性上，我们发现心灵因果性和一般的因果性并没有什么实质性的差别，因为莱布尼茨并不认为有纯粹意义上的物质（万物皆单子嘛），这样一来，心灵因果性问题好像就变得不是那么具有特殊性了。换言之，我的口渴感之所以能够引发我的身体去拿水杯，乃是因为我的灵魂已经预装了与我的身体相互协作的内部程序，以使得"口渴"与"喝水"能够一气呵成地完成。

有人会问了：凭什么每一个单子都可以预装与别的任何单子进行互动的各种可能性呢？这信息量有多大啊？是谁将这些信息预装到了单子中去呢？

这个艰巨的任务当然就交给万能的上帝了（在这个问题上，莱布尼茨与马勒伯朗士一样狡猾）。在莱布尼茨的哲学体系中，上帝也是一个单子。但是，上帝可是一切单子中最高级的超级单子，因为其内藏的精神力量是无可比拟的。

两种理论带来的启示

讲到这里，我不得不承认，马勒伯朗士和莱布尼茨的脑洞真的是太大了，他们的这两种理论别说是想出来，就是让我们看懂也不是特别容易。但是，他们观点的缺点也是非常明显的：也就是说，你要相信他们的理论是对的，你就得附带地相信上帝是存在的。但这样的理论显然很难说服无神论者。

不过，即使是对无神论者来说，他们的学说也是能带来一些启发的。

比如，在马勒伯朗士的理论中，我们其实可以得到如下启发：在有些情况之下，因和果之间的前后相续，背后可能是有第三个更深的原因的，所以，看问题不能光看表面现象，寻找真正原因的时候不妨多想几步。

而莱布尼茨带给我们的启发是：在进行因果分析的时候，我们还要重视事物潜在的倾向或秉性，因为恰恰是这些秉性，决定了其与别的事物组成事态的可能性空间。说得更具体一点，如果用莱布尼茨的思想去搞人力资源管理，管理者就要把每个下属的心理倾向搞清楚，知道每个人所能够完成的任务的最大限度，然后，才能做到知人善任，而不会所托非人。

47. 就连臭虫里都有上帝的光辉

前面提到了三位大哲学家是怎么处理心灵因果性问题的，一位是笛卡尔，一位是马勒伯朗士，一位是莱布尼茨。现在，大哲学家斯宾诺莎忍不住了。他也要对这个问题发表点意见。

斯宾诺莎：实体只有一个！

读者可能已经注意到了，前文对于因果性的问题和对于实体本性的讨论，似乎是彼此高度相关的。比如，在笛卡尔的哲学里，正是因为有了关于心灵实体和物质实体二分的观点，才导致他很难稳妥地处理心理因果性问题。至于莱布尼茨，他是给出了一种带有泛心论色彩的实体观点，即认为有一种叫"单子"的东西弥漫于世间。单子就是莱布尼茨意义上的实体。也正因为在莱布尼茨那里，物质对象实际上仍然是某种微弱意义上的单子，所以，身和心之间的关系，就被转换为了精神实体和精神实体之间的关系。这便是莱布尼茨解决心灵因果性问题的方法。

与莱布尼茨类似，斯宾诺莎解决心灵因果性问题的思路，便是重新解释"实体"这个概念。

斯宾诺莎对"实体"的定义与别的哲学家有点不同。别人对于"实体"的通常定义是：它是承载了各种变化而自身不发生变化的那个基础。斯宾诺莎的想法则是："实体"是那个能够仅仅依赖自己而得到定义，并且成为它自己的东西。一句话，"实体"要行走江湖，就只靠自己，不靠爹妈，不靠朋友。

斯宾诺莎这样想是自有他的道理的。如果某个东西要成为各种变化的基础（这是对于"实体"的传统定义所要求的），它就必须要自己站得住，不能依赖别人。所以由此就得出了他的实体定义。

按照这个定义，他立即发现了笛卡尔的问题：笛卡尔的心灵实体也只能通过对于外部的物质实体的否定才能定义自身——从这个意义上说，其心灵实体就不是真实体；而反过来说，笛卡尔的物质实体也只能通过对于心灵实体的否定才能够定义自身，因此，笛卡尔的物质实体也不是真实体。

既然两者都不是真实体，斯宾诺莎就来造出一个真实体，这就是这样的一个超级实体：它能够把身和心，或者说把物质和精神这两方面的特性全都包罗在其中。

既然身和心都包罗在这个超级实体里了，那么这个超级实体之外就什么也没有了。所以，这样的超级实体，就不需要别的对象作为一个支点来对它来进行定义了，因为它自己可以对自己进行定义了。它自己的存在也不需要别的东西的存在作为它的原因了，因为它的存在就是它自己的原因。为此，斯宾诺莎还非常得意地发明了一个词，就是"自因"。而这个超级实体，也就是上帝。因为只有上帝才配得这样一个大名，把物质性的、精神性的东西都包括进去，在其之外却什么都没有。

不过，斯宾诺莎虽然提到了"上帝"，其观点却和正统的基督教非常不同。正统的基督教虽然认为上帝是无限的，但仍然认为上帝与被造物（特别是物质世界）之间是有区别的。但斯宾诺莎的观点却是：整个宇宙的物质性里面就有精神性，整个宇宙的精神性里面就有物质性，而整个宇宙本身就叫上帝。这就意味着什么？这就意味着：即使在一只臭虫里，我们也能找到上帝的光辉！

斯宾诺莎的这个理论，就可以被说成是"身心一体论"。在他看来，整个宇宙就是一个超级实体，而这个实体又有两个基本的属性：一个是物质性的，另外一个是精神性的。这样一来，身、心就是一体的了。这种观点似乎就非常轻松地把所谓的心灵因果难题给处理掉了。换言之，身、心本一体，何虑结姻缘？

如何妙用斯宾诺莎的观点？

斯宾诺莎的身心一体论的一个衍生性表达方式乃是这样的：一个人也好，一个社会组织也罢，其精神性会必然地转化为物质层面上的一些显现形式，而不会与其物质表现绝缘。现在我就告诉大家，如何在日常生活中妙用此原理。

举一个例子：你跑到一个公司去参观，并要搞清楚这个公司的价值观是什么。该怎么做调查呢？斯宾诺莎哲学就会告诉你：别光看他们嘴上说啥。一个公司的价值观，其实就弥漫在整个公司的物质存在当中。

比如，你得看看车间的劳动保护条件怎么样，在一些有污染的工作环境中，工人的防护用具是不是到位了。你若发现每一个环节都做得很到位，这就说明什么？这就说明了这家公司真正做到了"以人为本"，因为这一"以人为本"的精神已经体现在公司的具体物质保障上了。

反过来说，如果有一个公司，虽然管理层满口仁义道德，但公司提供给工人的工作环境却是脏、乱、差，这就说明他们嘴上的价值观只是个掩饰罢了，并不能够体现这个公司真正的精神内核。其真正的精神内核应当是什么？应当是"唯利是图"四个字。

这条原理也可以用于对于人品的判断。看一个人的精神本质是啥，不能光听其言辞，而要从其在物质世界中的行为来入手。不存在与相关外部行为表现无关的内在的精神性。

斯宾诺莎的思想，处在向唯物主义的身心关系理论转化的门槛上。而下一个门槛则是副现象主义。

48. 意识是不重要的"副产品"

什么叫副现象主义？

　　要讲清楚什么叫"副现象主义"，首先得讲清楚什么叫"副现象"。我先来举个例子。

　　比如，我们在钱塘江旁边观潮，欣赏钱塘江在月光的照映下波光粼粼的美景。试问：我们所看到的波光粼粼的景象，会不会对潮汐系统本身产生什么结果呢？

　　显然不会。即使没有这些波光粼粼的景象，潮汐还是会发生。这样的一些现象，乃是在一个更大的关于潮汐运作的因果系统里面，以"附带品"的方式出现的。我们就称其为"副现象"。

　　讲到这里，大家或许就明白什么叫"副现象主义"了。套用到心灵因果性问题上，副现象主义指的就是：我们的诸多主观的心理感受与心灵活动，并不具有独立的因果效力——相反，它们是一个更庞大的因果系统（特别是关于人类的神经活动的因果系统）的附带性现象。

那么，为什么有人会提出副现象主义的观点呢？我相信相关的动机是很明显的：只要我们承认这个物质世界在因果上是封闭的——也就是说，任何一个作为结果的物理事件出现之前，都有特定的物理原因导致它发生——我们就不能够承认任何心灵事件本身是具有独立因果效力的。而这就一定会导向副现象主义对于心灵事件的独立因果效力的否认。

但另一方面，大家又有一个直觉，即我们的心灵事件它本身应该还是存在的。比如一只蚊子咬了我，我感到痒了——不管是怎样的神经活动引起了我痒的感受，我的确感到痒了。因此，我们就不得不在宇宙中为心灵事件安排一个位置——但这个位置又不能太惹眼，以免破坏了我们关于世界的因果封闭性假设。

副现象主义是一个可以使得我们兼得鱼与熊掌的好方案。一方面，它承认了心灵事件是存在的；另外一方面，它又使得我们不必去承认这些心灵活动是具有独立因果效力的。

副现象主义理论不符合进化的节俭性原则

很多人都不喜欢副现象主义。很多哲学家都批评说，如果副现象主义是正确的，那么难道我们所有的心灵活动就像钱塘江上那些波光粼粼的景象一样，都是一些无关紧要的事情吗？难道人类生活所有的情感和感受都是不重要的，重要的都是那些神经活动吗？所以，很多哲学家在直观上就不喜欢这种理论。

但我的观点是：不能因为一种理论在直观上让你觉得不爽，你就否定它。这显然不是一个非常有力的论证。

还有一个反对副现象主义的论证，是基于演化论的思想的。我认为这个论证有点意思。

首先，该论证预设演化论的下述观点是对的：我们人类身上的大多数器官之所以存在，都是被自然选择所决定的，以便使得我们适应外部的生存环境。

而我们都知道，人类大脑所消耗的能量在身体当中的比重是相当高的。那么人类的大脑被自然选择所选中，其背后的目的是什么？显然，是因为人类大脑越复杂，它就能产生越复杂的行为，使得我们的人体能够更好地适应环境中的各种挑战。

但是，如果副现象主义是对的，人脑的活动所产生的副现象——也就是我们的主观意识活动——是不起任何独立的因果作用的，而这些"副产品"本身又相当丰富，那么自然选择过程为什么会偏好于携带着如此丰富的"副产品"的人类？如果这些"副产品"一点作用都没有，那么我们又该如何解释进化进程的"节俭性"呢？

看来，唯一的合理的解释就是：副现象主义是错的，副现象主义者所说的"副产品"根本就不是"副产品"——它们的确有独立的因果效用。

如果大家尚且看不明白这个论证的话，我还可以打一个比方。比如，你若发现，某公司的盈利情况不错，便去调查该公司的运作。

调查以后你发现，这个公司养了一帮闲人，一直在打麻将、斗地主，但他们又拿了非常高的薪水。从表面上来看，这帮人就是公司的蛀虫，但非常奇怪的是，公司就是愿意花这么大的价钱养这么几个人。对于者一点，你该怎么解释？

现在你就不能够把这几个人解释为蛀虫了。这家公司愿意花这么大的价钱来养这几个人，可见这几个人可能真是有独门绝技，或者有特殊的社会关系，只不过他们没想让你这个外人知道其中的秘密罢了。

同样的道理，我们的意识活动虽貌似是"副产品"，但是它们也有一些真正的功用，否则，怎么能够解释我们的进化会造就如此大的大脑，而这个大脑又会产生如此丰富的"副产品"呢？

副现象主义的局部合理性及其运用

不过，我仍然认为副现象主义至少具有局部的合理性。它至少指出了：物理学意义上的因果封闭性原则是需要被尊重的。

同时，与前文所讲的斯宾诺莎哲学也类似，这种哲学也非常强调精神和物质之间的联系机制。这个联系机制就是把精神产品看成是物质产品的附属物，即要从物质的角度看精神，而不能倒过来，从精神的角度看物质。因此，这两种学说都已经是某种准唯物主义立场了。

这一思路，在稍加引申后，可以指导我们合理地评价一个个体或者社会组织的伦理水平。

这里所说的"伦理"，可不能被解释为纯精神性的东西。所谓"伦理"，并非是空对空地坐而论道，在相当多的场合下必须要兑现为物质的分配原则。试想：一个公道的人为何被说成是公道的？这就是因为当他在主持物资分配工作的时候，他的分配方案是公道的。脱离了所有的这些物质基础去讨论一个人的德性，其实就是在讨论水中月、镜中花。

从这个角度上来看，也许做一个唯物主义者，要比做一个唯心主义者更不太容易被世人所骗。比较遗憾的是，虽然我们中学里面教的都是唯物主义，但是唯物主义的做事原则，并没有被贯彻到具体的生活中。其中一个最重要的表现就是：我们平时更注重别人说了些什么，而不是注重他做了些什么。

49. 读心术可能存在吗?

前几节主要讲了身心关系问题，也就是我们的物质身体和精神活动之间的关系问题。关于此问题，笛卡尔提出了一种实体二元论的解决方案，马勒伯朗士则提出了一种给予偶因论的修正方案，莱布尼茨则提出了一种基于预定和谐论的修正方案。

然后，我们又在斯宾诺莎那里看到了一种更有趣的修正方案，即把身和心，说成是一个无所不在的巨型实体的两个不同的属性。所以，依据此方案，所有的物质都是精神，而所有的精神都是物质。

斯宾诺莎的理论框架已经有了浓郁的唯物主义风味。有了斯宾诺莎的思想做过渡，我们就可以来谈一谈关于心灵的正统唯物主义理论了。顺便说一句，在学术领域里，为了能够让我们的讨论显得更加高大上一点，我们一般用"物理主义"（physicalism）这个词来取代"唯物主义"（materialism）。

随附性：精神活动对于基底物质活动的依赖

首先要说明一个问题："物理主义"中的"物理"是啥意思？

在哲学领域内，"物理"这个词有一个很宽泛的用法。它不仅是指物理学，也包括各种自然科学，比如说化学、生物学。由此，"物理主义"就是说，自然科学的描述对象构成了我们整个世界的基础，若抛却自然科学所描述的那些事情，别的任何事情都不是真正存在的。

——但我们的精神活动明明是存在的啊？！

物理主义的回应是：我们并没说精神活动不存在，而是说，如果抛却了特定的神经活动的存在，精神活动就是不存在的。换言之，精神活动的存在，是依赖于特定的物质事件而存在的。

这种精神事件对于物质事件的依赖性，有一个专门的术语，叫"随附性"（supervenience）。其意思是：有一些高阶层的属性，乃是依赖于低阶层的属性而存在的——如果低阶层的属性崩塌了，高阶层的属性也就不存在了。

那么，什么叫"高阶层的属性"和"低阶层的属性"？一般而言，所谓"低阶层的属性"就是比较微观的事物所体现出来的属性（如微观物理学所描述的现象），而"高阶层的属性"就是比较宏观的事物所表现出来的属性（如经典牛顿力学所描述的现象）。那么，当我们在讨论身体和心灵之间关系的时候，哪些事情是"高阶层"的，哪些事情是"低阶层"的呢？

这里的高阶层事件即"我看到了一朵花""这花看来好鲜艳"这些能够被主观地意识到的心灵事件；低阶层事件即诸如"光线是如何刺激我的视网膜的""我的视觉皮层是怎么样来处理这些信息的"之类的无法被我主观意识到的神经科学与光学事件。

也就是说，站在随附式物理主义的立场上，所谓的灵魂活动都被看成是高阶层事件，而所谓的神经活动和背后的更深刻的那些物理学活动都是低阶层事件。

随附式物理主义认为，高阶层的事件是无法脱离低阶层的事件而存在的。比如，我现在若要想象房间里有一朵玫瑰花，这种心理活动要发生，就脱离不了我脑子中的千千万万个神经元的正常运作。同样，如果你观察到某种高阶层的性质改变了（譬如，某个健谈的朋友突然变得口吃了），那么，这就意味着：与之相关的某种低阶层的性质已经发生改变了（比如，你的朋友的脑部可能已经发生了某些病变）。

再举个神经科学范围之外的例子。假设有一家公司，过去一直非常进取，不断推出新产品，但是最近几个季度表现有点沉闷，也没有推出什么好的新产品。那么，到底是哪个环节出问题了？

很有可能就是出现了这样的情况：这个公司内部出了什么尚且未知的低阶层层次上的变化（譬如，某项生产原料突然断货了），并由此导致了其高阶层层次上的表现的种种不如意。具体原因你虽然不知道，但这样的思考至少给了你一个调查真实原因的探索方向。

两种随附式物理主义

讲完"随附性"以后，随附式物理主义有两个不同的版本：一个叫"个例的物理主义"；一个叫"类型的物理主义"。

那么，什么叫"个例"（token），什么叫"类型"（type）呢？假设有人在黑板上写了三个"曹操"，这到底是写了一个符号，还是三个呢？就"个例"而言，是三个（因为明明有三个符号）；就"类型"而言，就只有一个（因为三个符号是属于同一个类型的）。

我再来举一个心灵领域内的例子。比如，有人戳了我一下，我喊"疼"——这时，我的疼痛感受到底是个例呢？还是类型呢？答案是：它首先是一个个例，但是，它也体现了"疼痛"这一类感受所从属于的类型。

个例与类型的区分，给随附式物理主义的精密化表述提出了这样的难题：高阶层事件对于低阶层事件的依附关系，究竟是个例之间的依附关系（即某个特定的心灵事件对于某个特定的神经活动之间的关系），还是类型之间的依附关系（即某类心灵事件与某类心灵之间的关系）？

个例物理主义主张：所有的物理事件对于心灵事件的支持作用（换言之，心灵事件对于物理事件的随附性），是在个例的层面上发生的。类型的物理主义主张：心灵事件对于物理事件的随附性，是在类型的层面上发生的。说得通俗一点，个例物理主义主张心灵事件与物理事件之间的配对关系本身也是特殊的；而类型物理主义则认为，我们可以通过"批处理"的方式来处理这两类事件之间的配对关系。

很多搞神经科学的人都比较倾向于类型物理主义，因为科学结论总是要得出一般的结论的。比如，"前额叶皮层的运作与复杂的思虑有关"就是一个科学上有用的结论，而仅仅说什么"曹操在官渡大战之际其前额叶的运作与他打败袁绍的战术思维有关"，就太缺乏科学意义上的普遍性了。

一部分哲学家（如戴维森）则热衷于推广与类型物理主义不同的个例物理主义。根据这种学说，具体的恐惧——我的恐惧、张三的恐惧、李四的恐惧、麦克白的恐惧、我此时的恐惧、我彼时的恐惧，等等——每一次都有可能是与不同的神经事件发生联系。换言之，虽然个例物理主义也承认恐惧是随附在神经事件上的，但是在他们看来，此恐惧与彼恐惧各自所随附的底层物理事件未必是一样的。主张这种学说的学者的理论动机，是想为个体的特殊性留下解释空间。譬如，如果事情真像类型物理主义者所说的那样，袁绍的战术思维与曹操的战术思维都随附于各自的前额叶皮层的运作的话，为何曹操还是比袁绍更有谋略呢？显然是因为曹操的前额叶运作的某些特殊细节不同于袁绍，使得曹孟德能够想出更好的计谋。

读心术可能存在吗？

个例物理主义和类型物理主义的分歧，与我们的日常生活有什么关系？当然是有一定关联的：如果你站队类型物理主义的话，你就会相信读心术是可能的。

啥是"读心术"（brain-reading technology）？就是根据对于你的大脑活动的生理指标（脑电波啊，核磁共振成像啦，诸如此类的数据）来判断出你在想啥。此类技术的哲学基础是类型物理主义，即认为每一类语词与一类大脑活动的样态之间是有对应关系的。

但个例的物理主义却不信这个邪。个例的物理主义觉得，你即使能够监测我的大脑的所有的活动，但特定神经活动和特定心灵活动之间的特定关系是很难被彻底规律化的，所以，可能也就不存在着从大脑活动的类型到心灵活动的类型的一般破译规则。所以，读心术所能够达到的成功将会是非常有限的。

50. 人工智能会感到疼吗?

什么是"多重可实现性"?

上一节我们说了"类型物理主义"和"个例物理主义"这两种物理主义。前面已经说过了,一部分哲学家之所以同情个例物理主义,乃是因为这种立场能方便我们去说明特定人类个体的智力个性。此外,还有一个理由使得一部分哲学家喜欢个例物理主义,即:此立场能够方便我们去说明"多重可实现性"(multiple realizability)这个哲学概念。

"多重可实现性"的含义:一个心灵功能可以以不同的方式,实现于不同类型的物理基质。比如,视觉器官的功能未必要以人类眼睛的构造来实现,它也可以通过某种别的方式——如昆虫的复眼的结构——来实现。这个想法对人工智能的启发很大:因为人工智能的实现载体并非是生物器官而是硅基的人造品,所以,人工智能对于人类智能的一般功能的实现就不能诉诸对于人类神经系统在分子层面上的模拟。唯一的办法,就是将人类智能的一般功能予以抽象描述,并使得其能够同时实现于人类大脑与硅基的人造电路板。乐观的研究者甚至认为，我们可以用这个办法让机器人感到疼——如果我们的确能够找到一种关于"疼"的足够抽象的类型化描述的话。

为何"多重可现实性"论题对类型物理主义构成了麻烦呢？这是因为，根据类型物理主义，心理类型与神经活动类型之间的关系乃是"一对一"的，而根据"多重可现实性"论题，二者之间的关系乃是"一对多"的。这显然就是一个矛盾。

那么，为何"多重可现实性"论题不会对个例物理主义构成麻烦呢？这是因为，个例物理主义其实是一种断言力很弱的立场——换言之，无论心理类型与神经活动类型之间的关系是"一对一"还是"一对多"，单个的、特殊的心灵事件肯定是随附在单个的、特殊的物理事件之上的。这也就向我们揭示了哲学讨论中的一个诀窍：凡是断言内容更少的论题，出错的机会也就越少。大家只要想想领导说话为何总是那么模棱两可，就懂了。

对于"多重可实现性"的深入反思

在哲学中，几乎没有一个论题会没有对手。"多重可实现性"论题也不例外。有两个思想实验可用于进一步考察之。其中第一个思想实验对此论题不利，第二个则略为有利。

孪生地球之水非水？火星人之疼非疼？

关于"孪生地球之水"的思想实验，来自哲学家普特南，其内容是：我们可以设想有另外一个地球，叫"孪生地球"。孪生地球上有一种"水"：它只是看上去像是水，喝起来像是水，但实际上这个"水"

的真实的化学结构不是 H_2O，而是另外的一种东西——我们不妨叫它"XYZ"。

那么，这个 XYZ 是不是水？不少人的直观感受就是：显然不是，因为我们判断"水"之为水的标准就是它的化学构成。

这也就是说，我们不能以某事物的宏观性质——如无臭、无味等——来判断这到底是不是水。关于该事物的微观结构的知识，在此才是王道。这一判断也就等于否定了"多重可实现性"论题的合理性，因为按照此论题，"水"的宏观性质应当是能够实现于不同的微观结构的。

关于"火星人之疼"的思想实验，来自哲学家大卫·刘易斯。他设想，火星人的身体与我们地球人不同：这些人身上有很多水管，内藏压力阀，并在某种压力状态下，会导致火星人阀调节到某种状态以后，他们就哇哇乱叫，就好像地球人疼的样子——但是要注意的是，他们并没有人类的那种神经系统。

那么，当火星人哇哇乱叫的时候，他们是否真疼了呢？如果你认为答案是肯定的话，那么，你就等于承诺了："疼"这样一个心理感受是可以同时实现于两种物理机制——一种物理机制是我们地球上的神经机制，另外一种则是火星人身体内的水管阀门所代表的那种压力感应机制。

这里就冒出了一个问题：为何我们的直觉，会在孪生地球的水的例子里倾向于反"对多重可实现性"论题，又在火星人的例子中倾向于赞成该论题呢？

这二者之间的不对称性，可以通过下述方式来得到说明："水"这个概念，虽然也是一个日常的概念，但是对于它的日常利用价值的兑现，将高度依赖于其微观结构——比如，真水是可以用来溶解食盐的，而伪水则否（你在炒菜的时候就会发现这一点）。所以，我们更倾向于在判断何为真水时诉诸科学标准所揭示的水的微观结构。与之相比，"疼痛"概念在日常生活中的使用，则很少有机会被兑现为对于其微观结构的考察（没有一个医生在听患者说自己疼的时候，就叫其做一个核磁共振成像，以检验其言之真伪。看过病的都知道，核磁共振检测不是轻易做的）。所以，我们是能够容忍对于"疼痛"的描述的某种抽象性的，并因此忽略地球人的疼与火星人的疼之间在物理实现机制上的差异。同样的推理，也可以被外推到别的心灵状态上去，如"痒""饿""怀疑""相信"，等等。

需要指出的是，本节关于"火星人的疼"这个话题的讨论，这里仅仅是一道开胃菜。我会在本书第 94 节中继续讨论相关的话题。

"多重可实现性"论题的运用

讨论"多重可实现性论题"的明显用处，便是能够便利于我们思考未来的人工智能体的"心理状态"该被如何设计出来。

前文已经提及，人工智能体的底层物理活动肯定和我们是不一样的：我们是碳基生命，它们则是硅基人工体。那么，如何在硅基人工体的基础上，开发出特定的"智能程序"，让由此被造就的机器人有欲望、有疼痛呢？这显然是一个脑洞很大的问题。为了回答该问题，我们就不得不进行物理主义另外的两个重要分支：行为主义以及功能主义。

51. 捐钱越多，就越有爱心

行为主义与功能主义是两个与特定经验科学更有关联的物理主义变种。现在先来看行为主义。

行为主义：人类心智是个黑箱

行为主义的意思是：你如果要了解一个人的心理活动，最重要的事情，就是要建立起在其"输入"（即心理学主体遭遇的外部刺激）和"输出"（即该主体的行为输出）之间的映射关系，而并不需要关心在这两端之间的"黑箱"（在此，指该主体的脑袋）里面到底发生了什么。这个想法也可以说成是"心智黑箱主义"。

要理解该立场的蕴意，我们先要了解 19 世纪心理学的发展。

心理学起初并不是一个独立的学科，而是哲学的一个分支。到 19 世纪中下半叶，一些重要的心理学家，比如德国的威廉·冯特，觉得心理学应当要与哲学分道扬镳。而且，心理学要变得像自然科学一样，要用上可测量的方法来描述其理论发现。

但主观的精神活动是很难被测量的，而且当时的科学技术也不允许科学家去测量大脑内部的活动。科学家唯一能够做到的，就是观测其行为，也就是他们身体的运作方式。最可行的方法是：给心理主体一个刺激，然后看看其身体反应是什么；或者问其一个问题，看看其回答是什么。这就是行为主义思想的实验心理学起源。

欧洲人发明的实验心理学的方法，因为战争的原因而被传到了美国。在"一战"的时候，美国要急速动员起上百万士兵到欧洲参战，那就引发了一个问题：征兵站怎么按照新被征召的士兵的智商，对其进行军种与兵种的分类？当时就有些心理学家为军方设计出了相关的心理学测验量表，以便军方测出应征者的智商，合理分配人力资源。由于上百万人都做过这量表，实验心理学研究的方法就在整个北美家喻户晓了。在今天美国的企业管理与行政管理的很多环节中，都已经渗透了心理学的知识。

行为主义的哲学运用：只关注"输入"与"输出"

导源于实验心理学的行为主义思想，也会通过各种渠道传播到哲学界。这就催生了哲学行为主义。

关于哲学行为主义，我来举一个例子进行说明：若有一个哲学家试图描述某人相信天要下雨这件事，他就不会直接地说"张三相信天要下雨了"。因为按照行为主义的理论，"相信"这个心理活动是心智黑箱里面发生的事，是不能提的，我们能提的，仅仅是输入—输出关系。譬如，你可以说：张三睁大眼睛看着外面的朵朵乌云，之后他迅速地把所有的门窗全部关好，又迅速地跑到外面去，把他的爱车盖上帆布，等等。在行为主义者看来，只要你描述了上述这些行为，就等于说明张三相信天要下雨了。

那些反对行为主义的哲学家则反驳说：刚才所给出的这种行为主义翻译模式，和"张三相信天要下雨"这样的心理活动之间还是有一些差距的，因为这一翻译似乎遗留了一些重要的信息，譬如"张三不想被雨淋湿，也不想看到他的财产被雨淋湿"，等等（倘若张三自己主观上想被雨淋，他即使相信天快下雨了，也未必会关窗）。当然，面对这一反驳，行为主义学派的哲学家还会提出更细密的翻译方案，以便把论敌所指出的窟窿一一堵上。他们会说：只要加上足够长的时间来观察张三的行为，我们还是有把握通过其行为来全面翻译其内部意图的。如果只切一个他的生活片段，对于该行为，显然就可以做多重解释，并使得排他性的行为主义翻译变得困难。

——然而，对于被观察对象多长的观察时间才是足够长的呢？更麻烦的是，即使不谈这个问题，这样的行为主义翻译，难道不需要预设翻译者自身的内部心灵活动的存在吗（翻译活动本身就是一种心灵活动）？行为主义的麻烦还真是不少呢。

行为主义与人工智能

尽管行为主义的思想并非没有瑕疵，其社会影响力却是很大的。它不但经由心理学而影响了哲学，而且也影响了人工智能。1950 年，人工智能之父艾伦·图灵发表了一篇文章，题目叫《计算机器与智能》。他在文章里指出，人工智能研究的目标显然是让机器实现智能。但何为"智能"呢？要获得关于"智能"这个概念的完美定义显然是非常困难的，因此，图灵就建议我们仅仅从行为主义的角度来判断一台机器是否具有智能。具体而言，这一行为主义的标准，就是看被检测的机器是否能够通过"图灵测验"。

什么叫"图灵测验"呢？就是让一个人类考官同时与被检测的机器与另外一个被检测者（也是人类）进行语言交流（且彼此不能见面）。这个人类考官的任务是：判断出和他交流的对象，究竟哪个是机器，哪个是人。如果这个被检测的程序或机器足够强大，它就能够使人类考官误认为它是个人，这样的话，那台机器就通过了图灵测验。

很显然，如果一位人工智能的专家，仅仅把自己的精力放在如何让自己设计的程序通过"图灵测验"这个目标上，那么，他所遵循的哲学原则便是行为主义。在设计该程序的过程中，他只需要关心怎么搞定输入和输出之间的关系——至于这里面到底发生了什么，就任凭设计者自主发挥了。在这个问题上，人工智能专家并不需要特别关心人类心智自身是如何运作的。

行为主义模型虽然粗糙，但胜在简洁

在现代生活的很多环节里，我们都是根据一个个体的行为来判断其心理的。譬如，在西方的政治选举中，你怎么判断选民对于相关政治家的喜爱程度呢？就是看其给相关政治家或者政党的捐款数额：捐款数目越大，那么，这就说明选民对被捐款对象的喜爱程度越高。

不过，这种测算方法也可能是有问题的。或许，对一个穷人来说，愿意出 50 美元进行政治捐款就很不容易了，但对一个富人来说，就是一口气拿出 500 美元，也不算什么。那么，你怎么就能说出钱多的人，对于政治捐款这事就更认真呢？我们显然还需要对更多的变量进行检测。

但是，基于行为的简单特征而做的简单测算，至少有"简洁方便"的优点。涉及众多人口的社会调查往往成本巨大，这就使得这些简单粗暴的行为分析很可能会被偏好。

然而，简洁的处理方法，是不是就一定能导出真理？这可是一个巨大的疑问。毕竟我们不能因为自己想偷懒，就说世界便是我们以懒洋洋的姿势而看到的那个样子。世界自身，究竟又该是个什么样子呢？

看来，行为主义并不是一种令人完全安心的哲学立场。我们不妨来看看与之不同的功能主义立场是怎样的。

52. 人工智能将会取代人类？

何为"功能主义"？

"功能主义"的意思是：我们人类的心理活动，归根结底便是一系列功能相互嵌套而成的一个功能整体。

那么，我们平常所说的"功能"是什么意思？让我们先想想肾的功能吧！肾的功能就是过滤血，使血里面的杂质能够得到更好的清除。而心脏的功能又是什么呢？心脏就是个血泵，把新鲜的血输送到人体的各个组成部分。

那么我们平常所说的这些功能，又具有哪些更抽象的特征呢？

第一个特征：它有目的性，即具有"为了……"（如"为了过滤血液"）的结构。

第二个特征：它有整体性，也就是说，一个功能要起作用，其功能架构下的各个子部分就需要彼此之间协调（比如，心脏内部的诸心室、心房之间的协调运作）——同时，该功能组件和其他组件之间也需要相互协调（譬如，心脏与肾脏之间的相互协调）。

功能的第三个特征是：多重可实现性，也就是说，你可以用其他材料把功能组件里的原来的材料给替换掉，来执行同样的功能（比如人造肾脏对于原有肾脏的替换）。

"功能"的上述多重含义，就使得"功能"这个词被很多人所喜欢。不光是在哲学的领域，在其他的领域内，也有自己的"功能主义"版本。

比如，在建筑学里有一个流派，叫"功能主义学派"。其核心思想是：造建筑时，设计师要根据建筑的最终目的指向来进行设计，而不要太纠结于装潢的问题，因为装潢与建筑所要实现的功能是没有什么本质性的关联的。

而在心灵领域内的"功能主义"，到底是什么意思呢？正如前面所说的，其大意就是：人类的心灵在本质上就是大量功能组件所构成的复合体。

这种学说之所以被提出来，则是为了克服前文所提及的行为主义理论的一些缺点。具体而言，从功能主义的立场上看，行为主义对于人类心灵本质的看法实在太粗糙了，"心智黑箱"这样的提法也实在太不负责了。毋宁说，这个"黑箱"是可以被打开的：我们可以在里面看到一个像钟表一样精密的结构，里面还有各式各样的齿轮，每个齿轮都在执行它自己的功能。

所以，要构建一个好的心智理论，就要把心智机器内部的这些复杂的结构画成一张非常详细的图表，或者一张流程图。如果做不到这一点的话，这个心智理论就是不够格的。

功能主义的运用：成为多模块的执行者

如果我们把功能主义的思想用到日常生活中去，又会得到一些怎样的结论呢？

大家会发现，如果把我们所处的一个社会团体——比如说一家公司或者学校的某一个院系——比作一个小型的心智机器的话，其中每一个具体的员工（或者是一个具体的教师、学生等等），其所扮演的，可能就是所在模块所规定给他的角色。而一个社会的亚单元的顺畅运作，就需要构成亚单元的这些模块彼此之间的协调运作。

不过，让社会组织的个体成员多少感到有点失望的是，基于所谓的"多重可实现性"论题，这些个体成员本身很可能是可被替换的。换言之，这一功能角色不仅可以由你来执行，也可以由另外一个人执行，地球离了谁，照样会转。

但这样的一种观点是不是就一定正确呢？我们经常在职场剧里面看到这样的桥段，就是某家公司的一个很重要的骨干（比如某个销售冠军）突然被别人挖走了，这对原来的公司可是灭顶之灾。这时候你用功能主义的观点来解释就很难说通了：明明有些功能的"实现者"是不能替换的。

但聪明的功能主义者可不怕这个反驳。他们会说：上面所说的这个销售冠军本身同时执行了九个（而不仅仅是一个）模块的功能。这就可以解释了：为什么这个销售冠军走了以后，会对这个公司造成那么大的冲击。

按照上面的思路，一个领导在评估他属下的员工的才能的时候，不妨就想想：这个员工到底是某一个特定模块的实现者？还是实现了好几种模块，以至于对于他的替换会造成公司的一些不可挽回的损失？我觉得这些问题是每一个管理者都需要想清楚的。

53. 人工智能不可能真正拥有心智

前文我们已经介绍了功能主义。其核心思想是：心智的本质就在于一系列的抽象的功能，而这些抽象的功能可以多重地实现于不同的物理机制。

功能主义又有一个科技味更浓的版本，即"机器功能主义"。机器功能主义的核心思想就是：人类的心智归根结底就是一台"万能图灵机"（指一种可以运算任何合法的运算式的抽象计算模型）。如果把人类的不同心理状态处理成不同的机器内部状态，并且规定在不同的内部状态中，机器能够给出不同的行为，实际上我们就已经把人类的心理活动加以程序化了。只要这个程序足够复杂精妙，我们就可以模拟各式各样的心智活动——比如说希望、欲望、厌恶，等等。

机器功能主义与人工智能有着非常明显的亲缘关系。而本节所要呈现的对于机器功能主义的批评，就与人工智能密切相关。

中文屋论证：强人工智能是不存在的

美国哲学家约翰·塞尔提出了一个对于机器功能主义的批评，即"中文屋论证"。该论证是要证明，即使人工智能强大到现在的科学技术所难以企及的程度，这样的机器仍然不具备人类智能活动的一个重要方面，即理解语词的意义。换言之，"强人工智能论题"是不成立的。

什么叫"强人工智能论题"？其意思是说，我们迟早能够将人工智能的技术发展到这样的一个阶段，即它不仅貌似具有人类的智能，而实际上是真的具有智能的。

而与该论题相对应的论题则是"弱人工智能"。其含义是：无论人工智能的技术发展到什么地步，它也仅仅只能模拟人类的智能，它归根结底仍然不具有真正的心智的。

约翰·塞尔就认为，弱人工智能是可以实现的，强人工智能是不可能实现的。为了说明这一点，他给出了一个思想实验。

这个思想实验就是说，假设有一个人——姑且就假设这个人就是约翰·塞尔本人吧——他被关在一个房间里面，要与屋外的人笔谈。屋外的人看不到屋里的人，屋里的人看不到屋外的人，他们仅仅能够传递字条。谈话的目的是，屋外的人要确定屋里的人是否懂中文，屋里的人则要欺骗屋外的人，让他误以为自己懂中文。但真相是：屋内的人是根本不懂中文的。

假设现在屋外的人向屋内人递了一张纸条，上写"今天天气怎么样？"。约翰·塞尔一看，这几个汉字没一个认识的，那怎么办呢？

塞尔所在的这个房间，我们称之为"中文屋"。中文屋里面有一个超级字库，里面有所有的汉字。还有一部"规则书"，规则书里面的规则都是这样的格式："如果你看到屋外的人向你递纸条，上面有294号汉字加上56号汉字加3号汉字，你就扔出字库里面的89号汉字加54号汉字"。

约翰·塞尔就按照这个规则书的要求，给出了一个句子，扔给外面的人。外面人一看，回答的句子是：

"今天天气不错。对了，您吃过了吗？"

屋外人没看出破绽，就与屋内人继续对话了50分钟，最后给出结论：里面的人真的懂中文。

讲到这一步，约翰·塞尔就问了，外面的人觉得我懂中文了，但是我觉得自己懂中文吗？我可不懂中文哦，我做的事情只是搬运符号罢了。而一台计算机在处理各式各样的信息的时候，其工作的实质，与我约翰·塞尔在所谓的中文屋里面所做的工作，又有什么不一样呢？就像进入中文屋中的我不懂中文一样，计算机的CPU也不可能懂任何一种人类语言——而懂人类语言的意义是具有智能的一个必要条件。既然这个必要条件无法被满足，由此就可反推出：任何一台计算机，无论它多么强大，在原则上，它是不可能懂人类语言的意义的，因此，也是不具有真智能的。故此，强人工智能是不可能实现的。

那么约翰·塞尔的论证，到底是成立的还是不成立的呢？

对于中文屋论证的三个反驳

我本人对于中文屋有三个反驳。第一个反驳是：中文屋内的规则书本身是可能写出来的吗？

让我们复习一下：这里所说的"规则书"，就是这样的一个规则集合：该集合穷尽了所有可能的汉语表达式的输入与输出之间的关系。

但是，任何人只要用他的常识想一想，就会发现：汉语表达式的数量是无穷多的，因此，如果将这些表达式作为输入的话，与这些输入所对应的输出也是无穷多的，而在输入与输出之间的映射规则也是无穷多的。这样一来，用以囊括这些映射规则的规则书，又怎么可能写得出来呢？别忘记了，不管计算机的程序代码有多长，无限长的代码是不可能被写出来的。

还有一个反驳是：约翰·塞尔预设他自己能够看规则书。但这规则书本身是用啥语言写的呢。

因为约翰·塞尔是以英文为母语的，那显然这个规则书要用英文写。这就冒出了一个问题，约翰·塞尔在看英文的这个规则书的时候，规则书本身的英文他是怎么理解的？

这就说明他至少是懂一种母语的，而且是在这种母语所提供的思想平台上表达出"我不懂汉语"这层意思的。然而，在真正的计算机系统里面，如果我们说有任何一个计算机部件是懂任何一种真正的自然语言的，恐怕会很牵强。

这也就是说，约翰·塞尔说的这个例子未必是和计算机真正相关的。所以，他对于中文屋的攻击，未必能够真正攻击到人工智能。

约翰·塞尔的中文屋思想实验还有一个问题：该论证包含了一个错误的预设，即：未来的人工智能肯定是按照行为主义的方式来运作的，因为只有站在行为主义的立场上看，理解语言的信息处理过程，才需要被简化为在特定的输入集与输出集之间建立起映射关系的过程（而所谓"规则书"的说法，就是这套行为主义说辞的具体化）。但为何未来的人工智能专家需要接受这套行为主义说辞呢？为何他们不能按照功能主义的观点，更为精细地刻画人类心智处理语言信息的过程呢？很显然，在这个节骨眼上，约翰·塞尔犯下了"稻草人谬误"。

也就是说，他本来要攻击的是机器功能主义，但是他在描述机器功能主义的时候，却把自己的对手描写成了行为主义的模样。所以，他就像是攻击风车的堂吉诃德一样，是对着错误的目标浪费火力。

看来，塞尔对于机器功能主义的攻击，并不成功。说到我个人对于机器功能主义的观点，我是支持强人工智能论题的。换言之，我认为，有朝一日我们是能够制造出真正具有心智的机器人的。

相信这一点，并不是说我有一个正面的论证，能够一步步地告诉大家机器功能主义为什么对。我只能通过这个类比论证来表述我的观点：如果有外星人的话，那么外星人的智慧的物理实现机制，大概率上会与地球人不同。但这似乎也不妨碍我们承认他们具有真正的智慧。同理，我们又为何要因为人工智能的物理实现方式与人类不同，而先天地阻断其具有真正的智能的可能性呢？

54. 就算重建了大脑数字模型，又能怎样？

约翰·塞尔并不是唯一一个对功能主义提出批评的哲学家。另外一个则是美国哲学家内德·布洛克于 1978 年所提出的一个论证，"中国人口论证"。

两种反驳论证的同与异

布洛克的中国人口论证也是用来攻击对于心灵的功能主义描述的，它和约翰·塞尔的中文屋论证之间有什么差别呢？

在约翰·塞尔的中文屋论证里，是有一部规则书的。在这部规则书的帮助下，屋中的约翰·塞尔在收到一些来自屋外的输入的时候，便知道自己应当递送出怎样的输出了。与这种场景所对应的人工智能，也就是"基于符号规则的人工智能"。

但是，这并非是做人工智能的唯一方式，也不是实现机器功能主义的唯一方式。机器功能主义也可以不从规则入手，而从对于人类大脑的一些更底层的神经活动的模拟入手。

我们都知道，我们的大脑是由大量神经元所组成的。至于神经元的数量，有些文献说是 860 亿个，也有些文献认为数量更多。每一个神经元，均是由树突、轴突、髓鞘和细胞核等要素构成的。站在计算机的立场上看，每一个小小的神经元都是一台袖珍计算机，而 860 亿个神经元则被连接成了一台超级计算机。

而作为一台袖珍计算机的单个神经元，又是怎么运作的呢？其"输入设备"就是树突，以便从其他的神经元接收信号。其"输出设备"就是轴突，以便将神经细胞内部所处理的信息的结果，以生物电的形式，传给其他的神经元。而别的神经元得到这个神经元发出的电信号之后，再与同时从其他神经元那里得到的电信号进行汇总，进行综合处理，以决定是不是要将自己的处理结果再以电信号的形式发送出去。

下面就用一个更形象的例子来说明上述信息传递过程。

假设幼儿园里有很多小朋友，每个人都扮演一个神经元。现在小朋友们领受了任务：投票选出谁是爱卫生的小标兵。

有人提名选小芳了，但是一些小朋友喊支持小芳，另外一些小朋友发言说小芳其实也不是那么爱卫生。这时假设你也在这群小朋友里面。你此刻已大概听到了十份关于小芳是否能够当选的意见。听到这些意见以后，你可以决定站起来，给出一个你心目中认为正确的答案。但很有可能你什么答案也没有给出，这可能是因为这件事对你的刺激不够大，或者是因为支持小芳与反对小芳的声浪势均力敌，让你难以取舍，等等。

不过，只要你也站起来说支持或者反对小芳，你的声音也就会被被人听到，并多少影响到他的决策。最后，集体的最后决策，便体现为这个社交网络的每个个体相互影响后的总的结果。

既然人类可以在宏观层面上模拟神经元网络的运作，那么，人工智能就没有理由不在集成电路的基础上模拟之。这就引出了人工智能研究中的一个重要流派：人工神经元网络。

需要注意的是，人工神经元网络技术仅仅是着力于对人类神经元网络结构进行某种简化的数学建模。这种建模会忽略人脑运作中的一些生化事件，譬如多巴胺与乙酰胆碱的分泌所扮演的角色。具体而言，在这样的一种简化的数学建模结构中，每一个计算单元（即人工神经元）都会从别的计算单元里面获取信息，进行综合信息处理后，再决定自身应该不应该把这个信息传送到下面一个单元里面去。通过这些计算单元之间复杂的联系所构成的网络，整体的计算框架就能够局部模拟人脑的结构。而人类程序员则通过向这个框架喂入训练材料，训练其按照特定的方式给出人类所期望的输出，由此使得其行为具有某些人类智能的特征。

顺便说一句，时下如火如荼的"深度学习"技术，无非就是上面所说的人工神经元网络技术的一种进阶版，其差别仅仅在于该网络结构的中间单元层的层次比较多而已。因此，"深度学习"绝非是"能够深度地进行学习的人工智能"的意思。

另外，即使是深度学习的人工神经元网络，对于真实大脑的模拟仍然是非常片面的，它仍然严重低估了真实的生物脑的复杂性。所以，就有科学家要提出进行"类脑人工智能"的研究。

所谓"类脑人工智能"的终极理想，就是根据大脑真实的生物学结构和神经回路，全面系统地在人工智能的层面上重构出一个电子脑。

在科学界实现此宏图大业之前，好莱坞已经先走一步了。在电影《阿凡达》里面，科学家已经完成了对于海军陆战队队员杰克的大脑的重建。换言之，电影里的黑科技已经能够把人类大脑的 860 亿个神经元之间的复杂权重和其他相关的参数，全部由一个超级数学模型体现出来。真是太酷了。

未来的科学是不是能够实现科幻电影向我们预报的东西，现在暂且不论。我们关心的是哲学问题。哲学家内德·布洛克指出，就算上面说的这些酷炫的事情，科学家都能够做到，这样的人工智能产品依然是不具有真正的智能的。

中国人口论证：强人工智能是不存在的

内德·布洛克是怎么样论证的？和约翰·塞尔一样，他也给出了一个思想实验。

这个思想实验是这样的：他设想有10亿个中国人——注意：在他最早提出该论证的时候，中国人口也就那么多——集体来扮演人类大脑中所有的神经元的角色（当然，这个思路在数学上是有问题的，因为人类的神经元至少有860亿个，不但全体中国人没有办法扮演所有的神经元，全体地球人都不行。但是我们在这里暂时不去纠结这个细节问题）。

但我们的10亿群演大军，又到底该怎么扮演神经元呢？他们当然无法在生物—化学层面上模拟神经元的运作，而只是在功能上模拟这种运作。也就是说，这10亿个群众演员可以通过彼此发手机信号的方式来使得彼此知道下一步应当做什么。而整个容纳群演的体育场（顺便说一句，我个人很难设想该体育场该有多大）的上方则有一个超级信号牌，向某一个特定组的群演发布实时指令。

假设在某刻，信号牌上就出现了这样的字样：所有来自湖南省的群众演员，现在你们做的事情，就是用自己的手机打下面的号码：

888888。这些湖南的群演就依言做了，但他们也不知道这号码什么意思。然后，所有来自上海的群众演员手机都响了，这又是什么情况？然后他们抬头，便看到信号牌上出现了个新指示：所有上海的群众演员，若听到你们的电话铃响了，全部不要理，因为这是骚扰电话。

每个人都不知道他们在干什么——这就好比说，当人脑在执行一个复杂的认知任务的时候，每个神经元都不知道它在干什么。但是非常奇怪的是，在一个很宏观的立场上，这 10 亿个群众演员的确似乎在执行某项认知任务，比如：回忆自己的初恋情人，或是解一道三角函数题。

那么，内德·布洛克做的这个思想实验的动机是什么？他的思路是：倘若机器功能主义是对的，那么我就能够找 10 亿个群众演员来扮演人类大脑的整个功能。然而，即使 10 亿个群众演员的表演都非常认真，毫无差错，这样的一个"大脑"，是不是具有整体意义上的那种主观的意识呢？它是不是有感觉呢？

内德·布洛克认为，答案显然是否定的，因为在这个超级体育场里，你能够看到的，都只是一些机械的运作罢了，而不会寻找到任何大尺度内涌现的感觉或者意识。然而，拥有主观意识，却是智能体之为智能体的一项很关键的指标。譬如，即使是电脑"深蓝"打败了俄罗斯的国际象棋高手卡斯帕罗夫，我们也不会认为"深蓝"真正具有智能，因为它缺乏对于胜利的喜悦感——而这显然是意识的一种。同样的道理，10 亿个群众演员玩来玩去，到最后也无法模拟出人脑的宏观感受。如果说关于中国群演的思想实验已经穷尽了人工智能的类脑方向的研究所能够达到的极限的话，那么上述的讨论似乎已经足以引出这样的结论了：人工智能无法将人类智慧的方方面面都加以模拟——所以，强人工智能是不成立的。

——那么，布洛克的这个论证对不对呢？

我认为，他的这个论证是有点问题的。他的思路是：因为我无法设想执行某些复杂程序的全体中国群演体现出了宏观意义上的意识，所以，执行了某些复杂程度的全体中国群演就真的缺乏了宏观意义上的意识。但问题是：为何布洛克无法设想的事情，就不能发生呢？你若去观察真实人脑的微观运作，难道就能够从这些草蛇灰线中看出人脑具有宏观意识的迹象吗？如果不能看出的话，为何我们又不能下结论说，就算是真实的人脑也没有宏观的意识呢？很显然，除非玩弄双重标准，否则布洛克是无法给出一个标准，让我们既能够拒斥中国群演的整体意识，又去肯定人脑的整体意识。

想要对人类心智进行建模，要做减法

在此，我想聊几句关于类脑人工智能的私见。

从哲学上讲，我认为这条思路是走得通的。但我依然对这条思路忧心忡忡。我的忧虑是科学层面上的。我已经说过了，大脑是由至少860亿个神经元构成的。由此牵涉到的数据结构实在是太复杂了，而且，你真的不知道其中哪些结构对于智能的实现来说是重要的，哪些是不重要的。而凭借现有的科技，人类要把这么复杂的人类大脑进行全面的数学建模，工作量也实在是太惊人了。

我认为，要对生物脑进行数据建模，我们必须要做减法，找到核心的结构加以建模，而不能事无巨细，全面建模。

怎么做减法？可能有两个方法。其一是请认知心理学帮忙，在心理学理论的指导下缩小理论聚焦点，寻找相关的脑科学素材，然后进行计算机建模。

另外的一个路径就是：不要老盯着我们人类的大脑，也可以去研究一些比较简单的物种的大脑——甚至是像苍蝇的大脑、果蝇的大脑、蜜蜂的大脑，等等。这样的研究将比较容易操作，因为它们的大脑的神经元数量相对有限。但别看这些脑子的神经元数量少，却也是"麻雀虽小，五脏俱全"，足以维持相关物种的基本信息处理的需要。不难想见，相关的研究结果，对于无人机等设备的研发，也能产生立竿见影的促进作用。

55. 变为一只蝙蝠会是什么感觉？

　　试图给物理主义的心灵观制造麻烦的，不仅仅有塞尔与布洛克，还有托马斯·内格尔。

　　不过，内格尔的思路却很新奇。他的出发点不是对于人工智能与机器功能主义的联盟的批判——他的出发点是对于动物的感受的尊重。而他最中意的物种，竟然是丑陋的蝙蝠。

变为一只蝙蝠会是什么感觉？

　　众所周知，世界上有很多物种——比如像海豚和蝙蝠——有很强的回声定位系统。

　　这些动物能够通过口腔或者鼻腔，把从自己喉部所产生的超声波发射出去。这些超声波遇到了障碍物以后就会弹回来，这样一来，这些动物的大脑就可以根据这些折回的声音的特征来对自身进行定位。从某种意义上说，这些物种已经拥有了生物学意义上的雷达。

基于上述生物学知识，托马斯·内格尔就问了大家这样一个问题：诸位是不是能够通过了解蝙蝠的定位系统运作的道理（以及其他的一切关于蝙蝠的生理学知识），来设想自己如果是一只蝙蝠的话，你的主观感受会是个什么样子呢？

　　现在就让我们根据内格尔的要求，来自行脑补一下：现在请你把眼睛闭起来，然后设想嘴巴里发出一种超声波，然后你的耳朵真的能够听到这些超声波，使得你的大脑能够根据这些超声波所获得的信息来感受这个世界。

　　但是，这个通过声音加以勾勒的世界到底是什么样的呢？对于这个世界，好像我们只能够做出一些语言层面上的描述，而不能够真正地体验到。其实道理非常简单，因为我们不是蝙蝠，而只有蝙蝠自己才知道它自己的感受是什么样的。这就是内格尔要向我们说明的。

　　这个论证最后要告诉我们一个什么样的道理？概而言之，科学家对于蝙蝠各式各样的生存状态的研究，都是站在第三人称角度上进行的。第三人称视角的最大特点就是，由此做出的科学描述里面没有"我"，你只能写："蝙蝠是这样的""蝙蝠是那样的"——而不能写"我就是蝙蝠，我觉得事情是这样的，或是那样的"。所以，从科学知识中，我们找不到主观性——而脱离了主观性，我们就无法说明智能的一个重要方面：意识。换言之，既然物理科学的资源没有办法说清楚蝙蝠和海豚通过回声定位而确定的主观意识其本质到底是什么，因此我们也就可以断定，物理主义对于整个世界的还原是失败的。

内格尔可能是在乱抬杠

　　不少动物心理学家都不喜欢内格尔的论证。他们认为内格尔夸张了动物的感受和人类的感受之间的差别。实际上，由于动物与我们人类之间基因上的关联，人类的感受与动物的感受之间也应当是有某种类似性的。另外，动物保护主义者也不会太喜欢内格尔的论证。譬如，在动物保护主义的脉络中，你只有说动物和人类的感受是比较像的，你才有资格去说我们得在乎动物的疼痛——所以，我们才要用无痛的方法宰杀牲畜。

对于内格尔的论证，还有一项指向性更明确的批评：关于回声定位系统可能带来的主观感受到底是什么，我们恐怕并非是一无所知。

比如，潜水艇上的声呐就是人工的回声定位系统。机器本身会把人类听不到的那些频率的声音转成人耳听得到的频率的声音，或者干脆就把它转成视觉图像，让潜艇上的声呐操作员（他们当然是人类！）获得与之相关的一些主观感受。难道这不就等于让人类感受到了蝙蝠所感受到的世界了吗？

内格尔的支持者则或许会反驳说：上面这个做法不算，因为这只是将人类的感官没法直接获得的感觉材料转换为了人类的感官所能获取的感觉材料。但这一转换机制本身的可靠性却是非常可疑的——因为其运作至多只能保证人类的感官能够处理这些感觉材料，而无法保证人类的感官所获取的感觉材料与蝙蝠是一样的！这就好比说，有人把托尔斯泰的《战争与和平》翻译为汉语，仅仅是为了方便不懂俄语的中国人能够看懂这篇小说，但绝不保证中国读者在阅读时所获取的心理感受与俄国读者的阅读体验是完全一样的！

而在笔者看来，内格尔的支持者们提出的这个反驳实在是有点抬杠，因为按照此思路，任何两个人的主观的感受都会有所不同（因为张三的汉语词汇量比李四大啊！心灵世界更细腻啊）。甚而言之，同样是被蚊子咬一下，有些人就觉得很痒，有些人就会觉得不那么痒（因为李四就是比张三更皮糙肉厚啊）。

所以，如果有人认为人类无法通过人造设备来原汁原味地模拟蝙蝠的主观感受的话，我就要说：其实，即使在人类之间，两个人之间也是没办法获得对方的那种原汁原味的感受的。这样的话，内格尔的论证，最后就不仅仅会导致人和某些动物之间的意识的不可通达性，甚至会导致人和人之间的意识的不可通达性。

然而，这个理论代价实在是太大了——为了说明人兽之别，结果将人与人的差别也拉大了。所以，很可能内格尔的整个反物理主义论证的出发点就错了。

动物保护，没毛病

本节的话题，实际上也是和我们的日常生活联系在一起的：我相信很多读者都有养动物的经验，但是我们也看到了，社会中依然存在着那些虐狗、虐猫的行为。这里面就有一个很有意思的问题：我们为什么不能虐狗、虐猫？

其背后的哲学道理很多，其中的一条道理就是，狗和猫对于疼痛的感受，与人类对于疼痛的感受大致上是相近的，如果虐狗、虐猫可以被允许的话，我们就可以去虐待婴儿、虐待别的人等等。既然后者是不能够被允许的，那么前者也应当不被允许，这就是我们反对虐狗、虐猫行为的哲学论证。

56. 分不清红绿灯，也能开车？

很多人都喜欢从颜色问题出发，来对物理主义进行挑战。其背后的道理恐怕也不难想见：颜色是个非常感性的、充满温度的主观意识领域，而物理主义给人的感觉却是冷冰冰的，不近人情的。仅仅从物理主义出发，来说明一个充满感情丰富性的主观现象领域，貌似的确很难。

从颜色领域挑战物理主义的第一个挑战，就是色谱颠倒论证。

你的朋友可能是个色谱颠倒患者

色谱颠倒案例大致是这样的：假设你和朋友一起出行，他坐在驾驶座上，你坐在副驾驶的位置上，然后朋友就开始开车了。到了一个红绿灯的路口，红灯亮了，他便把车停下来；而每当看到绿灯亮了，他又把车重新启动了。发生的所有事情都极为正常。但哲学家就喜欢这时候无事起风波——他会说：你的这个朋友实际上是个色谱颠倒患者。

什么是"色谱颠倒患者"？也就是说，你的朋友，当他看到红灯亮的时候，实际上看到的是绿色；而当他看到绿灯亮的时候，实际上看到的却是红色——他的所有感受都是和你相反的。

——那么，他的行为为何还是正常的呢？哲学家就进一步解释了：他的语言与他的感觉一样，也颠倒了。当他的眼睛看到绿灯的时候，他实际上看到的是红灯，但他的语言也颠倒了，他嘴上说出来的是"绿灯"，而且，他的行为是跟着语言走的，而不是跟着感受走的，所以，从行为上来看，他与正常人是一样。换言之，他的语言颠倒和感受的颠倒彼此叠加，造成了"负负得正"的结果，最后才导致他的外部行为与正常人类是一致的。

我们先不管有没有客观上的病理学的证据来证明这是否真有"色谱颠倒病"，至少在逻辑上是可能出现这种情况的。而这种可能性又能引出什么样的哲学后果呢？一部分仇视物理主义的哲学家就会说：如果色谱颠倒的案例是可以设想的，那么物理主义就是错的。

持此论者的论证思路是这样的：一方面，你的这个朋友的外部行为与正常人都一样；另一方面，他的整个内部的精神生活却是和你颠倒的——如果物理主义是对的，那么你就很难解释：为什么一个人外部的这种物理表现是正常的，而他内部的精神生活却是不正常的。

为何物理主义不能解释这一点呢？因为物理主义只允许我们从某人的外部行为的正常性推出其内部精神状态的正常性，却不能够允许我们从外部的物理表现的正常性，推出其内部精神生活的不正常性——因此，物理主义无法说明色谱颠倒案例。所以，该案例构成了针对物理主义的反例。

"色谱颠倒"在色彩心理学上意味着什么？

老实说，我本人并没有被这个论证说服。我甚至认为这种情况是不可能发生的：即一个人他的内部精神生活全部颠倒了，但是通过某种"负负得正"效应，他的外部行为还能够变得完全正常。道理非常简单：如果一个人是通过如此曲折的内部信息处理路径来导出行为的，那么其信息处理的效率就会明显低于正常人，那么，他的相关行为就会比正常人迟缓，并因此露出破绽。

好吧，就算我们退一步承认：这个人的行动可以和正常人的行动一样敏捷，我们还是可以追问一个问题："色谱颠倒"在色彩心理学上到底意味着什么？

色彩心理学是心理学的一个分支，专门研究人怎么辨识色彩。为了能够更加直观地把我们所认识到的各种色彩之间的逻辑关系展现出来，有一些心理学家就给出了所谓的"颜色双棱锥结构"。

"颜色双棱锥结构"是什么意思呢？大家都见过金字塔，如果你把两个金字塔叠在一起，底对底地叠就构成了一个纺锤形，这个纺锤形就是个双棱锥结构。

按照很多色彩心理学家的观点，颜色概念在我们的心灵世界中就是按照这种纺锤形的结构排列的。一头一尾、两个尖尖，分别代表最亮的白色和至暗的黑色。当中拉一条轴线，轴线上的不同的地方就表示不同程度的灰色。而纺锤体的横截面的周长上则出现了各式各样我们所熟知的颜色，比如黄色、红色、绿色，等等。

通过在各个颜色棱锥的顶点之间作线条，我们就可以定义一种泛灰的黄色、一种明亮的黄色、一种暗淡的红色，等等。

但是色彩心理学家会告诉大家一件很重要的事情，就是颜色双

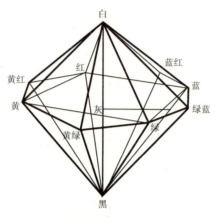

图 -2　颜色双棱锥结构示意图
（绘图参考了维特根斯坦的相关学术手稿）

棱锥或者说颜色纺锤体并不是严格的上下对称和左右对称的——换言之，颜色的布局并不是完全均匀的。如果你把它颠倒过来的话，很多事情就会发生很有趣的变化。

这就好比说，你把颜色棱锥做个颠倒，暖色变成冷色，冷色变成暖色，红色变成绿色，绿色变成红色——表面上看来可以，但实际上不行。因为作为一种暖色的红色与作为一种冷色的绿色，它们各自所扮演的功能角色是不一样的，你如果把这两者进行一个颠倒，会产生种种的不协调。

这就又会牵涉到演化论的背景了。人类作为一种杂食的灵长类动物，在采集—狩猎时代是需要对于一些特定波长的光具有敏感性的，否则就会失去对于环境的适应性。比如，咱们的祖先在树上啃果子，如果分不出难吃的青果子与好吃的红果子（红色往往意味着成熟），他老人家又怎么知道哪个果子吃上去好吃呢？所以人类就得进化出一种能力，能够辨认出哪些果子是红的。这也就是对于长波长光线的敏感性。

另外，正因为颜色的变化与我们的生存是有着密切的关系的，我们的认知系统就已经演化出了对于颜色和颜色之间的协作关系的敏感性。在这方面，负责给衣服配色的服装设计师可是非常有发言权的：他们比谁都清楚，颜色与颜色之间的微妙关系，是万万不能被粗暴地处理的。譬如，正是因为色彩搭配关系相当微妙，所以你就很难设想：把已经搭配好的某个色彩组合当中的两个颜色，全面换成了另外两个与之波长恰好相反的颜色，由此构成的新颜色组合的协调性竟然会完全不输给旧的颜色组合。如果事情真是如此简单的话，给服装配色的活也不免太好做了吧！

思想实验并不意味着胡思乱想

那么，为什么一部分哲学家会认为："色谱颠倒论证"这样的思想实验是有道理的？这就牵涉到了做哲学的方法论层面上的一个分歧：一部分哲学家认为，做思想实验时，只要这个思想实验在逻辑之理上是成立的，那么，我们就可以海阔天空地胡思乱想。

我个人则不是这么看的。我认为，若要做思想实验，其构造的场景不仅要在逻辑之理上成立，也应当是符合语义之理以及经验之理的。如果一个思想实验的内容，与我们已知的科学内容发生了冲突的话，那么思考相关的问题便是没什么意义的。

另外，颜色的问题，还有其特殊性。颜色感受不仅仅是纯粹的物理的或生理的事件，上面还附着了大量的文化内涵，譬如具有特定颜色的相关器物的主人的身份、职业、地位等信息。可以说，颜色承载了我们的温度，承载了我们的情绪，承载了我们的价值观，可谓"牵一发而动全身"。所以，你如果要对某个心理主体进行粗暴的"光谱颠倒"手术，又期望其产生出来的社会行为没有任何改变的话，那么，你十有八九是会失望的。

57. 颜色是一种主观幻觉？

从颜色角度攻击物理主义的论证还有一个，就是本节所要呈现的"黑白玛丽屋"思想实验。

什么是"黑白玛丽屋"？

这个思想实验是由哲学家弗兰克·杰克逊提出来的，内容是：假设有一个姑娘叫玛丽，从小就被关在一个房子里，这个房子里面的所有东西都是黑白的：家具是黑的，地板是白的，所有的光也做成白光。同时，实验者始终让玛丽戴着一副很奇特的眼镜——透过这个眼镜看到的所有东西，全部都是非黑即白，或者是各种梯度的灰色。

然后，实验者就教给玛丽关于颜色的知识：一方面就是关于所谓波长的光学知识，另外一方面是关于人体如何感知颜色的生理学的知识。我们再让玛丽去参加关于颜色问题的考试——考官本身是在黑白玛丽屋外正常生活的一个人，但他是不知道做这份考卷的考生的特殊经历的。然后竟然玛丽还得了高分。

最后，实验者把玛丽从屋里面解放出来了，把她一直戴着的眼镜给摘掉，然后拉着她的小手在美丽的森林里面奔跑。我们的玛丽马上就看到了这个丰富多彩的世界。玛丽当然很惊讶了：原来颜色是这个样子啊！

下面，杰克森就引导读者们沿着下述线索思考：玛丽在被解放出来以后得到的关于颜色的知识，是不是新的知识？显然是新的。这一些新的知识叫什么？我们叫它"现象知识"，或者说是"感觉知识"。这与以前她在屋内所获得的关于颜色的理论知识可是不一样的。

这个结论似乎对物理主义不利。这是因为，如果物理主义是对的，那么，我们就应当从所有的关于颜色的物理主义知识里面，推理出我们关于颜色的现象知识是啥。但上面的思想实验却似乎告诉我们：这样的推理是搞不定的。换言之，我们似乎得承认：的确有一些主观人类认识的现象、感性的现象，是物理主义所说明不了的。

对于该论证的几点反驳

但我还是认为这样的一个反物理主义论证是有问题的。

第一个问题是：该思想实验的提出者假设，玛丽是能够通过关于颜色的知识测验的。但这一点又是如何可能的呢？让我们来想想这场测试的一些细节吧：假设考卷里有这么一道题：你能在如下各个色斑中辨别出何者的波长最长吗（考卷上已经印刷出了相关的几块色斑：红的一块、绿的一块、白的一块）？

这题目玛丽可答不对，因为她戴的眼镜会把所有东西都变成黑白的或者灰色的，因此，她根本就无法辨别出考卷上的绿色斑与红色斑之间的差别。对于她来说，这就是两个差不多的灰色斑点。

第二个问题：我也非常怀疑这个思想实验里面提到对于玛丽的环境的改造是不是能够起作用。这是因为，如果玛丽她本身的视觉没有问题的话，那么即使她从来没有走出黑白屋，她在做梦的时候也是可以梦到有色彩的东西的。其实，有一些病理学的研究证明，即使是先天性的盲人，做梦的时候也会梦到彩色的事物。这也就是说，黑白屋无法对玛丽的经验世界进行全面管控。

第三个问题：就算前面的两个问题不存在，我也很怀疑杰克森的论证是否真能够对物理主义构成威胁。读完黑白屋的故事脚本后，物理主义者分明可以说：色感的发生，本来就是需要有不同波长的光去刺激我们的视网膜的——但是在玛丽屋的案例里，因为一些人为条件的设置，能够射入玛丽视网膜的光的种类就被大大减少了。恰恰是在我们已经预设物理主义的立场的情况下，我们才能预言：玛丽在黑白屋里面是看不到丰富多彩的颜色的。这里哪里有任何物理主义不能解释的事项？

从某种意义上说，我个人认为黑白玛丽屋的论证是搞混了两个层面上的问题：一个是"世界上存在着什么"（这是本体论问题）；一个是"我们能够获知什么"（这是认识论问题）。这两个问题是处在不同层次上的。比如，你不能从"物理知识不能支持现象知识"这一认识论判断出发，推断出"物理机制不能催生现象体验的"这一本体论的结论的。这就好比说，你不能从"曹操的知识不能使得他理解脑血栓的危险"这一点出发，匆忙地推断出"曹操的身体运作使得他能够天然豁免于脑血栓的威胁"。

启发：打破理论知识和主观体验间的楚河汉界

玛丽黑白屋的这个案例，与我们的日常生活有什么关系？

我可以举一个例子，在日常生活中，我们常常听到这么一种观点：你要从事某方面的工作，最好要有实际的工作经验。如果你只是获得抽象的书本知识，恐怕是不行的。

在我看来，这话既对也不对。它对的那方面是很明显的，因为纸上谈兵总是不行的，我们总是要把理论知识化为实践。

但它不对的地方在于什么？这就是：人的精力和时间是有限的，没有人有能力把所有种类的工作都从事一次，积累各式各样的工作经验。所以，我们要了解别人的世界中到底发生了什么（这种了解乃是复杂的社会协同所需要的），我们就只能诉诸书本知识，或者是来自别人的口传知识。

那么，怎么化解这些客观知识的客观性、间接性与人类体验的主观性、直接性之间的矛盾呢？在我看来，要化解这个矛盾，就是要化解构成杰克逊的黑白玛丽屋论证的一个重要的前提，即：客观的理论知识与主观的体验之间的确是有一条楚河汉界的。

实际上，我们完全可以通过巧妙的类比，把我们过去的经验投射到未来可能遭遇的新的经验上来，预知自己未来面对的工作会有怎样的情况。当然，这个类比本身是需要一定的客观知识作为桥梁的，因此，这种类比活动本身就完成了对于个人体验与客观知识的混合。譬如，假若你没有导演电视剧的经验，但是却有导演小型话剧的经验，你就能够以关于如何导演电视剧的客观知识为引导，回忆起你过去导演话剧的经验，在二者之间建立起类比，然后对如何做电视剧导演的具体操作步骤进行预判。

那么，为什么有些人类比的方向搞对了，有些人类比的方向却搞错了？这是因为不同人的知识积累不一样，由此导致看问题的格局也不一样。

我就随便举一个例子：同样是读国学，一个人他大概就背背唐诗宋词，但另外一个人他喜欢读的是《史记》《汉书》《后汉书》《资治通鉴》等历史书。前者的文学修养肯定能提高，而后者呢，不但古文水平提高了，而且还具备了很多关于怎么处理中国社会中人际关系的知识。很显然，后面的一种知识结构，对从事管理工作是更管用的。

所以，我们切不可对真正有价值的书本知识报以鄙夷的态度，而过分鼓吹体验的重要性。关键是要读对书。

58. 有没有可能存在着一个僵尸世界?

对于物理主义的攻击可真是没完没了。你看，连僵尸都上场了。

何为"僵尸论证"?

哲学家所说的"僵尸"，与好莱坞电影里面展现出的僵尸可不是一回事。"哲学僵尸"可不会咬人，他们和正常人的一个最大的区别就在于：它们没有内部的主观意识。

比如，如果手掌心不小心被小图钉扎到了，我们就会喊"好疼"，哲学僵尸也会喊"好疼"，但它们没有真正的疼的体验。

以上的思想实验，是哲学家大卫·查尔莫斯提出的。他想由此指出，物理主义是错的。下面我就来展现一下他的思路。

首先，在查尔莫斯看来，物理主义的这个论题的有效性，不仅是关涉到我们的现实物理世界，而且也会关涉到其他的可能的物理世界。

这句话是什么意思呢？比如在现实的物理世界中，我们人类在地球上被演化出来了。但是在某个可能世界，由于宇宙演化和生物演化的某些偶然性的原因，人类没演化出来。但是，不管那个可能世界有多离奇，物理主义在那个可能世界中也是成立的。

由此我们甚至可以推论：即使最后占领我们这颗蓝色星球的智慧物种是章鱼，章鱼的所有意识活动也是随附于它的身体的物理活动的——否则物理主义的基本设定就会被打破了。

那么，僵尸论证又怎么会对这样的一种横跨所有可能世界的物理主义立场构成麻烦呢？查尔莫斯的思路是：他只要找到任意一个可能世界，并发现物理主义无法在该世界中成立，那么，这就意味着物理主义的整个立场都破产了。

找啊找，查尔莫斯终于找到了这样一个可能世界：在这个世界中所有的人都是僵尸——它们底层的生理学活动都和我们正常人一样，但它们却缺乏上层的意识。这块"僵尸飞地"的存在，就打破了物理主义的"一统江湖"的梦想。因此，物理主义是错误的。

对于该论证的反驳

不少人都对查尔莫斯的论证提出了批评。人工智能大咖马尔文·明斯基就指出，这个论证本身是个循环论证。

为什么说它是循环论证呢？因为查尔莫斯本要得出的结论便是"物理主义对意识的解释是不充分的"，但是他的论证的前提——"我们能够设想一个可能世界：这个世界中底层物理现象的存在，不能保证意识本身的存在"——却已经是对于上述结论的改头换面。所以，该论证的结论实际上就是对于前提的改写。这样的论证显然是无效的。

我本人对于僵尸论证的反驳思路则是这样的：很明显，查尔莫斯至少没有怀疑在现实世界中大家不是僵尸，而只是说，在一个可能的世界中，可能会出现僵尸。但这里的一个问题就是：查尔莫斯怎么知道，现实世界中的人不是僵尸呢？

显然，他如果能够怀疑在一个可能世界中存在僵尸的话，他也就可以接下来怀疑：现实世界中的大多数人也有可能是僵尸。唯一一个可以被豁免于这种怀疑的人，恐怕就是查尔莫斯自己了，因为他至少是具有对于自己意识的主观体验的。

所以，这种怀疑论将不可避免地使得查尔莫斯的立场坍缩到唯我论上。唯我论就是这样一种观点，除了我自己的意识活动以外，其他所有人的意识都不存在。但这里的一个问题是：如果唯我论正确的话，你为什么要把这样一种包含着唯我论意蕴的哲学观点表达出来，并且写成论文发表呢？显然你是希望别人能够读懂。但是如果世界上所有其他的人都可能是僵尸，这样做的意义又是什么呢？

启发及运用

那么，僵尸论证与我们日常生活又有什么切实的关联呢？

虽然僵尸论证的表现形式的确挺学院化的，但实际上，我们在日常生活中也经常会听到一种声音，去诱导我们得出一种结论：世界上的某一部分人是没有意识活动和感情活动的——他们是僵尸。

我所采取的案例，来自克林特·伊斯特伍德导演的电影《硫磺岛家书》。

在硫磺岛战役中，几个美国兵一不小心就被日军给俘虏了，日本人就把他们拉到山洞的掩体里面，然后去搜查他们身上有什么情报。

结果搜出了一封家信，并由懂英语的日本军人翻译成日语，读给别的日军听。家信里的内容大意是"老婆，老公我现在在外面打仗，家里的狗看看好，家乡的果子是不是长熟了；我太怀念家乡的美景了，也很想念你，仗打完了我就回来了"，等等。

虽然家信写的都是非常平常的话，却把日本军人全部给听傻了。不少日本军人喃喃自语道：原来美国人和我们一样，也都是有情感的。

很显然，电影在这里的潜台词便是：日本军国主义的宣传系统已经对日军进行全面洗脑，告诉他们，美军都是一群没有灵魂的"鬼畜"。这似乎就是查尔莫斯的僵尸思想实验的一个意识形态化的版本了。但正如电影的上述情节所揭露出来的那样，不同民族之间的即使是最低限度的真实交往，都会打破这种谎言，并由此告诉大家：我们都是有灵魂的存在；我们都是真实的人类。

59. 谁说物理主义者无法说明意识?

上面所展示的种种对于物理主义的反驳，均反复纠结于"物理主义无法解释意识"这一点。现在轮到物理主义者反击了。下面，我就要来介绍一种物理主义框架内的意识模型：全局工作空间理论。

全局工作空间理论：大脑就像村里的广播站

"意识"这个词,经常与"下意识""潜意识"这些词相互对应着用。那么，到底啥叫"意识"呢? 我现在就想拿自己的经历来现身说法。

多年前我在美国做访问学者的时候，和一些朋友一起到海边爬沙山。可能是因为血糖降低的缘故，我突然就昏厥了，从沙滩上滚落了下来。我那段时间不是很清楚发生了什么，但是当我睁开眼睛的时候，发现一位美丽的女急救员已经在我身边了。

那急救员见我睁眼了，便问了我一个问题——而在我听来，这很像是一个哲学问题："Did you lose your consciousness, sir？"（先生，您刚才是不是已经丢失意识了呢？）虽然当时处在半昏迷状态，但是我还是努力地简洁了回答了这个问题。我当时就说了一个单词："Partly"——意思就是说，刚才我的意识只是丢了一部分而已。

我自以为自己的这个答案，是有着哲学深意的。我想说的潜台词便是：即使我对刚才的那一段活动失去了记忆，我的大脑显然还活着，它仍然还是在处理着很多的信息，所以，你不能说我完全失去意识了。在这里，"失去意识"便可以被视为"失去对于信息处理过程的管理权"的同义语，而"部分失去意识"的意思，就自然是"部分地失去对于信息处理过程的管理权"。换言之，意识活动是具有明显的统摄性的，在这一方面，它是与下意识或潜意识不同的。

正是基于类似的观察，美国心理学家伯纳德·巴尔斯就提出了"全局工作空间理论"。现在我就来通过一个比方对其加以说明。

比如有个村子：村民们都在做不同的事情，整个村子也因为这些初步的分工而有条不紊地运作着。任何一个村民，如果想让某件事被全村人听到，就要到村中央的广播站去做广播。

但问题是，广播室不是那么容易进的，有村长把门。村长会问："你有什么事要和大家说？"假设一个叫春花的村民就与村长说："俺家丢了一根绣花针，要发动全村乡亲去找。"村长却认为，这事没什么大不了的，就把春花给打发走了。

这时，村民黑狗子又跑过来说："村长，不好了，我的二儿子丢了。"村长立即说："好，我亲自来给你广播。"

讲到这一步，大家对巴尔斯的全局工作空间理论，或许就有一个更加直观的了解了。意识系统归根结底是什么？其实就是大脑当中的一个类似于广播站的信息发布平台。所谓的意识活动，就是在这个广播站里面把声音播送出去，然后让大脑中的很多具体的工作模块都能听到这个声音。

而在刚才的那个比方中，不同的村民就是我刚才所说的"模块"——这具体是指大脑当中已经具备了具体分工的一些神经组织。譬如，在处理视觉的神经系统里面，有些神经组织就对处理颜色非常在行，有些则负责处理形状，有些则负责处理事物的纵深感，等等。

很显然，当不同的大脑模块都在进行信息处理的时候，它们都会递送出一些关于它们工作情况的汇报，以便让大脑的意识结构——也就是一个类似于广播站的信息平台——掌握全局。但该信息发布平台的信息容量毕竟是有限的，哪些信息有机会进入"广播站"，将取决于相关信息的重要性。一般而言，那些对系统的生存构成明显威胁的情报，往往就会得到被"广播"出去的优先级。而一旦某条信息 A 被广播出去了，这就等于说：我意识到了 A。

直觉是理性的，还是非理性的？

上述这个模型，可以用以解释我们平常的一些貌似很感性的行为。请注意，感性的体验并非不能被理性地解释。只要这些体验还算是一种意识活动，它们仍然会在根本上服从全局工作空间理论模型所提出的要求。

举个例子：你喜欢上了一个女生，但是突然觉得那个女生不喜欢你，因为你发现，她在看你的时候，眼神一直是比较暗淡的，没有过去看你时候的那种光彩了。

请注意，你的大脑在处理这些信息的时候是非常非常快的，你几乎是不假思索，就把握到了这个女孩子对你的感情温度的改变。这是因为，当很多模块的运作在向大脑的集中信息发送平台递送消息的时候，未必会激活大脑负责复杂推理的前额叶皮层，而仅仅凭借所递送的信息自身的权重而获得了在全脑的"广播权"。这也就解释了，为何我们能够在进行理性判断之前，就产生直觉判断。

由此，我们也就不难理解《三国演义》里的曹操为什么对司马懿一开始就怀有强烈的戒心了。据说他在和司马懿进行双目对视的时候，突然意识到了司马懿的目光中的犀利感与侵略性（即所谓的"鹰视狼顾"之相）。曹操之所以产生这种感觉，很有可能就是因为他大脑的很多模块都在进行具体的计算，最后给出了这个结果——但是，由于人脑的整体信息平台的记忆容量问题，这些模块各自的计算过程却没有被加以保存，于是，曹操本人也无法清楚地说明司马懿这个人到底是哪里不对劲。

从本节的讨论来看，意识并不神秘，我们完全可以用科学来解释意识、解释直觉。我们甚至还可以走得更远一点，在人工智能体里实现意识。千万不要低估物理主义的解释力。

60. 你是怎么感觉到疼的？

　　前面介绍的关于意识的全局工作空间理论，主要是心理学家捣鼓出来的。现在，我们就来看看哲学家是如何从正面来解释意识的。这就牵涉到了"高阶意识理论"。

何为"高阶意识理论"？

　　什么叫"高阶意识理论"？就是说：你之所以有意识，不是因为你有意识这件事本身，而是因为，当你从更高的层次上来反思你的精神状态时，你才知道了你有意识。下面我就来举例说明之。

　　我们都知道，学画的人和一般人相比，对于颜色更加敏感。而且因为要经常买颜料，所以他们对于各种颜色的名称也比较敏感。这样一来，他们脑子里本身就装了更多关于颜色的概念——这也就意味着他们能比一般人更好地辨别颜色。换言之，他们的颜色意识更敏锐，是因为他们能够反思到他们的色感所对应到的颜色概念是什么。

再来看品酒师。专业的品酒师，只要尝一口酒就说："这是1958年的拉菲。"很显然，"1958年的拉菲"是一个复合概念。也就是说，他之所以意识到自己尝到的是1958年的拉菲，就是因为他能够在一个更高阶的层面上反思到自己尝到的是什么，并由此完成概念与感觉之间的捆绑——或者说得更精确一点，在概念网格的帮助下所实现的感觉定位。

这就是高阶意识理论的核心思想：你对于感觉的语言词汇越丰富，实际上能反过来帮助你更精确地对感觉本身进行分类和定位。这种观点在历史上其实是颇有影响的。黑格尔在其名著《精神现象学》中早就提出这种观点的雏形了。在那里，黑格尔批评了英国经验论的观点——人类的感觉比概念系统更基本，人类的概念系统是从感觉中衍生出来的。黑格尔针锋相对地指出，没有语言与概念的帮助，进行感觉定位是不可能的。

除了黑格尔以外，另外一位暗助高阶意识观的哲学界大咖，则是路德维希·维特根斯坦。维特根斯坦所提出的相关论证，便是反对"私人语言的论证"。

什么叫"私人语言"？其实就是一种记录私人的感受的，并且只能为记录者所理解的符号系统。具体而言，有一些人总是执着于自己的感觉，说自己的感觉有多么的精微与细致，是公共的语言没有办法表达的，云云。既然公共的语言符号无法表述之，那么，我们就只能用一套私人的符号系统来表述之。但是维特根斯坦却指出，这个思路是行不通的。

维特根斯坦就邀请说这种话的人去思考一下：如果你要在不依赖于各种公共符号系统的前提下，把你的感觉在日记里面记下来，你该怎么办？具体而言，假若今天你有一种疼的感觉，而这种疼感里面好像又带着一点点的痒，你会怎么写？你就只能这么写："一种很奇特的感觉——非常疼，但是疼里带着痒。"但这句话本身是什么？依然是日常的公共语言。也就是说，你只有通过高阶的语言反思的帮助，才能够定位这样的一种感觉。

启发及运用

高阶意识理论对我们的日常生活、工作有什么帮助呢？这就告诉了我们，我们的意识状态是受到语言能力的影响的，你的概念越丰富，对于不同的意识状态的区分能力也就越强。在这个问题上，由于汉语自身的含混性，中国人在这方面是有点吃亏的。

譬如，一种典型的中国工作场合的对话就是这样的："小张过来一下，帮我一下。""行，王师傅，帮您什么呀？""你把这个东西给我拿到那边去，把那个东西拿到下面来，还要把这个，还有这个挪到上面去。"你看，这里的命令都下得非常含混，都是通过"这个""那个"这样的一些所指高度依赖语境的语词，来完成意义的传达的。

这种不精密性，可能也已经全面渗透到了我们的文书、写作和各方面的与符号相关的工作中去了，并使得我们的知觉由此被钝化了——因为知觉的敏锐性就体现于，心理主体能够对两个不同品类的事项之间的区别有着非常清楚地把握。如果我们能够把我们的概念系统训练得复杂一点，说话更精密一点，我们的知觉分辨力，也能够变得更锐利一些。

不过，本节的讨论，并不意味着高阶意识论就是毫无问题的。我们将在下节中立即看到对于本节立场的反驳。

61. 插入水中的筷子为什么是弯的?

在讨论关于意识的全局工作空间模型的时候,我们已经提到了"模块性"这个概念。在本节中,我将对该概念进行详解。

心灵的模块性: 单任务、强制性及封装性

何为"模块"? 美国哲学家杰瑞·福多提出,所谓"模块",即人类认知架构中具有如下三个特征的功能组件:

第一:它只能处理某种特定的任务,而不能兼职干别的事情。比如,视觉系统里专门用来处理视觉对象的形状的模块,就不能够用来处理颜色。

第二:它的运作又具有强制性,"强制性"就是指它不受意志的控制。举个例子,我现在让你看一幅画,问你画上有什么颜色。在这种情况下,你的眼睛就能在独立于你的自由意志控制的情况下,独立地进行运作。即使你对自己进行心理暗示:"请把红色的看成是绿色

的"，你的眼睛依然只会将红色的视觉对象看成是红色的。

第三：每一个模块运作的内部信息相对来说是"封装"的——也就是说，你自己的高阶意识，是把握不到该模块进行信息加工的内部过程的。毋宁说，对于高阶意识来说，每一个模块的内部运作的故事，都是一个"黑箱"。

模块论与高阶意识论，孰是孰非？

读到这里，大家或许会觉得有点奇怪：按照上一节所介绍的关于意识的高阶理论，我们的思想可以渗透到我们的感觉里面去；但是，按照本节所讲述的内容，每一个心灵模块的运作，都是具有一定的自主性和独立性的，因此，高阶的意识似乎是很难渗透到模块的运作中去的。由于模块的运作往往与低级感觉的产生有关，这也就意味着：高阶的意识似乎是很难渗透到感觉里去的。

这真是公说公有理，婆说婆有理。这也是哲学讨论所经常碰到的情况：你有时候上了一课，觉得一个哲学家讲得蛮有道理的，等到明天再上了一课，就又发现另外一个反驳他的哲学家说得更有道理。这既是哲学讨论让人烦恼的地方，同时也是哲学讨论让人感到富有趣味之处。

不过，让高阶意识论的支持者感到头大的是，的确是有一些证据对于心灵模块论相对有利。

以众所周知的折射现象为例：你拿根筷子插到水里面去，看上去这个筷子就弯了，对吧？但有意思的是，即使你已经学过光学了，知道这筷子实际上并没有弯，你的眼睛仍然觉得这东西是弯的。所以模块论的支持者就会以此为论据来证明：感觉和高阶意识之间是有一道信息屏障的——你看，即使你的思想已经告诉你了这筷子不应该是弯的，但是你看上去这根筷子还是弯的。

通用问题求解器理论：模块间的界限可被模糊掉

高阶意识论的支持者也别太着急。你们也可以找到别的理论援军来给自己打气。这一理论援军，就是与心灵模块性论题相互对峙的"通用问题求解器理论"。根据此论，人脑中诸模块之间的界限并不是那么重要，因为诸模块的信息处理进程之间的特异性只是一种假象，它们其实都是某种统一的认知模式在不同方向上的差异化表现形式而已。这就类似于汉语有很多的方言版——比如说东北话、北京话、天津话，或者说四川话、云南话，等等。这些不同的方言彼此之间肯定是有区别的，但是归根结底彼此之间是能够相通的（当然，有一些方言，譬如说吴越方言，是不与普通话直接相通的。所以，国际上也有人将吴越方言单列出来的尝试）。

按照通用问题求解器的假设，大脑的核心语言中枢所使用的语言，即类似普通话，而大脑的各个模块所使用的内部信息处理语言，就类似于汉语的各种变体——由此，我们才能够解释我们大脑在处理林林总总的认知任务的时候，各个模块之间为何能够进行顺畅的彼此协调。但也正因为在这一新理论脉络中，这些"模块"与核心语言中枢之间的信息屏障不再那么明显了，所以，心灵模块论者赋予"模块"的原始含义，现在也已经被修改了。

支持通用问题求解器理论的经验证据，乃是所谓的"神经可塑性"——譬如，某大脑模块受损后，其功能便由别的神经组织进行代偿性的执行。这就好比说，一位人力资源部门经理住院后，财务主管也能兼职其工作。在通用问题求解器理论的支持者看来，这种"代偿"与"兼职"之所以可能，就是因为不同的神经组织已经使用了某种共通的操作语言。

启发及运用

前面讲了"信息封装性""模块性""通用问题求解器"等抽象概念——它们与我们的日常生活又有什么关系呢？

首先，此类关于心灵结构的讨论，能够对我们的社会组织工作的展开方式有所启发。

具体而言，偏向于模块论的工作组织方式就是这样的：领导者把相关工作分解到下面这些人去，而下面的员工要做的事情，就是把分配到自己手头的工作给做完，而领导本身不需要关心下级员工具体是怎么完成相关工作的，下级员工也不需要向上级汇报自己的工作细节。上级只需要看结果。

而偏向于通用问题求解器理论的工作组织方式就是这样的：领导以事无巨细的方式，对下属工作的每一个步骤都有过问权与干涉权。

这两种工作组织方式可以说是各有利弊。第一种方式的优点非常明显：它的管理成本比较小，领导比较轻松。但它的缺点和麻烦也很明显：也就是说，领导没有办法设身处地地站在一线员工的立场上，去思考他们的困难，甚至有可能会去设置一线员工所不能够完成的任务。

至于第二种工作组织方式，其优点当然也是很明显的：按照此工作思路，领导能够事无巨细地知道每一个员工的工作流程是什么，知道哪个环节出问题了。因此，领导的改进措施可能就更有针对性。但它的缺点也很明显：一方面，领导的管理成本很高；另一方面，领导对于下属的过多束缚和制约，也可能会影响他们创造力的发挥。

有人可能会问了：我可不是啥领导，我就是打工仔一枚。对于我来说，学习上面的理论有啥用呢？

——还是有用的。大家要记住，即使一个人不从事管理工作，他至少也要和别人打交道，也要利用各式各样的社会组织来达成自己的目的。所以，任何人都必须构建出一个微观的社会网络，能够更好地节省自己的精力，更加有效地达成目的。而模块论和通用问题求解器理论，就为大家构建各自的社会网络、组织对自己有利的信息流程，提供了两种不同的借鉴思路。大家不妨想想这个例子：比如你给孩子请家教，那么，你该用啥思路请老师呢？你若按照模块论的思路去选老师，那就按照成绩来论优劣——只要老师最后没有让小孩的成绩得到提高，就立即换人。若你要采用通用问题求解器的思路呢，便是要更精细地理解和了解老师的教学理念，看看其教学理念和家长自身的教学理念是否契合。

62. 依赖于家的情绪感

人类的心灵是如何认知空间的呢？人类对于空间的把握，并不是根据纯粹的几何学的计算来进行的，而是透过一种寻家的情绪来进行的。很多事物与主体之间的远近，并不反映两者之间的物理距离，而是反映了心灵所处的情绪状态。这种情绪，常常被称为"乡愁"。

人类乡愁的演化论根苗

经过达尔文的演化论思想洗礼以后，大多数人都接受了这样一种观点：人类的认知能力是慢慢从动物的认知能力演化而来的，因此，二者之间的关系是彼此连续的。譬如，在采集—狩猎时代，我们的祖先与大多数食肉动物一样，都要先确立一个领地，并给出相应的领地标记，然后在这个领地里面狩猎。狩猎完成后，还得知道自己老巢在哪儿，免得迷路。而要做到以上这些，我们的祖先就必须要有相应的空间认知力。今天的我们已经不用"巢穴"这词了，我们用"家"。

远行的游子归家时，看到熟悉的景物，想到童年的旧事，眼泪就不禁会掉下来。为何我们会有这样的一种心理机制呢？归根结底，就是远古时候形成的空间感在起作用。换言之，人类的乡愁，是具有演化论意义上的根苗的。

空间认知的方法

空间认知当然可以以一种非常简单的方式来进行——比如说，一些低等的物种，可以在爬行的时候留下很多化学印记。它们跟着这个味道，就能爬回到自己的老巢去了。但是这个办法，仅仅只能用于寻找巢穴，而不能够用于更为复杂的空间认知构建。所以，在复杂的空间认知构建里，我们还需要用上别的办法。比如以下几种：

第一个方法，就是寻找到目标的路标（比如，你要去上海南京路，你要找的路标就是"南京路"的路牌）。

第二个方法，就是寻找地标。地标与目标是不太一样的，地标是目标旁边的那个辅助参考物（如上海五角场商业圈的地标，就是镶嵌在中环高架路上的"彩蛋"）。

第三个方法，就是路径融合。什么叫路径融合呢？电影《谍中谍》中，主人公伊森·亨特被坏人抓起来了，而且被蒙上眼睛，在小巷里七拐八拐。在这种情况下，难道他完全就不知道自己处在哪里了吗？不，如果他的心算能力特别强，记忆力也超强，他就可以首先记住自己是在哪里被绑架的，并以自己被绑架的那个地方为原点，然后记住自己被绑架以后，向东走了多少步，向西走了多少步——然后再进行倒推，就可以回到出发点了。不过，执行这样的一种路径融合的策略，需要极强的记忆力，我相信大多数人都做不了。

第四个方法，就是构成认知地图。何为"认知地图"？也就是说，你的家在哪儿、某某路标在哪儿、你的目标在哪儿——这些信息在你的脑子里面形成了一个图像，它就像地图一样，能够对你进行导航。认知地图可以在宏观上指导你的行为，让你知道现在是该向左还是向右。

启发及运用

以上说的内容，对于我们的日常生活的用处，乃是显而易见的。就说说刚才所说的"认知地图"吧。几年前我在日本北海道旅游时，曾访问了函馆市（在北海道西南部），并在一个博物馆里看到了一幅非常卡通化的北海道局部地图——这幅地图就体现了画图人脑中的认知地图，而非实际的地理面貌。

怎么说呢？大家知道，北海道南边就是日本的本州了，但与整个亚洲大陆与美洲大陆相比，北海道加上本州的尺寸实际上也是很小的。然而，在我看到的这份地图上，北海道与本州都被画得很大，但亚洲大陆却被画得都很小，美洲则干脆被挤到边缘处了。那么，这张图是不是体现了北海道人的自大心理呢？我看也未必。很可能是另外一种心理机制在起作用：如果你认为北海道就是你的家的话，那么，你对于它的情感投射就会比较多，这样一来，你就自然会把离家比较遥远的那些地理对象画得比较小。

由此看来，认知地图体现的是我们人类个体是怎么样以方便的方式提取外部环境信息的——它并不体现客观的地理信息。

上面所说的认知地图，还可以扩展到非空间的领域里面去，特别是对于人际关系的地图化表征。

比如，在很多刑侦剧中，被害人生前的所有关系都会在黑板上被展现为一个图表。在图表中，每个嫌疑人都会用一张照片来表示，而这些照片之间则有着非常复杂的连线。不难想见，看问题深邃的侦探是有比较强的认知地图构建能力的，听完一段案情介绍以后，他们的脑子里就可以变出一幅认知地图来，并在其中进行非常有效的推理。所以，平常通过各种训练来强化自己认知地图的构建能力，是一件颇有裨益的事情。

63. 心灵是如何编织出时间经纬的?

空间与时间经常被并提。说完了人类的心灵是如何把握空间的,我们就自然地过渡到了时间这个话题上。

人类的心灵是怎么把握时间的?

前节在讨论空间时我已经提过了,人类在认知地图中所展现出来的空间,与真实的外部空间并不是一回事。同理,心灵把握时间的方式,与用钟表所记录的物理时间也不是一回事。那么,我们的心灵把握时间的方式,又有哪些特征呢? 这主要体现在如下几个心理学效应之中:

第一个效应,就是所谓的"远近混淆效应",也有人把它称为"望远镜效应"。什么叫"远近混淆效应"呢? 很简单,假设有一件事情是很久之前发生的,但是你依然会觉得历历在目。比如,大家是不是有这种感受呢: 明明已经毕业工作很多年了,怎么就觉得我昨天刚刚进了大学呢? 这就是说,在某种心理望远镜的作用下,很多遥远的事情就被拉近了。

反过来也是这样的：有时候，一些比较近的事情倒有可能会被拉远。有些事情明明是一天前发生的，但是你却会觉得这件事情离你蛮远的。

第二个效应，就是"长短混淆效应"，也就是说，刚才明明过了五分钟，但你自己的感受是过了三分钟；或者说，刚才一段声音明明持续了五秒钟，你觉得是过了八秒钟。换言之，所谓"长短混淆"，就是把长的估成短的，短的估成长的。

第三个效应，就是"变化增时效应"，也就说，如果一段时间内心理主体观察到的外部环境与内部心理的变化越多，他所感受到的时间也就越长。比如，你若在一分钟里面做了六件事，就会觉得这一分钟要比无所事事的一分钟来得长得多。士兵在战场上经历的一分钟激烈枪战，则可能会像一个小时那么长。

在我看来，这几条关于时间的心理感受的原则，背后是有一些总的道理加以贯穿的。

第一条就是：我们的心理系统会把物理世界中时间的远近和长短之间的对比度变小——比如，一天与一个月之间的客观比值是 1 比 30 左右，但是你若是要回忆去年某一天所做的事情，你对这一天的心理估量与你对过去一个月的心理估量之间的比值恐怕就不是 1 比 30 了，而可能是 1 比 10。第二条便是：我们的心理系统会尝试着按照在时间中所发生事件的数量来衡量时间的长短，所以，作为事件的容器，时间会随着自己所容纳的事件的多寡而发生相应的伸缩。

把握时间的目的：为了生存，为了解决问题

讲到这一步，大家或许就要问了：为什么人类的认知系统在感知

时间的时候，有上述一种灵活性呢？其实问题的答案也并不复杂：人类对于时间的把握是为了解决自己的生存问题，而不是为了纯粹地把握客观物理世界本身。

那么，为什么一种以"做事情"为指向的时间把握方式，便会导致我刚才所说的这些效应呢？

先从"远近混淆"开始解释。心灵就像一个仓库，仓库里面要放很多很多的东西。整理仓库（特别是私人仓库）中物品的一个原则，便是排列物品时，得方便别人来寻找物品，而未必是仅仅根据物品的客观属性。随便举个例子，整理私人书房里的藏书时，我们往往就会同时遵循两个不同的原则：第一个就是按照学科的客观分布来对书籍进行归类，比如物理学书籍、哲学书籍，等等。然而，假设我最近同时对司马光与达尔文产生了兴趣，我便会同时翻看《资治通鉴》与《物种起源》，并由此同时将这两本书放置到某个触手可及的位置——尽管这两本书所从属的学科可是彼此相距遥远的。

记忆也是这样的：假设有一件事情，虽然发生的时间非常遥远，但是这件事对于你以后的人生产生了很多积极的影响，所以，这件事情就会被你反复地提取。这样一来，你自然就会把那个事件与当下时刻之间的心理距离给拉近了，于是，远的事件也就变得比较近了。

反过来说，一些比较近的事件反而会被感受得稍微离现在远一点，这也是因为大脑要集中资源处理目下的工作。譬如，如果你在一分钟之前递交了一份电子邮件，又突然接到老板的电话要去办一件急事，你就得在心理上将你发电子邮件的事情推得更远一点，以便做好眼前的工作。

至于为何会有"变化增时效应"，就更容易解释了。如果时间本身就是事件的容器的话，那么，被记忆住的事件变化越多，时间容器就需要被扩大越多，反之亦然。这里需要注意的是，"事件"这个概念与"变化"这个概念是密切联系在一起的：缺乏变化，就意味着事件的数量稀少，反之亦然。譬如，小芳如果和他的男友在过去的一个月内感情很稳定，缺乏变化，这就几乎等于说，在过去的一个月中，没有什么大事件发生。反之，若她与他在过去一个月内感情大起大伏了好几次（三次闹分手，又三次复合），这就说明在过去的一个月中，他们经历了很多大事件。在二人的记忆中，这一个月也会因此被拉长。

很明显，人类的心智机器把握时间的上述方式，能够使得我们的注意力集中到那些与我们的生存密切相关的事情上去。一般来说，如果一件事情做得比较顺，你对该事件的记忆就不会占用太多的资源；如果某事被做砸了，而且这件事对你又很重要的话，那么你对该事件所投入的记忆资源就会比较多，以便腾出脑力来想出相应的对策。

启发及运用

本节所讲的内容，与日常生活的关联是很明显的。比如，一个男孩子与女孩子第一次约会前，希望对方对自己产生比较好的印象，这时他就可以在有限的约会时间里面多安排几个节目，增加一点变化。这样，这次约会就会对女孩子产生更大的心理刺激，使得她以后更难以忘却这次约会。又比如，假设你在排队等位的时候，觉得时间很难打发，就不妨在手机上玩一些认知负担比较低的游戏，这样时间很快就过去了。

64. "感同身受"这事存在吗?

相信大多数人都具有这样的一个能力,就是能够察言观色:看到别人笑了,就知道这人开心了;看到别人哭了,就知道这人伤心了;看到别人一脸沮丧,就能猜出这人碰到什么不开心的事,等等。但是,这种把握别人心灵状态的能力又是怎么来的?

模仿理论:将心比心,产生共情

关于我们是怎么理解他人心灵状态的,有两种不同的理论,我觉得都有道理。一个理论比较走感性路线,一个理论比较走理性路线。走感性路线的这个理论叫"模仿理论";走理性路线的理论叫"关于理论的理论"。

"模仿理论"是什么意思?我来解释一下。比如,假设我是个小朋友,我看到别的小孩心爱的玩具被砸坏了,哭得很伤心,我也觉得很伤心。为什么我也会觉得很伤心?是因为我联想到了:如果我自己的洋娃娃摔坏了，我也会抱头痛哭的，所以我将心比心，也跟着哭了。这就是"模仿理论"的核心思想：就是你把自己设想成是他，你就能与他共情，于是，你就知道他人的心理状态是什么了。

不少科学家认为，共情感的产生是有神经科学基础的，譬如与镜像神经元系统（大约处在额下回的后部区域与顶下小叶的前部区域）的运作有关系。镜像神经元能够使得别人做某事的时候，看见这一行为的我也跟着做。另外与共情感相关的脑区则是前脑岛与前扣带回。反过来说，一些冷酷的杀手之所以作案的时候缺乏共情感，则很可能是因为使得共情感得以产生的神经回路产生了畸变。

关于理论的理论：预测他人行为的理论

不得不承认，"关于理论的理论"（英文是"theory-theory"）的确是一个很啰唆的表达。用大白话来说，其意思便是：每个人心里面都有一种理论，以便用来预测别人的行为是怎么样的（比如，在大多数情况下，你如果看到别人哭了，那就能预测到别人心里不开心——这就是关于理论的理论的一个典型的法则）。

有意思的是，一部分动物心理学家认为，不少动物也具有构建"关于理论的理论"的能力。譬如，一些品种的猴子会向别的猴子发出关于蛇出现的假警报，将别的猴子吓走后，它们再跑过去打劫同伴们丢下的食品。这就说明这些猴子是具有预测别的猴子的心理状态的能力的。

需要注意的是，偏重感性的"模仿理论"与偏重理性的"关于理论的理论"并不一定是彼此竞争的，而很可能是互相补充的。这是因为，虽然对于他人的同情感肯定意味着对于他人心灵状态的把握，对于他人心灵状态的把握却未必意味着共情感的产生。譬如，你完全可能在并不同情某罪犯的前提下理解其犯罪动机。这也就是说，推理也是获知别人心理状态的重要途径。

如何提高他心认知能力？

提高他心认知能力的基本方法，就是情境复原法。也就是说，让你处在与别人类似的情境中，然后尝试着感受别人所感受到的东西。

譬如，日本作家盐野七生撰写《罗马的故事》时，为了能与古罗马人共情，就专门跑到古代的遗址采风——譬如，到奥古斯丁大帝的度假胜地卡普里岛去感受他当年沿着台阶路登到岛顶的心情。不过，盐野七生是有条件这么做的，因为她虽然是日本人，但是长年旅居意大利。

但对于没有如此便利的情境复原条件的人来说，还有啥办法增强其共情感呢？一个办法就是阅读优秀的小说，因为优秀的小说往往是由具有优秀的共情感的作家所写就的，而他们的文笔已经向读者勾勒出了一个使得读者自身的共情感得以被点燃的虚构世界。另外，推理类的小说，则为"关于理论的理论"的运用提供了丰富的案例。虽然目前中国的教育制度并没有留足够的课外时间让学生去阅读那些优秀的小说，但如果有一些脑子开窍的学生能够在这方面稍加注意的话，那么，他们就能在共情感的获取方面具有更多的优势。

65. 我脚踏地球，却不妨碍我思考火星

读者可能会发现，上面几节的内容，心理学的色彩颇浓，哲学色彩反而有点淡薄了。是时候重新在我们的思想火锅里加点哲学调料了。让我们来讨论一个非常典型关于心灵的哲学问题吧——意向性问题。

何为"意向性"？

"意向性"是一个哲学术语，意思是心灵内部的意义表征对于心灵之内不存在的事物的指向性（至于该事物是否在物理世界内存在，则暂且不论）。这话到底是啥意思？譬如，你现在脑子里想一座金山，但是你的心灵内肯定是没有金山的，而只有关于金山的表征（倘若关于金山的表征就能直接被兑现为金山的话，那么，发财也太容易了）。而你睁眼一看，即使在外部世界中，金山也并不存在。尽管金山并不存在，但是我们的脑袋还能想着它——这件事究竟是怎么发生的？这

就是"意向性"所涉及的问题。

需要指出的是，"意向性"是一个非常复杂的哲学问题，讨论起来需要非常大的篇幅。美国哲学家丹尼特在讨论意向性问题时另辟蹊径，将意向性的问题转换为了一个涉及意向性的解释策略问题。这也就是说，他将意向性问题视为了上节所讨论的"关于理论的理论"的某种副产品。下面的讨论，也将依据他的思路来展开。

"意向性"是简化对于世界描述的一种话语工具

丹尼特的意向性理论的核心话题就是：我们是如何将意向性赋予他者的？

"把意向性赋予他者"是什么意思？举个例子：比如我们现在看到天上乌云滚滚。乌云滚滚是个自然现象，受过现代科学教育的我们，一般来说不会说"老天发怒了""雷公发怒了"。如果你一定要说"雷公发怒了""老天发怒了"，实际上你已经把意向状态赋予了天上的某一些自然现象——好像它已经被人格化了，并有自己的信念、自己的欲望似的。

但是，除非在文学与童话作品里，现代人一般是不会把意向状态赋予这些自然景物的，因为我们都知道这些事物都是按照物理规律来运作的，与意向状态无关。比如，一支铅笔从指尖滑落，掉到地上摔碎了——那么，铅笔为什么会下坠呢？它显然就是受到了引力的作用，而相关的力学机制自身并非是一个意向系统。在丹尼特看来，只要我们认为仅仅通过使用物理学资源就能够解释目前的现象的话，这么，我们就已经采用了一种"物理学的解释姿态"。

但是，并不是对于世上所有的事物的运作的解释，仅仅通过使用物理学资源，就能顺利地完成的。有一些事物的运作，虽然也是符合物理的，但是你会觉得仅仅用物理学术语来描述之，还是有点不对劲。

比如，我们坐动车到北京去，动车本身的运作显然是符合物理学规律的。但这里的问题是：它为什么一定要这样运作呢？比如，动车为什么就一定要准点呢？你完全可以设计一辆努力不准点的列车，而这样的列车的运作也是完全符合各种物理定律的。这就证明了："列车要准点"是人为放进火车这一物理系统的一个目的，而该目的本身则未必就是我们能够直接从物理学描述中导出来的。这就倒逼我们在前面所说的"物理学解释姿态"之外，再引入一种解释姿态——这就叫"设计姿态"。根据此姿态，某事物的运作之所以可能，不仅仅是因为其符合物理学定理，而且也是因为其符合某些人为的设计目的。

很显然，既然设计本身是人为进行的，所以，说到"设计姿态"，即不可能不牵涉到某些人类的观念与意图，也就不得不牵涉到意向性。不过，对于意向性的直接提及，主要会在解释人类行为的时候出现，而不会在解释人类所设计的器物的运作时出现。具体而言，在解释人类的一颦一笑、一举手一投足时，我们最好使用所谓的"意向姿态"，即认为这些行为都是基于被解释对象的意向活动的。为何一定要这么进行解释呢？因为倘若解释者不这么做的话，我们就只有两个选项可用了：一个是"设计姿态"，一个是"物理学解释姿态"。"设计姿态"显然不太合用，因为我们都知道人类不是被设计出来的，而是一种以自然方式产生的生物。而"物理学解释姿态"则有点"远水不解近渴"，因为人类的身体的运作虽然肯定是符合物理学定律的，但是物理学不会直接告诉我们，为何一个人开心的时候会喜上眉梢，而不是怒发冲冠。或换个说法：一个人在解释另外一个人的行动时，硬是要咬着牙把所有的对于意向状态的设计全部从其解释系统中消除掉的话，他就只好如此说话了："他的神经元处在这样的一种物理状态之下，导致了他面部肌肉群如此这般的运作——这种运作我们一般把它识别为'笑'。"这种说话方式虽然也是可以被勉强接受的，但这种说法会让我们的人类语言复杂到无以复加的地步，最后会使得我们的日常交流成为不可能了。与之相较，如果解释者能够假设被解释对象具有意向性，他就能够将各种意向状态（如信念、意图、希望、恐惧，等等）指派给被解释对象，由此调用大量的"关于理论的理论"所涵盖的心理学原则，顺利地完成解释工作。

我们再来总结一下前面提到的三种解释模式：第一种是物理学解释姿态，第二种是设计姿态，第三种则是意向姿态。这三种解释模式，是我们用来解释外部世界的工具箱中的三件最重要的利器。那么，我们到底应该在什么时候用其中的哪一个工具呢？

这主要是看其中的哪一个工具在当下的解释语境里面更管用。比如，你如果只想解释下雪这样的纯自然现象，那么你就用物理学的解释姿态来解释就比较好了；如果你要解释一个明显是人工事物的对象的运作情况的话，那么，你就得用设计姿态来解释；如果你针对的是人类和其他与人类比较接近的高等动物——比如说海豚、猩猩——你就得用意向姿态来解释他的外部行为。从这个角度看，涉及意向性的话语工具，仅仅是我们用来简化对于世界的描述方式的一种方法论手段。

——然而，这种说法，是否意味着意向性本身仅仅是一种话语手段，而不是真实存在的心灵对象呢？在这个问题上，丹尼特的态度是比较暧昧的。毫无疑问，在物理主义者看来，物理学的解释姿态所描述的对象的存在肯定是毫无疑问的；然而，心灵意向的存在，仅仅具有来自人类语言以及相关的人类习俗的担保，而非真正意义上的本体论担保。所以，意向性的存在，可能仅仅是一种对人类自身的生活来说非常有用的神话。

启发及运用

前面已经说过了，意向姿态的运用，为我们运用"关于理论的理论"这个百宝箱中的那些联系心理状态与外部行为的推理法则，提供了方法论方面的辩护。而根据前述推理法则，任何一个类型的意向状态，都是与其他意向状态联系在一起的。譬如，如果你发现某人相信股市立即会崩盘，他又非常想让自己发财，或者是想避免自己的经济利益受到损失，你就可以利用这些知识推断他下一步的行为是什么——或者是立即清仓，或者是去做股市里的"空头"。

再比如说，假设我是欧洲的一个传教士，跑到了大清国，遇到了正在率军攻击叛军的康熙皇帝。我发现，康熙皇帝和他手下的兵卒得了疟疾，我便给其中的一个兵服了奎宁，把这个兵的病给治好了。我看到康熙皇帝眼中露出了欣喜的眼光，从中我就应该能推测出：康熙皇帝现在是相信奎宁能够用来救治疟疾病人的。同时我也非常清楚，康熙皇帝希望他的部队（包括他自己）能够摆脱疟疾的困扰。把所有的这些知识联系在一起，我就能推断出：如果我现在就向康熙皇帝出售大量的奎宁，他是愿意给我一个好价钱的。

可见，意向姿态的运用，是我们在公共生活中得以具有适应性的一项重要技能。有些学理科的朋友，物理学的解释姿态掌握得很好；一些学工科的朋友，设计姿态掌握得很好，但是要与活人打交道，掌握意向姿态的本领必须呱呱叫。

66. 当我们说"我们"时，我们到底是在指谁？

在日常生活中，大家经常会听到带有集体性质的表述，比如"我们相信""我们希望""我们决定"。那么所谓的"集体意向性"，是否就是个体意向性的简单相加呢？世界上有没有集体意向性？我们现在就来掰扯掰扯。

世界上有没有集体意向性？

讨论集体意向性的问题，在现实生活中的意义又是什么呢？

举个例子：假设你是 A 公司的人，要将某项设备卖给 B 公司。但 B 公司不接受我们公司的报价，然后你就在办公室里面嘟囔了："B 公司的人也太抠门了。"

但你刚才的抱怨已经引出了一个哲学问题。请问："B 公司"到底是指什么？是指一群人（即 B 公司的所有的人）还是一个人（即 B 公司里的那个下决心拒绝你们公司的报价的具体负责人）？

一些人恐怕马上会说："B公司"显然就是指"B公司里的那个下决心拒绝你们公司的报价的具体负责人"。我们可犯不着与B公司里的一个保洁员较劲。

——但事情真的如此简单吗？我们再造一个句子："日本联合舰队在1941年12月7日偷袭珍珠港，把美国给激怒了"。那么，这里所说的"美国"，到底指涉的是谁呢？

"美国"显然不是指当时的美国总统罗斯福一个人，因为好像当时有很多美国人都生气了。这样一来，"美国的愤怒"这个表达式便非常明显地牵涉到了集体意向性。换言之，我们已经被"愤怒"这种意向性状态指派给了一群属于一个集体的人，而不是一个人。

但是分析到这一步，好像还有一个问题要讨论："集体"到底是什么？是类似于"在同一个电影院里一起看同一部贺岁片的观众"那样松散的集体，还是像一支久经考验的足球队那样的内部关系非常紧密的集体？或者说，当我们分析集体意向性的时候，需要将其中的哪一类集体作为我们的典型性样本呢？

集体意向性所涉及的"集体"，可以被还原吗？

一部分哲学家倾向于认为，即使是足球队这样的坚实的集体，其所产生的意向性，还是能够被还原为那些松散的集体（如看台上的观众）所具有的意向性的。甚而言之，那些松散的集体的意向性，最终还是被还原为个体的意向性。

那么，究竟这种还原是怎么产生的呢？以一群人排队买电影票为例。为何这群人会产生"我们一定要排好队，不能插队"这样的集体意向性呢？背后的产生机制是这样的：我看到你也在排队，你看到我也在排队，这时候，我就会对你产生这样一种想法：我相信你具有这样的信念，即排队对于你自己来说是有利的。而你也应该对我产生这样的想法，即你相信我相信排队对我是有利的。就这样，不同的人对于对方信念的猜测彼此交织，就构成了集体意向性。但毫无疑问的是，这套机制得以运作的起点，依然是个体的意向性，或者是个体对别人所采取的意向解释姿态（请回顾上节所讨论的内容）。

但这样一来，问题就很容易被复杂化了。按照上面的理论，如果有很多人在一起排队，并产生"要排队"的集体意向，那么背后发生的故事就是：A 要相信 B 相信排队对自己是有利的，同时 B 也会认为 A 有这个信念、C 有这个信念、D 有这个信念……这实在是太麻烦了。这套理论与常识产生最明显的冲突的地方就在于：我们平常在排队的时候，显然不会对队伍中的任何一个人的心理状态做出如此复杂的推理。

面对这样一个指责，那些主张要把集体意向性还原为个体意向性的人，还有进一步的说辞。他们说：我们用不着把队伍里每个个体的名字全部列出来——但是我们至少得相信：大多数人和我的想法是一样的。

但是，有些哲学家就提出了不同的意见。其中一个非常有意思的意见就是，如果你仅仅是相信别人也会和你做同样一件事情，你就会遗漏集中意向性中的意图，特别是"把事情做好"这个意图。

我再来举一个例子：假设我和你都是同一个足球队的成员，我们都在绿茵场上奋力搏杀，并彼此产生了很好的默契与协同——而这一协同与默契本身又有一个更深的目的指向，即球队的整体利益。

很显然，倘若这种默契感的产生，仅仅是因为我相信我协助你对我有利，并相信你相信你去协助我对你有利，而你也相信我帮助你对我有利……那么我们就无法解释为何整支球队的运作会如此高效（很明显，利益计算的环节越多，整个团队的运作就会越低效）。这也就是说，为了解释默契感的产生，我们还需要求助于某种精神黏合剂，即某种不可被还原的、作为集体运作之基础的集体意图。如果我们不预设这一集体意图存在的话，我们也就难以解释如下现象了：在很多情况下，很多人的确是为了集体的利益不加思索地奉献自己的，而这样的集体也会显得比较有战斗力；与之相比较，那些个体成员一直各怀鬼胎的松散集体，则一遇风吹草动，便会作鸟兽散。

上述关于集体意向性不能被还原为个体意向性的论证，乃是美国哲学家约翰·塞尔给出的。他也就是前文提到的"中文屋思想实验"的提出者。

启发及运用

根据上面的讨论，大家可能已经想到了，集体意向性是一种不可被还原的、具有基础地位的意向性，这种意向性是强大的社会团体得以形成的基础。

集体意向性在现实世界中的形成，乃是一个社会学、心理学和政治学的话题。其形成既需要教育系统长期的灌输，同时也需要相关利益机制的积极反馈。比如，一个人所在的集体若要让其成员觉得它自己是真实存在的，而不仅仅是一个名号，那么，该集体就要将各式各样的保障措施做到位，比如经济保障措施、劳动保障措施、医疗保障措施，等等。

话又说回来了，一个集体什么时候又会失去凝聚力呢？这也就是集体意向性分解为个体意向性的时候——这时候每个人都开始打自己的小算盘了，并因此使得整个集体的协调运作出现各种紊乱。到最后，这样的集体就很可能会被更强大的集体所击溃。

67. 从鸿鹄之志，到对于志向的具体表达

讨论集体意向性时，我们已经牵涉到了"意图"这个概念。本节就来正面讨论这个概念。

意图与信念的差异

在哲学里面，"信念"和"意图"不是一回事。信念是指"我相信"，意图是指"我要"。这两者是不同的。

也正是因为这两者之间有差距，所以汉语里面就有了一个说法，叫"白日梦"。什么叫白日梦？就是你具有一个意图，但你自己也相信它是实现不了的，所以这个意图的内容就是白日梦。

但是人不能没有意图，就像人不能没有梦想，所以意图仍然是值得我们加以考量的。我们要让我们的信念变成看得见、摸得着的行动，当中就要有意图在里面发挥"精神发动机"的作用。

安斯康姆关于意图的五个观点

系统研究意图问题比较出名的一位哲学家，是大哲学家维特根斯坦的女弟子伊丽莎白·安斯康姆。在 20 世纪 50 年代末，安斯康姆写了一本书，题目就叫《意向》，此书以后也成了意图理论的一部奠基性著作。我现在就用比较通俗的语言，介绍一下其中的观点。

意图是在欲望的驱动下去做事的理由

第一个论点就是，意图是在欲望的驱动下去做事的理由。这句话是什么意思？我们都知道，"欲望"和"意图"是两个意思很近的词，但两者之间还是有所分别的。按照安斯康姆的解释，"欲望"更接近于那些不可名状的潜在心理状态；而意图本身则更接近语言的层面，即可以被语言表达出来，并更容易被兑现为具体的行动。

举一个例子来说："想解渴"便是一个欲望，而与之对应的意图则应当要具体一点，如："想喝可口可乐"。

意图是做事的理由，而不是事情之所以发生的原因

前一部分的讨论已经涉及了"理由"。现在就来详说何为"理由"。"理由"的英文是"reason"，与之对应的一个词则是"原因"，其英文则是"cause"。理由是用来对一个行动的合理性进行说明的，而原因是用来对一件事情之所以发生的前提进行说明的，这两者是不一样的。

比如，某个大国要攻击某个小国，然后它的确实施了打击，并把那个小国的一个军事基地给摧毁了。现在，这个军事基地被摧毁已经是一个摆在面上的事实了，这个大国做这件事的理由是什么呢？这个大国的外交部门就会编出一套理由，说被打击国支持恐怖主义行动。

不管这理由是否能够说服人，这至少在形式上算是一个"理由"。

现在我就要问了：这个小国的基地是如何被摧毁的？该基地没有得到本国防空系统的有效保护的原因是什么？原因就是：这个大国使用了一种隐形战斗机，使得被打击国的雷达系统没有办法发现。请注意，"原因"和"理由"在这里就出现了分离——也就是说，承认某大国的隐形飞机非常厉害，成功突破了小国的防御，并不意味着承认大国这么做是合理的。

意图是一种理由，而非一种原因，这一点就引出下面这一点——

意图并非是预测

正因为意图本身并不构成一个原因，所以，意图的存在并不意味着意图所指向的那个事件就会发生。所以，我也无法根据意图的存在，去预言意图所指向的那个事件就会发生。由此我们就得到了关于意图的第三点规定，即意图并非是预测——举例来说，我虽然有考上北大的意图，但这并不意味着我做出了"我定能考上北大"这一预测。我至多只能希望这一点发生。

意图具有"事从于心"的符合方向

在安斯康姆看来，意图具有"事从于心"的符合方向，而信念则具有"心从于事"的符合方向——这到底是啥意思呢？

比如，你有这样一个信念："张三这次一定能考上北大"。这样一个信念什么时候能成真呢？就是在张三真的考上了北大的时候。这也就是说，你的信念是否成真不取决于你的信念，而是取决于这件事情本身是否发生，所以这就叫"心从于事"。

反过来说，"我现在要喝可乐"这个意图的产生是从我的内部发生的——如果我的手边暂时没有可乐，我应该做的事情是想办法找到可乐，以便满足我内部的意图。也就是说，在意图的满足过程中，外部的事件必须得服从于心，所以说这叫"事从于心"。

这两者之间的区别，足以说明意图与信念对于个体与环境之间关系的不同影响。丰富的信念是不足以改变世界的，因为任何一个信念都是现实的奴隶；而只有意图才能积极地改造世界，让世界成为主体的奴隶。然而，对于世界的改造依然无法脱离一些关于世界如何运作的真信念——在这个过程中，主体依然要保持对世界应有的恭谦。

意图会限制对于实现手段的选择

安斯康姆还认为，意图的意义内容会渗入相关的实现手段——换言之，你想做成的事情自身的性质，会对你做事的手段形成影响。这个想法，就与我们日常生活中经常使用的一个成语——"不择手段"——构成了矛盾。换言之，在安斯康姆看来，不存在"不择手段"这回事：意图的具体内容，总是会限制对于手段的选择。

譬如，在电视剧《长安十二时辰》里面，唐明皇要在长安搞一次大拆迁，以便腾出地方，让小勃律国的来使住得开心，这样就能够节省大唐帝国在边境上的军事开支，促进社会的稳定。但是具体的办事部门在执行这个计划的时候有所偏失，相关官员只管拆迁是否能够成功，所以动用了一个叫熊火帮的犯罪组织强行进行拆迁，最后就造成了血案，反而造成了社会的不稳定。

很明显，唐明皇本来的意图是"以比较小的社会代价来顺利地实现长安某一个地区的拆迁任务，以图实现社会的稳定"。如果下级官员能够正确理解皇帝的意图，他们就不会不择手段地去勾结黑帮来进行强拆。换言之，是下级官员将皇帝的原始意图偷换为"迅速完成拆迁，而不论用何种手段"，这才造成了后续的一系列麻烦。不过，从哲学角度看，温和的意图本该与温和的拆迁措施相互对应，而错误的意图则与粗暴的拆迁措施相互对应，故此，安斯康姆所心心念念的"意图的内容与手段彼此的对应性"，在此还是得到了很好的验证。由此看来，不管唐明皇有没有错，他的办事官员有没有错，安斯康姆的理论可没有错。

启发及运用

本节的讨论，可以在各个方面对我们的日常生活构成启发。在日常生活中，很多人都觉得自己应当有做大事的鸿鹄之志，这当然是好事。但是这还远远不够，你得要把你的志向的具体内容写下来，让其成为促进你行动的理由。换言之，既然意图是在欲望支配下做事的理由，你一定要把你的理想从欲望的层面往下拉，细化到理由的层面，由此能够让它成为意图，否则，一切都是空谈。

另外我也经常发现，在日常生活中，很多人总是把理由和原因混为一谈。比如，家长看到孩子考得不好了，就会说："你考得这么不好，对得起爸爸、妈妈吗？"这话很没意思，因为这话的言下之意是孩子考得差这一点是缺乏理由的，因为这么差的成绩是对不起家长的。但家长真正需要考虑的，乃是孩子这次没考好的真正原因。譬如，家长要问这样的问题：是不是考卷所涉及的某一个知识模块，对这个孩子本身的知识架构构成了一定的挑战？或者是孩子在考试之前缺乏睡眠，导致发挥失常了？请注意，这里我们需要讨论的是孩子的能力，而不是他的意图。能力的归能力，意图的归意图，不要老做"诛心之论"。

68. 自由意志，只是一种心理安慰剂？

　　在前节中，我们讨论了意图的哲学本质。我们可以拥有各式各样的意图：想去吃冰激凌，想去看《用得上的哲学》，或者是一边看《用得上的哲学》，一边吃冰激凌。我们能够拥有如此多样的意图这一点，多少证明我们是自由的，或者是，意图的背后是有"自由意志"为之奠基的。那何为"自由意志"呢？

何为"自由意志"？

　　"自由意志"恐怕是平时大家经常听到的一个哲学术语。那么，什么叫"自由意志"呢？以 2019 年上映的动画电影《哪吒之魔童降世》为例。这部电影刻画了一个与命运不断斗争的哪吒形象：他一诞生，就被人说成是"魔丸转世"，也就是说，他注定要成为一个祸害人间的魔。但是哪吒并不想这么做，他心有不甘，不愿意对命运妥协，所以他最后做的事情其实都是向善的。而与哪吒相对应的另外一个动画人物便是敖丙：他是灵珠转世，忍辱负重，背负全族的命运，因此，他就不能够潇潇洒洒地活出他自己了。这么多人喜欢看《哪吒》这个片子，很可能就是被这个片子所体现出来的对于自由意志的歌颂所感染。

由此看来，"自由意志"指的就是这个意思：我们人类在面对各种选择的可能性的时候，能够不受胁迫地选择其中一种可能性的能力。有人选择成魔，有人选择成佛，全看个人的决断。

但是，人类真的有这种能力吗？换言之，真的有自由意志吗？

自由意志真的存在吗？

关于这个问题，有三种不同的意见。

第一种意见就叫"自由意志论"，意思就是说：自由意志是存在的。这很可能就是很多人从小到大接受的一种观点：我们人类的确具有自由意志，因此，我们能决定我们到底该怎么选择自己的人生道路，就像哪吒可以选择自己到底是成为一个向善的仙，还是一个向恶的魔。

但是还是有一种与之对立的观点，叫"决定论"。决定论的核心思想就是说：自由意志是一种幻觉。按照决定论，世界上发生的所有事情，归根结底都只是一些物理学的事件罢了。

针对这种说法，有人就反问决定论者了：为什么很多人都相信人类是有自由意志的呢？决定论者的一个回应就是：这是因为大家这么想时会感到安心，或者说，让人有借口去鼓励别人好好努力（"你的命运可不是命定的啊！加油啊！"）。但在决定论者看来，这只是一种主观上的精神激励，它并不意味着客观上真的有自由意志——这就好比说，曹操可以用"望梅止渴"的办法来忽悠士兵，但这并不意味着前面真的有梅林。

除了这个决定论与自由意志论之外，第三种关于自由意志问题的立场就叫"相容论"，其大意是：自由意志的存在，与科学所说的那些必然性规律的存在，二者之间是没有矛盾的——二者是彼此相容的。前面我们提到的哲学家丹尼特，就是此论的支持者。

在相容论者看来，人类就有这样一种心理趋向，即把自己所看到的很多东西解释成是有自由意志的，并有自己的想法的（譬如"春姑娘来了""太阳公公落山了"之类的话）。这是为什么呢？这是因为，这种拟人化的世界观，能够让我们对世界的描述变得更为精简，而且更容易被记忆。

另外，也正因为这种"滥发自由意志标签"的做法能够带来思维的经济性，我们就能够为这种心理倾向的产生赋予一种演化心理学的解释（顺便说一句，演化心理学的核心思想，就是要将各种心理倾向说成是人类心智应对外部挑战的各种最简洁的策略）——而既然演化心理学的解释本身是能够被顺化到决定论的阐述框架中去的，那么这样一来，关于自由的阐述与关于决定论的阐述，彼此也就不会产生实质性的矛盾了。

不过，对于相容论的这样一种解决路径，我个人是有点小小的质疑的。我的质疑就是，这个方案好像在精神气质上还是决定论的，因为它归根结底还是把自由看成是某一种幻觉——只不过是一种有用的幻觉罢了。

现在，我便忍不住想谈谈本人对于自由意志问题的看法。

我首先要指出，决定论肯定是错的。其错误并不在于它对人类的本质做出了一种错误的描述，而是在于它已经对自然的本质做出了一种错误的描述。试问：难道自然世界本身就是被必然性的科学铁律所完全控制的吗？我们都知道，在量子力学的层面上就有大量的不确定性出现。别的不谈，原子结构中电子围绕原子核运动的轨迹就是具有明显的不确定性的。换言之，我们眼前的那些宏观的、确定的物理现象，恰恰就是奠基在这些不确定的、微观的物理现象之上的。这也就是说，所谓的物质世界的确定性，其本身就是从大量的不确定性当中突然涌现出来的。因此，归根结底，我们的世界依然是不确定的。从这个角度看，决定论肯定就是错的——除非我们将"决定论"的含义偷换为别的意思，譬如"对于自然科学的发现的尊重"。

我的第二个观点是：自由意志论有一半对的地方——也就是说自由意志的确是存在的——但是它也在某个地方搞错了，因为此论并没有正确地意识到自由意志的本质是什么。

在我看来，自由意志的本质不仅仅是"不确定性"，否则基本粒子也是具有自由意志的。自由意志的本质是：主体意识到自己的某项决策具有不同的可能性，以便从不同的方向对世界中的物质配置进行扰动。在这种认识的基础上，主体只是找到了一种他认为最合适的可能性，并且加以实现。也就是说，基于"非确定性"的叙事，只不过就是这整套关于未来的决策故事的一个副产品，而非其基调。而该故事的核心要素，便是心智架构对于未来的各种可能性路径的反思能力。

那么，相容论者到底对还是不对呢？这得看情况。我们知道，相容论已经预设了决定论与自由意志论都是对的。然而，如果相容论者本身就预设了一种错误的决定论观点的话，那么相容论就是错的——不过，如果我们把所谓的决定论观点替换为对于自然科学的适当尊重的话，相容论还是可以成为一种值得鼓励的学说的。

我再将自己关于自由意志的观点进行一番小结：自由意志问题的实质，并非是"如何在被必然性的自然规律所控制的物质世界中安顿人类的自由"这个问题，因为物质世界本来就没有被必然性的枷锁所控制。毋宁说，自由意志问题的实质是：本身就已经充满偶然性的物质世界，应当具备哪些规范性条件，才足以演化出那些具备对于"选择之可能性"的反思能力的高级智慧生物呢？——由此看来，对于该问题的正确应答路径，将牵涉到一定的脑科学、心理学与语言学的经验内容，而不能靠哲学单打独斗。

启发及运用

很多人都张口闭口说要"自由"，但是"自由"这个词的含义又往往会被误解。一种最大的误解就认为：自由就意味着不受拘束，你想干吗就干吗。这显然不是"自由"的真正含义——我已经说过了，自由必须基于恰当的理由——至少是看上去恰当的理由——所以很多基于任性的行为，不配称为是自由的。

所以，大家判断一个人是自由的还是不自由的，千万不能从表面现象来看，而要看得深一点。你要看背后的理由和根据是什么，看看他的行为是基于深思熟虑，还是过家家式的任性。

我希望本书的读者都能够成为自由的人。成为一个自由的、受到合理的规矩约束的人，肯定就会比那些不受规矩约束的、仅仅受任性法则所控制的人来得更加幸福，因为你能够看得更远，而你所有的行为也是基于你对于更远的未来的洞见的。

而真正自由的人，也是应当有能力分辨哪些东西是真知识，哪些东西仅仅是虚假的信念的——因为只有建立在知识基础之上的对于人生选择的反思，才是真正深刻的。但何为"知识"呢？这就是下章所要讨论的问题了。

第四章

知识论：你在思考什么？

69. 人类能够知道些什么？

心智运作的目标之一，乃是获取知识。但到底什么叫"知识"呢？这可是哲学研究中的一个大课题。本章将聚焦这个问题，展开运思。

什么是知识论？

知识论的英文是"epistemology"，也可以翻译成"认识论"。但是一说到"认识论"，很多人就以为我们在讨论这样一类问题：主体是如何认识客体的，主体怎么从"相对真理"慢慢攀爬到"绝对真理"的。

我可以告诉大家，我不会讨论这些问题，因为这些问题基本上都是胡扯。为什么呢？因为在物理主义的理论框架中，根本就没有什么"绝对真理"。在西方哲学的传统里面，"绝对真理"说的就是宗教真理，特别是关于上帝的知识（在黑格尔那里，尤其如此）。如果我们不去讨论关于上帝的知识的话，那么，所有的知识都是相对的——因为所有的科学知识，都是可证伪的。

不过，知识论也并不讨论科学知识是如何形成的，因为这是科学哲学的问题。知识论主要关心的，就是日常知识形成的规范性条件。

这里需要提醒以汉语为母语的广大读者，在英文中，"知识"（knowledge）的动词形式是"知道"（to know）。所以，在英美哲学的脉络中，对于日常知识本质的追问，经常被替换为这样的一个问题：我们是如何使用"知道"这个词的？

举个例子：张三说："我知道马绍尔群岛以前是被美国托管的，而现在它早就变成了一个独立的共和国了，叫'马绍尔群岛共和国'。"

张三凭什么能说"我知道"呢？就是因为张三说这话的时候，对自己所陈说的内容，是颇有把握的；他清楚：他说出来的这一条信息是可以得到验证的。

——那么，为何张三所说出的相关内容，并不包含着"绝对真理"呢？

所谓的"绝对真理"，它指的就是：无论出现什么偶然性的情况，这条真理——只要它本身不是毫无内容的同义反复——自身依然还是真理（而关于上帝的知识被称为"绝对真理"的理由，也正在于此：无论物质世界发生什么偶然状况，上帝的存在都被认为是不可被撼动的）。而"马绍尔群岛是个独立的国家"，显然不属于此类"绝对真理"。你当然可以设想在某一个可能世界中，马绍尔群岛依然是美国的一个托管地，而不是一个独立的国家，你同时也可以设想马绍尔群岛上面根本就没有人。

看来，在日常生活中，"知识"的门槛，的确没有"绝对真理"那么高。但这也并不意味着：在日常生活中，"知识"的门槛是随便就能跨过去的。试想下面的案例：

假设你现在听到了一则上海的气象预报台的报道，说上海明天降水的概率是 75%。你听到这话以后，就说了："我知道明天上海肯定要下雨。"那么，这个话成立不成立呢？

大多数人都会说"不成立"。为什么呢？在这种情况下，你不能说"知道"，你只能说"相信"——"相信"和"知道"这两个词的意思是不一样的。

具体而言，"知道"这个词的用法，是与"确定性"颇有关联的。你只有对所说的内容足够确定，相关的根据足够硬，你才有条件说你知道这件事。

然而，在刚才的案例中，你如果说自己知道明天上海必定会下雨的话，你摆得上台面的理由是什么呢？这理由便是相关的降水概率的预报——但这预报说得清楚，明天上海降水概率是 75%，那还有 25% 的可能性不下雨，所以，你不能对明天是否下雨有足够高的确定度。既然如此，那么你只能说"相信这一点"，而不能说"知道这一点"。

下面我们再来更进一步地阐说"知道"（to know）与"相信"（to believe）之间的关系。这一关系也可以被说成是"知识"（knowledge）与"信念"（belief）之间的关系。

"信念"是"知识"的预设，
"知识"是被公众接受的"信念"

"相信"和"知道"之间的关系是：你相信一件事，未必意味着你知道一件事；而你知道一件事，就预设了你已经相信了这件事。这也就是说，我首先得相信一件事，然后我又拿到了一个摆得上台面的理由，然后我才能够让别人也相信这事。于是，个人的信念就慢慢变成了公共的知识。

举一个德国电视剧《巴比伦柏林》里面的例子：在德国的魏玛共和国时代，柏林警察局的优秀干探拉特得到情报，一群隐藏的德国军国主义余孽正密谋推翻共和国，并还在 R 国秘密组建《凡尔赛和约》所禁止的空军部队。他是相信这一情报的真实性的，但是法官们还不确信，所以这就倒逼拉特去搜寻更硬的证据。最后，拉特与一名警局专用摄影师坐上侦察机，冒死进入 R 国，拍到了驻扎着那支非法空军的机场的照片，并将这证据带回了柏林。在这样的情况下，拉特就有资格说："我的确知道我国的某些黑暗势力在 R 国有一支非法的空中武装力量，而不仅仅是相信这一点。"

注意中英文语境差异

对于以中文为母语的广大读者来说，我还是有小小的一些提示要提供给大家。

首先，知识论中讨论的"相信"，大家最好从英文的"to believe"的角度去理解，而不要太在意汉语中的"相信"的意思。其实，在汉语中，"信"这个字，还包含了"信任"的意思，而"相"这个字，又涉及人际关系的维度。所以，"相信"这个词在汉语本就具有公共的维度了，而与英文中的"to believe"更倾向于个体思想状态的意蕴有所分别。

为了避免这个因文化差异所导致的误会，我更倾向于将"to believe"翻译成"想"——如此一来，"我相信明天上海会下雨"就要被说成是"我想明天上海会下雨"。作为对应，"belief"可以翻译为"想法"。不过，其实这个译法也是有问题的，因为：首先，这是我私人的译法，学术界未必会接受；其次，与"想法"对应的标准英文其实是"idea"，我的翻译也可能会造成别的方向上的混乱。所以，想来想去，我们还是将"相信"接受为对于"to believe"的翻译吧。

至于关于如何翻译"to know"，麻烦则要小一点。一般就将其翻译为"知道"。但在吴语方言里，是没有"知道"这词的，而只能说"晓得"。不过，"晓得"又有"理解"的意味——这就是说，吴语中的"晓得"包含了比普通话中的"知道"更为丰富的意蕴。

第四章的知识地图

当代知识论已经发展成一个庞大的学术工业了，有些话题非常晦涩难懂。考虑到这是一本普及性读物，我对相关的内容做了大量删减。

在本章中，我将首先讨论怀疑论的问题。什么叫"怀疑论"呢？根据怀疑论的见解，世界上根本就没有任何知识，也没有人能够获取任何知识。之所以先讨论这个问题，乃是因为：如果我们不努力澄清怀疑论提出的困惑，知识论这门哲学分支的合法性都会成为问题了。

讨论完了最激烈的怀疑论，我们还要对付一种相对温和的针对知识之合法性的理性困惑：有时候，我们会"歪打正着"地获得某些真理，而这算不算获取知识的一个案例呢？这就是本章在"盖蒂尔问题"这一名目下所讨论的问题。

——而上面所说的"获得某些真理"这话，又牵涉到了"何为真理"这个问题。这就自然引出了"符合论"的真理论。然而，对于这种真理论的批判性思考，又引出了作为其对立面与补充性理论的"融贯论"。

说了"融贯论"，我就不得不说起此论在汉语哲学背景中的变种，也就是儒家的"正名论"。我们还将顺势讨论如何在汉语哲学的思想背景中解决"盖蒂尔问题"的某些变种。

接下来我想进一步讨论人类的心智架构与知识指派的关系，由此打通本书第二章、第三章与本章内容之间的壁垒。在此名目下，我会着重讨论时间压力模型与"银行案例"中的知识指派问题。

最后，我想讨论一下德性和知识之间的关系。"德性"貌似是个道德哲学的概念，但只要将其理解为"人类心智活动的一般禀赋"，它也可以在知识论的讨论中发挥作用。

70. 是不是可以再佛系一点呢?

怀疑论,一种哲学态度

"怀疑论"是什么意思呢?先来说"怀疑"这个词。这词的意思,大家应该是能够理解的,比如在谍战剧里面,我们都能理解这样的台词的意思:"敌人开始怀疑你了,你得立即转移!"

但是,"怀疑"和"怀疑论"还是不一样的,"怀疑"就是一种日常态度,"怀疑论"是一种哲学立场。我把历史上的怀疑论立场分成四类,以便大家记忆。

立场一:啥都怀疑

第一类怀疑论立场的特点便是:啥都怀疑。相关的主要的代表,是古希腊的哲学家高尔吉亚。

高尔吉亚生活的时间相当久远,大约是公元前 483 年到公元前 375 年。他的哲学著作到现在只留下一些残篇,而且都是通过二次、三次转述的，所以对他的思想全貌的了解，我们现在也非常勉强。

他最重要的一本著作，就是《论非存在》。在《论非存在》里，他提出了这样几个哲学论题。第一个论题就是：没有东西是存在的。

说到这里的时候大家就问了：这高尔吉亚是不是脑子有点问题？我说我眼前有一棵橄榄树——那肯定是我看到了树呀。高尔吉亚一种可能的回应或许是：感觉是会欺骗你的，不要相信感觉；所以呢，即使某个东西存在，你也不能够真正地知道它是存在的。这就引出了他的第二个论题：即使某物存在，我们也无法知道其存在。

高尔吉亚还有第三个论题，作为前两个论题的后手：就算有人能够知道某些东西是存在的，他还是不能够把这一个知识传播给别人。这是为什么呢？因为语言时刻都在制造各式各样的迷障，我说的未必就是你听到的意思。

看来，高尔吉亚既怀疑世界上是否客观存在着一些事物，也怀疑我们人类是否能够认识这些事物，同时还怀疑我们是否能够通过语言来传播我们的认识结果。但这种彻底的怀疑主义态度，也给他自己造成了麻烦。有一些哲学家就嘲讽他说：高尔吉亚先生，你说的这些观点本身到底存在不存在呢？你若说它"不存在"，那么就意味着你的观点是错的；但是，你若说它"存在"的话，这就等于否定了你自己的论题的第一条：世界上是没有东西存在的。

立场二：作为方法的怀疑论

从上文的分析中不难看出，怀疑论不能够太彻底、太全面，否则立论者就会自己打自己嘴巴。这就会导向一种更为克制的怀疑论思想，譬如：仅仅把怀疑作为一种手段（而不是目的），以便以此得到某些确定的答案。

这方面的典型乃是笛卡尔的思想。笛卡尔就是把怀疑当成一种手段，而不是作为一种目的。在笛卡尔看来，人类的知识当中有很多事情是可以怀疑的，而有些事情是不能够怀疑的。

比如，我眼前是否有一片红色的云，这件事情或许是值得怀疑的，因为有可能是某种奇特的光线的现象（或者是我眼睛的某种病变），使得我误把某种并非红色的东西看成了红色。甚至笛卡尔也会设想，有一个叫"笛卡尔精灵"的妖魔，在全面操控我的外部环境，使得我看到的所有东西都并非是其本来应有的样子。然而，笛卡尔依然认为有一件事情是不能怀疑的，就是"你在怀疑"这件事本身。"你在怀疑"这件事本身，就证明了你的心理活动的实在性，由此我们还能进一步推出你的人格实体的存在——所以他才说"我思故我在"。

以上的内容，是本书第44节对于"我思故我在"的讨论所已经涉及的。但在第44节中，我并没有涉及这样一个问题：笛卡尔又如何从心灵实体的实在性中，推导出外部世界的实在性呢？

笛卡尔解决这个问题的关键，就是搬出"上帝"这个中介性概念，即先证明上帝存在，再证明外部世界存在。那么，又该如何证明上帝的存在呢？他的想法延续了中世纪的安瑟伦对于上帝的本体论证明的思路。其具体理路是这样的：即使是一个蠢人也可能是信仰上帝的——由此引发的问题就是：如此完美的"上帝"观念，是怎么可能在一个蠢人的心理活动中出现的呢？唯一的解释就是：这样的一个"上帝"的完美形象，只能从外部输入，而输入者必须更加完美，因此，输入者就是上帝自身。因此，上帝是客观存在的。而且，也正因为上帝是客观存在的，所以全知、全能且全善的上帝可以倒过来保证我看到的外部世界是真的，所以我的知觉活动确实是反映了外部的客观情况。所以，高尔吉亚的立场是错的——在笛卡尔看来，外部世界是存在的，而且，我们可以在上帝的担保下认识外部世界。

立场三：小事不疑，大事多疑

第三类怀疑论，叫"小事不疑，大事多疑"，其代表是德国哲学家康德。

什么叫"小事"？在康德看来，"我的名字叫康德""我住在柯尼斯堡""柯尼斯堡在东普鲁士"——这些事他不怀疑。那哪些问题是他怀疑的大问题呢？康德在《纯粹理性批判》这本书里面就提了四个大问题，而且，每个问题都有正、反两个答案，让人感到难以适从。

这些问题是：

问题一：整个世界就其时空形式而言是有开端的，还是无限的？

问题二：我们如果把所有的东西都往下分的话，能不能分到那些不可分的最简单的东西呢？

问题三：我们人类所做的那些抉择，背后是不是有自由意志在起作用呢？（大家应当记得，我们在上章中已讨论过这个问题了。）

问题四：世界当中所有发生的事情，它到底是有必然性，还是有一些不可被消除的偶然性？

在康德看来，对于这些大问题的回答，已经超出了我们经验的界限，因此，我们就无法确定地回答之，也无法拥有关于这些问题的知识。不过，在康德看来，我们缺乏关于这些问题的知识，并不意味着我们对于这些大事要采取佛系的态度。他建议大家通过宗教信仰来解决对于这些大问题的答案的渴求——不过，狡猾的康德又补充说，笛卡尔对于上帝的存在的证明是有问题的，所以，他本人无法从理性角度证明上帝是存在的。一句话：宗教信仰本身不是论证能够搞定的事。你信就是了。

立场四：正因为怀疑了大事，所以连小事也怀疑

这种怀疑论的原型是由美国哲学家普特南所提出的。尽管普特南自己又破除了这个怀疑论，但是这个怀疑论本身却被大家反复引用，甚至还进入了科幻电影。这一怀疑论是奠基于"钵中之脑"思想实验的。

啥叫"钵中之脑"？该思想实验的好莱坞版本，就是我们很熟悉的电影《黑客帝国》：假设除了你的脑子之外，你的身体的其余部分是不存在的。而这个脑子又活在一个营养钵里面，通过附着在大脑皮层上的很多电极来接受各式各样的电信号刺激。由于这些电信号刺激都是被一个邪恶的科学家加以定向调试的，你就产生了各式各样的他所希望你产生的幻觉——包括"我的手正拿起《用得上的哲学》"这样的幻觉（但实际上，你根本就没有手）。

现在，哲学问题来了：各位读者们，你们怎么知道你们自己不是钵中之脑呢？

这个问题是非常难回答的，因为任何被证明"我不是钵中之脑"的证据（如"我的确有两只手啊！"），都可能是某种由钵中之脑的机制所产生的幻觉。

这也就是这种钵中之脑论证可怕的地方：只要你在宏观的层面上设想你是钵中之脑，那么，什么事情都是可以怀疑的了："我有两只手""我现在有个手机""我现在在看书"……所有都可能是假的，都有可能是人家故意给你制造出来的虚假的信号。

启发及运用

谈到这一步，大家可能就会问了：本书的宗旨，不是说要做"用得上的哲学"吗？如果我们连自己有没有双手这样的事情，都不确定究竟是不是由钵中之脑机制所制造出来的电子幻象，那我们活着还有什么劲？

当然，钵中之脑之类的比较极端的怀疑论，的确有摧毁生活的负面效力。不过，那些比较和缓的怀疑论——如笛卡尔的与康德的怀疑论——在日常生活中还是有用的。我们在日常生活中可不能什么都怀疑，对吧？如果什么都怀疑的话，你肯定会寸步难行。然而，如果你什么都不怀疑的话，你就会被很多坏人所骗。所以，我们最好就在里面找一条中庸之道，做到"有所疑，有所不疑"。

但具体该怎么做呢？一个诀窍就是：一般不要随便怀疑，但是出现"不对劲"的迹象的时候（比如，某人与你说话的时候，平时非常自信的眼神，突然变得闪烁不定），就一定要开始怀疑。

另外，我还想谈谈康德的那种"给知识划界限，以便给信仰留地盘"的思想。我在大学本科时代第一次接触康德的这一思想的时候，多少觉得康德的这种在知识与信仰之间骑墙的暧昧态度，非常不彻底。后来我才越来越发现，世界上的确有些事项的价值完全不输给对于知识的追求，譬如对于道德与美的追求。知识论也并不是讨论此类事项的合适哲学工具——这些问题应该留给伦理学与美学来加以讨论。换言之，在日常生活中，我们不但要尊重那些能够创造知识的工作，也要尊重那些能够创造德性与美的人类活动——譬如慈善活动与艺术活动。

71. 如何确定你的存在不是幻觉?

本节就来谈谈如何对付前节所提到的"钵中之脑"式的怀疑论。有三种比较策略来对付这种怀疑论:第一种就叫"摩尔主义",第二种是"语境主义",第三种则是语境主义的一个变种,叫"比对主义"。

摩尔主义:钵中之脑只存在于遥远的可能世界之中

第一种叫"摩尔主义"。摩尔是一位英国哲学家,但这种立场也是不少学者根据摩尔的观点申发出来的,而未必是摩尔一人的思想。"摩尔主义"到底是怎么回事呢?这很大程度上就牵扯到了摩尔在二战之前在英国做的一个讲座,题目叫"捍卫常识"。

在讲座上他说:"怀疑论是不对的,咱们要保卫常识。"于是,他把左手举起来了,说:"这是一只手。"然后,他把右手举起来了,说:"这也是一只手。"于是,我们就看到了两只手了——接着,他就说:"我关于两只手的知识是可靠的。"由此摩尔就进一步推论出:我们人类关于外部世界的其他方面的知识也都是可靠的。

很多人恐怕都会问：这个论证怎么这么粗糙？该论证好像不能打败那种基于钵中之脑思想实验的怀疑论论证，因为怀疑论者完全就可以说："摩尔你现在举的这两只手，都是钵中之脑的装置给予主体的某些幻觉。"

对此，摩尔又该怎么回应呢？现代的摩尔主义者对于这个问题的回应方案要来得精巧一些。他们是借用了莱布尼茨的想法，把"现实世界"和"可能世界"区分了开来。"现实世界"就是指现实发生的事情所在的世界，"可能世界"就是指那些虽然在现实中没有发生，但是可能发生的事情所在的世界。

出于对于怀疑论者的尊敬，摩尔主义者说："我们的确不能够排除这样的一种可能性，即我们大家都是在钵中之脑里面……"——但是他们立即补充说："然而，这种可能性所处的可能世界，离现实世界实在过于遥远，以致我们没有必要去考虑离我们那么遥远的可能世界。"

但是，这样的一种回击怀疑主义的方式是不是有效呢？我本人还是有点怀疑的，因为此论似乎无法消除这样一种非常极端的怀疑论：在每个可能世界（包括现实世界）里面，大家都是钵中之脑，因此，没有一个世界是对摩尔主义者友好的，并使得我们自己真的有两只手。而摩尔主义者预设"现实世界中我非钵中之脑"这一点，似乎有循环论证之嫌疑，因为这一点恰恰是需要他们去论证，而不是去预设的。

语境主义：不要被怀疑论者的语境牵着鼻子走

第二种回应极端怀疑论的方式，就是美国哲学家德罗斯提出的语境主义，其大致意思是：在不同的语境里面，我们关于知识的定义或者标杆不一样，而只有在怀疑主义的语境中，随着知识标杆的增高，我们才会对日常语境中不怀疑的事项产生怀疑。所以，在非怀疑主义的语境中，我们大可对常识表示宽容。

现在就来举例说明这种立场。

假设一个孩子跑到动物园里面，看到了斑马，然后就对爸爸说："爸爸，那是斑马啊！"爸爸问："你确定你看到的是斑马吗？"孩子说："是啊，眼见为实嘛！"那爸爸再反问了一句："现在我告诉你一件事情：这个动物园里面其实很可能没有斑马，却有骡子。动物园的管理员还在骡子身上刷颜色，刷出一条一条的斑纹，然后让它们冒充斑马。现在，你再看看你眼前的动物，这到底是真斑马，还是被精心涂色过的骡子？"儿子说："如果是这样的话，我现在就不确定了。"

大家不难发现，上述谈话其实已经牵涉到了语境的迁移。在一开始的原始语境中，并没有任何信息告诉我们：动物园会把一种动物伪装成另外一种动物。而在后面给出的新语境信息中，动物园管理员将骡子伪装成斑马的可能性，却被孩子的父亲所提到，由此引发了孩子对于其所见的怀疑。这也就是说，在语境主义者看来，知识怀疑并不是平白无故地产生的，这些怀疑乃是由特定的话语技巧所引发的"知识门槛提高效应"所导致的。而所谓的"知识门槛提高效应"，在此就是指：知识追求者得用更多的证据来证明其所持有的信念的确是知识——譬如，在刚才的案例中，那孩子必须更接近那被观察的动物，以确定那到底是不是真斑马。很显然，在"钵中之脑"的案例中，上述"知识门槛提高效应"已经被加强到了无以复加的地位：倘若父亲告诉孩子，你可能是个钵中之脑，因此，你所看到的斑马，或许就是别人施加给你的视觉皮层的一些电刺激信号，那么，那孩子几乎是找不到任何证据来证实或者证伪上述主张的。他因此也会陷入极端的怀疑论。

——然后，正所谓"无风不起浪"——只要父亲不向孩子提到啥"被精心伪装的骡子""钵中之脑"之类的脑洞，那么，知识的门槛就不会变得这么高——这样一来，孩子也就不会陷入怀疑论的麻烦。换言之，在日常语境中，怀疑论的疑惑会自动消失。从这个角度上来看，语境主义其实是一种更为精致的、语境化了的摩尔主义。在标准的摩尔主义者看来，只要我们不跑到那个遥远的可能世界去，就老老实实在现实世界待着，那么，我们就应当满足于"我有两只手"这样的日常知识，不用没事瞎怀疑。与之相比较，语境主义则没有用上"可能世界"这套话术，而是用上了"语境"这套话术——在语境主义者看来，只要我们不去进入怀疑主义的语境，我们就应当满足于"我有两只手"这样的日常知识。这套新话术的好处是：用上了这套话术后，我们就不用回答"为何在现实世界中我们并非钵中之脑"这个问题了——因为语境主义者根本就没提到"现实世界"与"可能世界"之间的区别。

比对主义：钵中之脑刻意拉大了对比项的差距

第三种用来对付怀疑主义的思路，就叫"比对主义"，代表这种立场的典型哲学家有美国学者乔纳森·谢弗。

要讲清谢弗的"比对主义"的观点是什么，我们先要来讲讲他关于"知道"这词的真实语法结构的看法。在一般人看来，"知道"这词的语法结构乃是某种二元关系，即建立在认知主体与被认知内容之间的二元关系，也就是"某人知道某事"，其英文表达是"S knows that P"（在这里，"S"即"某人"，"P"即"某事"）。

但谢弗的观点却不一样。在他看来，"知道"的真实语法结构并非是"某人知道某事"，而是"某人知道此事而非彼事"（S knows that P rather than Q）。换言之，在我们明说出一个我们所知道的事项的时候，我们都隐含地排除了一个我们所不认可的事项——或者说，某某被确定为真的事项之所以成立，恰恰是因为它与那个被排除的事项相比，看上去更为靠谱。譬如，假设伽利略说"我知道地球是绕着太阳转的"，他真正想说的是"我知道地球是绕着太阳转的，而非太阳绕着地球转"——而之所以"而非"后面的"太阳绕着地球转"一句在日常会话中经常被隐掉，主要就是省略的缘故。但在严肃的知识论导向语言分析中，我们一定要将这些隐蔽的语言成分复原出来。说得更学术化一点，这些被隐蔽的语言成分，就叫"比对项"。而被明确说出来的判断内容，则叫"被比对项"。

现在我们就用这个观点来处理怀疑论的难题。与语境主义者一样，比对主义者也区分了日常语境与怀疑论的语境。在比对主义者看来，在日常的语境中，"比对项"与"被比对项"之间的现象差异是比较明显的。换言之，一个小朋友若跑到动物园里面去，指着某动物说"这是斑马"，那么他仅仅想说的就是"这是斑马，而不是马"——而毫无疑问的是，几乎所有小朋友们都能够清楚地说明斑马与马之间的外貌差异。

但是如果我们把故事变一变，问小朋友说："小朋友，你知道这到底是斑马，还是被涂成了斑马状的一头骡子？"——在这个新问题中，比对项就变成"涂成了斑马状的一头骡子"，而非"马"了。换言之，比对项和被比对项的外表特征之间的差异已经变得非常微小了。在这种情况下，你若要将干扰判断的比对项排除掉，岂不是非常之难吗？正因为大家觉得要解决这个问题非常之难，所以你就对问题的答案的正确性感到相当怀疑。这也为怀疑论思想的催生提供了契机。

这一点在钵中之脑的思想实验里会变得更加明显。试想：我本人所看到的这两只手，到底是真手，还是由钵中之脑的实验装置所引起的关于手的幻觉？请注意，作为被比对项的"真手"与作为比对项的"幻手"现在的"现象差距"是零。什么叫"现象差距是零"？就是说，从外观上讲，你对于二者的现象体验是一样的。在这种情况下，你又该如何区别哪个是哪个呢？

到此，大家大概就明白了怀疑论问题是怎么被引起的——换言之，被比对项与比对项之间的现象特征越接近，将被比对项单独凸显出来的难度就越大，对于被比对项的知识断定就越难，怀疑论思想的赢面就越大。

我个人认为比对主义是语境主义的一种精致化发展，因为此项理论通过对于"被比对项与比对项之间的现象特征"的探究，对语境如何提高知识门槛，做出了一种更为确切的说明。

启发及运用

按照语境主义或者比对主义的说法，怀疑论思想的产生与消除，本身就是话术引导的结果。这就是我们在第二章所说的"框架效应"的知识论运用：你提供了怎样的话语框架（这一框架的核心要素往往是由比对项所提供的），你就能引导你的谈话对象去怀疑或者不怀疑某个事项。其具体操作是：你如果要引导你的谈话对象去怀疑某事项，你就提出一个与该事项非常接近的比对项，让他无法在二者之间分辨（譬如："你怎么知道这个姑娘接近你，的确是因为她爱你的人，而不是因为她贪图你的财产呢？"——在此我们假设听话人的确很富有）；如果你要引导你的谈话对象不去怀疑某事项，你就要提出一个与该事项差别很大的比对项，让其觉得确定这事项的真假，简直就是小菜一碟（譬如："你怎么知道这个姑娘接近你，的确是因为她爱你的人，而不是因为她爱你的猫呢？"——在这里我们假设听话人只是偶尔会遛猫）。总之，要针对不同听话人的情况，巧妙设计比对项，这样就能很好地设置议题，引导对方的知识构建的方向。

72. "榨菜哥"哪儿错了?

"歪打正着"获得的信念,算不算知识?

啥叫"歪打正着"?就是指你仅仅出于运气获得了一个正确的认知结果。譬如,你在做高考最后一道选择题的时候,觉得 B 和 C 都有可能是正确答案,但就是无法确定。那你该怎么办呢?那就抓阄吧。结果,你选中了 C,而这恰恰就是正确的答案。

在考试的语境之外,这种仅仅凭借运气获得真信念的案例也是有的。比如,有人问你现在几点了,你低头一看,说"六点",但是保不齐你的表已经停了——而凑巧的是,你表停的那个时间,恰好是 24 小时或者是 12 小时之前,一秒不多,一秒不少。这样一来,你就凑巧告诉了我一个正确的时间答案。

那么,在这种情况下,你是否的确是知道当下的时间呢?这可是个很大的问题。很明显,你获得当下的准确时间这一点,乃是取决于极大的运气成分的,而真正的知识,是应当排除"运气"的成分的。

所以，严格说来，在上面的案例中，你并不知道现在是啥时间。

由此看来，知道某事，不仅仅取决于获得关于某事的真信念，而且还取决于更复杂的条件。

按照柏拉图在《泰阿泰德篇》中提出的观点，一个人获得的信念B要成为知识，得满足下面三个条件：第一，B的确是相关主体S相信为真的东西；第二，B在客观上也是真的；第三，S有合适的证成（justification）方式来证明B是真的。将这三个条件合在一起，似乎就能把"知识"的范围给锁死了。换言之，知识就是"得到了证成的真信念"——或是，将其说成"得到了辩护的真信念"，也成。

得到了辩护的真信念，就一定是知识吗？

由柏拉图定调的这种关于知识之本质的观点，在1963年遭遇到了反驳。在这一年，一名叫盖蒂尔的哲学家写了一篇文章，文中提出了一些思想实验，对上述的传统知识定义提出了反驳。我现在就对盖蒂尔的原始案例进行了中国化的改写，以便让中国读者能够迅速领会盖蒂尔论证的精髓。

假设孔子有两个学生——子路和颜回——他们都听说卫国的某个官职缺人，正在招人。两个人都叫孔子给自己写推荐信，安排他们到卫国去做官。不过，根据可靠的情报，卫国这次空缺的官职名额只有一个，所以子路和颜回不可能同时被应聘。

这时候，子路通过孔子的另外一个学生曾子的情报获知，孔子已经将机会留给了颜回（因为在孔子写给卫国国君的两封推荐信里，他对颜回的评价更高），而曾子一向不撒谎。这时候子路又偶然地注意到了，颜回身上带了一束干肉，于是他就形成了这样的信念：那个身上带了一束干肉的人将去卫国做官。

这个信念最后的确被证明为是一个真信念，但该信念不是以子路期望的方式成真的。真实发生的情况非常纠结：孔子的确在推荐信里对颜回评价更高，但是卫国国君因为某些原因，还是更喜欢子路——而这一点是曾子所不知道的。子路也不知道这事。但有趣的是，颜回本人是知道子路会赢的，因为他有关于卫国官场的更准确的情报。为了祝福自己的朋友子路，他偷偷地将自己的干肉塞到了子路的行囊里面，希望他能够在去卫国的路上补充营养。这样一来，子路的行囊里就多出了一束干肉——尽管子路以为身边有干肉的人仅仅是颜回。

在这种情况下，子路脑子里形成的那个信念——"那个身上带了一束干肉的人将去卫国做官"——还是真的。只不过在这种情况下，那个要去卫国做官的人实际上是他自己，而不是颜回。

好，我现在就问大家一个问题：子路的确知道"那个身上带了一束干肉的人将去卫国做官"吗？我们都有一种很强的直觉，好像子路应该是不知道这一点的，因为他本来以为那个人是颜回，并不知道是自己。换言之，他只是凑巧获得了一个真信念，而不是真正地知道这一点。

然而，很有意思的是，按照柏拉图对于"知识"的定义，子路应当是知道"那个身上带了一束干肉的人将去卫国做官"这一点的。具体而言，虽然子路得到的这个信念的确是基于运气的，但这个信念的确是他自己所相信的，此其一；其二，这个信念的确是真的；其三，他的确有证据来证明这个信念是真的，而相关的证据就是曾子的证言。所以，柏拉图对于"知识"的定义就与我们普通人关于上述案例的知识指派直觉产生了矛盾。如果我们要更尊重我们的直觉的话，柏拉图的定义就必须要得到修正。

——那该如何修正之呢？

获取知识的方式，必须要稳固

考生考试的时候扔硬币，蒙对了某个答案——由此获得的真信念可不是知识。那么在关于子路求官的案例里面，子路获得真信念的方式，是不是就是一种更复杂的考生抓阄模式呢？子路所做的事情与扔硬币相比较，有什么本质的不同呢？

我认为两者之间既有不同，也有相同。相同的地方比较明显，就是二者的真信念的获取方式都牵涉到了运气。而不同的地方就在于：子路在获取信念的过程中，至少是给了自己一个表面上看得过去的理由的，此即曾子所提供的证言。而在投硬币的过程中，就连投币者自己都知道是在瞎蒙，因此是没有充分的针对目标信念的辩护的。

——那么，为何明明子路对自己的信念有一定的证成或者辩护，他依然没有获取真正的知识呢？

这就牵涉到子路的内部世界与客观世界之间的分野。站在子路自己的立场上看，他觉得自己的信念获取方式没有运气成分；但是站在我们的立场上看，我们却发现上述运气成分乃是不可被忽略的。我们知道子路仅仅是蒙对了。

——那么，为何真信念的获取方式一旦牵涉到了"瞎蒙"——无论是当事人所意识到的"瞎蒙"还是没有意识到的"瞎蒙"——就不能算是知识的获取方式了呢？这是因为，知识之为知识，必须要保证获取方式的稳固性。譬如，牛顿本人之所以是真实地知道牛顿力学的内容，乃是因为他能够足够有把握地按照牛顿力学的要求来进行物理学计算，用以满足设计建筑、计算天体轨迹等实践的或者理论的目的。与之相比较，某个靠抓阄做对某道物理题的学生之所以不知道相关的物理学内容，乃是因为他不可能每次抓阄运气都如此好。抓阄也绝对不是一个能够稳固地获得真信念的方式。同理，子路之所以获得"那个身上带干肉的人将去卫国做官"的真信念，也是依赖某些偶然形成的外部机缘，而这些机缘的产生机制绝非是稳固的。

名嘴"榨菜哥"错在了哪里？

盖蒂尔案例不仅仅是书斋里炮制出来的案例，它们在日常生活中也是有根苗的。下面我就从现实生活中举例说明之。

台湾地区有一位名嘴叫黄世聪。黄世聪先生在一档节目里说，大陆现在经济出了问题。他的根据是什么呢？他说，大陆老百姓连榨菜都吃不起了。为什么呢？他又继续说，涪陵榨菜公司的股票在下跌了——这是因为大陆老百姓的消费能力下降了，导致连榨菜都卖不出去，结果涪陵榨菜的股票也就随之下降了。

那么，在他录制这档节目的时候，涪陵榨菜股票市场表现不佳这一点，是真的还是假的？我查了查资料，好像这是真的。但是黄世聪先生所给出的这个理由错了——虽然这个理由能够说服他自己，但是不能说服我。实际上，一个经济体在出现经济下滑的情况下，像榨菜这类低级食品的销量反而会上升，因为这才是穷人能够消费得起的食品。所以，倘若大陆经济真的出现问题，榨菜的购买量应该上升才对。所以，涪陵榨菜股票市值的下降，应当另有原因。

所以，黄世聪先生所获得的这个信念——"涪陵榨菜股票市值的下降了"——的确是个真信念，但是它不是知识，因为黄先生自以为成立的用以支持该信念的理由，在客观世界中是不成立的。所以，他并不是真正地知道他所说的事情。

当然，对于我上面的论证，也会有人反驳说：黄先生获得的相关信念的途径，并不是对于"大陆居民买不起榨菜"这一点的断定，而是刊登大陆股市情报的相关媒体。而既然相关的股市情报本身的传播渠道的可靠性并没有发生问题，所以，黄先生依然有资格说自己的确知道涪陵榨菜公司的股票下跌了——尽管他对于上述现象的解释或许错得离谱。

但在我看来，上面的这个争议，就牵涉到不同的人运用"知道"一词的直觉之间的不同了。举例来说：假设某个基督徒的确从可靠的渠道获悉了人的基因与猴子的基因有大量的重合，但是他对这一点的解释却依然是神创论的（即：是上帝的安排，才使得人的基因与猴子的基因有大量的重合），那么，站在无神论者的立场上，他是否知道"人的基因与猴子的基因有大量的重合"这一点呢？我个人倾向于说他不知道——但我知道，在这个问题上，应当有人与我的语用直觉有所不同。关于此类争议，或许可以启用实验哲学的调查方法进行更深入的讨论。

73. 后真相时代中的我们还能知道事实吗?

　　前节的讨论,仅仅涉及了一个真信念的获取方式是否稳固的问题,我们还没有讨论一个信念本身是如何成为真信念的问题。这也正是我从本节开始所要开启的新话题。

　　不得不承认,"真信念"这个词并非是一个常用的汉语词组。但下面这个意义与之密切相关的语词,大家肯定是耳熟能详的:"真相"。而提到"真相"这词,我们又可能会联想到这样一个网络热词:"后真相时代"。这个词的意思恐怕大家都知道:在信息爆炸的今天,很多社会新闻的真假我们都很难加以切实地辨别,而每个媒体所报道的消息,都好像是该媒体希望我们所看到的"真相"。应该如何看待这一现象呢?我们是否还有希望,能在芜杂的信息海洋中去伪存真,获取真相呢?

　　从哲学角度看,要追求真相,其前提是去定义"真"或者"真理"。下面我就要谈谈在知识论中讨论真理的两个基本思维路向:符合论与融贯论。本节先讨论符合论。

什么是"符合论"?

"符合论"的意思貌似不复杂：只要你说的话符合实际，那么你说的就是真的。这种观点听起来很有道理，但这里的问题是什么呢？就是"符合"这个词在汉语中的原始含义，其实并不是指事实与命题之间的关系。我们来看看《说文解字》是怎么说的。

在《说文解字》里，许慎说："符，信也。汉制以竹，长六寸，分而相合。"什么意思呢？"汉制以竹"的意思是说：按照汉代的制度，"符"是用竹头来做的一种器物，长六寸。被劈成两半之后，若还能被严严实实地合在一起，那就说明这两片"符"是由原来的一根竹子劈出来的。这也就能说明持有那另外一片"符"的人得到了充分的授权。既然对方手里拿的"符"是真货，那么，对方传来的命令也是真的。

这就牵涉到了"真"在汉语中的两套用法。第一套用法是用来说器物的真与假的——比如这些例句："信陵君带来的虎符可是真货哦！""这个宣德炉真的是明朝的啊！""这可是真的公司财务章！"另外的一套用法则是对应于命题或者信念的真与假的——比如这些例句："信陵君叫'魏无忌'这一点是真的。""他买了一个宣德炉这一点是真的。""他带来了公司的财务章这一点是真的。"《说文解字》对于"符"的定义，其实主要是涉及了第一种"真/假"的含义。

有人问了，为何要凸显这两套用法之间的区别呢？

——这是因为，二者的表面哲学意义不同。如果我们讨论的是器物的真假的话，那么，我们比照的乃是器物的一部分现实特征与其规范性特征之间的关系（比如，比较这个宣德炉的特征与典范意义上的宣德炉的特征之间的异同）；而如果我们说的是命题的真假的话，那么，我们比照的就是命题的内容与事实之间的关系了。但是"事实"可不是什么典范意义上的宣德炉，是不能随便拿出来给大家看的——你一给大家看，它就成了"命题"了。那么，在这个层面上，基于上述关于"符"的定义的"符合论"，还成立吗？

我们可能得到纯粹的"客观事实"吗？

刚才我已经提到了，"客观事实"可不是什么可以被随意拿出来的法条或者是文物图册，它们本身是处在人类的符号系统之外的。但是在任何的人类的断真活动中，用以进行断真的材料，都必须是人类的符号系统所能够消化的。这也就使得"客观事实"本身的地位蒙上了尴尬的色彩。

举个例子吧：假设有个皇帝，几十年不出宫了，他读到的关于整个国家的财政、经济、军事情况的汇报，都是基于各地呈上来的公文，而这些公文又经过宦官的手进行了筛选——因此，皇帝所看到的关于国家治理的"真相"，乃是身边的宦官希望他看到的"真相"。换言之，只要留在皇宫里，这个皇帝是得不到关于国家治理的"客观事实"的。

——有人说，如果皇上能够走到外面的世界去微服私访，是不是就能看到真实的世界呢？

——没那么简单。譬如，因为某些偶然的原因，皇上微服私访所造访的这些地方恰好都是比较富裕的，因此他对于全国的财政、经济的情况，就做出了一种过于乐观的估计。或者反过来说，他所看到的情况恰好都比较糟糕，因此他就对国家现有的状况做出一种过于悲观的估计。而且上面所说的这两种情况恐怕都是颇难避免的，因为一个人的精力有限，是很难不眠不休地搜集各种证据的，挂一漏万、以偏概全，是在所难免的。

——有人说，只要我们加上足够多的人力、物力，甚至加上大数据技术，然后就可以获得整个社会运作的全面的信息了。因此，我们也就可以得到关于社会运作的纯粹的客观事实了啊！

事情没那么简单，因为任何信息搜集技术都会有遗漏。比如，大数据技术就对不使用手机的老年人的行动轨迹与购买习惯缺乏追踪——由此获得的信息，也只是一种偏误程度略低的"管中窥豹"的结果。换言之，任何"事实"，已经透过信息采集者自己的眼睛、通过自己的手，或者其所依赖的技术工具，而被歪曲了——没有一种未经过任何人的歪曲和加工的纯粹的客观事实。

上面的讨论，使得那种处在信念或者命题层面上的符合论思想陷入一个很大的尴尬。换言之，我们本来以为，与器物层面上的符合不同，命题层面上的符合关系是建立在符号系统与符号的事实之外的，但兜了一个圈子，原来即使是命题层面上的符合关系，也是建立在符号系统与打着"事实"旗号的另外一个符号系统之间的。这真是印证了康德哲学早就给出的洞见：人类对于世界的认识，无非就是将人类的心智已经放到世界中的东西再捡回来，并由此在世界中认出了自己的倒影。

通过剔除谬误，不断逼近真相

不难想见，如果就算是"事实"也都是符号系统的一部分，并因此是人类心智的产物的话，那么，它们的构成过程，就难以不受到本书第二章所提到的那些心理学效应（如锚定效应、框架效应等）的影响。这样一来，不同的事实构造主体就会构造出不同的事实，给出不同的断真结果，由此给出不同的知识判定结果。讲到这一步，好像我们的符合论就必定会走向所谓的"后真相主义"了。根据"后真相主义"，根本就没有什么真正意义上的客观真理，你觉得什么是对的，什么就是对的。毫无疑问，这种观点的广泛传播，必然会造成一种消极的佛系心态的社会化——受到这种心态感染的群众都乐于做"吃瓜群众"，而没人关心到底是谁偷了瓜。

——既然我们已经肯定了人类的心智活动对于任何事实构造进程的渗透力，那么，我们又该怎么避免由此导致的对于客观真理的漠视呢？简单地说，药方就是区分符合知识规范的知识构造与不符合知识规范的知识构造，而二者之间的重要区别就是：前者在知识构造的过程中，是重视逻辑之理、语义之理与经验之理的，而后者则无视这些约束，怎么开心就怎么玩。说得更清楚一点：如果我们能够通过经由这三层知识构造之理的知识检查，发现了相关的知识构造结果有颇为可疑之处，我们就不能认为这是事实——相反，如果此类检查没有发现类似的可疑点，我们就不妨将相关的知识构造结果判为事实，并将其作为核查别的信念的真假的根据。

本节的讨论，与日常生活中我们的断真活动是颇有关联的。我发现，在日常生活中，很多朋友都对真理与谬误有着某种"非黑即白"的观点，即看到一点点谬误都火冒三丈，认为整个知识体系都不能用了。实际上，洗过衣服的人都知道，再好的洗洁剂，再认真的洗涤过程，也不能够保证洗出来的衣服是纯白的。但是，仅仅因为这一点，我们就会说一件脏衣服和一件经过洗涤后的衣服没有区别吗？这显然是荒谬的。同样的道理，在日常生活中，我们也要学会区分"掺杂了少量谬误、但大体合理的知识构造"与"纯然扯淡的假信息"，不要因为知识构造的不可避免的主观性而陷入疑神疑鬼的精神状态。换言之，虽然获取绝对的真理也许是有点难的，但找到一些典型的、不可容忍的谬误则要相对容易得多——如果你能够把一个信念体系中的最惹眼的那些谬误都剔除出去的话，那么你离真相恐怕就不会那么远了。

74. 传销是怎么把人骗上贼船的?

上一节我们说的是符合论的真理观。根据此论,一个命题之所以是真的,就是因为它符合事实。但我也指出了,这个真理观最大的麻烦就是:它预设了真理、真相或者事实本身是可知的——但实际上,所谓的"事实""真理"与"真相",其实都已经经过了人类心智的加工了,因此,符合论所说的"符合",并不是我们自己的主观信念和外部事实之间的相互比照,而只是我们的信念与另外一部分信念的相互比照。

这样一来,对于符合论的本质的分析,就使得这种观点向另外一种真理观归并,就是所谓的"融贯论"的真理观。

什么是"融贯论"的真理观?

"融贯论"的真理观的核心意思就是说:一个信念或者命题之所以是真的,是因为它与你的信念系统中大多数信念彼此都是融贯的——它们彼此之间都不会产生明显的矛盾。

这里面就牵涉到了一个词"矛盾"。"矛盾"又是什么意思呢？

"矛盾"应该分三个层次来看。第一个层次就是所谓的"逻辑之理"意义上的矛盾。譬如，一个信念说张三杀了人，另外一个信念说张三没有杀人，这两个信念在逻辑上是不能同真的。

在第二个层次上，还有语义层面上的矛盾。比如有一个证人，他在法庭上先说了一句话："我是在案发现场第一次遇到犯罪嫌疑人的。"但是证人又说了一句很有意思的话，他说："在案发现场我遇到犯罪嫌疑人的时候，他好像比我上一次看到他的时候胖了一点。"这就预设了他已经不是第一次看到犯罪嫌疑人了——而他刚才还说，自己是第一次看到犯罪嫌疑人的。这样的一个矛盾，显然只有通过语义层面上的观察才能得到揭露。

第三种矛盾是处在经验之理的层面之上的。比如，你有一个做公务员的朋友做事一向严谨，为人正直，却被举报贪污受贿。这个新情况就与你对于这个人的秉性与德性的既有判断构成了强烈反差——这就是经验层面上的矛盾。

讲完了什么是矛盾，"融贯"的意思也就明确了：一个在各个层面上排除了矛盾的信念体系，就是融贯的。但是需要注意的是，从知识论的角度看，我们并不要求一个信念体系中的任何一个矛盾都被排除以达到彻底融贯的状态。因为这是不可能达到的状态——再完美的知识体系，都会隐藏着一些不被人注意到的矛盾。因此，融贯论所需要的"融贯性"，主要就是指信念体系中的核心信念与别的信念之间的无矛盾性。

当然，什么信念是核心的，这个问题本身也非常暧昧，需要具体问题具体分析。譬如，我们或许在日常生活中会遇到这样一些貌似有点精神分裂的人：一边说西方国家非常不好，一边又削尖了脑袋要去拿西方国家的绿卡。他们的信念体系是不是就一定不融贯呢？这也未必，因为他们嘴上说的，未必就是他们的核心信念。我一向认为，一个人的核心信念，便是那些能够转化为行动的信念，而那些廉价的、没有行动兑现力的表白本身，可能就是一种对于真正意图的掩饰。但需要注意的是，我的这一分析方式也未必是对的，因为很多人的信念体系的确真的包含了彼此冲突的部分。人性的复杂性，也正在于此。

从这个角度看，我自己也没法保证我的信念体系真的是具有一种起码的融贯性。或许我自己的信念体系也包含了彼此冲突的不同面向。不过，需要注意的是，一个人在信念体系的核心领域出现很大的不融贯性，是迟早会让他倒霉的，因为不融贯的信念体系迟早会导致错误的、自相否定的行动。所以，对于自身的信念体系的不断反省与不断批判，乃是人生的一项重要精神修炼。

当融贯论者堕入"楚门的世界"时……

现在我们就来谈谈，如何在信息的海洋中运用融贯论的思想工具去伪存真。从表面上看，这似乎不是太难，因为只要按照"排除矛盾"的原则去做，我们就能慢慢清理出一片具有融贯性的信念之地。然而，这个做法还是留了一个麻烦，即如何应对"楚门的世界"的难题？换言之，如果你恰好生活在一种信息被操控的恶劣社会环境中，而你获得的大量的既有信念，很可能就是别人刻意灌输给你以后产生的结果，那么，即使你获得的新信念与你的旧信念彼此吻合，这也仅仅是谬误与谬误之间的相互印证，而非真理与真理之间的相互印证。

——面对这种可怕的认知环境，我们该怎么办呢？

而要抵制"楚门的世界"的诱惑，一个方便法门是引入"认知敬畏原则"。这说的是啥？意思就是说，世界本身的复杂性可能远远超出我们个体的认知水准，所以，我们要对世界本身的复杂性与残酷性抱有应有的敬畏。

——但这个思想，与"楚门的世界"有啥关系呢？

——有关系。俗话说，"无利不起早"。精心布局"楚门的世界"的人，肯定有他自己的利益出发点，而不太可能是纯粹为了恶作剧。而一种最常见的利益出发点就是：布局者忽悠大家成为自己的某项计划的炮灰或者韭菜（大家可以想想股市里的那些散户是如何被论坛上放出的虚假消息戕害的）。很显然，一个人要忽悠别人成为自己的炮灰，就会将真实世界的图景描述得非常简单，好像被忽悠者只要一低头，就能拾起黄金的样子。换言之，像"轻松赚大钱""轻松搞定敌人""我有立即实现你减肥目标的神药""轻松实现你的工作目标"之类的传销类语言，乃是构建简化的认知图景的常见套路。这样构造出来的认知图景，也恰恰是因为其简单性而变得更容易具有那种肤浅的融贯性。然而，任何一个有经验的老侦探都应当知道，如果犯罪嫌疑人在警察的威逼下马上能够随口说出他在案发时的不在场证明的话，那么，他所构造的这幅案件图景，恰恰就会因为其简洁性而留下了作伪的痕迹。同理，那些主人公在其中太容易成功的励志故事，大概率也都是故意编出来忽悠你的。换句话说，只要你对世界自身的残酷性具有起码的尊重，你就不会被那些在纸面上所画出的大饼所忽悠。

不过，说到"认知敬畏原则"，我们应当发现：上节所谈到的"符合论"的原则，已经在一种新的形式中借尸还魂了。具体而言，"认知敬畏原则"对于世界的复杂性的设定，实际上便以一种新的形式，包含了符合论思想对于符号之外的世界所具有的独立性的承认。所以，符合论的思想，依然是有其部分的合理性的。

75. 怎么看"名正言顺"这件事?

本节接续上一节的话题,讨论融贯论的一个特殊表现形式,即孔子的"正名论"。我个人认为,所谓的"正名论",就是一种具有中国特色的融贯论。

正名论:具有中国特色的融贯论

正名论所出现的语境,是《论语·子路》里的一段话,我先来转述一下其大意。

孔子的弟子子路问孔子:"先生,卫国的国君昨天给您发微信,让您去那里做高级公务员,您看这事该咋整?"孔子说:"我得先正名分,也就是把每个人与每件事的名分搞对了。"子路就说了:"先生,这样做有点迂腐吧?人家是叫您去当官,不是叫您去做档案管理员。"孔子听了马上不开心了,这才给出了如下这段非常有名的评论:"名不正则言不顺,言不顺则事不成,事不成则礼乐不兴,礼乐不兴则刑罚不中，刑罚不中则民无所措手足。故君子名之必可言也，言之必可行也，君子于其言，无所苟而已矣。"

孔子在此要说的意思就是，你做的每一件事，都要符合名分，如果你做的这件事和名分不相合，那么这件事本身就做不成。这也就是我们平常所说的"名正言顺"的意思。

那么，这个想法与我们前面所说的融贯论又有什么关系呢？融贯论的意思是：这个命题本身能否被接受，取决于这个命题是否与你的信念系统中的其他命题在逻辑上彼此融贯。与之相比，"正名论"不是在命题和命题之间关系的层面上讨论融贯的，它是在一个更加微观的层面上处理这个问题的——也就是说，它着眼于讨论一个命题本身的主词部分和谓词部分之间的匹配关系。

那何为"主词与谓词之间的匹配关系"呢？在此，这指的就是谈话中所涉的对象，是否能够和这个对象所应当具有的名分互相咬合。以大家可能都很熟悉的"君君，臣臣，父父，子子"一语为例。与很多人对于这句话的表面观感相反，儒家的这一命题本身其实有鼓励革新的意蕴。为何这么看呢？大家先来看看，"君君"是什么意思。在这两个"君"字中，前面一个"君"是一个名词，后面一个"君"是个谓动词，表示"应该符合君的名分"的意思，所以"君君"的意思就是说，任何君主都应该要符合君的名分，做事情要有个君主的样子。同理，"臣臣"是什么意思？就是具体的臣子的作为要符合臣的名分。由此我们也就不难理解"父父"与"子子"的意思了。

但问题是，在现实生活中有一些君可没有按照国君的样板去做事——譬如，他们没有做到爱民如子、从谏如流，甚至本身就是靠篡位上台的。如果我们不巧正好碰到这样的君，该怎么办？

儒家的答案恐怕会与很多人对于儒家思想的刻板印象大相径庭。

儒家里面思想比较激进的孟子恰恰认为，在出现桀、纣这样的暴君的情况下，民众是有权利发动"汤武革命"的，因为在这样的情况下，暴君自身的行为就已经彻底扰乱了"君君，臣臣，父父，子子"的名分体系。所以，在某些情况下，儒家的名分论可以成为一种鼓励社会变革的思想工具。

这里就冒出了一个很有意思的问题：凭啥说康熙、光武帝刘秀都是好君主，而桀、纣就都是暴君呢？说得抽象一点，我们怎么判断"名"和"实"是否彼此吻合呢？

回答这个问题，我们需要对"名分"的哲学含义进行深挖。名分不仅仅是分类活动所使用到的分类标签，它还包含了与这个标签相关的很多规范性条件。因此，某物的名分，就是该物之为该物所必须满足的规范性条件的浓缩式表达。譬如，"国君"这个名分，就已经隐含了很多相关的规范，如：国君肯定是通过正常的继承法继承王位的；又比如说，要成为一个真正的国君，他应该有具备治理国家所需要的基本智力——他如果是个傻瓜，那么他就没有办法做国君所应做之事了，等等。

所以，当我们要把一件事情的"实"和一件事情的"名"相互匹配的时候，我们要做的工作就是要把这个名当中所蕴含的规范全部展开，然后再与实际对象所具有的实际特征相互比对，来看看两者是否彼此吻合。因为"是否彼此吻合"这个提法貌似是"是否彼此融贯"这个提法的变种，所以，我们也便可以说儒家的正名论乃是融贯论思想的变种。

——有人恐怕会问：将西式融贯论所要求的信念之间的融贯性，置换为对象描述与对象名分之间的匹配性，到底有啥好处呢？一个最容易想到的好处就是：这种置换，能够提高心智架构处理信息的效率。

这又是为何呢？这是因为，按照排列组合的原理，概念能够参与构成的信念或者命题的数量，会远远超出概念本身的数量，所以，在概念——而不是信念或者命题——的层面上处理概念之间的匹配关系所需要的心智计算量，就肯定要远少于在命题层面上核对命题之间的融贯性所需要的心智计算量。受到儒家文化影响的中国人之所以要在知识指派中比西人更依赖直感（在此，"直感"可以被理解为一种更高效的心智计算），恐怕部分也是得缘于此。

而且，与标准的融贯论相比，儒式正名论还有一个非常特殊的地方，此即：诸名分里面所蕴含的规范是不能变的（这一点下文还要详谈）。这种做法显然也能减少知识指派中的信息处理量（这就好比说，你如果在"找内鬼"的游戏中预先判定几个人不可能是内鬼的话，你的猜测空间就一下子会缩小）。当然，这样的一个做法，也会带来部分的负面效应，此即正名论的保守主义色彩。

"正名论"的保守主义色彩

刚才我已提到了，按照正名论，诸名分里面所蕴含的规范是不能变的。这种观点显然就否定了我们可以根据自己的经验观察，去改变规则或者规范的可能性。这也就意味着，在"名"与"实"相互对比的过程中，"名"是具有更强的主导地位。与之相比较，在标准的融贯论思想的框架中，当我们讨论诸信念之间的融贯关系时，一般是不提哪一个信念是更具主导地位的。

那么，在正名论的框架内，为什么名分所内藏的规则本身是不能变化的？儒家的基本的想法就是：所有的名分都是来自《礼记》所记载的周代的典章传统，往后每朝每代都要按照这样的规则来做事情。

很明显，这种对于周代传统的无原则推崇本身是缺乏充分的哲学辩护的。

如果我们按照这种带有"刻舟求剑"色彩的名分理论去解释当下的生活的话，那么，无论是在社会科学的领域，还是在自然科学的领域内，我们恐怕都会碰到一些麻烦。以"原子"（atom）概念为例。《礼记》当然没有提"原子"，但是按照儒家的复古思想，我们今天对于"原子"概念的用法，也必须追溯到最早使用该概念的思想家那里去。比如，按照古希腊哲学家德谟克利特的观点，"原子"就是不可分的东西：内部没有空隙，是坚固的和不可入的。那么，我们是不是一定要执着于德谟克利特对于"原子"的"名分"的看法呢？恐怕未必吧。今天我们虽然也用"原子"这词，但该词的意思已经变了。今天我们所说的"原子"是构成事物的基本粒子之一，但它并不是不可分的——它自己也是由原子核与电子构成的，而原子核又是由中子和质子构成的。所以，原子不再是坚实的、不可入的最小微粒了。

——那么，我们今天所说的"原子"，还是德谟克利特所说的"原子"吗？当然不是了，因为前者不符合后者的"名分"所蕴含的诸规范。但我们是否应当按照儒家的名分论的要求，不再将今天的"原子"说成是"原子"呢？有人硬是要这么做，似乎也不是不行——但这样的做法可能会给我们的日常生活带来巨大的不便，因为今天的我们已经习惯于采纳"原子"的新含义与新"名分"了。由此看来，那种强制要求我们按照最古老的概念界定传统来说话的"名分"论，实在是有点过于保守了。

但凡是硬币均有两面。我个人恰恰认为，儒家名分论的复古主义，又会在某些地方生出革新的契机。下面，我们就通过"春秋决狱"与英美判例法之间的比对，对此加以说明。

"春秋决狱"与海洋法的判例法习惯——哪个更保守？

儒家的名分论貌似包含了对于历史传统的高度尊重。有些读者可能会问了：英美法系的判例法体系，貌似也比较重视传统，这算不算是儒家正名论在西方文化里的亲戚呢？

——这两者未必是一回事，因为此"尊重传统"与彼"尊重传统"可是不一样的。孔子所说的尊重传统，按照他的话说，就是"郁郁乎文哉，吾从周"。"吾从周"是什么意思？就是一定要回到周代去，要按照春秋大义来进行法律审判。所以在尊奉儒家的汉代的司法实践中就有一个非常重要的术语，叫"春秋决狱"。什么叫"春秋决狱"呢？就是一个犯人该怎么审、怎么判，要根据孔子编纂的历史书《春秋》，以及其注释书《春秋公羊传》《春秋谷梁传》的精神来进行考量。

不过，不难想见的是，《春秋》这本书所反映的，毕竟是周代鲁国的那个时候的事情，与汉代隔了好几百年，而且当中的这些注释又有很多主观臆测的成分，其可信度是非常可疑的。因此这种所谓的"向传统看齐"，就带有了极大的主观性和任意性。

而英美法系中的"向传统看齐"，十有八九指的就是尊重前面几年的判例所构成的司法传统。比如，假设2019年美国某法官要判一个案子时，发现2008年某州是这么判的，而那个案情也与本案情很相像。你说法官会吃饱撑的没事，去看几百年前的法官是怎么判这案子的吗？几百年前还没有美国呢。所以，相比较而言，在英美法系中，法官对于历史上案例的追溯方式，就可以以一种更加精密的方式向公众呈现。

——那是不是意味着英美的习惯法传统，要比儒家的正名论更为高明呢？

——也未必！正因为英美法系对于历史案例的追溯本身往往不会涉及太多的歧义（对于50年前的一个案子的判法究竟是什么，往往是没有事实上的争议的），所以，在该法系中，司法解释的主要工夫，就会放在当下案例与过往案例之间的相关性的判定上。由此导致的麻烦是，历史上一个错误的判例对于后世的影响，或是某个仅仅在当时的语境中合适的立法行为对于后世的影响，可能就会因为历代法官对于历史细节与法律传统的尊重而难以被肃清，而被逐渐积累为某种系统性的错误。在美国有生活经历的朋友，之所以经常感到美国的很多法律的细节非常荒谬（譬如，旧金山市的法律规定，禁止大象在大街上散步，除非大象的脖子上拴着链子），也是这个道理。

与之相比较，儒家对于历史的尊重是规范先行，而不是历史事实先行的。因此，对于历史事实自身的呈现方式，儒家反倒能够提供更大的阐述空间，由此达到"古为今用"之目的。这个做法虽然对于实证意义上的历史研究来说是具有破坏作用的，却也方便了后世的儒家从根源上消除可能对于后世构成威胁的历史记录，以免历史上偶然形成的一些错误会积累成系统性的荒谬。这也是儒家"狡猾"的地方：因为儒家所向往的周代实在太久远了，没有人能够穿越到周代去看看那时候到底发生了什么事情，所以，向周代看齐，在一定程度上就是等于向今天的周政解释者看齐。所以，与很多人对于儒家"过于一本正经"的观感相反，真正会做事的儒家（在我心目中就是像曾国藩、左宗棠这样的人），是有着深藏不露的马基雅维利主义智慧的。

76. 从《说文解字》看盖蒂尔问题

上节的讨论的画风已经有浓郁的中国味了。本节的讨论将延续上一节的画风，来讨论一下这样一个问题：如何从《说文解字》的角度重新看待盖蒂尔问题。

《说文解字》是东汉学者许慎编写的一本类似于字典的书。但它和今天的字典又有不同，因为该书对于很多字意的解释都掺入了儒家的经学观点。所以，我更倾向于把《说文解字》定义成一本带有儒家哲学色彩的字典。或者说，《说文解字》本身就是儒家的名分论所涉及的那些规范的集大成者。而且，由于任何字典本身都天然带有"百科全书"的色彩，所以，《说文解字》要比仅仅作为史书的《春秋》更具有面向哲学各个分支的发掘价值。

那么，关于盖蒂尔问题，编写《说文解字》的许慎会怎么看呢？或者站在中国文化的角度上，我们该如何看待这样一个非常烧脑的逻辑案例呢？

要么颜回有一辆马车，要么曾子在楚国？

为了能够让我们的讨论与盖蒂尔问题的原始案例相接续，我们就必须谈一个在前文中没有提到的盖蒂尔案例：

子路有很好的证据，以证明颜回拥有了一辆新的马车（比如他想起昨天他还坐过颜回的新马车）。子路还与曾子是好朋友，但是他的确不知道曾子现在在哪里。但是，如果子路能够熟练使用现代命题逻辑的推演规则的话，那么他就能根据前面的这些信息，得到下面的推论："要么颜回有一辆马车，要么曾子在楚国"。

而这个信念竟然的确是真的。然而，这不是因为颜回的确有马车（不为子路所知的是，颜回的马车刚才被鲁国的某个贵族找碴给没收了），而是因为曾子目前的确在楚国，尽管这一点亦不是为子路所知的。换言之，他之所以提到曾子在楚国，仅仅是偶然想到了"楚国"这个地名。现在的问题是：子路的确知道"要么颜回有一辆马车，要么曾子在楚国"吗？

面对该问题，大多数人的直觉是否定的，因为在此显然有运气的成分促使子路获得了一个真信念。但该信念却的确是符合《泰阿泰德篇》以来西方哲学的传统对于知识的定义的，因为它既是真的，又得到了子路的相关的证据的支持。这就说明，传统哲学对于知识的定义乃是错误的。

但现在我们尝试对上述问题进行新的诊断。上面的案例之所以会出现哲学困惑，乃是"要么颜回有一辆马车，要么曾子在楚国"这句话所造成的。这句话所牵涉的"要么……要么……"的结构显然就是"P 或者 Q"的结构，这也就是西方逻辑说到的"析取结构"。在西方逻辑的理论中，只要"P 或者 Q"这一结构中的任何一个子命题是真的，那么，"P 或者 Q"就是真的——因为真值函项逻辑的运作，只涉及了两个析取支的真值，而与其内容无关。所以，下面这些说法，似乎都是成立的："要么火星上有袋鼠，要么澳洲有树袋熊"；"要么罗马在欧洲，要么 3+1=10"……

大家是不是觉得有点不对劲？"或"就像是一个非常讨厌的媒婆，可以将任何一个包含荒谬内容的命题与一个表达真理的优质命题进行强行联姻，而由此导致的新命题竟然还都是真的！然而，难道这样的强行联姻，不会使得我们的信念系统的容量得到不必要的扩容，以降低我们的信息处理效率吗？本来，子路仅仅想说的就是"颜回有一辆马车"，要是没有可恶的"或"（或"要么……要么……"）来捣乱，子路为何要说"要么颜回有一辆马车，要么曾子在楚国"呢？很显然，以后外部环境的变化对于"曾子在楚国"这一点的"歪打正着"式的验证，完全是处在子路的信念表述的原初语境之外的，所以，只要我们有办法阻止子路从"我相信颜回有一辆马车"之中，推理出"要么颜回有一辆马车，要么曾子在楚国"这个包含析取结构的复合命题，那么，我们就有办法从源头上阻止此类盖蒂尔案例的发生。

那该如何进行此类精准的"源头打击"呢？指望现代逻辑的运算规则是没用的，因为恰恰是此类规则，鼓励盖蒂尔案例的编造者们没事就增加真信念的总量。还是让我们来看看《说文解字》是怎么说"或"的吧。

"或"在许慎笔下的含义是："邦也。从口从戈，以守一。一，地也。域，或又从土。"（《说文解字·卷十二·戈部》）也就是说，今天我们所说的"域"乃是"或"变来的，原始的"或"有土地之领域的一个方面的意思。不过，到底"或"的今义是如何从"土地""领域"或者"邦国"的意思演变来的呢？清代的训诂学专家段玉裁的意见是：

"以凡人各有所守。皆得谓之或。各守其守，不能不相疑。故孔子曰：或之者，疑之也。"（许慎撰、段玉裁注：《〈说文解字〉全注全译版》，中国戏剧出版社，北京，2008，1761页）现在笔者就结合他的见解，将"或"的意义的演变过程重构如下：

（1）从"口"与"戈"出发，"或"继承了"防御"的意思，由此有了"专守一方"的意思；

（2）各个守卫者得到的这块防御土地，就是"或"；

（3）各块防御土地之间的隔绝，导致了守卫者之间的彼此怀疑；

（4）所以，"怀疑"的含义，就从"或"所具有的"土地""领域"或者"邦国"的意思里衍生了出来；

（5）"怀疑"的含义本身还很容易催生出"怀疑是甲还是乙"的意思，而这也就是今天所说的"甲或乙"的意思。

很明显，按照这种意义演化谱系，被"或"连接起来的诸对象显然应当有一种潜在的竞争关系——如不同土地防御者对于同质资源的竞争关系，以及"周政"体制中不同诸侯国之间的潜在政治关联。从这个角度看，一种完全与"或"所连接的对象的内部性质无关，而只与表达它们的语句的真值相关的"或"的概念，是与汉语哲学对于"或"的古典解读方式绝缘的。

由此，我们就来看，像"要么颜回有一辆马车，要么曾子在楚国"之类的表达，就是胡扯的表达，因为这个复合句里出现的两个义项"颜回有一辆马车"、"曾子在楚国"之间是没有任何关系的。与之相比较，下面的例句，才是使用"或"或者"要么……要么……"结构的正确案例：

要么颜回只有一辆马车，要么他连一辆马车都没有；

要么曾子在楚国，要么曾子还在鲁国；

要么你看到的是一匹斑马，要么你看到的是一匹骡子——只是它被动物园的管理员精心涂抹成了斑马的样子。

上面的最后一个例句，在前文讨论"比对主义"的时候已经出现过了。换言之，现代比对主义的思想，反倒与中国古人对于"或"的看法有点类似：你若要在"比对项"与"被比对项"之间玩"二选一"的游戏，至少要保证这两个项看上去有点像吧！把两个毫无意义关系的项拿来进行比对，不是吃饱了撑的吗？

很显然，既然从汉语的立场上看，"或"所带有的不确定意味，本身就是在一定的经验语境的领域内才是成立的，那么，一个熟练于汉语思维的哲学家在考察本节所给出的盖蒂尔案例时，很可能在一开始便可避免落入盖蒂尔问题的陷阱。

顺便说一句，本节所讨论的内容，是与本书第 38 节的内容有所关联的。我在本书第 38 节中试图告诉大家，人类在日常生活中使用"和"这个字时，并非一定是按照逻辑意义上的"合取"符号所规定的推理原则来进行推理的——而在本节中我又试图告诉大家，人类在日常生活中使用"或"这个字时，并非一定是按照逻辑意义上的"析取"符号所规定的推理原则来进行推理的。总之一句话：在知识论中，对于逻辑之理的运用，本身也要受到语义之理与经验之理的限制。只读逻辑书，不看《说文解字》，恐怕会变成无法融入生活的逻辑怪。

古人对"或"字的解释，其实很有经济学精神

读到这里，爱动脑筋的读者可能就要问了：为什么我们要用古人对于"或"的解释来解决当代美国哲学家提出的盖蒂尔问题呢？前一节不是刚刚说过，儒家的正名论思想有过于保守的嫌疑吗？

关于我本人的立场，我再声明一遍：儒家的正名论，的确有过于保守的嫌疑；但到底是儒家提出的对于哪个概念的解释过时了，这得分情况讨论。所以，在这个问题上，我们还得具体概念具体分析。

就拿对于"或"的分析来说吧，这里其实牵涉到了命题构成的智力付出成本问题。虽然今天我们的科技远比古代进步，但是我们依然需要节约我们的智力付出成本，以尽量提高我们的信息处理效率。因此，某些一般的信息处理路径，可能是对古人与今人都是通用的。

譬如，本书第 28 节所提到的，由人工智能专家、经济学家赫伯特·西蒙所提出的"目标—手段进路"，就是这样的通用信息处理路径。

举个例子，你现在若要达成什么目的，你就先把目的确定下来。比如，你现在若要吃饱，然后你现在的状态是没吃饱，那么你就会发现现状与目标之间的差值到底有多大，然后你需要再设法填满这两者之间的空隙。

假设用来填满空隙的方式很多，于是，你就在诸种可能的选择方式里挑选。比如，你吃狗不理包子也可以饱，吃馄饨也可以饱，吃肯德基也可以饱，等等。但需要注意的是，你列的这些被选择项都必须与你当下的任务有关，而且也应当是在你当下的购买能力与肠胃的适应能力所划定的范围之内的。如果你手头只有 100 人民币的话，而且，若你的目的仅仅是吃饱，那么，去买 1000 美元一套的金枪鱼寿司盒饭，可不算啥好主意（我没开玩笑，美国纽约的确有这么贵的盒饭卖）。

由此，我们再反观许慎与段玉裁对于"或"的解释，虽然他们一开始讨论的是土地、防御这些概念，但是他们的讨论一直预设了这一点：各个土地防御者之间是有某些相关性的。也就是说，不同的土地防御者虽然彼此相距遥远，但是他们仍然有共同的利益关切，而这种共同的利益关切才使得他们相互猜忌。这也就是说，他们仍然是在一个共同的讨论语境中被相互比较的。

由此可见，对知识进行表述的时候，我们其实是可以使用"或"这个词的，但对于"或"的使用，必须要满足下列的条件：

第一，"或"这个词本身就带有疑问的含义，而"知道"这个词本身就带有肯定的含义，所以说什么"我知道正确的答案无非就是 A 或者 B"，其实是不合适的——因为"或"这个词的疑问的含义，会冲淡"知道"这个词所带来的肯定的含义。

第二，如果不得不使用"或"这个词，我们一定要保证由"或"连接起来的两个子命题彼此相关，而且它们都是在同样一个问题处理语境当中被提出来的。同时，你多多少少都有一些证据，来证明这两个子命题中的任何一个被提出都是有其根据的（譬如，你之所以在大馄饨与小馄饨之间要做二选一，便是因为你眼前的饭店里的确同时提供了这两种食品，而你只有胃口吃其中的一种），而绝不能够抱着一种极不负责任的态度，胡诌一个你自己都不相信的子命题，譬如"曾子在巴西"。

77. 为什么压力越大，
对一件事的把握就越低？

前节关于"或"的案例的讨论，已经告诉了我们：信念指派与知识指派的心智活动，必须在特定的经验限制下进行。而对于心智活动最直接的经验限制，无非就是时间压力的限制了。这也便是本节所讨论的问题。

你只要做错一题，就得给我五万！

什么叫"知识指派"？这就是判定一个信念不仅仅是信念，而且是知识的心智活动过程——譬如，在考试中判定你给出的针对这道题的答案的确就是标准答案的心智活动过程。然而，我们可能都有过这样的经验：平时会做的题目，到了考试时，就突然不确定自己是不是真的做对了，而且，越是重要的考试，就越没有把握。

即使在非考试的语境中，我们也会碰到类似的知识论困惑。举个例子：假设你现在做完了 20 道非常简单的算术题。做完了以后我问你：

刚才做的题目，你觉得都做对了吗？你想了想，反问我说：这么容易的题目，我可能做错吗？

好，现在我要问你一个问题：假设你刚才做的 20 道数学题里面有 1 题错了，你就得给我 5 万块钱；但是如果你 1 题都没错，我就给你 5 万块钱。在这样的情况下，你是不是还确定自己刚才的题目都做对了呢？我个人倾向于认为大多数人都会将刚才所做的 20 道题全部给检查一遍。

这个案例令我们思考一个问题：怎么别人问了你一个问题以后，你本来有把握做对的题目，现在就觉得没把握做对了呢？有一些哲学家就指出，这里面牵涉到了一个很重要的概念：利害（stake）。这也就是说，在刚才的案例里面，你答对这些题和答错这些题所导致的经济后果就会非常不同：答对了就有大钱赚，答错了，只要错 1 题，你就会亏大钱。在这样的利害关系的引导下，本来我们明明确信的事情，现在也变得不确信了。

而在知识论文献中被反复讨论的"银行案例"，则是上述案例的升级版。

哪天才是银行信用卡的自动还款日？

假设你是知道某银行信用卡的自动还款日是 26 号的。这时候你去问一个同样持有该银行的信用卡的人："你知不知道你的信用卡的自动还款日是哪天呢？"

此人该如何回答这个问题，将取决于他本人的财务状况。如果他本人的这张卡上有很多的余额，那么，不管银行是在 25 号还是在 26 号扣这个钱，他的用卡情况与信用记录都不会受到影响。在这种情况下，他就会说："根据我的记忆是 26 号，而且我是知道这一点的。"一般而言，他是不会反复检查这个记忆的准确性的。

但是，如果此人信用卡欠款的数额相当大，而且，如果到了还款日，他的钱还没打到相应的账户上，他的整张卡就会被冻结，那么，他就必须要把哪一天是还款日搞得非常清楚。在这种情况下，他就会反复地核对自己的记忆，以确定自动还款日的确是本月 26 号。换言之，他本人给出关于银行的还款日期的知识指派，就会变得比较困难。

基于这样的一个观察，一部分哲学家就提出了：当我们给出知识指派的时候，在很大程度上是取决于所谓的"利害"方面的考量——利益考量越多，你就越犹豫，知识指派也就越难；利益考量越少，那么你的犹豫也就越少，而知识指派也就越容易。

基于"利害"的理论，在解释力上并不厉害

基于"利害"的这种知识指派理论，貌似有理，但也遭遇到了学界的一些批评。

第一个批评就是：并不是所有的知识指派活动，都是与利益关系相关的。譬如，为了追求物理学知识，连自己吃过鸡肉都忘记的牛顿，恐怕就不会因为经济利益方面的考量而去改变知识指派的结果。而基于利害的知识指派理论，恐怕就难以说明这些人的行为模式。

第二个批评：在我们所处理的问题相对简单的时候，即使与之相关的利害关系非常明显，我们也不会感受到这些利害与知识指派有何关系。譬如，假设我做的就仅仅是一道非常简单的数学题："11 × 11 等于多少？"——这时候突然有个坏人拿着枪顶着我的脑袋，叫我再想一想这个答案是否对，如果我真做错了，就杀了我。但即使如此，

我觉得我也不会怀疑这个题目的正确答案是"121"——因为这题目太简单了，我不可能做错。当然，被人用枪支威胁的感觉会很不好受，但这是另外一回事。

第三个批评：每个人所处的具体的利害关系一直在发生变化，但是知识本身是一种客观存在的公共精神财富，二者之间的落差问题，是基于利害的知识指派理论所难以解决的。

看来，为了消除围绕在"银行案例"的思想困惑，我们还需要开几个新的脑洞。

"固知需求"了解一下

另一种解决银行案例中的哲学困惑思路的提出者是女哲学家詹妮弗·内格尔。

她的大思路是将知识论研究与心理学研究捆绑在一起进行研究——用本书的话术来说，就是要将本书第二章（推理的心理基础问题）、第三章（心灵哲学问题）与第四章（知识论问题）的内容打通起来做一揽子的研究。具体而言，她在处理银行案例时所启用的心理学理论，乃是所谓的"固知需求"（need-for-closure）理论（顺便说一句，在我看到的一些日语心理学文献中，这个词组被翻译为"認知的完結欲求尺度"）。该理论的提出者是心理学家克鲁格兰斯基与韦伯斯特。

那么，什么叫"固知需求"呢？这指的是将信念从不确定状态冻结为具有确定性的知识状态的心理需求。按照心理学家的观点，固知需求可以分为两种，一种叫"被特定导向的固知需求"，另外一种是"未被特定导向的固知需求"。

什么叫"被特定导向的固知需求"呢？也就是说心理主体脑子里已经有一个信念，而且他想反复证明这个信念是对的，并将其迅速冻结为一条确定的知识。譬如，假设一个癌症患者已经确信了自己能够被治好，那么他就会特别偏好于网络上找来的那些能够确证这一点的证据。换言之，他需要达到的关于他的癌症的可治疗性问题的知识本身就已经被定向了：这个方向已经被预先设置到了"能被治愈"这个方向上。

而关于"未被特定导向的固知需求"的例示恐怕是这样的：假设某个医生急着要与女友一起吃晚饭，因此得迅速在下班之前看完几张关于病人的肿瘤的片子，并给出相应的医学诊断。虽然此刻医生也需要迅速冻结他的相关判断的知识特性，但是，由于被诊断的病人的片子全部是匿名的，他并没有强烈的偏好去做出特别悲观或者乐观的医学诊断。他只想快点做出诊断，然后去与女友见面，如此而已。

如果我们用这套话语框架再去解释所谓的银行案例的话，我们就会发现，银行案例主要涉及的是"未被特定导向的固知需求"，因为该场景的原始信息并没有告诉我们，还款日提前或者推迟一天，到底会对当事人的利益产生正面的还是负面的影响（但毫无疑问，只要搞错了这个日期，对当事人的利益自然就会产生一定的影响）。具体而言，那个处于较糟糕财务状况中的人，大约就处在一个相对比较低的"固知需求"中，也就是说，他没有很强的欲望去迅速冻结关于银行还款日期的信念——因为他害怕万一搞错的话，他的经济状况就会受到惨重的损失。

相比较而言，如果这个人的财务状况比较好，那么他的"固知需求"就相对来说比较高。为什么呢？因为他不想让这件事耗费太多的脑力，他还有一堆旁的重要的事去做。换言之，他若能把关于银行还款日的信念迅速冻结为知识的话，那么他就可以有余下的脑力去想下面一件事了——而且万一这件事本身被他弄错了，也不会给他造成太大的损失。但在我看来，基于"固知需求"概念的知识指派理论虽然有一点道理，但是好像还是遗漏了一些与知识指派相关的别的因素，特别是时间压力因素。我将在下节中着重讨论此话题。

78. 今天是不是你的信用卡还款日?

在讲时间压力这个概念之前，我还想引入一个词来对时间压力进行一个说明："时间赤字"。

"压力"和"赤字"，我认为是两个基本上可以互换的词。举个例子，说某人"财务上有很大的压力"，与说某人"遭受了财务赤字"，意思是差不多的。但因为"赤字"这词更容易被形式化，所以，我更喜欢"赤字"这表达。

由此出发，我们就可以给出一个关于时间压力的一般性的说明了。也就是说，当一个认知主体在面对一项或者多项任务的时候，他如果感到自己主观上愿意投入且能够投入的时间，要少于他所预估的用于解决相关问题所需要的时间，那么这两种时间之间的差值，就是时间赤字。他如果感受到了这种时间赤字的存在，我们就说他感受到了时间压力。

那么时间压力或赤字的大小，与知识指派的容易程度之间，到底是什么关系呢？应当是负相关关系。也就是说，时间赤字变大，知识指派的容易程度就变小，反之亦然。举个例子：如果我现在碰到一个带给我很大的时间压力的问题，在这种情况下，我对这个问题的答案的确定性就会下降——说得通俗点，我就更难以确定原本得出的答案是不是正确的答案了。

需要说明的是，在前文中我所说的主体所预估的解决问题的时间，并不等于解决这个问题所需要的客观时间。比如有道数学题目，我估计 10 分钟就能做出来，但实际上这道题需要 30 分钟解出来，那么按照我对于时间压力的定义，这里的物理时间意义上的 30 分钟，就只能算作 10 分钟。在这个问题上，请大家复习一下本书第 63 节对于心智主体如何把握时间的讨论。

在此，可能有读者会质疑我：既然具有不同智力水平的人，显然会对自己需要多少时间解出一道数学题的问题，给出完全不同的估计，那么，上文对于时间压力的定义好像就不得不产生"因人而异"的结果了？我个人认为，数学方面的智力差距所导致的时间压力的感受差距的确是非常明显的，但是在银行案例里，个体之间的此类差距恐怕未必非常明显。为了讨论简洁，我们不妨设想我们所讨论的认知主体都是"平均人"。什么叫"平均人"？就是我们一般人的一个平均数：智力一般、情绪调控能力一般、语言表达能力也一般。这也是知识论研究所涉及的思想实验的一般操作：我们一般假设我们的故事主人公既非爱因斯坦，亦非智力低下者，而仅仅就是"路人甲"。

用时间赤字模型解释银行案例

基于时间赤字的知识指派解释模型，在本质上是基于主体对于问题的复杂度的评估的，而不是基于主体对于问题所牵涉的利害关系的评估的。那么，为何对于问题的复杂度的评估，与对于问题所涉及的利害关系的评估彼此不同呢？

请看下面的例子：

先请大家先比照两种情况，情况（甲）：我让你做一道非常难的数学题，难到什么地步？难道"证明哥德巴赫猜想"的那种逆天的程度。然后你就问我："我为什么要做这道题目？"我回答："我就想知道你有多聪明；而且，你就是做对了这道题目，也不会得到任何的奖赏。"情况（乙）：你要做的就是一道四则运算，但如果你算错的话，你的年终奖就没了。现在的问题来了，你觉得自己在第一个场景中更容易犯错，还是在第二个场景中更容易犯错？

我相信大家都会说：我在第一个场景中更容易犯错。原因很简单，因为在第一个场景中我们碰到的问题本身非常复杂，而在第二个场景中，我们碰到的问题相当简单。至于第一个问题的"无利害性"与第二个问题的"高利害性"，则不会影响我们对于问题自身的复杂程度的判断。反过来说，倘若我们把对于利害关系的考察，与对于问题本身复杂程度的考察混为一谈，我们就会得出下面这个荒谬的推论：一场平常的、不太重要的摸底考试，仅仅因为这场摸底考试和大家的年级排名没有任何关系，你就觉得摸底考试本身的题目不难。但我们大家都知道，摸底考试的难度是与其重要性无关的。

但有人恐怕就会问了：既然对于利害的评估与对于问题自身的复杂性的评估关系不大，那么，为什么在银行案例中，很多人的确是有下面这种直觉呢——在我的财务状况很糟糕的情况下，我的确会对银行还款日到底是哪一天感到更为犹豫。这难道还不是将对于问题的复杂性的评估建立在了对于利害大小的评估之上了吗？

我个人认为，在这种情况下，不少人可能已经混淆了两件事：一件事就是对于被涉及的信念自身的确真度的考量，另外一件事情，就是我们对于这件事的实践重要性的考量。这两种考量会导致两种非常不同的排序：一种是对于诸信念的确真性程度的排序，另一种则是对于诸信念所涉及的利害权重的排序。在真实的生活中，这两种排序很显然会互相干扰：比如，在高考中，你明明知道眼前的这道题很难，而你给出的答案可能是错的，但是，你未必会将这道题视为你立即要解决的一个优先性问题，因为你发现这题所占的分值不够高。所以，按照前面一种排序，你应当暂缓将与这道题的答案相关的信念转变为知识的过程；而按照后面一种排序结果，你则应当要加快这一过程。而假设后面的一种排序结果对你的心智的影响更大，所以，你最后貌似是加快了"固知"的进程——而这一点非常容易让你误认为是关于利害关系的考量主导了你的认知进程。其实，事情的真相毋宁说是：基于利害关系的考量，其实并没有让主体觉得原先不靠谱的信念最后真转变为了知识，而只是让原先不靠谱的信念被悬置了起来，不再干扰主体的别的信息处理活动。换言之，在这一悬置过程中，考生在考卷上写的答案依然是瞎蒙的，而且考生本人只要略加反思，也能知道这一点。

再用上面的思路反观银行案例的两种子情况：

第一种情况：假设我的财务状况非常好，但我也偶然想起一件事：我所签约的这家银行好像每个月都会不停改变自动还款日——如果上个月的还款日是26日的话，保不齐这个月就不是26日了。在这种情况下，我当然会对"这个月还款日是否还是26日"这一点感到怀疑，并在把这样一个信念确定为知识的过程中感到犹豫。但是，我并没有感到那种基于利害关系的实践压力。换言之，相关的知识确定任务带给了我知识层面上的时间压力，但是在实践方面没有带给我财务压力。

第二种情况：反过来说，如果一个人的财务状况很差，但是他所签约的银行的的确确每个月都是26日要求还款的，这个人还是会感受到巨大的财务压力的。然而，就确定还款日日期这一理智任务而言，他是不会感受到任何值得一提的认知压力，因为这完全是另外一回事。

说到这一步，大家应该就能够把这两种压力（即基于问题复杂性估计的认知压力，与问题的利害关系所带来的实践压力）分清楚了。那么，为什么有这么多的人会把这两者搞混呢？我的猜测是：尽管这两种压力产生的内在机理不一样，但二者带给我们的主观心理感受可能是比较类似的，所以，有可能就在现象的层面上，很多人就傻傻分不清二者之间的分别了。但在哲学反思的层面上，我们还是要将二者分清楚的。

启发及运用

我们今天所处的社会就是一个压力社会。压力不可怕，可怕的是脑子糊涂，比如将认知压力与实践压力混为一谈。很多带来巨大实践压力的问题，要在理智上理解它，却未必会带来巨大的时间赤字；而很多会给主体带来巨大的时间赤字的问题，却与实际的利害关系不大。而当两种压力不幸重叠的时候，我们更要搞清楚自己目前所遭受到的压力的不同的来源，以便为不同的压力源找到不同的减压方式。举个例子：一些侦探片里，不断杀人的罪犯会定时与警方联络，要求警方做很难的数学题，如果做不出就继续杀人——这时候警方就会陷入"做数学题"所带来的理智压力与"无法迅速破案"所带来的职业压力的双重打击之中。而要减压的正确路径，就是绕开罪犯设置的理智陷阱，从"解数学题"之外的办案线索入手来定位罪犯，由此减少自己不必要的智力成本的支出。总之，你如果无法用理智看透压力的本质，你就只能做压力的奴隶，并最终被压垮。

79. 有些歧视链是有必要存在的

　　前文的讨论，已经涉及了人类的认知架构与知识指派之间的关系。这里需要注意的是，在前面对于时间压力的讨论中，我们暂且预设认知语境中的认知主体是某种缺乏个性的"平均人"。不过，并不是所有知识论的流派都采纳了这种关于"平均人"的假设——而当该预设被取消后，我们就不得不面对认知个性——或者认知德性——对于知识指派结果的影响。这也就是本节所要展开的话题。

什么是"德性知识论"？

　　什么叫"德性"(virtue)呢？在西方哲学的脉络中，它本来是指事物的一种内在的秉性，如猎豹跑得快，便是猎豹的德性；老鹰飞得高，便是老鹰的德性（上述讲法在汉语里或许显得有点怪，但从柏拉图以来，西方哲学的确是这样看待"德性"的）。我们在讨论人的品性的时候，也可以说"张三这个人很勇敢"，"李四这个人很怯懦"，"王五这个人很羞涩"，等等——"勇敢""怯懦""羞涩"等评价词也都牵涉到了对于相关名目的德性的表达。

不过讲到"德性"，很多人还会在直觉上觉得这是伦理学概念——那么，我们为何要在知识论的语境中使用"德性"一词呢？

为了帮助大家理解这一点，我就从生活中举一个案例。几年前，我家安装了一台三菱空调，装三菱空调的师傅一边安装机器，一边和我聊天。我就问他了：这个空调坏了怎么办？他很自豪地对我说：三菱空调是不会坏的！

我一听，就觉得对方的措辞实在是太夸张了。三菱是名牌不假，但只要是人做出来的东西，它怎么可能就不会坏呢？好吧，我至多愿意承认：三菱空调出故障的概率的确是比较小。

——有人会问了：上面这个例子完全是在谈器物的可靠性，这与"德性"有关吗？

——有关！试想：机器是从哪里来的？机器是人做出来的，而且可能是全公司的千千万万双手做出来的。这个公司的管理水平怎么样？产品的合格率怎么样？售后服务怎么样？归根结底还是人的德性在里面起作用。所以，所谓的人工制品，实质上就是人类德性的结晶。换言之，你相信某家公司所生产的产品的质量，就等于给了该公司的上下员工一个颇高的德性评分，所以，在此，德性也就至少在一种间接的意义上与人工制品发生了联系。

说到这一步，有的读者就又会问了：知识论又不谈如何做空调，而是谈如何做知识指派。这样的话，即使德性与人工制品之间存在联系，这一点又具有啥知识论意义呢？

为了说明"德性"的知识论含义，这里我就和大家讲个历史故事。在苏联的卫国战争的时候，斯大林有名爱将，叫罗科索夫斯基。罗科索夫斯基曾向斯大林提出建议，要对德国的"中央集团军群"来一次明修栈道、暗度陈仓式的偷袭。这个计划非常冒险，要把大规模的苏联坦克部队从 A 点移到 B 点，而倘若苏军在转移过程中，其行踪被德军侦察机发现的话，整个计划就会失败。斯大林起初就因为该计划的冒险性，而没批准该计划。

用知识论的术语来说，罗科索夫斯基当时就具有了这样一个信念："如果我们做了甲、乙、丙、丁……这些事的话，我们就能歼灭德国的中央集团军群"。这个信念在罗科索夫斯基本人看来，是完全有根据的，或者说是得到辩护的——但是这个信念传送到斯大林那里，斯大林就认为这个信念是缺乏根据和缺乏辩护的，甚至是过于冒险的。

但我们的故事还没有完。见罗科索夫斯基一直坚持己见，斯大林就对罗科索夫斯基说："老罗同志啊，你先到隔壁房间去休息 15 分钟，把你刚才对我讲的话再想上这么三遍，反思一下，里面有啥破绽。然后，你再回来向我汇报工作。"罗科索夫斯基听罢，就拿着公文包和地图走了。过了一刻钟，两个人又见面了，斯大林就问了：你现在还那么坚决地认为你刚才说的是对的吗？罗科索夫斯基说：斯大林同志，我觉得我说的还是对的。

没想到这时候斯大林就立即改了口风。他转身就对周围的人说，老罗同志用兵一向谨慎，如果连他都觉得此兵谋没大问题，那我也就认为这计划可行。于是，苏军最终就执行了斯大林的决策，并按照罗科索夫斯基的谋划，真的几乎全歼了德国的中央集团军群。

这个故事虽然讲的是打仗，但是和平时代也有大量与之平行的案例。譬如，在公司里开例会时，某部门经理提出了一个项目方案，那么，管理层该如何应对这个提案呢？一种方式，就是开个会认真研讨一下该方案的成败点，看看该方案是不是真的能成功；另外一种方式，就是干脆不开会，或者就开一个纯粹走过场的讨论会。为何还能这么操作呢？这是因为，该公司的总经理特别信任这位部门经理，所以，只要是这个经理所提出的方案，他一般都批准。为什么呢？因为这位经理在历史上曾帮公司获得了大量的盈利，因此，总经理就像斯大林相信罗科索夫斯基的军事能力一样信任他的赚钱能力。

从知识论的角度看，通过对于一个信念的根据的明晰化表述来确定该信念是否有机会成为知识，乃是属于"内在主义"的知识辩护路线（"内在"在此指对知识构造的内部进程进行反思）。在公司内部认真开一个决策会，讨论一个企划是否合理，就属于这种路线的日常运用。而通过对于信念持有者的认知德性的评判来确定其信念输出的合理性，则是属于"外在主义"的知识辩护路线（"外在"在此指对知识构造的产生机制进行反思）。而前面提到的总经理仅仅因为信任部门经理这个人，就批准他的企划方案的例子，就是外在主义的知识论路线的日常运用。至于为何我们有时候要采用后一条路线，其理由也是非常明显的：若我们要对于任何一个知识构造过程都进行严密的内部检查，这也实在是老费神了；与之相比，如果我们能够仅仅因为信赖相关的信念持有者，而对他所持有的信念进行迅速地知识指派，岂不就能大大降低我们的认知负担吗？德性知识论的核心思想也正在于此：知识的靠谱性，就是要看知识构造者的认知德性——也就是看其输出真信念的历史记录所展现出来的知识构造水准（这一点下文还要详谈）——德性越高，你就越有理由认为他目下所给出的信念也应当是知识的一部分。至于对于他的知识构造的推理过程的内在检查，在此则可被省略。

如何判断德性高低？让对方做几件事！

讲到这里，大家就要问了，我们怎么来判断一个人认知德性的高低呢？

按照一种叫"可靠主义"（reliabilism）的认识论观点，我们得检查这个人或相关的认知架构在历史上输出的所有信念中真信念的比例——如果这个比值比较高，我们就会认为这个人或者相关的认知架构的认知德性比较高。但是，我个人不是太喜欢这个思路。原因很简单：在大多数情况下，你是不能够清楚地了解到一个人在历史上所有的信息处理情况的，遑论计算他所产生的真信念占据其所产生的所有信念的比值。

——那我们该怎么办？

我提出的建议非常简单：就是在你的检查能力可以触及的范围内，抽样检查被考察对象的认知德性。譬如，如果你是个领导，要看某个下属脑子好不好使，就让他负责几件工作，看看他成绩如何，这样，你就对他的认知德性有个八九不离十的判断了。

大家又要问了，我这个方法是不是有点以偏概全呢（请参看本书第16节对于归纳论证的讨论）？为何不让手下做二十件、三十件事，再来对他的认知德性下一个断语呢？

其实不必。请注意，从对于一个人做几件事的成绩出发对他的认知德性做出评价，的确是可以依赖比较少的案例的——与之相比较，你若要从"我身边的三只乌鸦是黑色"的出发，推断出"天下乌鸦一般黑"，便有点过于仓促了。那么，为何在这两种归纳之间，存在着某种不对称性呢？

这是因为，"这是一只黑色的乌鸦""那也是一只黑色的乌鸦"均是非常简单的观察命题，你无法从这些命题中解读出更多的信息，以便由此对产生这些判断的认知架构的能力进行深入的分析。但是，"出色地完成上级所交付的一项工作"却是一个囊括了海量信息的句子——它根本就不是一个简单的观察命题，而是对于大量的观察命题的浓缩。所以，我们完全可以从这样一个句子中解读出大量信息，以便由此对产生这些判断的认知架构的能力进行深入的分析。

举个例子：假设你是个装潢公司的老板，你接了个单子，有个客户叫贵公司派一个人做他的装潢总设计师，而相关的装修要求还有点小复杂：预算有限、总体设计要混搭北欧与日系的风格、材料要环保、要保证足够的收纳空间，云云。你就派了一个叫李四的新人去，借此考验他的设计能力。如果李四不负使命，其设计效果得到了客户的好评，这就说明他的审美情趣、预算筹划能力以及与客户的沟通能力，都已经达到了比较令人满意的水准。站在装潢公司老板的立场上看，只要这样的检测做上两三次，就能大致估测出李四的工作能力的范围以及认知德性的高低了。这样，他也就没有必要反复地试对方，以免浪费大家的时间。

论"德性鄙视链"存在之必要

讲到这一步，我还想谈谈现在互联网上比较热的一个词，叫"鄙视链"。鄙视链是一种观念中的等级链条，处在该链条高端的人会觉得自己比处在该链条低端的人在某些方面更具有价值。

不过，"鄙视"这词实在太像是"歧视"了，而"歧视"这个词的确会带给大家一种不良的观感，因为在人格上我们每个人的确应当是互相平等的，而不应是互相歧视的。我们当然要旗帜鲜明地反对种族歧视、籍贯歧视与性别歧视，特别是避免对于残疾人等弱势群体的歧视。然而，在道德领域内，德性高的人对于德性低的人的鄙视（譬如，比较勤劳的、勇敢的人对于那些懒惰的或怯懦的人的鄙视），倒反而能够促成一种使得社会能够得以正常运作的社会氛围——否则，整个社会中好人与坏人傻傻分不清，全社会的德性就会被败坏。

不仅关于道德的德性可以构成鄙视链，关于知识获取能力的德性也能构成鄙视链。在日常生活中你会发现，有些人的确在知识获取方面可以做到又稳、又狠、又准，一下子就可以把问题的关键给抓住，而有些人就是比较迟钝。因此，前者就自然应当处在鄙视链的上端，后者就自然应当处在鄙视链的下端。所以，当不同的人都向你提供信息的时候，你不妨就按照心中的这条鄙视链所提供的信息，更聚焦于那些在认知德性上更高的认知主体所提供的建议，以此来减少你自己的认知成本。这也便是对于本书第34节所提到的"乐队花车效应"的一种趋利避害式的运用。

第五章

语言哲学：你用什么思考？

80. 所有哲学问题的老大

本书讨论的最后一个话题是语言哲学。为何要在最后讨论语言哲学？读者都应当记得，本书前四章所讨论的问题，分别是逻辑推理的一般规则、人类心理的种种经验特征、人类的心灵的本质，以及人类的知识指派活动。实际上，人类的语言乃是所有这些事项展开的终极界面——逻辑推理需要语言，各种心理禀赋的施展需要语言，对于人类心灵的本质的思考需要语言，人类的知识指派活动自然也是在语言中进行的。所以，对于语言问题的思考，将使得我们有机会，从更高的层面去思考本书所涉及的各种哲学工具自身的语言载体的本质。另外，语言哲学自身的高屋建瓴的特性，也使其比较适合充当"压轴戏"的角色。

语言哲学讨论的两个问题

什么是"语言哲学"？"语言哲学"的英文是"philosophy of

language"，它主要讨论的是两个问题：其一，是对于语言的本质的思考——到底语言是什么东西？我们为什么要有语言？如果没有语言的话，我们该咋办？我们该怎样以语言为工具，来思考和研究其他各式各样的哲学问题？

与很多人的期待或许有点差异的是，在语言哲学文献里面，对于后一类语言哲学问题的讨论其实是占据压倒性地位的——这可能是因为对于前一类问题的讨论，也可以是语言学的话题，而不为语言哲学所专享。

关于语言哲学是如何反思语言在解决哲学问题时所起的作用的，我想举一个关于9·11惨剧后的保险理赔案的案例。请注意，这虽然是一个法律案例，但其中却包含了一个哲学问题，而对于该哲学问题的解决，则需要我们反思用以表达这一案例所使用的语言。

事情的缘起是这样的：9·11恐袭发生后，世贸中心就要求相关的保险公司对损失进行赔款，因为这两座大楼本身都已经投保了。而且，投保方要求保险公司赔两次款，因为两座楼都倒了。

保险公司则觉得不行。其理由是，9·11恐怖袭击是一次事件，保单上说得非常清楚：一次事件保一次钱，怎么能把它算成两次事件呢？投保方的律师则认为这就是两次事件——你看，前一座楼被攻击的时间和后一座楼被攻击的时间还相隔了半个小时，很明显，这就是两个事件啊！

于是，相关的法庭辩论就在这样的一个问题上陷入了僵局：9·11恐袭到底是一次恐袭，还是两次恐袭？

这里涉及的哲学问题，乃是对于"事件"的同一性的辨认问题——到底是哪些特定时—空区域内发生的物质与能量的变化，才有资格被称为从属于"同一个事件"的？而这个问题也显然具有语言哲学的面相，此即：在哪些情况下，我们的语言会倾向于将散布在特定时-空区域内发生的物质与能量的变化说成是从属于同一个事件，而在哪些情况下，我们的语言又会倾向于或将其说成是分别从属于不同的事件呢？

这个问题还真不好回答。让我们先悬置对于9·11的讨论，而去思考这样的一个问题：为何我们会把"一战"和"二战"算成是两场战争？难道法国福煦元帅没有在一战结束后的巴黎和会时期说过，"此非和平，而是二十年休战"吗？

这就牵涉到我们在使用语言之时所使用的一些隐蔽的默契了。其中的一个默契就是：一个事件的各个部分之间的时间间隔，不能相差太多——而二十年显然是一个足够显豁的时间间隔。所以，我们最好还是将一战与二战分成两次战争。与之相比较，在9·11事件中，两次袭击当中就隔了30分钟，这样的时间差似乎就可以被忽略了。

而且，还有一些别的隐蔽的语言使用默契，以促使我们将9·11所涉及的两次袭击算作是一次恐袭。具体而言，这两次恐袭都是同一帮恐怖分子经过事先秘密策划以后，有协调、有目的地发动的。因为涉案主体从属于一个集团，将二者归并到一个事件的名目下，就显得比较有道理了。反之，如果在另外一个可能世界中，恐袭是由两个不同的恐怖分子策划的，而且二组恐怖分子彼此之间也没有联络，那么，即使这两次袭击相隔的时间不过30分钟，恐怕我们也会认为这是两次恐袭。

换言之，语言当中的很多隐蔽的默契，能够帮助我们对世界进行有效的分割。所以，语言中的隐蔽的默契是什么样子，我们对于世界的分割结果也就是什么样子。我们的世界，也就是我们的语言所呈现给我们的世界（请比照本书第18节对于康德哲学的介绍：我们人类自己对于因果关系的看法，铸就了我们眼中的世界所具有的因果关系）。

语言哲学是所有哲学分支的老大

很多人都在讨论哪个哲学分支是真正的"老大"，以便能够把其他各个哲学分支的讨论全部给罩住，或至少为这些分支提供统一的思想基础。有人说形而上学是老大，有人说心灵哲学是老大，有人说政治哲学是老大，有人说知识论是老大，有人说伦理学是老大，真是莫衷一是。

我自己倾向于认为语言哲学是老大。为何呢？这是因为，你要表达的所有观念，归根结底都要用语言表达，如果语言混乱了，那就什么事都说不清。正所谓"名不正则言不顺，言不顺则事不成"（请参看本书 75 节对于"正名论"的讨论）。

下面我就以政治哲学为例，来说一下为何语言问题构成了政治哲学问题的底子。

权利 vs 权力

在政治哲学和法哲学的讨论中，很多中国人都分不清楚两个概念，一个叫"权利"，另外一个是"权力"。这十有八九是因为两个词在汉语中的发音是一模一样的，很容易混淆。而在英文里面，"权利"是"rights"，而"权力"是"power"，二者在发音上的区别是很明显的。

那么，从意义的角度看，"power"的意思是啥？就是指拳头的大小：谁的拳头硬就听谁的。

那么，"rights"是什么意思？它指的是一些特定的合法性地位，以便相关的当事人利用这些地位去申诉相关的主张。比如，别人欠你的钱，你就有叫他还钱的权利——这一点与你的拳头的大小是无关的，与他是否欠你钱有关。

不能过于自由地讨论"自由"

政治哲学里还经常讨论"自由"这个词。但"自由"在外文里有两个表达，一个是"liberty"，一个是"freedom"，你如果不做语言层面上的分析，你是无法理解二者之间的微妙差异的。"liberty"这词有拉丁文的词源，并且与德语中的"Liebe"（爱）也有意义关联，因此，"liberty"的意思就是按照自己的喜爱去做事的权利。但由于"liberal"同时有"宽宏大量"的意思，因此，上述这种按照自己的喜好去做事的权利，一般都具有道德上的高贵含义。"freedom"则与动词"free"有明确的关联，后者可以组成"free somebody from something"这样的词组，意思是将某人从某种拘束中解脱出来。由此看来，"liberty"更多涉及的是基于主观意愿的积极自由，特别是能够控制自己的行动的那种能力；而"freedom"则更多涉及的是豁免于外部限制条件的消极自由。所以，当我们讨论"自由"的时候，一定要在语言的层面上想清楚自己是在谈论哪一个层次上的自由。需要注意的是，很多国人都喜欢将"自由"理解为"想干吗就干吗"。然而，这种理解既不符合"liberty"的意思（因为一个想干吗就干吗的人，是缺乏对于自己的行动的控制力的，因此是缺乏道德上的体面性的），也不符合"freedom"的意思（因为一个想干吗就干吗的人，很难不对别人的行动自由构成妨碍）。这也就说明，类似于对于"权利"/"权力"的混淆，很多中国人对于"自由"这个词的理解也是非常混乱的，这种混乱也导致他们对于相关事项的讨论的基本框架都荒腔走板了。

从上面的分析来看，对于语言工具的反思乃是讨论任何哲学问题的前提。虽然这样的反思不能全面取代相关哲学分支里的实质性讨论，但是却绝不能在任何一个哲学分支的讨论中缺席。但是，别的哲学分支就未必有这样的一种"无所不在"的特征了。比如，你就不能说心灵哲学具有这样的前提性，因为我们研究心灵结构的语言必须要先行于我们的认识对象存在。同样的道理，你也不能说知识论具有这样的前提性，因为知识论对于知识指派活动的研究必须预设我们的语言对于"知识"的用法。类似的分析也可以被施加到别的哲学分支上去。

在语言哲学版块中，我们将讨论什么？

在最后一章里，我想把讨论分为三大部分：第一个部分是语言与形而上学的关系，第二个部分是语言与日常用法之间的关系，第三个部分是语言和语文的关系。

什么叫语言与形而上学之间的关系？什么叫"形而上学"？形而上学主要牵涉到了我们对于世界的基本框架的认识。世界到底是由静态的对象所构成的，还是由一个个事件所构成的？这就是对于世界不同的形而上学的重建方案。我们会在这个名目下讨论早期维特根斯坦的语言图像论。

接下来，我们就会讨论语言哲学的第二个部分，语言与日常用法。讨论这个问题的哲学家并不是特别关心语言怎么揭示世界的结构，他们更关心的是如何通过语言来揭示人和人之间的关系。这是所谓的"日常语言学派"所特别关心的问题。代表人物有晚期维特根斯坦。

讨论完这个环节以后，我还想讨论语言与语文的关系。这里所说的语文修养，大致就是指修辞的本领，也就是我们在日常会话中如何将话说得漂亮，说得生动，说得妥帖的本领。这会牵涉到隐喻、反讽、夸张等特定修辞手段的使用，牵涉到汉语中的量词的使用等具有地方语言特色的修辞问题，也会牵涉到机器翻译等具有一定科技含量的新问题。对于这些问题的考量，传统上是语文教学与语言学的任务，但我的讨论也将展示此类问题背后的哲学面相。

讲到这一步，关于"语言哲学到底该干些什么"的导论性介绍也就到此为止了。下面我们就立即切入正题。

81. 说错话可能比说废话更有意义

我最想先和大家介绍的一个语言哲学的理论，就是"语言图像论"，其提出者是维特根斯坦，20世纪最重要的哲学家之一。需要注意的是，维特根斯坦的早期哲学和晚期哲学彼此相差甚大，而语言图像论乃是他早期哲学的思想内容。

语言图像论：语言和外部世界之间存有同构关系

什么叫"语言图像论"？我们从生活中的一个小案例开始说。

假设某日张三开车不小心和别人撞了一下，交警处理完事情以后，把当时的情况拍照拍下来，然后在卷宗里面加以描述。几天之后，张三就跑到了交通处理大队去处理。处理这件事情的警官，并不是当时处理交通事故的那个警官，但是他却拿到了赶到事发现场的第一名警官所画出的那个交通事故示意图。然后，他又看了看现场拍的那些照片，再问了当事人几个问题，于是就决定了交通事故的责任应该是由哪一方来负责。

而这里的哲学问题就在于，最后作出裁决的那名警官并没有跑到现场去，他仅仅是根据一张纸上出现的那些符号和画面，就决定了谁是责任人。这好像就暗示了我们：在语言的表征和世界之间是有一种非常神秘的对应关系的。正是在这种暗示的激励下，维特根斯坦在其早期哲学名著《逻辑哲学论》中提出了语言图像论。

语言图像论的核心思想并不复杂：语言的功能就是为了把外部世界的真实结构给体现出来，因此，语言的结构就应当是世界自身的结构。不过，维特根斯坦也注意到，语言的具体的物理存在形式是和外部的物理世界不一样的。举个例子，你如果说"这朵花是红的"，这句话里面没有任何一个词是红色的，你也犯不着在黑板上用红色的粉笔来写下这句话——但它却依然可以指涉如下事实：这朵花的确是红色的。于是就暴露出了一个更值得深思的问题：凭什么一句自身并非是用红色粉笔写出来的话，可以去指涉外部世界中的一朵红色的花呢？其答案是：这句话与那个事实之间存在着一个逻辑同构关系。

什么叫"逻辑同构关系"？就是从结构上来看，A 与 B 这二者是一回事。比如，贝多芬在纸上写了交响曲《英雄交响曲》的乐谱，但是你也可以将其演奏出来，并将音乐灌成唱片。很显然，作为唱片的《英雄交响曲》和写在纸上作为乐谱的《英雄交响曲》，二者的物理存在方式显然是风马牛不相及，但二者毕竟体现了相同的乐谱结构。这个乐谱结构既可以体现在乐谱的书写形式里，也可以体现在唱片的物理存在形式里。

维特根斯坦就由此联想到：我们的语言和外部实在的世界之间也有这么一种同构关系，正是这种同构关系才使得我们能够和外部世界发生关联。

真话与假话，事实与事态

讲到这一步，大家会觉得，如果我说的话和外部的事实并不吻合，那维特根斯坦的理论又该怎么解释这一点？比如，虽然我说"这朵花是白色的"，但实际上这朵花是红色的，那么，这句话本身有意义吗？

维特根斯坦认为，这话还是有意义的。为何呢？这是因为，它虽然不符合事实，但是它至少描述了一个可能的事态。

那么什么叫"事实"（fact），什么叫"事态"（state-of-affairs）？这是维特根斯坦做的一个很重要的区分。"事实"即发生的事情，如秦始皇在公元前 221 年统一中国。那么什么叫"事态"？事态即并没有真实发生，但可能发生的事情，如秦始皇在公元前 222 年或公元前 219 年统一中国。由于真实发生的情况只是所有可能发生的情况的一个子集，所以，事实是事态的一个子集。

由此，我们再来看看语言和事实、事态之间的关系。语言既可以与事实发生关联，也可以与事态发生关联。与事实发生关联的那些语言是什么？是真话。而把语言里面所有的真话刨掉，余下的自然就是假话或者错话了，但是假话和哪些部分对应？就是和外部世界当中的事态相对应。

说话时要提高"图像"的分辨率

在日常生活中，你若真要能够贯彻语言图像论的要求的话，你说话做事时就得小心了。比如，与领导汇报工作时，你就要少说废话，多把和你要汇报的工作相关的那些词给组织好，不要扯无关的话。撰写科学论文，或者项目书的时候，也不要加太多的感叹词。为什么呢？

因为这些感叹词描述的更多的是你心里的状态，而不是描述外部世界自身的状态，它们的介入并不有助于我们获得关于外部世界的图像。

很可惜，有时候国人说话的时候，并没有将与事实相关的语言图像予以聚焦的思维习惯。譬如，我在阅读某些抗战时期国军老兵的回忆录的时候，就觉得很多关键战斗信息非常模糊，有时候要倒查敌军与盟军的史料，才能拼凑出比较细致的细节。如果大家看中国的"二十四史"，这些对于战争细节的模糊描写就更是比比皆是了。如果用语言图像论的标准去判断，这些描述因为分辨率太差，是很难与现实发生足够密切的关联的。

当然了，用这种严谨的态度来描述我们所看到的世界，更多的是一种做研究的态度、做理论的态度，而并非是我们日常交往中的说话方式所应当遵循的唯一标准。在日常生活中，我们难免说俏皮话，开玩笑，或者就是毫无目的地闲聊，以打发时间、增进友谊。对于人类语言交往形式的这种多样性的注意，也促使以后的维特根斯坦慢慢地走向了对于他的早期哲学的批判。尽管如此，我依然认为，语言图像论的合理性意义还是需要吾辈予以重视的。在生活中，我发现身边有不少朋友在说话与写文章时懒散的表达太多，而那些精确的表达太少，尤其在职场、学术等非常需要精确表达的场合里，都喜欢诉诸那些闪烁其词的表达。所以，至少对于这部分朋友来说，"语言图像论"这门课还是需要补上的。

82. 如何有效抵制洗脑？

本节，我将和大家来讨论与语言图像论相关的一个哲学问题，就是所谓的摹状词理论（the theory of descriptions）。

什么是摹状词？

上节已提到，在早期维特根斯坦看来，一种理想的语言的结构应该与外部世界的内部结构严格地对应起来的。而我们的日常语言因为过于混乱，所以要经过非常严密的重新组织，才能够达到这种理想语言的水准。

为了说明这一点，他也引用了他的老师哲学家伯特兰·罗素所提出的摹状词理论，以此为工作样板，来告诉我们该怎样提升日常语言的结构表现力。

现在我就来讲讲到底什么叫"摹状词"。"摹状词"之所以被提出来，是和另外一个概念——"专名"——相对应的。"专名"就是你独一无二的名字，比如我叫"徐英瑾"，这就是我的专名。一些非人格的对象可能也是有专名的，比如"辽宁号"也是专名，"水星""苏州河""黄山"，也都是专名。

那啥叫摹状词呢？就是用定冠词"the"起头的一个非专名的名词表达式。汉语里没有定冠词，所以，大致可以将"the"置换为"这"与"那"。比如有部电影，题目叫《那山那人那狗》，直接翻译为英文就是"The Mountain, the Man and the Dog"（其实这电影的标题的官方英译是"Postmen in the Mountains"——这一点我们暂且不论）。而在这直译的英文标题中，因为"the"的出现，被指涉的"山""人"与"狗"的唯一性也就被确定了。所以，与专名一样，"the"所指涉的对象也应当具有相关语境内的唯一性。二者之间的区别是：专名可以在各种不同的可能事态里都指涉同一个对象，而摹状词则只能在特定的事态中指涉那个对象。比如，假设"小芳"是一个专名，而"那个穿红衣服的姑娘"（"the girl dressed in red"）则是一个摹状词，而二者都的确指涉同一个人。但二者的用法是不同的：只有在小芳的确穿了红色衣服的事态中，你才可用"那个穿红衣服的姑娘"（"the girl dressed in red"）——而无论她穿了啥颜色的衣服，你都可以用"小芳"去指涉她。

摹状词何时能做主语？

为何说摹状词会引发哲学困惑呢？这是因为，某些摹状词若出现在语句的主语位置的话，就会导致的一些奇怪的结果。请看看罗素所给出的这个例句：

The present French king is bald（当今法国国王是秃子）。这句话

的毛病在哪里呢?

其毛病在于:按照一般人的语用直觉,如果我用主词来描述了一个事物的话,这件事物就是应该存在的。所以,"当今法国国王是秃子"这句话的主语所描述的对象——当今法国国王——应当是存在的。然而,众所周知,当今的法国是共和国,早就没有国王了,所以这个句子的主语所指涉的那个对象是不存在的。那么,在相关对象本身不存在的情况下,这个句子到底是真的还是假的呢?这就说不清了。换言之,排中律就很难被满足了。

啥叫"排中律"?在本书第 7 节中我已经提到过,根据排中律,任何一个有意义的命题,要么就是真的,要么就是假的,没有真和假之外的第三种情况。若用排中律来看待"当今法国国王是秃子"这句话,它到底是真的还是假的呢?你说它是真的,肯定不对,因为当今没有法国国王。你说这句子是假的,似乎也不对,因为对于该语句的否定似乎只是否定了他不是秃子,而不是断言他不存在。

该怎么解决这个问题呢?罗素的解决方案是:我们可以对这个命题本身进行改写,让它的真实结构被显露出来,以适应排中律的要求。

用摹状词理论来清洗主语

根据罗素的观点,"当今法国国王是秃子"必须被改写为这个样子:有且仅有这么一个对象 x,以使得 x 是当今法国国王,并且 x 是一个秃子。

这话说得的确是啰唆了一点,但是它在结构上到底与原来的那个句子有啥区别呢?这一区别便是:"当今法国国王"这一表达式本来放在主语的位置上的,而在新语句中,主语的位置却被清空了,变成一个 x——当然，x 在自然语言里面可以不说出来，我们只能将就着说"有且仅有这么一个对象，该对象是怎么样怎么样"。这样一来，"当今法国国王"就从主语的位置挪移到了谓语的位置，变成了"x 是当今法国国王"这样的结构。这一结构与"x 是一个秃子"不再是主语与谓语的关系，而同样都被"发配"到了谓语的位置，并由此变得相互平等。而原来的主语的位置，则被"清洗"了。也正因为这一点，我们也不再觉得该主语本身应当对应着啥外部对象的存在了——正所谓"人去楼空""人走茶凉"。

那么，经过这种改写之后，"当今法国国王是秃子"这句话到底是真的还是假的？答案是假的，因为世界上并没有一个对象 x，以使得 x 是当今法国国王，并且 x 是一个秃子。排中律的尊严显然也得到了很好的维护。

我们不妨再来做一个练习，看看该如何转换"猪八戒喜欢上了嫦娥"的语法结构。实际上，就像当今法国国王一样，猪八戒和嫦娥都是两个不存在的对象。那么，按照罗素的意见对这话进行改写，我们就得这么写：有且仅有这么一个对象 x，有且仅有这么一个对象 y，以使得 x 叫猪八戒（并且具有吴承恩赋予其的那些特征），y 叫嫦娥（并且具有吴承恩赋予其的那些特征），且 x 喜欢 y。很显然，经过如此的改写之后，我们就不难看出这个句子是假的，因为世界上并没有两个对象真是具有吴承恩所描述的那些法力的猪八戒与嫦娥，遑论二者是否彼此喜欢。结果，排中律的尊严还是没有被撼动（顺便说一句，在这个语例中，"猪八戒"与"嫦娥"都不能被视为专名，而必须被视为两个摹状词："吴承恩所描述的那个猪八戒"与"吴承恩所描述的那个嫦娥"——否则两个凑巧也叫"猪八戒"与"嫦娥"的凡人的存在，就会彻底改变该语句的成真条件）。

摹状词理论可以帮你抵制洗脑

那学习摹状词理论，与我们的日常生活有什么关系呢？

——当然有关系。摹状词理论的核心思想，就是要清洗主语，让主语变成一个像 x 那样的变项空位，由此帮助我们破除对于"为主语所表述者均存在"这一点的执着。而很多的洗脑机制，恰恰就是以一种与摹状词理论的展开方向相反的方式运作的：具体而言，这些洗脑机制的运作者，往往会肆意引入很多莫名其妙的主语，以便让大家糊里糊涂地认为这些主语所描述的对象是存在的，由此陷入理智的泥潭。我下面就来举一个例子来说明这一点。

假设你是一名生活在 1939 年秋天的德国的德国公民。在该年的 9 月初的某日早上，你打开收音机，突然听到了希特勒的嘶哑的声音在吼叫："今天凌晨，怯懦的波兰军队攻击了我们的边防哨所，杀死了德意志帝国的士兵。帝国的公民们，我们是不是要反击呢？"

如果将希特勒的这句话缩减一下，这就是：德国被波兰人袭击这件事，值得不值得我们反击？很显然，这句话的主语就是"德国被波兰人袭击这件事"——而既然该主语是存在的，很多人便会天然地认为该主语所对应的事件也是存在的。换言之，波兰人的确偷袭了德国的边防哨所。但如果大家真这么想的话，就算被骗上希特勒的贼船了。

所谓的"波兰军队袭击德国边境"的真相，乃是这样的：一群伪装成波兰士兵的德国党卫军，去袭击了德国人自己的一个哨所，打死了一些穿着德国军服的德国死囚，然后让记者摆拍了一些照片，以此作为借口向波兰发动了侵略战争。波兰军队真是比窦娥还冤。

学了罗素的摹状词理论之后，你应该怎么重新改写希特勒说的话呢？你得这么说：有且仅有这么一个事件 x，以使得在 x 中，德国边境遭到了波兰军队的偷袭，而且，如果 x 发生的话，x 会引发德国公众关于是否要对 x 进行军事回应的争议。

也就是说，只要你把"德国被波兰人袭击这件事"这个主语清洗以后，你的大脑就会去自然地搜寻使得这样的一个描述句子得以被验证的一些客观证据了，而不会天然地以为该事件已经发生了。你如果这样想问题的话，纳粹的洗脑也就失败了。

83. 马达加斯加的名字是怎么来的?

　　虽然罗素本人的摹状词理论是以区分摹状词与专名为前提的,但是他的语言哲学总有这么一种倾向,就是要尽量缩小专名的范围,扩大摹状词的范围——比如,依照罗素的意见,像"猪八戒"这样的专名,就应当被处理为"那个叫猪八戒、并具有吴承恩所描述的那些法力的半神半猪的怪物"。总之,无论句子的主语的占位者是专名还是摹状词,罗素是倾向于将它们尽量清洗出去的。

　　但也有一个理论,是与罗素的摹状词理论针锋相对的。这就是关于"名称的因果链条理论",提出者乃是美国哲学家索尔·克里普克。

关于名称的因果链条理论

　　与罗素不同,克里普克认为专名的领地边界还是需要被维护的。那么,他维护专名的具体思路是啥呢?

　　在克里普克看来,对于专名的分析思路,是与对于通名的分析思路大致一样的。所以，我们可以先从对于通名的分析说起。

现在我们就来复习一个本书第 50 节所已经提到过的案例。假设在孪生地球上有一些液体叫"孪生地球水"：这些液体与真正的水一样，是无色、无味的，但这些液体的分子结构并不是 H_2O，而是 XYZ。这就冒出了一个很有意思的哲学问题：站在我们地球人的立场上来看，这到底算水还是不算水呢？

我相信大家的直觉会说，这当然不是水了，因为它真实的化学结构式 XYZ 不是 H_2O。这也就是说，对于物质的化学结构具有专门知识的科学家对于水的命名规则的意见，应当是具有某种稳定的效力的。在这件事情上，科学权威说了算。

克里普克也按照同样的思路来分析我们对于专名的用法。他认为，在给普通人起名的过程中，也有一些权威意见是需要被尊重的。譬如，只要约翰的爹叫他的儿子为"约翰逊"，而且，神父与亲戚朋友都认了这个名，他的儿子就叫约翰逊。约翰逊就是以后自己改名叫"杰克逊"了，他其实还是那个约翰逊。在这个问题上，约翰的权威就像地球上的化学家的权威一样，是不可动摇的。

——那么，这种关于专名的理论，为何又被叫作"关于命名的因果链条理论"呢？这是因为，一个人的名字总会被传播出去，而名字与对象的指称关系也会在这个过程中被传播出去。但不管这条传播链条有多长，你要确定名字与对象之间的对应关系到底是啥，还是要回溯到初始命名的那一刻去——譬如，约翰逊被命名为"约翰逊"的那一刻。

在这里我们不妨比较一下克里普克的理论与儒家的正名论（参看本书第 75 节）。二者其实都强调了历史上的权威对于名与实之间关系的裁定权，只是儒家所说的"名"更多是指事物的通名所具有的内在规范，而不是克里普克所说的专名的符号。所以，克里普克的专名理论，是自带一种保守主义色彩的。另外，由于名称实际上起到了诸摹状词的附着点的作用（譬如，诸如"那个胖胖的家伙"这样的摹状词是需要附着在"约翰逊"这样的专名之上的），克里普克对于专名与对象之间关系稳定性的承诺，实际上就等于把被罗素动摇的岌岌可危的对象的地位给挽救过来了。这也使得他的哲学立场更为偏向古典的亚里士多德主义。

对于因果链条理论的质疑

克里普克的观点也遭到了很多哲学家的质疑，其中比较有名的一位批评者叫伊万斯。他提出了一个很有趣的反例：我们知道，马达加斯加是非洲大陆旁边一个很大的岛。那么"马达加斯加"这词是从哪里来的呢？实际上，这个词是当地的土著对于这个岛的一个港口（即马达加斯加港）的称呼。但欧洲人到了这里，并问当地的土人这里叫啥的时候，因为沟通方面的一些误会，欧洲人错误地将当地人对于当地一个港口的称呼与对于整个岛屿的称呼混为一谈了。于是，今天的我们也以讹传讹，认为"马达加斯加"是对于整个岛屿的称呼。

这个反例实际上就驳斥了克里普克所给出的关于名称的因果链条理论。倘若克里普克的理论是对的，那么"马达加斯加"就应当与某个港口发生对应关系，因为最早使用这个名字的当地土人就是这么使用该名字的。但是，我们今天几乎都会按照后来的欧洲人的习惯，将"马达加斯加"视为整个岛屿的名字。这一点，克里普克的理论该如何进行说明呢？为何土人的权威就需要被忽略呢？难道他们就不算人吗？

当然，面对这种指责，克里普克理论的捍卫者们貌似还是有法子应对的。他们会说，我们要更确切地定义名称传播过程所涉及的历史。

换言之，他们依然还是承认名称与对象的指称关系的规范性必须到历史的源头中去找，但这里所说的"历史"，不再是指过去发生过的所有的事情的总和，而是见诸有文字记载，并被传承至今的那些过往的事情。

若按照这个标准去衡量，马达加斯加的土著居民恐怕都是没有历史的——因为似乎没有书籍、没有文字把他们做的事情给记录下来，让后人来传承。而西方的殖民者则带来了整套现代文书系统，使得他们对于这个岛屿的命名才成为了历史上的第一次命名。

——但这个反驳可能也是有问题的。这里的问题是：你怎么知道马达加斯加岛的原住民没有自己的文字系统？实际上，早在欧洲人之前，阿拉伯人早就给马达加斯加岛带来了阿拉伯文字，用来以书面形式转写马达加斯加语——这难道不是当地的文字系统吗？为何他们的言说系统的权威性，就在欧洲人之下呢？这难道不是一种欧洲中心主义的观点的体现吗？

与之相比较，如果我们对"马达加斯加"这个专名做一种罗素式的刻画的话，那么上述这种"欧洲中心主义"的气味就会被冲淡很多。很显然，罗素会将"马达加斯加"称为"那个被欧洲人叫作'马达加斯加'的岛屿"——而这个提法并没有暗示欧洲人对于该岛屿的叫法的有效性可以自然地延伸到欧洲文化的领地之外。

这样看来，罗素的理论还是有更多的可取之处。

再为罗素说几句好话

我们可以沿着上面的思路，再找一个案例——该案例将有利于罗素的理论，而不是克里普克的理论。

现在考考大家：鲁迅先生的本名是什么？不少人都会说是"周树

人"。但实际上在此之前鲁迅先生还有个名字，叫"周樟寿"，这一点也是有案可稽的。但是哪个名字获得了传播学意义上的胜利呢？当然还是"鲁迅"。这就说明：即使在同一个文化体系中，对于命名链条的初始链条的追溯也无法清楚地告诉我们为何"周樟寿"这个名字是如此的默默无闻。请注意，一个默默无闻的名字，是无法起到为诸多的摹状词提供附着点的作用的，因为它尚且没有被汇入语言的大江大河之中，成为公众脑中的活的概念——这就好比说，一个默默无名的咖啡店，根本不可能聚集人气，成为本地文化名流聚会的场所——因此，它也就无法成为因果命名与传播链条中的一个有效的环节。

然而，如果我们跟着罗素的思路，把专名看成是摹状词的一种伪装形式的话，那么，我们就能以更宽松的心态，来面对某些人的某些默默无闻的名字——因为只要我们将这些名字改写为摹状词，被"摹状词化"了的专名本身就不再承担为别的摹状词提供附着点的任务了，因此，它自身的默默无名也就不会成为一项原罪。

然而，罗素的理论，至多也只能使得像"周樟寿"这样的名字的默默无闻变得可以理解，而无法进一步解释：为何"鲁迅"这个名字最后能够爆红。若要深究这个问题，就牵涉到了名称理论背后的社会学与语用学维度——而维特根斯坦哲学之所以会转向他的后期哲学，也恰恰是因为他发现了他的早期哲学是无法容纳对于这些维度的讨论的。

不过，在切入对于这些维度的讨论之前，我还是想谈谈实证主义的思想。

84. 我只相信眼见为实！

在前面的讨论中，我们已经给出了对于语言图像论的大致阐述。然后，我们又在语言图像论的脉络中，讨论了一个更专业的问题，即怎样的主—谓分析才能够使得我们重新整编日常语言的语法结构，以便能够使得其真实反映实在的结构。这就是罗素的"摹状词理论"所要处理的问题。而对于克里普克的关于命名的因果链条理论的讨论，则是对于罗素的理论所进行的讨论的余续。

除了罗素的摹状词理论之外，另外一个与语言图像论颇有关联的哲学理论则是实证主义。实证主义的核心思想即：能够被证实的命题才是有意义的，不能够被证实的命题，本然地就是没有意义的。该观点的支持者，乃是与维特根斯坦、罗素同时代的维也纳学派的哲学家们。

实证主义：能够被证实的才有意义

关于命题的分类，维特根斯坦在他的早期著作《逻辑哲学论》中区分了"有意义""无意义"与"缺乏意义"这三类。"缺乏意义"就是指类似"我就是我"这样的同义反复式。虽然它们必然真，但对世界缺乏描述。至于"有意义的命题"，就是对事态的可能情况做出描述的命题。这些命题不一定是真的，也可能是假的。比如，"南极有东北虎"这个命题，虽然在现实世界中是假的，但至少你可以通过想象来设想它在一种可能的事态中是真的。"无意义的命题"则是指那些对世界无所描述，却又不是同义反复式的命题。维特根斯坦的上述思想深刻地影响了实证主义的思路。

在维特根斯坦的启发下，实证主义者就提出了这样一种观点：一个命题的意义，就在于证实它的方法。如果你能够提出一个方法证实它的话，这句话才是有意义的。反之，按照实证主义的观点，如果你说的这个命题包含了一些非常玄虚的概念，以使得人们没有任何实际的、经验的手段能够证明这句话是真的，那么你说出来那也白搭，而这类命题本身也就属于"无意义"之列了。

有意思的是，实证主义思想对于经验证据的这种依赖，若被极端化，则会导致一些非常有趣的后果——你甚至会怀疑外部世界中的客观三维物体是否存在。

比如，我若拿一个立方体出来，问大家：这个立方体有几个面？大家或许会说：那当然是六个面。我再问：那你能不能同时看到它的六个面？这时你就会产生狐疑，因为一般来说，我们只能同时看到六面体的三个面。我若再补充问一句：那你在看到这三个面的时候，怎么知道另外一侧还有三个面呢？你只好说：根据过去的记忆。这时我就要反问你了：这个记忆本身可靠吗？万一这个记忆都是骗你的呢？这种可能性当然是存在的。

这听上去就让人感到非常尴尬了，原来我们看到的外部对象中的三维对象自身的存在，也很可能只是我们假设的一部分！那么，我们又该如何保证我们关于外部世界的知识的可靠性呢？像笛卡尔那样搬出上帝来做额外担保（请参看本书第70节的相关讨论），多少就显得有点矫揉造作了——那么，我们又该如何另辟蹊径呢？面对这个问题，维也纳学派中的重要哲学家鲁道夫·卡尔纳普便提出一个野心勃勃的计划，即：我们可以把我们关于外部三维世界的所有知识，全部还原为对于我们感觉材料语言的逻辑构造。

什么叫"感觉材料语言"呢？就是专门用来描述我们自己直接获得的那些感觉的那种语言——比如，你可以说"视野里面有一片红分分的东西"，却不能说是那是"红苹果""红领巾"或者是"红旗"，因为它们都不是被直接给予的感觉材料，而是外部的客观对象。然而，通过复杂的逻辑构造，我们依然可能从对于感觉材料的直接描述出发，一步一步将外部世界构造出来。

当然，上面所说的这种实证主义立场，是相对比较极端的。至于相对和缓的实证主义立场，则将物理科学所认可的对象视为知识构造的起点，并认为除此以外的任何别的对象除非被还原到这些基本事项上，否则，其存在便是缺乏哲学担保的。卡尔纳普晚年便转向了这种以物理语言为构造起点的新实证主义，并由此放弃了他早年以感觉资料语言为起点的那种更有笛卡尔主义色彩的实证主义。但万变不离其宗，实证主义者要抓牢的，始终就是能够被眼见为实的东西——无论背后的见证视角是个体的还是属于整个科学共同体的——并试图将天下万物的存在的意义都还原到这些可以被证实为存在的东西上去。从上面的描述来看，实证主义是一种比较典型的"直男"思维：它的特点是单刀直入，将一个原则贯穿到极点，而且只认经验，对那些虚头巴脑的"扯犊子"始终敬而远之。

实证主义的要求实在过于严苛

讲到这里，我们就要转入对于实证主义思想的评价了。应该说，对于倡导科学的思维方式与科学的方法论来说，实证主义的思想还是有一定积极意义的。很多事情的讨论的确是需要一定的实证经验来加以佐证的，这样你才能知道这个假设到底站得住脚，站不住脚。

然而，实证精神虽然是科学精神的重要组成部分，但却非科学精神之全部。实证主义对于实证精神在科学活动中所占据的比例，进行了不恰当的高估。

以归纳为例：归纳活动在科学活动中可谓是俯拾皆是的。若你看到了这只乌鸦是黑的，并看到了那只乌鸦也是黑的，然后再看到五万只乌鸦也是黑的，那么你能不能得出"所有的乌鸦都是黑的"这个结论？在绝大多数情况下，得出这样的结论应当是没有问题的。然而，站在实证主义的立场上看，归纳活动的结果的普遍性总是会超出其实际所获得的证据所覆盖的范围——无论这一范围已经有多大了。所以，在最苛刻的实证主义视角中，所有的归纳活动都带有一些"僭越"的色彩——但众所周知的是，离开了归纳活动，几乎所有的科学研究都会变得寸步难行。在这个问题上，要做一个彻底的实证主义者，我们可能就无法做科学了。

更麻烦的是，有些哲学家就指出了这样一个逻辑问题：实证主义原则本身是否可能被证实呢？好吧，这个问题会逼迫实证主义陷入一个两难境地：假若实证主义的原则可以被证实，那么，怎样的证据才能证明"所有的命题的意义在于其可实证性"这一点呢？假若实证主义的原则本身不能被证实，那么，这是不是意味着实证主义自己的原则就已经违背了自己所提出的理论要求了呢？真是"猪八戒照镜子，里外不是人"。

纯粹的事实，只有神才能看得到

在美国哲学家汉森提出了观察—渗透理论之后，目前普遍认为实证主义已经是一种过时的哲学立场。那么,什么叫观察—渗透理论呢?按照此论，世界上实际上是没有纯粹的观察经验的，你所说的经验也好，事实也罢，里面已经渗入了一定的理论观点了。这也就是说，我们的理论设定会沿着各式各样的毛细血管，渗透到经验的组织形式当中去，让经验本身已经成为理论设定的一部分。从这个意义上说，假设和经验之间的比对，也可以被看成是语言的一部分与语言的另外一部分的比对。

比如，一个科学家有这样一个假设——某基本微粒的结构是具有结构 A 的。为了验证这个假设，他该怎么来获得经验材料呢? 基本微粒都太小了，人的肉眼看不到，所以，他只能够依赖于大型强子对撞机等特殊设备。大型强子对撞机的构造是相当复杂的，而通过大型强子对撞机所获得的经验材料，本身也是在非常复杂的物理学原理指导下进行的，所以，这些物理学的原理已经渗透到了你最后采集到的材料当中去了。

又比如，即使抛开这些科学当中的例子不谈，我们自己的肉眼（它们无疑也是一种科学观察"设备"）在看待外部事物的时候，视线的迁移路线也是受到我们的兴趣点和关注点的影响的。这就说明，高层级的理论关涉对于感知觉的影响，已经在个体的层面上体现出来了。这也就说明：与我们的内部兴趣和关涉点没有关系的纯粹的感觉，其存在本身就是一种幻觉。而实证主义最大的问题，就是认为在纯粹的感觉和纯粹的理论之间存在着一条楚河汉界，而在这种认定的基础上，他们又试图用纯粹的感觉来验证纯粹的理论本身对不对。但这个看法可能在根本层面上就犯了错误。

那么，既然经验观察所获取的事实本身也已经有一定的理论成分渗透入其中了，这是不是意味着客观事实和完全基于假定的胡编滥造之间的界限也不存在了？

——当然也不是这样，因为怎样的理论适用于怎样的经验材料，还是有一定的定规，不是你想怎么编就怎么编。而相关的定规，则由相关的科学共同体来加以决定。这就是科学研究所具有的社会学面相的体现。当然，科学共同体也不是铁板一块，也会有内部的争议，不同的科学家也都会说出他眼中的经验事实。然而，通过不同人所给出的经验事实之间的互相比对，我们依然可以发现其中的一个最大的公分母，以作为科学共同体构造其所认可的事实的基础。换言之，假若有人要追求那种纯粹的、没有任何理论偏见的、100%的事实的话，我个人的观点是：只有神才能看得到这些事实。

85. To be or not to be应该咋翻译?

前文对于事实的讨论,都预设了事实肯定是存在的(不存在的事项,又怎么能说是事实呢?)。但到底什么是"存在"呢?让我们看看莎士比亚笔下的哈姆雷特是怎么来说的吧。

哈姆雷特的那句名言应该咋翻译?

在莎翁名剧《哈姆雷特》中,男主人公哈姆雷特王子有一句非常著名的台词,一般是这样翻译的:"生存还是毁灭,这是一个问题。"但是这句话的英文原文其实并没有提到"生存"还是"毁灭"。此话的英文的原文是:"To be, or not to be: that is the question." 对于这一句话的直译实际上是:"存在还是不存在,这是一个问题。"很明显,莎士比亚在这里思考的是一个非常深刻的哲学问题,就是"存在还是不存在"。

但这个问题,若在汉语里表达出来,多少显得有点怪异。这在一定程度上是由英文里"to be"的多义性所造成的。英文里面的"to be"，我们一般来说是译成"存在"，但是在有些情况下也可以被译成"是"，有些时候又要译成"成为"——它的意思非常丰富，中文要对应这些词要用很多很多不同的表达式，英文里面用一个"to be"就可以解决了。这一点也在客观上说明了，为何关于"to be"的问题在西方哲学里面占据了非常基础的地位。

然而，在"to be"的各式各样的含义里面，哪一种含义显得更加基本呢？大多数中国的学者在讨论与"to be"相关的问题时，首先想到的一个中文词就是"存在"，并认为"存在"这个词是"to be"的第一含义。但是也有一部分学者认为在所有的关于"to be"的义项当中，"是"这个词的义项是具有比较大的优先性的。

我自己的观点则有点小众。我认为在关于"to be"的各种含义里面，最接中文地气的那个含义就是"有"。请注意，这个"有"不是"我有一个东西"中的"有"，而是"有一个东西在那里"中的那个"有"。这两个"有"的意思可不一样："我有一个东西"中的"有"，实际上更多的是"持有"的意思，而"有一个东西在那里"中的那个"有"，其含义比较接近"存在"。

有人就要问了，那就直接说"存在"就可以了，干吗要说"有"？这是因为"存在"这个词听上去多多少少有点过于正式了。大家体会一下中文的感觉："小王，你过来看看，那边是不是有一辆红色的法拉利？"这是一个很接地气的讲法。而这样说，就有点不自然了："小王，你过来看看，那边是不是存在着一辆红色的法拉利？"

我们看得更深一点，当我们使用"存在"——而不是"有"——这个词的时候，我们实际上做的事情是什么？我们要给出一些有点取证难度的证据，来证明被你说成是"存在"的东西本身的确是存在的。

比如，如果我们要回应"这种化学物质存在吗？"这一疑问的话，我们就得做个实验以获取相关的证据。与之相比，如果我们说那里有一辆汽车，一般不需要做实验，而只需要听话者和说话者顺着那个方向去看一看也就行了。所以，在这种情况下，去使用一个门槛更低的"有"也就够了。此外，考虑到"to be"这个词在西方语言里更多的是在日常语境中使用的，所以，我们用"有"来翻译"to be"就显得更接近此词在西方语言中的运用语境。

如果用这样的翻译方案重新翻译哈姆雷特的那句话，我们似乎就得这么写了："有还是没有，这是个问题。"大家会说，这话好像听上去有点怪怪的，还不如译成"生存还是毁灭"听上去更加符合戏剧的语境。

但我要指出的就是，关于"有"的讨论，实际上是和我们日常生活中经常看到、听到的那些语言现象密切相关的，本身并不神秘，而且哈姆雷特说的那句"To be，or not to be"，也是在自然语言当中有其非常深厚的根基的。

中文与西方语言的结构差别

为什么关于"to be"的讨论在西方哲学领域就引发了很多争议？这就要谈谈西方语言的结构了。

我们知道，西方语言的结构和咱们汉语的语言结构不一样，前者一定要加上"to be"或者是其他动词才能够构成一个句子，比如"The sky is blue"——天是蓝的。有人会说：你在中文里面翻译"is"时也是用了一个"是"字，这难道不是与英语里的那句话完全对应吗？但仔细想想看，在汉语里"是"的出现并不是一件必要的事，不少时候我们是可以省略它的——比如在"天好蓝呐"这句话中。与之相比，这句话的英文翻译——"The sky is fairly blue."——却不能省略"is"。

退一步讲，即使有时候我们会说"天是蓝的"这句话，我们真正想表达的，乃是强调天的确是蓝的，而并不仅仅是要指出天是蓝的。同样体现了"是"的强调意味的例句有："是你，而不是我，背叛了他"——大家想想看，这话就是去掉了第一个"是"字，也算勉强通顺的。

为什么汉语当中的"是"有强调的意思？按照一些古代文字学家的考证，在先秦，"是"是一个指示代词，用来指代那些不方便直接说出来的神圣的事物，比如说君王、君王用过的器皿、祭祀用的神器和法器，等等。那么，时间长了以后，"是"这个词的指示性含义便衍生出了它"肯定事物存在"的含义。

这种衍生到底是何以发生的呢？道理也是非常简单的：因为君王也好，或者是祭祀用的法器也罢，他们的存在和他们的地位都是不容否定、只容肯定的，这样一来，"是"在判断中的肯定含义，便可以从"是"的指示性含义里面衍生出来了。做了这样的一种变换以后，"是"就从一个指示词变成了一个判断词，所以我们才能说"这是红的""这是绿的""这人是好人""这人是坏人"之类的话。

如果在汉语中，"是"的系词的作用（即将主、谓加以联系的那种语法机能）是从其指示代词的机能中衍生出来的，而指示代词的机能又是与名词的机能非常相近的，这也就证明了我们中国人眼中的世界是名词化的，也就是一个个可以用名词所描述的事物所构成的世界。在这样的图景中，动词的地位是不高的。与这一点相对应，学习中文的动词，也不需要记忆复杂的词尾变化形式，其学习成本相对较小。

而与中国人的思维不同的是，世界上大多数的民族的语言都不是像我们这样的——具体而言，无论是在像英语这样的屈折语还是在像日语这样的黏着语中，动词的词尾变化都非常之丰富。这就意味着，我们这些说汉语的人所看到的世界是与外国人的所见不太一样的：我们看到的世界是由名词所指称的这一个个对象所构成的，而这些对象之间的关系则是通过种类相对较少的卯榫结构加以连接的（这里的卯榫结构的丰富性直接对应动词词尾变化的丰富性）；至于外国人，他们看到的虽然也是一个个由名词所指称的对象，但是连接这些对象的卯榫结构的种类却要相对丰富得多。这一点多少也与东西方饮食之间的差异构成了一种对应：我们中国人只要用两根筷子就能建立起嘴巴与食物之间的联系；而西方人却要一整套复杂的餐具来建立这种联系。

"To be"——动词总代表

既然在西方语言中动词变化这么丰富，那么动词的问题似乎就得被专门提出来。而要被专门提出来，就得有一个"动词总代表"来方便后续的讨论。这个总代表就是"to be"。西方哲学家又利用这件事情大做文章，所以才把"to be"变成了两千年来西方哲学所讨论的核心概念，甚至也进入了哈姆雷特王子的台词。至于我们中国人，在文化、语言、思维方式上与他们有很大区别，这就导致了我们在看他们以"to be"为核心的哲学讨论之时，总是觉得有一些隔靴搔痒。

有人恐怕就要问了：在西方语言中，"to be"这个"动词总代表"要执行的功能是不是过多了一点——又是"有"，又是"存在"，又是"是"——这是不是会导致混乱？我认为这要看什么样的语境。如果是在文学的语境里面，这样的混乱也许问题不大。像《哈姆雷特》里面的那句我们已经讨论了好多遍的台词，你既可以解释成"存在，还是不存在，这是个问题"，也可以解释成"有这回事，还是没这回事，这是个问题"，甚至可以解释为"是这样吗？不是这样吗？这是个问题"——三种解释都说得通（我突然想到了第四种基于河南方言的翻译方案："中，还是不中，这是个问题。"）。此类的解释的多样性，就制造了艺术上的想象空间，增添了哈姆雷特的台词的魅力。

需要指出的是，20世纪分析哲学运动以前的西方传统哲学，并不是太看重文学和哲学之间的界限，文学上的暧昧性反倒是一种哲学行文上的优点。这样一来，不少传统哲学家（比如黑格尔）也乐于把"to be"当作他们的核心哲学观念来加以阐释。

而当西方哲学的发展进入了20世纪的分析哲学这个阶段以后，很多哲学家都对语词的精确使用提出了比较严格的要求，"to be"含义的这种包罗万象的特征，突然就成了一个大麻烦了。

譬如，维特根斯坦就在其早期哲学著作《逻辑哲学论》里面吐槽说：你看，传统哲学家脑子里一团糨糊吧，"to be"这个词竟然有这么多的用法：一会儿表示"存在"，一会儿表示"系词"，就是"是"的意思，一会儿又表示"同意"，这么多不同的含义放在一起，能不导致思维的混乱吗？为了解决这个问题，他就主张在一个非常严密的逻辑系统里面，把"to be"的不同含义分清楚。

但问题是：即使在一个非常严密的逻辑系统中把不同的含义分清楚了，这些不同的含义所延伸出来的哲学问题还是存在的。这就好比说，你即使将一笔债务分成三笔来处理，其中的每一笔还都是要还的。

而在这些"哲学债"中，最重要的就是这样一笔，牵涉到的乃是主语与谓语之间的关系。我们都知道，"to be"的一个非常基本的机能，就是将代表殊相的主语与代表共相的谓语联系在了一起——而这就貌似牵涉到了对于殊相与共相之间的关系的讨论：二者之间，究竟何为主，何为次？对于这个问题的不同回答方案，又导致了所谓的唯名论和实在论之间的争执——这也就是以后数节所要涉及的问题。

重视"to be"，提高中西方文化交流的水平

我已经反复强调过了，"to be"这个词是英语中的所有动词的总代表，因此重视"to be"，就是要让大家在学习外语的时候重视动词的学习，而不要过于关注英文中的名词。一句话，你如果能够背出英文里的很多名词，只能证明你记忆力好；但如果你能够活用大量的英文动词与相关的动词词组，则多少能够证明你已掌握了英语的思维方式。

另外需要注意的，正因为"to be"这个词在英语里面经常起着判断的作用，以构成"S is P"与"S is not P"这样的分别表达"是"与"非"的判断句结构，所以，"to be"的核心地位也就导致了"非黑即白"的二极化思维方式在西方人思想中的流行。至于我们中国人呢，由于"是"在我们的语言中扮演的地位没有那么基础，因此，我们对于是和非之间的二元化对立就不敏感——所以，咱们中国人有时候就喜欢更模棱两可的表达方式，"大概是这样的""差不多了""快好了"。由此看来，无论是西方人进入我们的文化，还是我们进入他们的文化，双方都需要关注这些由于"to be"或是"是"的地位差异所带来的微妙文化差异，防止出现文化误会。

86. 现实的鸡与抽象的鸡，哪一只更实在？

前文已经提到，"to be"的一个重要功能就是联系主语与谓语，并由此间接地联系殊相与共相。这也就至少间接地引申出"殊相与共相谁才具有主导性"这个重大的哲学问题。这个问题用俗语来表达，即：现实的鸡与抽象的鸡，哪一只更实在？

对于这个问题的形象化诠释，可以通过如下对话来进行：

有一个学生考上牛津大学了，回到家里的时候，父子间有这样一段对话。

老爹：儿子，你在牛津大学学什么？

儿子：哲学课。

老爹：老师在哲学课上教了你们什么呢？

儿子：老师教了"共相实在论"。

老爹：你能说人话吗？

儿子说：老爹，您看到您眼前有只鸡吗？

老爹：我看到了。

儿子：老师说这个鸡要分两种：一种是特殊的鸡、个别的鸡，另外一种则是抽象的鸡、一般的鸡。老师还说，抽象的、一般的鸡要比那些个别的、具体的鸡，来得更加实在。

老爹：这不疯了吗？为什么抽象的鸡反而是更实在的？

儿子：很简单，你想想看，什么是实在？就是指它能实实在在地存在于整个世界之中的东西，不会因为一些偶然的原因而消失。像具体的鸡，它可以死，可以被吃掉，它可以生，也可以灭，但是世界上所有的鸡即使死了，"鸡"这个概念仍然不死，而"鸡"这个共相还能得到永生。

老爹一听，原来这就是共相实在论。他想了想，对儿子说：儿子，我被你说服了，所以今天这顿晚饭，具体的、可变的那只鸡就我来吃，你就吃那只抽象的、更加实在的鸡，好不好？

关于共相和殊相之间关系的讨论，在基督教的历史上曾经很出名。比如，耶稣作为一个具体的人，却能体现上帝的一般与共相，但这两者之间的关系到底是什么呢？类似的困惑，大哲学家罗素在其年幼的时候也曾有过。根据他自己事后的回忆，他小时候去教堂从事宗教活动的时候，就听神父对教众说：你们吃的可不是薄饼，你们吃的可是耶稣的肉；你们喝的也不是葡萄酒，你们喝的是耶稣的血。

小罗素就觉得非常奇怪，因为他明明看到这些神职人员是从商店里面买来了红葡萄酒，装上车再运到教堂的——为何这葡萄酒别人买了，就只是葡萄酒，而被教堂的人买了，就成了耶稣的血呢？

由此，我们也看到一个有趣的哲学问题：酒作为一个特殊的存在，它到底是怎么样映照"神性"的普遍性的光辉的呢？不过，但凡具有"唯名论"倾向的人，都会对这样的说辞嗤之以鼻。而小罗素就是这样的人；而前面提到的那位牛津大学学生的父亲，也是这样的人。

这里我们又碰到了一个新的哲学术语，叫"唯名论"，它的大致意思就是说，只有特殊的、看得见摸得着的东西才是存在的，而共相是不存在的。这与本书第84节所说的"实证主义"思想，是颇有关联的，只不过"唯名论"这名目，在中世纪就有了，而"实证主义"这名目，要到近代才有。

共相实在论的合理性

讲到这里，很多人就会问了：前面那位牛津大学学生的老爸，已经通过他的幽默嘲讽了共相实在论，既然如此，我们为何还要认真看待这种哲学立场？

事情还真没那么简单，因为世界上有很多共相不是你想抛就抛的，譬如关于数字的共相。大家想一个很简单的问题：2是不是比1大？

答案当然是肯定的。然而，"2比1大"到底是指"两个苹果多于一个苹果"，还是指"两加仑牛奶多于一加仑牛奶"呢？答案恐怕是"都不是"，因为此问题的提问者分明是想抛开牛奶、苹果这些具体事物，而来讨论抽象的"2"与"1"之间的关系。但如果你要讨论抽象的"2"与"1"之间的关系，人家就有权问你：你这里所说的"2"与"1"到底在哪儿呢？它们显然不在物理世界里，因为物理世界里只有2只苹果、1加仑的牛奶，等等。

那么，关于"2"与"1"的真正处所，就只有两种可能性了：第一种可能性：它还是在客观世界里，但是这不是指客观的物理世界，而是在物理世界之外的另外一种客观世界——这个客观世界是我们的感觉感受不到的。第二种可能性："2"与"1"应当是我们人类主观的精神活动创造出来的，因此，如果天下会数数的人都死了，世界上就没有"2"与"1"了。

那么在这两种解释之中,哪一种更为靠谱呢?对于如何回答这个问题,可谓见仁见智。康德就主张数字是我们的一种主观的精神构造。而柏拉图,以及在他以前的毕达哥拉斯,则认为数字均存在于一个精神性的客观世界里。

一个精神性的东西,怎么可以同时是客观的呢?请看看柏拉图举的下面这个例子:

有一天,柏拉图的老师苏格拉底与一个小奴隶瞎聊。他问小奴隶:"你懂数学吗?"小奴隶说:"不懂。"苏格拉底说:"那你显然不懂几何证明了?"小奴隶把脑袋摇得像拨浪鼓一样。

苏格拉底说:"不急,今天我就做你老师了。"他教了道几何证明题,然后很短的时间内,小奴隶就可以把这道几何证明题继续往下做了。比如苏格拉底前面教他做了五步,小奴隶把接下来四步也做完了。

柏拉图要拿这个例子说明什么问题?他要证明,数学的精神是客观的,谁都能懂。"谁都能懂"这件事很神秘,所以就一定要有一个解释,而柏拉图的解释是什么呢?这就是:在一个客观的精神世界里面藏了很多的关于数学的理念,而这些理念会和我们的灵魂之间发生各式各样的纠葛,而通过这些纠葛,我们的灵魂就会分享这些理念,学会做数学题了。

无处不在的共相

听到这一步,有的读者就会说了:柏拉图说的故事神神叨叨的,我们能不能抛开这些神话色彩,对所谓的共相实在论进行一种更好的辩护呢?

当然是可以的。不过，这个辩护方案还需要建立在一个重要的预设上面，此即维特根斯坦的"语言图像论"中的一个基本观点：语言和世界之间有一种图示和被图示的关系，二者在逻辑上是彼此同构的。

比如，在"这是红的"这句话中，"这"是一个主语，在系词"是"的帮助下，和谓语"红的"发生了关系。假设这个句子是真的，那么就一定有什么东西保证它是真的，换言之，必须要有相应的"使真者"（truthmaker）的存在。而且，这些担保者肯定在句子之外，因为句子自身无法担保自身为真。

那么，到底是哪些外部事项，担保该语句为真呢？我们不妨将句子里的成分一项项拆开来说。使得"这"的含义得到担保的显然是一个特殊的对象——也就是被说话人看到的这朵花。既然"这"能够被说出来，那么"这"所指涉的这朵花就应当真的存在。至于"是"，它只是一个联系词，其意义未必要兑现为一个外部存在的事物（不过，一部分诸如巴门尼德、黑格尔这样的传统哲学家也认为"to be"是对应于某种叫"being"的神秘的外部对象的。这一点我们在此暂且不论）。关键是谓语"红的"（red）：如果这个句子里面出现了"红的"，那么在外部的世界里面是不是也需要有一个叫"红性"（redness）的东西与之对应？

那么柏拉图主义者认为答案是"是"。否则如果实在世界中并没有什么东西和这个句子当中的谓语对应的话，这整个句子怎么可能为真的？所以，正如主语有特殊的东西——"殊相"（particular）——与之对应一样，谓语也应该有一般的东西——"共相"（universal）——与之对应。所以，既有殊相，又有共相，这才能解释"这是红的"这样一个句子它为什么会成真。

这里我们要看到的是，你要说出一个不包含共相的词，几乎是不可能的。几乎所有能想到的句子，都会是包含着一个比较具体的词和一个比较抽象的词的，比如"张三是个好人"，"李四是个坏人"——在这里，"张三"和"李四"代表的就是殊相，"好人"和"坏人"代表的就是共相。共相可以说是无所不在的。大家看看，柏拉图主义未必像前面展现的那样荒谬吧？

如何用得上？

你可以不是柏拉图主义者，也可以觉得柏拉图主义的论证有问题，但是必须承认：柏拉图主义是一种值得严肃对待的学说。从某种意义上说，共相可能的确比我们这些个别的、具体的人或者事来得更加有生命力。这些共相是不是能够活到天荒地老我不知道，但在大概率上它们会活得比我们更长久。为何这么说呢？

这是因为：人类归根结底是一种语词的动物，我们的脑袋就是各种共相符号的跑马场，也就是说，所谓的人类个体，无非就是被这些共相符号所操控的东西。个别人的生老病死，基本上不会动摇这整个符号体系的运作。在这种情况下，你怎么能够指望你作为一个个体，比那些在你脑袋里面转的共相符号更加不朽呢？

甚至一些从来就没有听说过柏拉图名字的人，我也偷偷怀疑他也是一个隐蔽的共相实在论者。我们都知道南宋末年的文天祥，他肯定是不知道柏拉图是谁的，但我怀疑他也是柏拉图主义者。南宋灭亡的时候，文天祥被忽必烈抓起来了，忽必烈要劝降他。文天祥说："不行，我要做大宋的忠臣。"结果他的确就义了，还留下了"人生自古谁无死，留取丹心照汗青"的名句。

但是，忽必烈杀死文天祥之前，文天祥还是想办法给他弟弟写了封信，他对他弟弟说："我快死了，你记住，我们文家的血脉由你来传，我打死都不会做元朝的臣，而你去做元朝的臣的，问题则不大。因为我是大宋朝抗元的标杆式人物了，而你则是一个没有啥名气的地方官，所以你没有这个道德负担，老哥我有这个道德负担。"

这段文字表明了什么？文天祥好像不是太在乎他自己的脑袋掉不掉，他对于自己特殊的肉体的存在是不感兴趣的，他更感兴趣的是以后别人给他贴什么标签。也就是说，他是不是大宋朝的忠臣这件事情，要比自己脑袋掉不掉重要得多，这就导致了他最后慷慨赴死的举动。如果说他不是一个共相实在论者，他又是个什么样的人呢？

大家或许要问了：文天祥根本没学过柏拉图主义，他也能够成为一名共相实在论者，那么，我们学习共相实在论的意义是啥呢？我的回答是：我们学习共相实在论的意义，并不是要成为共相实在论者，而是要学会反思共相实在论究竟是啥含义——或者说，学会判断谁是柏拉图主义者，并由此预判他的行为，最后再以这样的判断为根据，谋划自己的行动。用哲学的术语来说，文天祥虽然是一个柏拉图主义者，但是他却是一个处在"前反思状态"的柏拉图主义者，即明明自己是柏拉图主义者而不自知。而哲学学习，则能将人们从"前反思阶段"向"反思阶段"带。

不过，只要进入了反思阶段，人们就会静下来思考柏拉图主义之是非，并因此有机会反而背离了柏拉图主义。这就引出了与共相实在论彼此抵触的唯名论立场。

87. 共同体乃是一种虚构

上一节我们说的是柏拉图主义的共相实在论思想，本节我们就要讲讲它的对立面：唯名论。

那么，到底什么是"唯名论"呢？我们先回顾一下柏拉图主义所说的共相实在论是什么意思。根据这种立场，共相的存在，构成了我们言谈抽象事物的一个基本前提，否则的话，你怎么能够知道我身上的红衣服的"红色"和你身上的红衣服的"红色"都是"红色"呢？只有先预设了"红性"这个共相的存在，这一点才是有可能的。

而唯名论者则不这么看。他们认为，世界中真正存在的，只是具体的红色的事物、白色的事物、绿色的事物罢了，至于那些抽象的共相，只是我们言谈里面所使用的一些名词而已。这种观点就叫唯名论。

那么，唯名论该如何反驳共相实在论的观点呢？

唯名论对共相实在论的反驳

唯名论的基本观点就是：我们语言的结构和外部世界的结构很可能不是一回事。我们的语言里面有主、谓之别，并且，我们的言说活动也大量依赖一般性的通名，但这并不意味着在外部世界中也有一些诸如"红性"的共相。在唯名论看来，语言怎么说只是为了方便，外部世界自身是怎么回事，那是外部世界自己的事，这两者之间是没关系的。

在不少人看来，唯名论的观点的确比共相实在论更有吸引力。第一条理由：在共相实在论的框架中，对于共相的诉求，会使得世界中存在的对象的数量激增——因为按照共相实在论的观点，不仅特殊的事物是存在的，而且还存在着大量的一般的共相。而按照唯名论的观点，世界上真正存在的，只有特殊的事物。他们会反问共相实在论者：如果我们这些哲学家能够用尽量少的理论对象说明这个世界是怎么运作的，那何必要引入那么多的理论对象呢（请参看本书第 20 节对于奥卡姆剃刀的解释）？

另外一条批评柏拉图主义的理由是这样的：倘若说世界上所有红色的东西都分享了"红性"这个共相，那么，那些个别的红色的事物，究竟是怎么样分享"红性"这个共相的呢？这是一个巨大的问题。为什么呢？因为红色的具体事物是处在具体的时—空中的，而共相好像是处在任何具体的时—空区域之外的——那么，处在具体的时—空间里面的东西和超越于任何具体的时—空间的东西，究竟是怎么发生联系，以使得前者能够分享后者的呢？柏拉图主义者，似乎很难把这个问题给说清楚。

而面对同样的问题，唯名论又该怎么解释呢？他们的解释也非常简单。他们会说：我们干脆消解了这个问题，因为在我们看来，根本就没有共相。正因为没有共相，所以我们也就规避了"特殊的事物与共相何以发生关系"这个麻烦问题。

唯名论的几个流派

唯名论的第一个类型，就是所谓的"朴素唯名论"。根据朴素唯名论的观点，看得见、摸得着的东西是存在的，其他的东西都不存在。而这里所说的"看得见和摸得着的东西"，一般来说都是一个稳定的外部对象，如一棵树、一个人、一只猫，等等，而不是某些稍纵即逝的心理感觉，如一阵喜悦、一阵疼痛，等等。

但这种理论还是过于粗糙了，因为这种理论没法对付数字共相。共相实在论者会反问：如果你们否认这些抽象的观念对象的存在，那你怎么用数学进行思考呢？而你们若要用数字进行思考，你们怎么可能不预设数字共相的存在呢？难道物理世界中有抽象的"1""2""3"吗？

这种逼问，就倒逼一些唯名论者发展出一种更加精致版本的唯名论，叫"虚构唯名论"。虚构唯名论就是指：我们有时候在日常生活中将不得不装作在使用共相。请注意，"装作在使用共相"并不意味着你真的在使用共相，这只是在假装而已。

由此，如果要讨论数学的话，我们只是在一种关于数学的虚构理论当中，来装作在使用这些数字。举个例子，我们班上的同学的总数是36人，这句话是什么意思？按照虚构唯名论者的意思，话该这么说：在某种关于数字的虚构理论中，我们关于班上同学的数目是36人。请注意这个前提"在某种关于数字的虚构理论中"——没有这个前提，后面的话是不能说出来的。

但这样的一个做法是否能够让人完全满意呢？也未必。如果所有对于数字的谈论都是虚构的话，那么，我们又该如何区分哪些关于数字的谈论表达了真命题，哪些关于数字的谈论表达了假命题呢？譬如，我们凭什么说"水分子由三个原子构成"是一个真命题，而"水分子由八个原子构成"是一个假命题呢？难道二者不都是处在相关的数字虚构语境中的吗？

唯名论者该怎么回应这一指责呢？虚构主义的唯名论者会说"水分子由三个原子构成"之所以要比"水分子由八个原子构成"看上去更像是真的，乃是因为前者所涉及的关于数字的虚构理论，要比后者所体现的关于数字的虚构理论来得更好。也就是说，虚构主义的唯名论者是用"好"与"坏"这对评价词，来全面置换了"真"与"假"。

这种回应虽然机智，但也不是没有别的问题。共相实在论者还会这么找毛病：一部构思一塌糊涂的小说，也可以说是一个"坏的虚构"，其价值肯定不如一部文学名著——但是，我们在直觉上不会说：前者之所以不如后者，乃是因为前者更"假"——因为后者也是假的。与之相比较，说"水分子由八个原子构成"，乃是表达了一个赤裸裸的假命题，而不仅仅是因为其虚构的水平还不够精妙。换言之，虚构主义的唯名论的话语结构，似乎是将我们用来评价文艺作品的那套话术进行了不适当的拓展。

当然，唯名论者是不会就此认输的。在上述批评的压力下，他们还提出了另一种唯名论版本，此即下节所要讨论的"元语言唯名论"。

唯名论如何影响人的价值观

在讨论唯名论的最后一个品种——元语言唯名论——之前，我还想先谈谈唯名论思想与日常生活的联系。在具体的讨论中，我会更多地涉及虚构主义的唯名论。

讲到虚构主义的唯名论，我就非常自然地就联想到了一本书：本尼迪克特·安德森的《想象的共同体——民族主义的起源与散布》。这部书的一个核心论点就是：我们所说的民族共同体，在相当大的程度上是虚构的。当安德森这么说的时候，他所真正持有的哲学立场实际上就是唯名论的。

按照唯名论的立场，什么东西是真实的？肯定是一个具体的、活生生的、看得见摸得着的人。那么，巨量的人组成一个巨型的民族，能不能被感受得到呢？从心理学和生物学的角度上看，这是根本不可能发生的事情。你只能感受到该民族中的一小部分人。但是我们为什么还有"民族"的观念呢？是因为我们都接受了一种关于民族的虚构的理论。

以美国为例：那些能被称之为"美国人"的人其实均来自天南海北，种族成分非常混杂，但只要这些人接受了一种关于"美利坚民族"的虚构，他们就能有资格自称为"美国人"。从某种意义上说，至少在政治领域内，一种好的共同体虚构和一种坏的共同体虚构之间的差别就在于：你虚构的故事有多少人愿意为之买单。

当然，如果一个人的唯名论立场达到了反思的阶段，他就会知道：即使是一种好的关于共同体的虚构，也是一种虚构，真实存在的，还是那些个别的、具体的人。

——不过，这种立场是否一定会导致集体主义思维的消解呢？

——这也未必。道理非常简单：既然虚构主义的唯名论者愿意采用关于数字的虚构、颜色的虚构，为何他们不能开开心心地接受关于集体的虚构呢？

——那么，这是不是意味着虚构主义的唯名论者在外部行为上就与一般人不可分辨呢？

——恐怕还是有一点微妙的差别的。譬如，正因为虚构主义的唯名论者更重视个体，所以在具体的行为方式上，他们就会向个体的利益略做倾斜。譬如，如果一个虚构主义的唯名论者有捐赠意向的话，那么，他就会更倾向于捐款给具体的个人，而不是某个抽象的慈善组织——或者，他会因为相信某个慈善组织的某个具体的负责人而给该组织捐款，而不是因为相信该组织的名号而给其捐款。假若文天祥是一个这样的唯名论者的话，他就会更多地从对于忽必烈这个特殊的人的判断出发，来决定自己是不是要跟着他走，而不会更多地受到"宋臣""元臣"这些抽象符号的影响。

不过，这并不是说唯名论立场不能为一种更强烈的爱国主义情绪的产生进行说明，而只是说：虚构主义的唯名论立场要做到这一点，恐怕有一点勉强。而要为一种更强烈的爱国主义情绪的产生进行说明，我们还需要引入别的版本的唯名论理论。

88. 以色列为何得以产生？

本节所要讨论的"元语言唯名论"，是前节所讨论的朴素唯名论立场与虚构主义的唯名论立场的进阶版。

什么是"元语言唯名论"？

首先我们得说明什么叫"元语言"（meta-language）。它真正的含义是指我们用来讨论其他事物的那种更深层次的语言。

比如，我们现在如果用汉语来讨论英语的语法，汉语不就是处在一个更高的阶位上吗？这时候汉语就叫作"元语言"，英语就叫"对象语言"（objective language）。但是反过来，你也可以用英语来讨论汉语的语法，这时候汉语就是对象语言，英语就是元语言。

那么，"元语言唯名论"是什么意思？根据其立场，我们固然在日常生活中也使用各式各样的谓词，貌似也在指涉某些共相，但真实的情况却是：我们仅仅是通过一种语言策略，而在元语言的层面上来使用这些词，而真实的世界中是没有这些共相的。

元语言唯名论之所以被提出来，就是为了解决这样一个问题——我们在日常生活中为什么会使用一些抽象的词？按照共相实在论的观点，那是因为世界上的确有这样一些实在的共相，所以我们要用类似的词去指涉它。而元语言唯名论的观点是：世界中根本就没有这些所谓的共相，我用这些语词去指涉它是我们自己的事，和世界的实在没有什么关系。

如果元语言唯名论是一种可以成立的观点的话，那么对于一些语句的解释就会呈现出别样的样态。比如这样一个句子，"这朵花是红色的"为什么是真的？按照元语言唯名论的观点，那是因为的确在这句话中，"红色的"这个谓词被指派给了"这朵花"这个主词。请注意，当我这样说的时候，我并没有说"红色"这个属性被指派给了"这朵花"这个对象，而是说"红色的"这个谓词被指派给了"这朵花"这个主词。为什么？这是因为，"红色的"这个词是处在语言层面上的。

因此，元语言唯名论就可以在自己的言说方式中避免涉及任何一种神秘的共相了。而这种观点与上节所介绍的虚构主义的唯名论之间的区别便是：这种立场并没有说我们在元语言层面上所做的事情乃是"虚构"。"这朵花是红的"要么是真的，要么是假的，而如果它是真的话，这就意味着"红色的"这个谓词以正确的——而不是一种"更好的"——方式被指派给了"这朵花"这个主词。这一点后面还要详谈。

共相实在论与元语言唯名论之间的辩论

针对元语言唯名论的观点，共相实在论者还是有一些反对意见的。他们会说：假设这朵花是红的，那朵花也是红的——那么，按照元语言唯名论的看法，也就是说"红色"这个谓词既要被指派给"这朵花"这个主词，又要被指派给"那朵花"那个主词——这样一来，"红色的"这个谓词岂不就被指派了两次了吗？那么，这两个谓词是不是同一个谓词了呢？这个问题将立即逼迫元语言的唯名论者进入一个两难境地：

如果上述问题的答案是"是"，这就意味着在语言符号的层面上还是存在着一种共相的——此即我写在黑板上的"红"与你写在白纸上的"红"所分享的符号共相。进而言之，如果语言符号层面上的共相的存在是无法否认的，我们又有什么资格去否认物理对象所分享的共相的存在呢？

反之，如果上述问题的答案是"否"，元语言唯名论者就得为千千万万个具体的红色事物发明千千万万个彼此有着微妙差异的红色谓词——但这样的话，由此导致的词汇膨胀就使得我们人类根本无法说话。

面对这样的一种攻击，美国哲学家威尔弗里德·塞拉斯提出了一种有利于元语言唯名论的捍卫方案。他认为，我们在元语言唯名论的层面上所使用到的谓词都是"分布式的单称词项"（distributive singular term）。这也就是说，各式各样的关于红色的语言记号彼此之间之所以能够建立联系，并不是像共相实在论者所说的那样，背后有一种神秘的、抽象的共相把它们联系在一起，而仅仅是因为这些记号之间存在着某些相似性（尽管每个人的笔迹不一样，你写的"红"毕竟是类似于我写的"红"的），因此，一个貌似具有统一性的记号是以分布式的方式体现在不同的语句当中的。

——但柏拉图主义者还是有话要说。他们会问：在汉语中说或者写"这朵花是红色的"，与在英语中说或者写"This flower is red"，在语音与记法上可是有莫大的差别的，而这种差别，是塞拉斯基于"分布式单称词项"的那套说辞所根本无法应对的。因此，正确的做法还是要引入柏拉图式的共相，以便一劳永逸地涵盖不同语言的记号表述层面上的彼此差异。

对于上述质疑，塞拉斯的反击是：他承认"这朵花是红色的"与"This flower is red"在物理层面上的差别很大，但是这两句话在汉语言说者的视觉系统、神经系统引起的反应，与在英语言说者那里所引起的反应是高度类似的——而这一点足以反过来使得我们认为这两个语词是彼此相似的。

讲到这里，大家可能会问一个问题：元语言唯名论会遭遇到与前面所说的虚构主义唯名论同样的困难吗？为了帮助读者回忆，现在我们就来复习一下这理论的困难是什么。按照所谓的虚构主义的唯名论，所有的对于抽象谓词的牵涉都是一种虚构的产物：你说"这朵花是红的"是虚构，说"这朵花是绿的"也是虚构。但这样一来，世界上哪里有真的虚构和假的虚构的区别呢？但是我们明明知道这世界上还是有对有错的，是不是？

同样的道理，我们也可以质问元语言唯名论者：如果按照你们的说法"这朵花是红色的"这句话之所以被构成，乃是因为说话人把"红色的"这个谓词指派给了"这朵花"这个主词，那么，说话人所做的，就是在语言符号的圈子里打转了，这与虚构主义的唯名论者在虚构的故事里打转的做法，有啥本质区别呢？

元语言唯名论者当然还有法子来对应这种指责。他们会说：虽然世界上并不存在着所谓的"红性"这样的一种抽象的共相，但是特殊的红色的感觉还是存在的。所以，当我说"这朵花是红色的"的时候，我所做的，除了将一个特定的谓词指派给了一个特定的主词之外，还有这么一件事情：我将这个复合的概念构造物与一束特定的感觉（即对于花形与花色的感觉)进行了比对——若比对的结果是"彼此吻合"，我才会认为自己说出了一个真句子。换言之，元语言唯名论者也是坚持所谓的"符合论真理观"的（这也使得他们有资格谈真假），只不过他们认为，在世界中存在的就只有感觉，而没有柏拉图主义者所说的共相。

用元语言唯名论解释民族感情的产生

那么，学习元语言的唯名论在日常生活中有什么用处呢？实际上，这种观点能够帮助我们从更深的角度思考这样一个问题：你对于一个特定的民族的感情到底是建立在什么上面的？

前文讲到了一本书，是本尼迪克特·安德森所写的《想象的共同体》。读者还应当记得，我在前文中用了虚构主义的唯名论的理论框架去解释了安德森的观点——按照虚构主义的观点，民族共同体这一共相就是一种理论虚构。但是元语言唯名论者可能会对这个问题做出一种别样的解读。他们会指出，与"民族共同体"这个概念所对应的，很可能是诸多个别的人对于特定民族所在区域的特定风土条件的诸多特定感受所构成的"相似体的集合"。

现在我就来举个例子。假设我是古代希腊雅典城邦的一个爱国主义者，而我自己之所以热爱雅典，就是热爱雅典的风俗，热爱雅典的悲剧，热爱雅典的社会风尚。假设有另外一个雅典公民，他对于雅典的风土的认识与我略有差别——也许他没有我那么爱雅典的悲剧，他更喜欢喜剧——但是我和他之间的差别是如此之小，以至于我们都不会把对方当成非雅典人。这也就是说，当我和那个雅典人在面对一个共同的敌人——比如不赞成雅典的社会制度的波斯人和斯巴达人的时候——我们就可以团结在一起，与他们战斗。

这就是民族主义的一个缘起：当我们使用类似的词的时候，我们与之伴生的感受至少是彼此相似的。这也就解释了为什么我们可以在不诉诸一个抽象的共相的情况下，也可以通过对于一方水土的类似性感受，来建立起非常强烈的纽带。

历史上能够说明这种现象的一个案例，我个人认为是现代以色列的形成。以色列是个人造国家，来自不同国家、说着不同母语的以色列人之所以团结在一起，他们背后的精神纽带是什么呢？很可能是因为他们都是犹太教徒，遵守同样的犹太教的仪轨，而在这种过程中，他们所产生的宗教感情是彼此类似的，这种类似性虽然还没有达到同一性的高度，但足以使得犹太民族团结起来，成为一个中东地区难以被撼动的袖珍型强国。

我之所以要提到以色列，主要是为了驳斥某一种似乎颇有影响的观点，即所谓的团结也好，民族主义也好，好像只能与共相实在论构成理论同盟，而不能和唯名论构成理论同盟。实际上事情并没有那么简单。

89. "御姐"的气质，到底是特殊的，还是一般的？

终于到了来说明唯名论理论家族的最后一个立场的时候了。

什么是"蕴相殊理论"？

本节讨论的唯名论版本，乃是所有唯名论理论中最为精致的。此立场的英文表述为"trope theory"，在不少文献里被翻译为"特普论"，我则更乐意将其翻译成"蕴相殊理论"，以显得更为古雅。蕴相殊理论的要害是抓住"相似性"来做文章。我马上来解释一下这到底是什么意思。

比如，我左边有一只苹果是红苹果，右边有一只苹果也是红苹果——这两个红苹果的红色彼此之间是非常相似的，所以我们会在语言当中使用同样一个词"红色的"，去指涉这两种实际上还是略有差别的红色。

从语言的角度来看，"红色的"就是"红色的"，但是就语言以外的现实情况而言，此红色与彼红色之间还是有着细微的色调差别——这些细微的色调差别就构成了某种特殊的属性，或者说是某种"貌似共相的殊相"。换言之，某种特殊的红色固然是一种殊相，但因为它与另外一种特殊的颜色非常相似，所以，它就可以成为某种"伪共相"。我将这种伪共相称为"蕴相殊"，就是取"蕴藏着共相的殊相"之含义。

再举一个例子来说明"蕴相殊"。某男孩要找个女朋友。我就问了：你到底要找怎样的女孩？他说：他要找的女孩，应当具有影视剧里经常表现的"霸道女总裁"的气质，也就是所谓的"御姐气质"。

但到底什么是"御姐气质"呢？A女士有A女士的"御姐气质"，B女士则有B女士的"御姐气质"，这两个霸道女总裁的气质彼此之间还是有细微分别的。至于加上引号的"御姐气质"这四个字，则是一种将这些彼此相似，又彼此分别的特殊气质（即关于气质的蕴相殊）加以统称的语言工具。很显然，在世界中，是没有一个叫"御姐气质"的共相的。换言之，在蕴相殊理论的框架中，属性纵然是存在的，但属性并不是抽象的，而是特殊与具体的。

蕴相殊背后，啥都没有

讲到这一步以后，有人就要问了："蕴相殊"既然是属性，那就得符合属性之为属性的一般规定，是不是？那么，既然每个属性都要黏着在某一个具体的对象上，这里所说的作为"特殊的属性"的"蕴相殊"，到底又是附着在什么东西上面的呢？

蕴相殊论者的答案其实很简单：根本就没有这样的一个附着对象。毋宁说，蕴相殊主义者所说的诸多的蕴相殊，仅仅是因为一些缘分才聚合到了一起，而不是在一个共同的模板上彼此咬合，构成一个整体的。根本就没有这样的共通模板。

我不妨就来深入地解释一下这段话是什么意思。比如，"霸道女总裁"本身是个复合名词，它本身又是由一系列更加基本的蕴相殊所构成的，譬如"女的""总裁""霸道的"，等等。这些蕴相殊，又会与和其他的一些蕴相殊相互发生关联，诸如"胖的""瘦的""高的""矮的"，等等。所有的这些蕴相殊在一定的时空条件的限制下就聚合到了一起，构成了一个具体的、拥有一定气质的人。而话却不能反过来说：先有这么一个人（或对象），那些蕴相殊才挂靠上去，赋予了这个人（或对象）以丰富的特征。

那么，为何我们一定要说对象是被蕴相殊构造出来的，而不能说在蕴相殊之前就有对象呢？那是因为：如果你这样想的话，你就会遭遇到一个很大的理论困难：你如何在唯名论的框架内说明世界上有变化这件事？这个困难到底是啥意思，我马上就来解释一下。

比如，我家里养了朵花，而这朵花又慢慢枯萎了。当我说"这朵花慢慢枯萎"的时候，很显然这句话就牵涉到变化了，即那种从不枯萎的状态转到了枯萎的状态的变化。而当我说"某某东西在发生变化"的时候，我肯定要告诉大家是什么在发生变化——这个"什么"，在这个语境中指的就是"这朵花"。而"这朵花"这个主语本身所指涉的对象应该是没有变化的，否则我们就不能够把相互矛盾的特性都指派到这个对象上去。

但麻烦的是，这个对象到底是什么？像亚里士多德这样的传统哲学家就会将其说成是"实体"，也就是某种既承载变化，自身又不变的基质。然而，我们在感觉的限度内看到的纯然是变化，而不是那种承载了各种变化而自身不变的实体。从这个角度看，如果我们在唯名论的体系里面承认了实体的存在，我们就会冒着引入某种柏拉图式的共相概念的风险——因为实体很像是某种柏拉图式的共相概念（因为二者同样抽象，又同样远离感觉）。而这一点可能就会使得唯名论的理论遭遇到釜底抽薪的打击。

由此看来，实体是不能被引入唯名论的理论图景的——而根据前文的分析，实体之所以被引入，就是因为我们需要在引入特殊的属性之前，预先引入这些属性的附着点，以便说明世界上为何有变化。所以，解决问题的办法也是显而易见的：我们干脆就指出，使得特殊的属性彼此被咬合在一起的，就是它们各自的咬合力，而不是某种作为"第三者"的"共通附着点"。而这恰恰就是蕴相殊理论的观点。而蕴相殊理论说明变化的方式也是非常简单的：既然诸蕴相殊彼此组合的方式随时在变，变化自然就是世界的常态了。

如何用得上？

对于蕴相殊思想的概要介绍就到这里为止了，我们要谈一谈该理论怎么和日常生活结合。我个人认为，今天统治我们整个社会管制系统的基本哲学逻辑还是来自柏拉图主义的。比如每个人都有人事档案，除了人事档案以外，我们还在网络上留下了很多数据，方便一些政府部门或商家对我们进行数据分析与用户画像，等等——而所有的这些处理方式都带有柏拉图主义的印记。举个例子来说，只要你登录任何一个交友网站一看，每个用户都无非就是标签的集合，其年龄、收入等指标，全部都是可以被量化的，而我们每个人也就成了这些数据的集合，而该集合中每一个数据又反映了我们某一个维度上的属性的特征。至于每一个具体的人，反倒就成了这些抽象的标签聚合的场所。换言之，人的特殊性完全被数据的抽象性给压制了。

然而，按照蕴相殊理论，所有这些抽象的模型所涉及的属性均是人类心造的产物，均是人类为了言说方便而造出来的概念——世界中真实存在的，乃是那种介于抽象和具体之间，并且更像具体物的所谓"蕴相殊"。如果蕴相殊理论的确是对的，那么我们在寻找工作伙伴或者是寻找人生伴侣的时候，就不能过于依赖这些抽象数据地描述了。我们更加要信赖的，乃是我们与具体的人打交道的时候所获得的第一手的观感。

90. 四叔的颧骨不高，为何也算俺家的人？

　　从本节开始，我们将暂别"语言与形而上学"这个话题，而进入"语言与日常用法"这个新话题。我们首先要处理的一个相关的语言哲学论题，即"语词的意义的本质即其用法"，或者用一句话来概括，便是"意义即用法"。

　　为什么有人要讨论这问题？这是因为这样的一种对于语词意义的看法，乃是与西方哲学传统对于语词意义之看法的观点有所差异的。按照西方哲学的传统观点，语词的意义，只能通过下定义来确定。苏格拉底便是持有这种传统观点的代表性哲学家。

烦人的苏格拉底

　　在柏拉图的对话里，他的老师苏格拉底就经常在雅典的城邦里面到处闲荡，像杠精一样找人辩论，问大家对于某某事物怎么看，对于某个核心概念的定义该怎么找。

　　有个年轻人拎着两只鸡，要到神庙里杀了鸡献神，苏格拉底就把他拦住了，问："年轻人，你为什么要去杀鸡献神呢？"年轻人说："我虔诚啊，我去敬神啊。"苏格拉底就问了："你敬神，但问题是你知道'虔诚'这个概念的含义到底是什么吗？"这时候那个雅典青年急得抓头皮，随便就讲了个定义。苏格拉底非常不乐意，接下来他就反反复复地和这个青年讨论"虔诚"的定义到底是什么。

苏格拉底为什么要这么做呢？他的思路是这样的：你要做与概念A（如"虔诚"这个概念）相关的事情，你就得要对概念A本身进行定义，否则，你做的这件事情本身就失去了根据。所以，如果说儒家的思想是"名不正则言不顺，言不顺则事不成"的话（请看看本书第75节的讨论），苏格拉底的思想便是"定义不准则事不成"。这里需要注意的是，"定义"并不是儒家所说的"正名"在西方哲学传统中的对应物，因为儒家说的"正名"指的是主语所描述的对象所具有的特征与相关名分所蕴含的规则之间的互相匹配——而对于这种匹配性的判断，是不需要说话人将相关名分所蕴藏的所有规范在反思的层面上加以展示的。与之相比，定义活动却需要我们将被定义项得以存在的充分必要条件予以清楚的展示。从这个角度看，苏格拉底的"定义"要比儒家的"正名"具有更高的理智门槛。

但苏格拉底学说的麻烦也就在于此。也正因为"定义"的理智门槛太高了，这就使得我们对于他的思想的日常运用会出现极大的不便。假若某男生爱上了某女生，那么，按照苏格拉底的说法，他就首先要对"爱"本身下一个定义，否则，他就不能被说成是真正爱上了那女生。但众所周知的是，"爱"是一个极难被定义的词。而且，世界上很多不擅长语词定义的人，未必不能深深相爱。这也就是说，定义这件事很可能没有像苏格拉底想象的那么重要。

维特根斯坦的"家族相似"概念

对"定义概念"这件事的重要性提出质疑的一位最重要的当代哲学家，就是前面已经提到过多次的维特根斯坦。我们之前也已经说过了，维特根斯坦在其前期和后期开创出了两种不同的哲学思想：他早期的哲学思想主要是由他的《逻辑哲学论》所代表的，而他晚期的思想则主要是由他的《哲学研究》所代表的。

《逻辑哲学论》仍然设定了某种关于意义的对象理论，也就是说，每一个语词的意义，都是通过它所指涉的对象来确定的。由此，你就能通过把意义分解为对于这些原始对象的指涉，来完成对于复合意义的重构。这个过程，与苏格拉底所孜孜以求的定义活动也是颇为类似的。

但维德根斯坦的后期哲学基本上放弃了这个思想，因为他发现，在日常生活的很多场景中，我们是没有办法对语词的意义下一个很清楚的定义的。而且，此类定义活动所瞄准的"共相"概念也是虚妄的。于是，维特根斯坦就沿着元语言唯名论的思路，提出了一个旨在替换"共相"概念的新哲学概念，以便使得定义活动彻底失去其对象。这就是所谓的"家族相似"（family resemblance）概念。需要注意的是，这个概念现在已经不仅仅是一个哲学术语了，它早已在人文社科的各个领域流行开了。

什么叫"家族相似"呢？比如，你去参加邻居家的一个家庭聚会，你就会发现，这个家的家庭成员的长相是彼此有点相似的。但到底是哪一个方面彼此相似呢？是鼻子？是眉毛？是发色？还是皮肤的质地？最后你会发现，没有一个身体特征是为所有的家庭成员具有的。不过，这仍然不妨碍我们把这些家庭成员都看成是一家子人，因为上面所说的这些属性至少为这个家庭当中的足够多数量的成员所分享。

那么，凭什么说"家族相似"概念，构成了对于苏格拉底所鼓吹的"下定义"的方法的反驳呢？其道理是：按照苏格拉底式的"下定义"的思路，你就要对所有的家庭成员的共通特征做一个无所遗漏的罗列，并且按照这样的模板来写定义的内容："任何一个对象被判定为属于家庭甲，当且仅当该对象的外貌特征不多不少正好包含下面列表所涉及的内容：A、B、C、D、E……M。"与之相比，家族相似关系则将某对象从属于某家庭的条件放松了。说得更确切一点，按照后期维特根斯坦的观点，任何一个对象被判定为属于家庭甲，只需要该对象的外貌特征包含下面列表所涉及的内容中的大多数：A、B、C、D、E……M。——而且，这里所说的"大多数"究竟是占比多少，是因特定的语境而定的，而无不变的定规。换言之，关于如何判断某事物是否从属于一类，需要的不是预先给定的定义模板，而是大量的语言实践所提供的语言直觉。

意义的本质在于其用法

基于家族相似论，维特根斯坦提出了所谓"意义的本质在于其用法"的观点。那么，这一观点与所谓的家族相似论之间的关系是什么呢？前面已经提到，对于家族相似论的运用，已经涉及一定的语境因素。譬如，"高颧骨"这个面部特征是否视为成为某一家庭的家庭成员的标准，是因人而异的。三叔的颧骨高，所以他是我家的成员——而四叔的颧骨虽然不够那么高，但基于他的鼻子足够高这一点，他也算我家的人。为何对三叔合适的标准，落到四叔的身上就得变通一下，则是由我们的日常语用直觉来决定的。所以，家族相似的说法，本身就蕴含了对于"用法"的重视。

讲到了这一步，我就想起一个例子，这个例子足以证明有些人不懂维特根斯坦的"意义即用法"的道理，总是想从每个词的字面意思去理解词义，由此就会闹出笑话。

比如，张三经过邻居春花家门口，正看到邻居春花坐在门口晒太阳。春花旁边有一条狗，看上去非常凶猛。张三想去摸一摸狗，但是他又怕被咬，就问春花说："春花，你家的狗咬人吗？"春花说："肯定不咬人。"于是张三就放心大胆地摸了那条狗，结果就被狗咬了。

张三事后很不开心，就问春花："你这小孩子怎么撒谎？"春花说："我没有撒谎。"张三说："你不是说你家的狗不咬人吗？可我刚才摸你的狗，然后就被你的狗咬了，这事怎么说呢？"春花就说了："我家的狗的确不咬人，但我什么时候说了，刚才咬你的狗是我家的狗呢？这条狗其实是小黑子寄养在我家的，过几天他就会领走。"

这个笑话告诉我们什么呢？"你家的狗"这样一个短语，在大多数的场合里指的就是你家的狗，至于你家的狗是不是在我身边，是不是在我眼前，这是无所谓的。但是在当下的这个语境里面，既然张三的手指指着这样一条狗，并在与此同时说"你家的狗"——在这样的语境中，他说的就是眼前的这条狗，而不是字面意义上的"你家的狗"。也就是说，在这样一个特殊的语境当中，"你家的狗"这个表达式的用法改变了，你是不能按照这个表达式的字面意思去理解他的。春花的错误，就是依然按照这个表达式的字面意思去理解它，由此让张三倒了霉。使用一些修辞手段，比如说夸张，比如说反讽，比如说借代。通过这样的方法，监测者就没有办法把握到规律了，因为现有的机器是做不到这一点的。

如何用得上？

在这里，我想稍微谈谈后期维特根斯坦的语言观与人工智能的关系。现在我们所处的时代，貌似是人工智能技术一日千里的时代。也正因为这一点，现在很多人都在担心未来机器翻译会把人类译员的活给取代了，从此以后学外语的人可能就没饭吃了。因此，这样一种声音现在貌似也颇有市场了：现在我们似乎也就没有必要好好学英文了，以后完全让机器来做翻译吧！但实际上，这种观点是非常偏颇的。为什么呢？因为现在的机器翻译技术更多是根据海量的语用案例，来对新语境中的语词搭配方式与双语对译模式进行预测，而无法对该语境自身的特定语用信息进行细致的分析，遑论在此基础上灵活地改变语词的用法。

以张三与春花之间的那场对话为例：春花的思维方式其实就非常接近机器人的思维方式：她更多的是根据语词的字面含义——或者是语词在大多数应用场景中的含义——来思考语词指涉的到底是什么，而没有办法根据语境所提供的特殊信息，灵活地改变语词的所指。

除此之外，任何一种对特定语境的特殊信息有所依赖的修辞手段——如夸张、反讽与隐喻——都很难被目下的机器翻译技术所很好地处理。我们会在本书的最后两节（第98、99节）中深化对于该问题的讨论。而本节的讨论，其实已经足以使得我们得出这样的结论了：后期维特根斯坦"意义即用法"的观点，乃是一种很难为当下的主流机器翻译技术所消化的观点，因为在主流技术对于大数据的依赖与维特根斯坦对于当下语境的特殊性的强调之间，是有着一种不可克服的张力的。

91. 二战史上的一个重要暗号

在本节中，我们将沿着前文讨论"意义即用法"这一理论的道路，引入一个新的哲学概念："言语行为"（speech acts）。

言语vs语言

在汉语里，"言语"和"语言"只不过是把"言"和"语"的次序互相做了一个调换，因此我们在用汉语讨论这些问题的时候，可能不会太重视"语言"和"言语"之间的分别。但是在英文里面，二者的区别是很大的："言语"是"speech"；"语言"是"language"。

那么这两者之间的区别是什么呢？语言是一个静态的存在，比如说汉语，它就是一种客观的概念体系。

但言语就不一样了：言语指的是我们用某种特定的语言来办事的动态的活动。比如，我在上海说上海话，我到广东学广东话，我跑到美国去则说英语，我为什么要在不同的地方讲不同的语言呢？道理很简单，我得入乡随俗。那我为什么要入乡随俗？因为我要和别人交流，我得解决问题。而语言一旦进入了"解决问题"的具体情境之中，也就变成了言语。而所谓的"言语行为"，也就是指人类运用语言而完成的各种活动。

三类言语行为

对言语行为理论做出重要贡献的一位哲学家，乃是牛津大学的哲学家奥斯汀。他与后期维特根斯坦一样，同属于一个叫"日常语言学派"的哲学运动。该哲学运动的主要思想是：哲学研究应该远离那些抽象的、精密的逻辑分析，而要走向活生生的日常语言分析。现在我们就来看看，奥斯汀是怎么来看待言语行为的。

奥斯汀将言语行为区分为了三类，由此对日后的语言哲学的研究产生了深远的影响。

以言表意行为

第一类言语行为叫"以言表意行为"（the locutionary act），什么叫"以言表意行为"呢？就是你把意思说出来，然后大家听到什么就是什么了。

比如这样一句话，"秋天的小提琴在漫长地哭泣，用单调消沉的气息伤我的心"。大家听出来了吧，这是一首诗。此诗取自于法国诗人保罗·魏尔伦的《秋歌》。就它在字面上所要表达的意思而言，就是要表达那种颓废的、有点小资的那种情调。而且，既然这句子里包含了"伤心"这样的字眼，这就说明说话人的确伤心了。

以言行事行为

奥斯汀提到的第二种言语行为叫"以言行事"（the illocutionary act），就是以语词为工具来办事情。

那么办哪些事情呢？你可以用语言来陈述一件事情，你可以用语言来警告一件事情，你可以用语言来承诺一件事情。比如，当陈述一件事情时，你就会说"这里起火了"；如果是警告，你就得说："这里要起火啦！"若是承诺，你就得说："有咱们消防队在，再大的火，我们也能灭掉。"在这样的情况下，一个相同的关于"火"的语言内容，就可以与不同的言语态度（陈述的态度、警告的态度或者是承诺的态度，等等）相互结合，构成非常复杂的组合。

我们再拿《秋歌》这首诗里的那个诗句作为例子。这首诗在人类战争史上扮演了一个很重要的角色。在诺曼底登陆前夕，法国抵抗组织就接收到了盟军总部发来的这首诗歌当中的这个句子，其真实含义其实是："诺曼底登陆即将发生，命令贵部立即到德国占领军的后方搞坏其运输线！"——很显然，这是一个带有"命令"这一命题态度的"以言行事行为"。毫无疑问的是，《秋歌》的原句并不包含这层意思——是盟军指挥官对于该诗句的二次开发才使得其具有了与其字面意思几乎毫无关系的新含义。

以言取效

这第三个层面叫"以言取效行为"（the perlocutionary act）。也就是说，那种以语词为工具，并以取得一定的效果为目标的行为，就是"以言取效行为"。

我举一个稍微简单一点的例子。比如我看到了火灾的场景，就喊了一声"火"，从第一个层面上来讲——也就是在"以言表意"的层面上——我是在表达一个意思，即对外部世界中的某种状况的一个描述；从第二个层面上（也就是在以言行事的层面上）来看，我是在做一个警告，也就是说：火着起来了，大家得当心。但是警告并不是我的最终目的，我的最终目的是希望大家听到警告以后立即离开危险的地方。如果我看到餐厅的一角已经发生了大火，而餐厅的另外一角的人竟然还在吃大闸蟹，然后我冲他们喊了一声"火啊，火灾啊"，他们竟然还视若无睹，那就证明我的这个以言取效的目的最终没有达成。换言之，如果这些食客听了我的话后立即跑了，这就说明我说话的目的达到了。

如何在日常生活中贯彻言语行为理论

很显然，在上述三种言语行为中，要成功实施"以言取效行为"，难度最大。我举一个例子：我参加了一次鸡尾酒会，看到一个女孩子穿了日本和服，手里面拿着一个装清酒用的杯子，我就问旁边的人："那个穿着日本和服、手里拿着杯子、正喝着清酒的日本女孩子长得挺漂亮的，气质不错，你知道她是谁吗？"但是事情的真相是：那个女孩子其实是从小在美国长大的韩裔加拿大公民，她只是因为某种原因穿了一件日本和服，而她的那个杯子里装的也不是清酒，而就是清水。现在假设听话者——也就是接我话茬的那位兄弟——是知道这个女孩的背景的，他会不会由此就不知道我指涉的到底是谁呢？如果他只是在字面上理解我的话的意思的话，那么他或许真不知道我指的是谁——因为在这间房间里，根本就没有任何一个严格意义上的日本人。

但是，我相信任何一个正常人，在这种情况下都能够猜出我指涉的那个对象到底是谁。为什么呢？这其实是个很简单的推理：在这个房间里面的这么多人，最接近我所给出的那些描述特征的女孩，就是那边那个女孩。她虽然不是日本人，但穿着和服；她虽然没有喝清酒，但手里的确拿着用来装清酒的杯子，而没有第二个人更接近于我给出的这些标准了。如果我的朋友能够顺利完成上述推理的话，他就会正确地指向我所指向的那个女孩，并告诉我她的名字是什么。而且，他还非常可能会告诉我，她其实不是日本人。

以上就是一个在日常言语活动中如何澄清表达式指称的案例。这个案例告诉我们：即使说话人在以言表意的层面上指称发生了偏差，只要听话者脑补的能力足够强，他依然可以在"以言取效"的层面上获得成功。所以，成功的言语行为的实施，就需要说话人与听话人之间相互谅解、相互帮助，以最终达成有效的沟通。而培养这种沟通能力、提高自己的社会写作意识，也是我们培养自己的社会融入力的一个重要面相。

而下节所说的"遵守规则"，更是这种社会协作精神的重要体现。

92. 领导说话太含糊，该咋办？

我们都知道，我们在说话的时候得遵从各式各样的规则，如语法规则，以及各式各样的关于名、动间搭配的语义规则。然而，在这里我所要讲的"遵守规则"并不是在语言学的层面上，而是在语言哲学的层面上的。

遵守规则的悖论

维特根斯坦在《哲学研究》这本书里就专门讨论了所谓的"遵守规则"的问题。下面就是一个根据他的原著精神而被改编出来的关于"遵守规则"的案例：

假设有一个人，从来就没有接触过"加""减""乘""除"这些符号——请注意，这并不意味着他不会做这些运算，只是他不熟悉相关的符号罢了。有一天，他看到老师在黑板上写了这么一行字："15+15=？"由于他不知道"+"是什么意思，所以他就在默默思考"+"

的意思。这时候老师说："15+15=30。"

这时候，哲学家的问题来了：在这位老兄得知了这一题的答案之后，他是不是能够由此倒推出"+"的真正意思呢？

很多人会觉得这位老兄应当有能力由此倒推出"+"的真正意思。但维特根斯坦却邀请我们思考这种假定：这个人觉得"+"真正的含义是指"先加250，再减去250，然后再加上后面那个数字"。如果用这种方式来解释"+"的话，"+"就是一个很复杂的表达式了，所以原来的问题就要被翻译为这个样子了："15先加上250，再减去250，然后再加上15，请问答案是多少？"——答案显然还是"30"。所以，他如果用这种方式来解释"+"的意思，也能够把"15+15=？"这题目的答案给凑对。

这个故事所表达的哲学困惑，即所谓的"遵守规则的悖论"，此即：一方面，规则（包括如何使用加号的规则）被制定出来就是用来约束大家的行动的；另外一方面，只要你的解释力足够强大，任何一个行动都可以被说成是对于规则的遵守。很显然，这硬币的两个面相是互相打架的，因为任意的解释自然会破坏规则的稳定性与严肃性。

遵守规则，就意味着一点都不能违背规则吗？

维特根斯坦所提出的这个困惑，显然不仅具有一种哲学研究的意义，因为我们在日常生活中也经常会碰到此类困惑。

有时候领导对下属发出一个命令，他的语言是相当含糊的，到底怎么做才符合他的指示要求呢？这是一个很大的困惑。好像每一个领导都希望下面的员工是他肚子里的蛔虫，能够精确地把握到他每一条命令的真实意图，又能够自动地根据执行环境的改变，去微调相关的行动细节。当然，这样的员工是不太好找的。

于是，领导的困惑经常是：你为什么不能灵活地理解我的命令？而员工的困惑则往往是：我怎么知道我对于你的命令的灵活理解不会导致对于你命令的原意的违背？双方就在这样一个信息的拉锯战之中产生了很多的矛盾。

不过，在日常生活中，某些对于规则的临时性解释是可以被大家认可的，而有一些临时解释则会被判断为对于规则之原意的曲解。下面，我就各来举一个例子。

第一个例子：假设我知道某地的一条交通规则是要求汽车靠右驾驶，于是我在开车的时候，也依此办理。然而，车开着开着，我突然发现右车道出现了严重的车祸，三辆车追尾了，没法往前开了。但左边还有道空着，这时候我自然就会把自己的车绕过这个车祸现场，往左边偏一点，等经过事故现场以后再重新回到右道上。

按照常识来判断，这样的偏离规则是可以理解的。但需要注意的是，交通规则本身可没有写这样一句话——"当你看到右边有事故现场，且无法直接开过去的时候，允许你适当地把车往左边偏离一点，以便绕过事故现场"。这是因为，如果交通规则连这样的例外都要考虑进去的话，那么冗长程度就会超出任何执法部门的执行力的上限。

第二个例子：战国时有一个大贵族叫孟尝君，叫自己的门客冯谖去乡下帮自己收一些房租和地租。临走之前，冯谖就问了孟尝君："我的主人，我要去收地租了，请问要我给你带一点东西回来吗？"孟尝君就随口一说："冯谖，你看我们这里缺点什么，你就带点什么回来吧！"

然后冯谖把什么东西带回来了呢？他实际上是两手空空回来的，但他还竟然乐呵呵地告诉主人说："今年收成不好，那些租客交不起地租，我想想他们太可怜了，就把租约给烧掉了。但是我还是带来了主人您目下缺少的东西：这就是人心。现在那些人都在念您的好呢！"

按照维特根斯坦的标准来说，冯谖的行为算不算违背规则呢？我相信大多数人会认为他的确是曲解了孟尝君定下的规则的意思——尽管从客观效果上看，他为孟尝君收买人心的举措，的确是对孟尝君有利的。

——那么，为什么在交通法规的案例里面，我们会觉得对于"靠右行驶"这一规则的有限偏离，并不至于导致对于规则的全面违背，而在冯谖的例子里面，我们反而会觉得冯谖对于孟尝君所定下的规则的重新解释有一点牵强呢？这显然就牵涉到了"违背规则"的标准问题。我马上就来讨论这个问题。

判断新的规则解释是否违背规则的两个标准

我认为相关的评判标准有两条。第一个评判标准就是：新的规则解释，是建立在对于规则建立者的基本意图的正确判断之上的——否则，这一规则解释就会违背原始规则的精神。

先用这个标准去判断交通法规的那个案例。非常明显，在那个案例中，交通规则的制定人的原始意图肯定是要尽量减少交通拥堵。而在右车道已经成为车祸现场的情况下，继续将车沿着右边开，非但不能减少交通拥堵，反而会加剧之。所以，合理的变通方式，就是让车子朝左边绕一个小圈子，然后再继续抽右边开，以便最大限度地尊重立法者的初始意图。

再用这个标准判断冯谖对于孟尝君的命令的解释。我们知道，孟尝君的命令——"这里缺点什么，你就带点什么回来"——显然是有特定的语境的，此即孟尝君对于府上当下财政状况的抱怨。所以，根据这一语境，"缺什么就带回什么"一语显然就与财物的匮乏有关。在这种情况下，冯谖把这句话理解成要去收买人心，这显然就是一个系统性的误解。

第二个用来判断是否遵守规则的约束性条件，则是看我们对于规则中所出现的一些核心语词的理解是否符合大多数人的语言直觉。比如在孟尝君的例子里，孟尝君说的"你带点什么回来"，这个"什么"显然指的是实物，也就是那些实际的、可以摸到的东西。而现在冯谖却把这个词的所指解释成了一个抽象的、不可计量的事物——也就是人心——这显然是对于孟尝君原意的系统化误解。与之相比，在交通法规的案例中，将车向左行驶的行动却并不意味着行动的执行者故意将"右"理解为"左"了——相反，他依然将"左"解释为"左"，将"右"解释为"右"。他之所以将车往左边略微开一小圈，恰恰是因为他要在更大的尺度上尊重"向右行驶"这一规则。

在职场上如何活用上述两个条件？

我们该怎么样把上述两个约束条件与具体的工作生活结合在一起呢？

这在很大程度上将取决于你处在怎样的职场生态位上。假设你是一个领导，你需要下属能够更好地执行你的命令，你不妨多说几句话，把你给出的这条规则背后的意图交代给大家。同时也要避免一些含混语词的使用，能够尽量说得清楚明白。

同时，员工也得小心一些居心不良的领导的话术。有些领导故意把话说得很含混——这样，一旦出了事，他就可能会对规则做出一种对其本人有利的解释，然后把事情全部推到你身上了。而为了预防发生这种事情，你就可以装作一副向领导请示的样子，恳请他把命令的细节说得更加清楚，并且最好让其签字。这样一来，将来即使出了什么事，责任也就显得比较清楚，员工也可以更好保护自己的利益。这些都是职场生活的一些小技巧，但是它背后可是有着非常深刻的语言哲学的道理做支撑的。

93. 这种感觉你们都不懂，只有我懂

维特根斯坦对于日常语言之用法的研究，必然会牵涉到对于心灵与语言之间关系的讨论，因为人类自然语言中的一大部分是用来描述心灵状态的。这也就导致了某些相关的哲学问题是为心灵哲学的讨论与语言哲学所分享的。本节所讨论的私人语言问题，便是这样的一个问题。读者当还记得，我们已经在本书第 60 节中，从"高阶意识理论"的角度触及过这个问题了。现在，我们就要从语言哲学的角度，重新将这个问题梳理一遍。

什么是"私人语言"？

在日常生活中，很多人都有这样的一种体会，就是我有一种感觉，这种感觉非常特殊，但我说不清楚是什么。

最典型的就是在医院里——

"大夫，我这儿疼。"

"你哪儿疼？是这儿疼吗？"

"不是这儿，是那儿。"

"是这里吗？"

"不，是那儿。"

大夫就懵了。"你到底是哪儿疼？"

"这个疼，好像是到处游来游去。"

大夫很着急。"到底是钝钝的疼，还是像刺痛一样的疼呢？"

病人想了想说："好像这两种疼法都有。"

大夫听了也不知道该说些什么了。

疼痛是一个非常典型的感受，我们关于疼痛的字眼特别稀少。相比较而言，我们关于视觉的词汇就比较多了，所以你要描述你所看见的东西，就要比描述你的疼痛容易多了。

有了前面的讨论做引子，我们就可以界定"私人语言"是啥了。所谓的"私人语言"，就是一种直接记录言说者自己的感觉、体验的语言——而且除了言说者之外，这种语言的含义是无法被别人彻底理解的。

想想看，有时候人和人之间之所以产生了各式各样的沟通障碍，似乎就是因为不同的人实际上说的是不同的私人语言，而这些私人语言之间的无法通约处，就为人与人之间的交往制造了某种难以被克服的障碍。前面病人与医生的对话，似乎就能为上述观点提供注脚。

在西方哲学史上，最接近于提出私人语言学说的哲学家，乃是约翰·洛克，他就认为语词所代表的那些东西就是观念。"观念"这个词在洛克的术语里面基本上指的就是类似于像感觉这样的东西，所以，依据他的理论，你要把一件事情的意义想清楚，你就得好好体会与相关符号有关的那种感觉。比如，你要理解"红色"这个词的意思，你就一定要看过红色的东西，并能回忆其起那种感觉——否则，"红色"这个符号就无法在鲜活的感觉之海中汲取自己的精、气、神。这就是洛克的语言观。

你的感觉是私有的，还是公共的？

后期维特根斯坦是明确反对洛克的观点的。为了引导大家放弃洛克的观点，他便使用了"盒子里面的甲虫"这一著名的哲学比喻。

比如，有一群幼儿园的小朋友在玩过家家，每个人手里面拿一个盒子，每个盒子里有一只甲虫。有些人放的是一只七星瓢虫，有些人放的是一只天牛——然后游戏的参与者们就根据每个人的外部表现来判断对方的盒子里面到底有什么。

这里有一条重要的游戏规则：每个小朋友只能去看自己盒子里的东西是什么，而没有办法去看别的小朋友的盒子里是什么，尽管他能够听到别的小朋友所说的语词，看到他们所做的动作。但假设有一个小朋友，他的盒子里面可能什么虫也没有，但是他依然可以装作盒子里有虫的样子，和大家谈笑风生，显得非常开心。

在维特根斯坦的上述比方中出现的"甲虫"，指的就是感觉；"装虫的盒子"，指的就是我们所给出的那些外部行为——比如说发出"嗯嗯""啊啊""好疼啊"这种声音。那么，我们是怎么判断别人真的是疼的呢？那就是根据别人的这种外部的表现。至于盒子里本身是个什么东西呢？原则上它是可以被"约分"掉的。"约分"是一个数学术语，意思就是说在这里可以实际上什么也没有——但是这不妨碍你装作里面的确有点什么东西的样子。

如果维特根斯坦这样的一个比方能够成立的话，那么实际上使得关于疼痛的语言游戏得以被进行下去的根本动力，并不来自每个人自身的疼痛感觉，而来自我们是怎么样在公共的约定中使用"疼痛"这个词的。

不过，严格地说，维特根斯坦本人并不是想说疼痛不存在——这样他可能就会抹杀正常人与"哲学僵尸"之间的区别（请回顾一下本书第 58 节对于"哲学僵尸"的讨论）。维特根斯坦更想说明的观点是：即使感觉是存在的，你也不能说它是"我的感觉"。请注意，说"有感觉存在"与说"这个感觉仅仅是我的"可不是一回事。

维特根斯坦说这话的部分原因是：在英语里，说话者是可以把"疼"（pain）当作一个宾词来使用，并让它跟在动词"have"后面，构成句子"I have pain"（"我有疼"）。当然，在汉语里面这么说就不那么自然了，一般来说就说"疼""我疼"也就可以了。

而在维特根斯坦看来，即使要在西方人的语言里面说"我有疼"，这个句子的真实结构也并不是其表面所呈现的样子：即"我"是一个主语，它拥有了一种疼——相反，情况毋宁说是这样的：疼是一种气场、一种状态、一种气氛，你本人只是恰好出现在这种气氛里面了。所以，"I have pain"这话的真实结构是：疼这种状态，恰好出现在了某个人的身体的某个部位上。请注意，在这里，"人"就从一个主词变成了一个方位副词，也就是说，人名只是表示了一个空间场所。

这样一来，"疼"——而不是发生疼的那个人的名字——变成了主词以后，它的地位就发生了很有意思的变化：它好像反客为主，具有了某种独立性。这样一来，你就不要把疼看成是某个人所具有的"私有物"，而是将其视为某种本在天上盘旋，而突然掉落到你身上的东西——就好似是突然掉落在你头上的好运。

有些读者或许会觉得维特根斯坦的上述论证有些问题，因为疼痛的主体和疼痛之间的关系是如此之密切，以至于把疼痛看成是某种超越于个体的，在天上盘旋的东西，显得有点过于科幻了。好吧，如果这个反对感觉私有论的论证不能说服你，那就看看下面这个论证。

你的记忆力不允许你有私人语言

这个论证是这样的:假设你是《鲁滨孙漂流记》里面的鲁滨孙先生，住在某个孤岛上，身边压根就没别人。现在你打开日记本，想办法要把刚才发生的那阵疼痛的感觉写下来。你能不能直接用汉语、英语等公共语言去写"我今天这儿很疼"？恐怕不能，因为公共语言抓不到那种特殊的感觉，所以你要为自己发明一些私人的语言符号。

你只能这样写:"今天我又感觉到了 S。"

但维特根斯坦就立即反问:"'S'是啥？"

回答:"英文 26 个字母里面的一个，不过它现在代表一种特殊的疼。"

再反问:"可你写完了'S'，过了两天以后，你保不齐就忘记'S'代表什么了。"

请注意，人的记忆过程，乃是一个信息量不断减少的过程。记忆的第一步是短期记忆（约是 20 秒钟之内能够被你记住的东西），然后，这些被记忆的内容中的一小部分有机会进入工作记忆的信息处理面板（请参看本书第 29 节对于"工作记忆"的讨论），然后，工作记忆中的比较重要的信息才有机会被编码，转入长期记忆。在这个过程中，不知有多少信息在转换过程中被丢失了。需要注意的是，信息在长期记忆中的编码，在相当程度上乃是依赖于认知主体所掌握的语言符号来进行的，因此，长期记忆对于信息的省略，也是与任何一种自然语言的符号的有限性相辅相成的。这也就是说，在与短期记忆相匹配的感觉所具有的细微性与辅佐长期记忆的语言的粗糙性之间，是存在着一条不可逾越的鸿沟的。譬如，人类在短时记忆的范围内能够辨认出来的颜色种类约是100万种——但很显然，没有任何一种人类的自然语言，能够具有100万个颜色词汇，以便在长期记忆中为这么多种的颜色进行编号。所以，而且，因为这条鸿沟本身乃是由人类的记忆容量所决定的，所以，即使将自然语言转换为"私人语言"，而"私人语言"的运作又离不开人类的正常记忆机制的运作，上述的结论的有效性也不会遭到削弱。

如果读者还没有被上面这个反对私人语言的论证所说服的话，维特根斯坦还有下面这个论证。

任何感觉的准确性，都离不开外部世界的验证

维特根斯坦关于私人语言之不可能性的最后一个论证，可以通过下述案例得到引入。比如，你要坐高铁 G4567 次车从上海出发到宁波去。然后你突然开始自言自语："G4567 次车是什么时候开车的？""下午 16:30 吗？""我怎么记得似乎是 16:20 呢？"……

很显然，我们的记忆有可能出错，而当我们认为记忆有可能出错的时候，我们又该怎么纠正记忆中的错误的呢？在维特根斯坦看来，这时候你就需要外部的标准了。外部的标准是什么？你打开手机上的相关应用软件，看看铁路官网上的时刻表——这就是你需要的外部标准。

然而，你绝不能像洛克的哲学所教导的那样，什么外部调查也不

做，只是闭起眼睛比照自己对于时刻表的各个记忆，看看哪个记忆更鲜活——这是因为，貌似鲜活的记忆本身也未免不受到各种偏见的影响，并因此很难说是真正可靠的（请参看本书第 36 节对于"后视之明效应"的讨论）。

如何用得上？

本节能带给大家的一个工作上的小技巧是这样的：我们在工作中难免会使用一些缩写来记下一些事情来备忘。但是在使用缩写的时候，尽量不要用自己发明的缩写（除非你真有什么很机密的事情不想让别人知道）。这是为什么？因为时间长了你自己都搞不清楚你当时到底写的是什么。那种只有自己能够搞懂，别人却搞不懂的私人语言是不存在的，因为只要是可以运作的语言（包括密码），都必须向着某种程度的公共性开放自身。

94. 疼痛的标准在多大程度上
是由神经科学说了算的?

在上一节的讨论中,我们谈了很多与"疼"相关的话题。然而,在上节中我们谈论的都是正常人的疼痛。现在我就想来谈谈这么一个问题:在"疯子的疼"和"火星人的疼"之间,哪种疼算真的疼。读者应当记得,"火星人的疼"的例子,我们在本书第 50 节中已经讨论过了。不过,当时讨论这个话题的语境,乃是对于"多重可实现性论题"的反思。现在我们将在一个新的语境中深入讨论这个问题。这个新语境就是:我们已经通过对于维特根斯坦后期哲学的讨论,了解到了:"疼痛"这一语词的意义之源,并非是某种"私人的感觉"——那么,是不是有人就会立即补充说:"疼痛"这一语词的意义之源,便是与疼痛相关的人类神经活动呢?

本节就将来回答这一问题。很显然,本节讨论的内容,也具有一种综合心灵哲学与语言哲学视角的意味。说得具体一点,我会引入维特根斯坦的语言哲学观点,对一些经典的心灵哲学话题进行反思。

疯子的疼算疼吗？

本节标题里的"疯子的疼和火星人的疼"是啥意思？这就牵涉到了美国哲学家大卫·刘易斯写的论文《疯子的疼和火星人的疼》。我在本书第 50 节中曾蜻蜓点水地讨论了这篇论文对于"火星人的疼"的讨论，而没太涉及他对于"疯子的疼"的讨论。现在正好来补足。

现在，我们先来看看刘易斯写这篇论文的理论动机。与一屁股坐到自然语言一边的后期维特根斯坦不同，刘易斯似乎更想在神经科学的知识霸权与自然语言所构成的历史权威之间左右逢源。具体到"疼痛"这个话题上去，刘易斯认为，关于"何为疼痛"这个问题，神经科学家的发言权是需要被尊重的，而公众的常识也是需要被尊重的。这话换用哲学术语来说，即：关于疼痛的同一性理论与功能主义理论，都挺好的。

我个人非常怀疑，如果后期维特根斯坦读到刘易斯的这篇论文，就会去批评他的和事佬态度。所以，下面我对于刘易斯观点的解读，也会借用维特根斯坦的眼光。

刘易斯首先指出，关于疼痛的科学化裁定方式——哲学家所说的"同一性"理论（也就是本书第 49 节所提到的"基于类型的物理主义"）——是需要尊重的。根据该理论的观点，在某一类特定的神经结构发生了变化（如"C—纤维激发"）的情况下，人才能够感到特定类的疼痛，所以，每一类的疼痛的本质无非就是相应类的特定神经结构的变化。

而为何这种立场值得捍卫呢？这是因为该立场貌似是碰到了一个反例，即"疯子的疼"。

什么叫"疯子的疼"？这是刘易斯所设想出来的一个案例。这样的一个疯子在感受到疼的时候，其 C- 纤维的确得到了激发，与正常人无甚差异。所以，按照同一性理论，他显然是处在疼痛状态的。

但是他毕竟是个不正常的疯子。具体而言，他并不是在受到伤害的时候感到疼痛。他什么时候疼？他数学题目做出来的时候，会喊："好疼，我这数学题目做出来了"；考试在班上得了第一名的时候会喊："疼死我了，我怎么考试第一名？！"；女朋友亲他一下，他会喊："女朋友亲我了，疼！"……在我们看来，引发他疼痛的外部事件，没有一件与疼相关。换言之，他的疼痛表现在其日常生活中所扮演的角色，与我们的疼痛表现在我们的日常生活中所扮演的角色，完全相反。

在这样的一个情况下，你愿不愿意说疯子处在疼痛状态中呢？刘易斯认为他依然处在疼痛之中——因为疯子既然依然是人类，我们就要用人类的神经科学标准去规范对于他的内部状态的言说。所以，既然他在感受到疼痛的时候的神经基础与常人还是一样的，所以，我们就得说他依然处在疼痛之中。

但我的受到维特根斯坦哲学思想熏陶后的直觉则不太赞成刘易斯的意见。我的直觉是：尽管疯子的疼的神经基础和普通人大致一样，但是他疼得也太不是时候了。必须要指出的是，我们的日常语言对于"疼痛"的言说的规范性标准，更多的是与我们的眼睛所能够观察到的公共物理现象相关的，这些现象包括（但不限于）：当事人的外伤、呼叫、痛苦的表情，等等。如果疯子的这种"疼痛"也能算"疼痛"的话，我们关于"疼痛"的整个日常语言结构都会变得紊乱——而这个代价也就太大了。

但这是不是意味着一个维特根斯坦主义者不需要尊重神经科学呢？也不是。维特根斯坦主义者会补充说：你怎么能确定这个疯子在产生"疼"的时候的神经组织变化，真与正常人一样呢？仅仅因为在二者那里都发现了"C—纤维激发"的现象就认定这一点，恐怕是不合适的，因为疯子的外围行为既然如此怪异，使得这些行为得以产生的外围神经活动与其他底层生理活动恐怕也是与正常人有差别的。总之，你只要事先预设了一种维特根斯坦主义的疼痛观，你总能找到办法让神经科学的材料为这种哲学立场站台。

不过，抛开"疯子的疼"不谈，维特根斯坦主义者关于"火星人的疼"的直觉，或许是与刘易斯没有太大区别的。

火星人的疼是不是疼？

讲到这里，关于疼痛的标准就不是同一性理论了，同一性理论讲的是疼痛的本质就在于它的神经学基础，现在我们不是按照神经学基础作为评判标准，而是拿疼痛在你的整个行为序列里面扮演的因果角色为评判标准。这种观点是什么？就是我们在心灵哲学里面所讲的另外一种理论，功能主义。

疼痛的功能是什么？就是避免各式各样的伤害。为了使得我们的生物体能够在这个残酷的世界中生存下去，人就会感到疼。知道疼了以后就知道怕，知道怕了以后就不会去做蠢事，这具有非常显著的演化论意义，这就是功能主义的解释。

但大卫·刘易斯又开了另外一个脑洞，就是他那篇文章的另外一部分，它讨论的是火星人的疼。

火星人是对外星人的一种总称，并不是真的火星上有人，刘易斯所构想的"火星人"，脑子里根本就没有前面提到的 C- 纤维，而其身体里只有一条条管子。他们的疼痛自然也并不体现为 C- 纤维的激发，而是体现为上述水管内水压的变化。尽管这些火星人的生理构造与地球人大相径庭，其行为却和我们的行为没有太大的分别。你如果揍了一个火星人一通，他也会哇哇乱叫，落荒而逃，满脸痛苦的样子。

现在问题来了：当火星人哇哇乱叫、满嘴喷水的时候，他是不是处在疼痛状态呢？

刘易斯的直观是：这些火星人真的疼了。至于他的疼痛背后的生物学故事，则是与我们对于他的疼痛描述没啥关系的，因为我们必须富有谅解精神地意识到这样一个问题：火星人的演化环境和地球毕竟是不一样的，因此，其生物学结构与地球人有差别，也是情有可原的。故此，我们必须在面对外星生物的疼痛问题的时候，将原来的基于神经科学的标准，放松到功能主义标准的尺度。

维特根斯坦主义者会赞同刘易斯的上述结论的一半，即：我们应当用功能主义的标准去裁定我们将"疼痛"指派给火星人的语义学规则。然而，维特根斯坦主义者会反对刘易斯在面对地球人中的疯子时就立即改变上述语义学规则的做法。这不仅是因为这样的一种"看碟下菜"的做法会破坏我们关于"疼痛"的理论叙事的统一性，也是因为我们完全可以找到一种让对于"疯子的疼"的功能主义描述方案与神经科学彼此兼容的方式。

如何用得上？

下面，我就要谈一谈怎么把这节的内容用到日常生活中去了。在这里我想谈谈爱情。

爱情与前面所说的关于疼痛的话题，又有何相关呢？关系可大着呢。很显然，如果我们关于疼痛的功能主义的解释方案是行得通的话，那么，我们也可以把这种解释用到其他感受上——比如关于爱情的感受。

我们知道，爱情的感受和疼痛一样，都是难以名状、难以言说的。而且，这种感受也肯定会伴随着一些微观层面上的生化事件，如多巴胺与肾上腺激素的分泌。有人甚至专门从生物学的角度来研究老夫老妻之间的"七年之痒"——具体而言，夫妻之间的感情之所以会走向平静，便是因为：一些与激情有关的化学物质，在老夫老妻那里已经都被消磨得差不多了。

那么，我们是否需要从生物化学或者是神经科学的角度去讨论"爱情"之为"爱情"的语义学基础呢？

——估计不行，因为有些人天生在某些化学物质的分泌量上就要比别人多一点或者少一点。而另一方面，与爱情相关的那些底层化学物质的分泌，也会与别的心理事件相捆绑——譬如，对于真正的学者来说，突然想到一个写论文的点子的心理事件所带来的肾上腺激素的分泌，是非常类似于其突然看到一个可爱的女生所带来的肾上腺激素的分泌的——尽管这两个事件的社会学意义显然是彼此不同的。所以，对于爱情的本质的判断，最好就要从此类情绪在当事人的行为序列中所扮演的因果角色来入手——这就好比说，我们对于火星人的疼痛状态的裁定，最好根据相关内部状态在当事人的行为序列中所扮演的因果角色来进行。

这种态度显然会带来爱情观的变化。判断一个人是不是爱另外一个人，其主要标准便不是看其情感的强度（这种强度往往随附于特定化学物质的分泌），而是看这样的情感是否促使当事人给出了特定的行为，以便符合外界对于"爱情"的期待。因此，就像不存在一种关于疼痛的私人语言一样，也不存在着一种关于爱情的私人语言。

95. 会说话是人类与生俱来的天赋?

本节讨论的话题和语言学有一点联系。传统的语言哲学有个缺点，就是不太关心语言学在干什么，所以我也决定在本章中加入几个与语言学更有关联的小节。本节将谈谈诺姆·乔姆斯基的观点。

乔姆斯基的先天语法理论

乔姆斯基是美国著名的语言学家，又是著名的政论家，同时也是20世纪被引用最多的知识分子。乔姆斯基的学术风格是啥呢？我认为，从总体上看，他是一个理想主义者，所以，他要用一种数学家式的精确，来刻画出语法背后的一种所谓的先天形式。从这个角度看，他的相关观点，与柏拉图的观点是有一些历史渊源的。

柏拉图虽然没有全面讨论过语言的问题，但他认为人的心智是包含着某种先天的理性的。在本书第86节讨论"共相实在论"时，我曾提到过柏拉图所记录的"苏格拉底教小奴隶几何学证明"的故事。

现在，我们就从新的角度复习这个故事。读者都应当还记得，在那个故事里，苏格拉底曾三下五除二地让一个文盲小奴隶学会证明了一道几何题。那么，为什么没有什么文化的小奴隶也能够做出这样一道题目？柏拉图的解释就是：他心里面已经预先有理性的种子了。

接着这个话题，乔姆斯基就问了：0到3岁的小孩，为何只要通过很少量的语料刺激，就能够很快地学会母语的语法呢？这件事情，听上去是不是与小奴隶学会证明几何题一样神秘？如果你认为他是通过经验观察与归纳概括和学会了语法的话，那么，问题就来了：一个婴儿周围也就是爸爸、妈妈、姥姥、爷爷这么几个人，他们能说出的话的数量，仅仅是相关的母语所能衍生出的表达式的集合所具有的一个很小的子集。在这样的情况下，我们很难设想婴儿可以从这样小的材料集出发，完成对于一种语言的语法的归纳。

对于上述问题，乔姆斯基的解释就是：每个人心中都有一个所谓的"先天语法"，而具有这种先天语法，乃是人类的基因禀赋的一部分。

这话到底是什么意思呢？现在我们就以猩猩和人类之间的差别来说明这一点。

很多动物心理学家都尝试教会猩猩人类语言，并给它们各式各样的符号：有的符号代表"苹果"，有的符号代表"我"，有的符号代表"香蕉"，有的符号代表"吃"，等等。这样一来，受过一定训练的猩猩要表达"我要吃香蕉"，就会将这几个符号堆在一起给动物心理学家看。但是，猩猩搞不清楚主、谓、宾的区别，它们堆出的符号的次序，一会儿是"我要吃香蕉"，一会儿是"我香蕉吃要"，一会儿是"香蕉要吃我"——在它们看来，这三者彼此之间是没有区别的。

与之相比，人类就知道主、谓、宾的区别是很重要的。人类婴儿的心智能力就天然地要比猩猩厉害，因为他们似乎不太费力地就掌握了主、谓、宾的区别了——否则你怎么解释小朋友不会在接受一定的训练后，继续犯下像猩猩那样的愚蠢的错误呢？而人与猩猩之间的这种差别，显然是由二者不同的基因禀赋所带来的。

不过，人类的语言可不仅仅有主、谓、宾的区别，而且还有对于主、谓、宾的位置的不同安放方案。譬如，中国的与日本的小孩子虽然都知道主、谓、宾的区别，但是当中国小朋友说"我要吃饭"的时候，日本小朋友却会说"ご飯を食べたいです"——而后者的语词排列次序乃是："饭"—"吃"—"要"（至于主语"我"，往往在日常日语中被省略掉）。这也就是说，在日语中，宾词的位置，必须放在动词之前，而这一点又恰好与汉语相反。那么，为何显然有着类似基因禀赋的中、日两国的小朋友，会学会这两种差别如此之大的人类的语言呢？

乔姆斯基的解释是：这就是人类的先天语法结构与后天的自然语言结构互动之后的结果了。人类的先天语法结构让人类能够不费力地掌握主、谓、宾的区别，而后天的自然语言结构则为主、谓、宾的具体位置做出了经验层面上的规定。至于小孩子学习语言的过程，其实就是在所谓的先天语法和经验的语法之间搭建桥梁的过程。中国小朋友在自己的先天语法与汉语之间完成了架桥工作，这就完成了汉语语法的学习；而日本小朋友在自己的先天语法与日语之间完成了架桥工作，这就完成了日语语法的学习。而且，也恰恰是因为这两种经验语言背后的先天语法是相通的，日本小朋友在掌握母语后也能去学汉语，中国小朋友在掌握母语之后也能去学日语。

人脑里真有一套先天语法吗?

乔姆斯基的理论是有一定合理之处的。语言的学习的确是要有一定的先天的生物学基础的——譬如,正常人去学一门语言,不管怎么说都是学得会的,而若你要让一只猴子学会英语、法语、德语、日语的化,这就完全是在搞笑了。毕竟两个物种的基因不同。

但是我对乔姆斯基之论比较怀疑的地方便是:人的脑子里真的有一套已经完备的先天语法吗?

对于乔姆斯基的先天语法结构的图示化表示乃是这样的:有一条长长的水管(即语法结构的整体),水管上有很多阀门(即特定的语法规定参数),其中有一些阀门是关着的(即那些没有被明确显示出来的语法规定参数),有一些阀门则是开着的(即那些已经被显示出来的语法规定参数)。而小区的物业管理者(即某种经验语言的言说者),则会根据自己的经验需要,去打开其中的某些阀门。譬如,名词的性的变化这一参数,在汉语、日语、英语中都是"缄默参数",而在德语、法语、意大利语、西班牙语中则成了"外显参数"——这就是说,与这一参数相关的语法阀门,在某些语言中被打开了,在某些语言中又被关闭了。但这些阀门始终在那里——否则我们就难以解释为何中国人经过外语学习,也能明白什么是名词的性的变化。

我个人则对这个比喻的有效性是有点担心的,因为这幅图景似乎是简化了人类不同的自然语言之间的差异性。譬如,汉语的特异性恐怕就不是体现于语法之上的,而是体现于语义的表述方式之上。具体而言,作为一种具有大量重音词的语言,我们汉语的语义表述高度依赖汉字的视觉结构,而汉语的语法结构却要相对简单得多。换言之,我们的语言的发展方向与西方语言差异实在是太大了。至于日语,虽然与西方语言一样，有着非常复杂的词尾变化规则，但是这些规则的复杂性往往是基于日语自身的敬语体系的，而并不负载西方动词词尾变化的某些重要特征（比如对于动词所支配的名词的单复数的表征）。换言之，如果乔姆斯基的理论是对的，那么，对于一个西方人的先天心智结构而言，该结构就应当先天地准备好大量的语法阀门，来同时应对未来可能遭遇到的汉字结构与敬体结构——但这样的假设实在是太大胆，匪夷所思。

我个人倾向于认为，语法的复杂性并不是语言学的第一考量，更值得关注的是语义的来源，而语法的复杂性可能就是语义的复杂性的衍生物——这也就是下一节所要讨论的认知语言学的观点。而人类对于特定语法结构的把握能力，则可能是建立在人类记忆系统对于特定的语言运用图景与特定的符号次序之间的对应关系的把握能力之上——换言之，人类的基因禀赋对于语法能力的贡献，可能并不体现在对于先天语法的支持力上，而仅仅体现在对于记忆能力的支持之上。当然，对于这一猜测的深化研究，已经不是哲学的任务，而是经验科学的任务了。

几句感叹

不管怎么说，乔姆斯基的理论至少能够告诉我们：0 到 3 岁的确是学习语言的关键时刻。如果 0 到 3 岁时小朋友的语言心智没有被很好地开启的话，这可能就会对他以后的一生产生不太好的影响。好在现在的小朋友是生活在一个技术比较发达的时代：大量的智能语音音响、点读笔的出现，能够让小孩接受比较规范的母语刺激，而这些设备本身也为忙于工作的父母减轻了陪伴孩子的负担。然而，非常不幸的是，由于目前的语言环境是缺乏关于方言的语料刺激的，目前中国的年轻人与孩童的方言水平已经每况愈下了——除非有人愿意为保护方言开发出足够多的智能语音软件。然而，任何技术的开发背后，都是有相关的资本增值的目的的——我尚且没有看到资本为这样的项目进行投资的理由。所以，方言的衰败，可能是目前我国一个很难扭转的历史趋势。

96. 一提到"鸦片"，你会立即想到啥?

在本节中，我们将讨论在理论预设与研究方式上与乔姆斯基语言学全面对抗的另外一个语言学流派思想：认知语言学。认知语言学的核心论点是啥呢？下面就来详解。

女人、火与诸危险物

《女人、火与诸危险物——范畴是如何揭示心灵的》是一部重要的认知语言学作品，作者是认知语言学大佬乔治·莱考夫。

此书为什么要起这么一个奇怪的题目呢？这个题目就是要把我们用语言所做的几件与生存最为相关的事情全部包括进去：异性交往（当然，从男人出发的异性交往就需要女人）、生产技术（特别是生火与保存火种的技术），以及规避（特别是对于诸危险物的规避）。换言之，在作者看来，我们使用语言的第一目的，并不是为了静态地反映世界，而就是为了进行物质生产与自我生产——这听上去是不是很维特根斯坦（参看本书第 90 节）、很奥斯汀（参考本书第 91 节）？是不是还有一点马克思的历史唯物主义的味道？

当然，"女人、火与诸危险物"毕竟是一个过富隐喻色彩的表达。说得更清楚一点，认知语言学的核心论点有：

第一，我们必须将语言学研究的首要关注点放在语义学问题上，而不是像乔姆斯基派的学者所做的那样，将注意力放在句法分析上。与之相对应，我们还要拒绝承认语法规则有其脱离于语义的"自治性"（autonomy）。

第二，我们必须将语义看成具有某种"百科全书性质"（encyclopedic nature）的事项——也就是说，我们无法通过"属加种差"这样的定义化方式来对语义加以界定，而要坦然接受人类自然语言中诸种语义关联线索的杂多性、开放性与可变性（听上去是不是很类似于维特根斯坦的"家族相似"理论？请再回顾本书第 90 节的内容）。

其三，我们必须承认语义表征都是带有特定的主观视角的，而不能认为我们可以用一种"客观的方式"来对语义进行编码（这也就等于反了早期维特根斯坦的"语言图像论"。请参看本书第 81 节的内容）。

在上述这些观点的引导下，认知语言学提出了自己的研究方法论：即把对于概念的传统研究方式转换为对于"认知图式"的研究。

认知图式：概念是可以被看到的

认知语言学是以一种视觉的、感性的态度来看待概念的。为此，认知语言学家引入了一个术语："认知图式"（cognitive schema）。这个术语的官方含义是：特定的语言学模式的重复性特征的聚合与抽象模板——而且这个模板往往是可视的。譬如，英语"ENTER"（进入）这个概念就可以被分析为数个可视化的意象图式的组合，包括"物体"（object）、"源点—路径—目标"（source-path-goal）与"容器—容纳物"（container-content）。三者结合的情况如图—3所示：

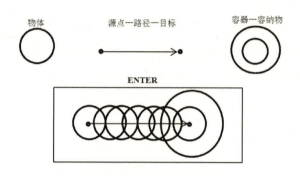

图—3　关于"ENTER"的认知图式形成过程的图示

　　根据上述图式所体现的思想，你要让小孩子学会"进入"这个概念，你就得做出一个动作——这个动作得涉及位移的原点、位移的轨迹，以及作为位移的终点的一个有边界的容器。换言之，你得要有教具，得言传身教，得让学生看到你说的概念是啥——否则，对于概念的教学就不能落到实处。

　　有人就会问了：假设植物也能思考的话，我们能教会植物"进入"这个概念吗？

　　——也许可以吧，但我估计做到这一点会非常难。因为植物是不能自主移动的，若要让它们理解什么是"移动"（毫无疑问，"移动"是"进入"的一个底层概念），只能诉诸它们对于别的事物的移动的观察（如果植物有眼睛的话）。但好在植物毕竟是处在一个有事物边界的世界之中的——反之，倘若我们所处的世界并不存在着大量的固态事物,而纯然是等离子体的(因此,我们的世界中也就不会存在"边界"),那么,也就没有人能发展出"进入"这个概念了。

从这个角度看,我们的环境,已经"伙同"我们在环境中生存的目的,一起塑造了我们的语言的意义。而由于人类所处的环境的多样性,实际上在相当程度上就是人类的文化的多样性,上述这些环境因素,又是极易被负载上各种当地文化的特征,而反过来使同一概念在不同文化中具有了不同的认知图式。比如,讲到"家具"这个概念,其典型图式是啥?你如果生活在中国,你就可能会立即想到床的图景;而你若长期在日本生活的话,你可能就会首先想到榻榻米。这也就是说,不同的生活形式就导致了大家对于"家具"这个概念的不同想象方式。

再比如说"鸦片"这个词:它当然是指涉了对于罂粟花分泌物所做的一种人工制品。但是,假设在某个社会中,所有人都很规矩,没有人把鸦片当作毒品,鸦片也就只是一种非常普通的镇痛剂而已。在这种情况下,这些人对"鸦片"这个概念的图式是不带有负面情绪的。而在我们的社会里面,由于我们从小受到的教育的确包含了"鸦片战争"这一重要的历史信息,所以,我们一想到"鸦片",就会立即产生比较明显的负面情绪。

无论在我们的文化还是在他们的文化中,"鸦片"所指涉的东西,都貌似是那种客观的物质存在,但是从认知语言学的角度看,这两个"鸦片"概念的从属结构不一样。在我说的那个可能的社会里面,鸦片就是从属于"镇痛剂";而在我们的脑子里,一想到"鸦片"这个词,就会想到"毒品"。换言之,"镇痛剂"与"毒品"这两个完全不同的概念所各自牵涉的认知图式,会全面渗透入与之相联系的"鸦片"概念的认知图式,由此使得两个文化中的成员看到了不同的"鸦片"图景。

换言之,根本就没有那种脱离了一切文化设定与概念羁绊的纯粹的"鸦片"概念。

如何用得上?

按照认知语言学的观点,学习外语最好不要死背单词,而是要记住这个单词所在的那个生活场景。如果你能在具体的生活场景里领会单词的意思,再辅之以合适的身体图式,你对这个单词理解就能深多了。

譬如,在美国,警察叫人不要动,会喊:"Freeze!"这词的表面意思是"冻住",中国人乍一听肯定会摸不着头脑,弄不好就会出现误会。我想到的一个强化记忆办法则是这样的:让一个同学扮演美国警察,拿着一个水枪,对着另外一个同学喊"Freeze!"——如果后者反应得慢的话,就往这个同学胸口喷凉水,让他感受到凉意。这样,他以后出国了,真遇到美国警察,也就能立即听懂这话了。

那么,在非外语教学的语境当中,理解认知语言学的基本原理,又有什么帮助呢?下面我就举一个例子。

比如,你看到某公园门口有如下禁止令:"本公园禁止抽烟","禁止在公园里生火"——云云。你一看就明白这些规定的意义了。然后,你的眼睛又在公告牌上突然捕捉到这样的句子:"禁止在草地上走路的时候踩死蚂蚁"——你肯定会觉得这一条写得非常奇怪:蚂蚁这么小,人在走路时怎么能够避免踩死蚂蚁呢?再看下一句,你就更觉得无法接受了:"禁止在呼吸的时候杀死微生物"。

为什么刚才所提到的有些条款我们觉得可以接受,有些条款我们却觉得根本就没办法执行?就是因为不同的条款和我们身体的关系是不一样的。比如"防止失火""不要破坏公物",这指的是在我们身体尺度内能够做到的事,"避免杀死蚂蚁与微生物"就不行了,因为这是在我们的宏观身体尺度内无法做到的事情。

这也就是说,规则的可行性和不可行性,实际上就是一个身体与规则之间的互动问题——人类的身体可执行之,命令才是有意义的;而身体如果没有办法按照规则的要求去运作,命令也就变得没有意义了。至于前面所说的"认知图式",就可以被视为从规则的字面意思到具体的身体执行活动的中介性存在物(其作用类似电器说明书上的卡通示意图)。

这个道理貌似粗浅,却经常被人遗忘。比如,在第一次世界大战的索姆河战役中,英军之所以惨败,就是因为那些愚蠢的参谋在纸面上制订作战计划时,往往高估了人体的承受度,让那些满身装备的士兵去执行那些人体所无法完成的任务。结果,无数步履蹒跚的英军士兵,悲惨地成了德军机枪枪口下的冤魂。真是"一将无能,累死三军"。

抛开这些军国大事不谈,日常生活中的很多小事,也能够用到认知语言学的道理。我现在就来举一个哲学家康德的例子。

康德在柯尼斯堡做学问的时候,很喜欢从他家里的阳台处往外眺望远方的一座教堂的尖顶。这个教堂有可能就构成了他进行哲学思维的某种背景性的信息,并与他的哲学思维所依赖的那些认知图式发生了微妙的互动。这也就是说,他只有看到那尖顶,才能够进行正常的哲学思维。

不过,好景不长。康德的邻居家在自己的院子里种了一棵树,这树越长越高,终于遮住了康德的视线,使得他没法看到那教堂了。康就和那个邻居进行了谈判,请他把这棵树挪挪位置或者砍了,他可以赔钱。然而,邻居坚决不同意。结果康德就做了一件让人震惊的事——

他把房子给卖了，移居到别的地方去了，而目的就仅仅是为了看到那个教堂的顶。

这个传说流传很广，不论真假，它都说明了一个问题：你看到的世界图景所呈现给你的样子，很可能是与你的概念结构相辅相成；如果你所看到的这个世界本身的样态发生了一些变化，你就很难让自己的概念结构和你所获得的经验和平相处了，两者之间就可能会发生一种让你很不舒服的斗争。总而言之，认知语言学告诉我们：身体感受很重要，我们的概念意义是植根于身体感受的。

当然，如果你不是生活在类似柯尼斯堡这样的小城市，而是生活在类似北京、上海、深圳这样的大城市的话，我是不建议你仅仅因为门口少了一棵树就立即去搬家的，因为搬家的成本实在是太高了。不过，土豪朋友请随意——因为对于土豪来说，"100万元"的认知图式或许就相当于白领朋友的脑袋里关于"1000元"的认知图式。

97. 你看，帅哥一枚！

上一节讨论的话题还是比较宏观的，现在我们就要来讨论一个比较微观的问题：量词。

量词可以说是汉语中经常出现的一个语言现象。外国朋友学汉语，量词是非常难过的一关，因为他们一直搞不懂中国人为什么要加量词。

我小时候看那些革命战争电影时，就觉得这里面的量词特别复杂。比如说手枪，一定要说"一把手枪"；说机关枪，得说"一挺机关枪"；说手榴弹，就得说"一枚手榴弹"（不过"一颗手榴弹"也可以）——不过，你说"一个手榴弹"就不太好；说步枪，可以说"一条步枪"（也可以说"一杆步枪"）——但要说"一挺步枪"就不对了，"一枚步枪"那肯定也不对。

对于汉语中量词的微妙，外国人是很难理解的。在大多数的情况下，外国人在讲名词之前，只要提到数词就行了，如"a book"（一本书），"a pencil"（一支铅笔），等等。

他们不理解，中国人在说"一支铅笔"时，为什么要加个"支"字呢？

他们可能还会想：既然语言的传播在原则上要满足经济性的原则，为何中国人还要加上这些冗余的信息呢？难道中国人不嫌累吗？

蒯因对于东亚人的量词观念的两种解释

据我所知，最早发现这个问题的西方哲学家乃是蒯因。在第二次世界大战时，蒯因因为自己的数学与逻辑学背景，就被美国海军征招，去破译日军的密码。他在学日语的时候就发现，日语当中是有量词的（顺便说一句，日语中的量词现象是和中文中的量词现象大同小异的）。

有一天，他注意到一条日军密码被翻译出来后的日语表达包含了这么一个表达式："1台の轻戦车"（一辆轻坦克），"轻战车"就是轻型的战车，这个"台"字加在前面是为了啥呢？这个"台"字听上去好像是另外一个形容词，好像指的是这辆战车除了轻以外，还有别的特征——这个特征可是要搞清楚，弄不好是很重要的军事情报哦！

他问了个日语专家，日本语言专家说"台"这个词你就可以忽略了，你就把它当"一轻战车"就可以了，"台"这字不用看。蒯因问："那日本人吃饱撑了为何还要加这个字"，那个专家也说不清。

二战结束后，脱下军装的蒯因又在讨论语言哲学时拿出了这个例子。对于日语中为何要有量词——比如，为何有"3頭の牛"（三头牛）这样的表达——他给出了两种解释——不过，这两种解释都是站在西方人立场上琢磨出来的，中国人听上去会觉得有点怪。第一种解释是，"三头牛"中的"头"字所起到的作用，就是补充"三"这样一个数字，可能日本人或中国人觉得"三"这一个数字本身不够用，要把"头"加上去以后变成一个充分的单位，才能够界定牛的数量。

但这个讲法，我们中国人会觉得很怪：为什么"三"需要"头"

的补充才能够变成一个完整的意义呢？"三"本身就是有完整的意义的啊？如果"头"能够用来补充"三"，那么，为什么在别的场合我们要用别的量词来补充前面的数字呢？比如，说"三个苹果"就是通顺的，但你说"三头苹果"可就不通了。

很明显，量词的语义似乎与数字无关，它应当是与量词背后所跟的名词本身的性质有一点关系——比如，在"牛"前面要说"头"，在"苹果"前面要说"个"。

我们再来看蒯因所给出的第二种关于量词之本质的解释。蒯因认为，之所以会有"三头牛"这样的表达式，是因为在日本人与中国人眼中，牛和啤酒、空气一样，都是不可数的、绵延的物质。比如说空气吧，在英语里也要加一个量词，不能说"一空气"，要说"一罐空气"（a can of air），这话才通。而在蒯因看来，中国人和日本人认为牛也和空气一样，是弥漫四周的，所以需要量词把"牛"这个物体给个体化了。

站在中国人的立场上，这个讲法实在太荒谬了。你不妨问问周围的人，谁会认为一头牛是像一团空气那样的无法确定边界的东西？中国的一些本土哲学家固然喜欢用"气"这样一个玄玄乎乎的概念（如东汉的王充与北宋的张载），但也并不意味着这些哲学家眼中的一头牛是弥漫一片的气。不管中国人的语言文化与西方人有多大差异，毫无疑问的是：中国人的眼睛和神经系统对于诸如"一头牛"这样的物体对象的感知方式是和西方人没有本质差异的。这也就是本书第二章对于认知问题的讨论与第三章对于心灵哲学的讨论未过多牵涉到中西文化差异问题的原因。

量词是我们身体把握世界的一种方式

面对这样一个问题，前节讨论所引入的认知语言学，能够给出什么解答方案呢？认知语言学认为，语词的使用是和身体习惯联系在一起的，所以认知语言学有时候又叫"具身语言学"——也就是一种将语词的意义与特定的身体运作方式紧密相连的语言学学说。

这一点又和量词有什么关系呢？我们来想想"枚"这个量词吧！它是什么意思呢？这个字本来的意思是"小树枝"。作为小树枝的这个"枚"，它本身是一个通用量词（也就是类似今天的"个"或者"只"这样的百搭量词），流行在秦汉时期。从这个角度看，这几年流行开来的"帅哥一枚"之类的表达其实是很仿古的，是今人向秦汉的表达方式致敬。不过，需要注意的是，在今天，"帅哥一枚"与"一枚帅哥"这两个表达都是通的，但是在秦汉，你最好就是说"帅哥一枚"，即将名词前置。这就是当时人的说话习惯，喜欢穿越的朋友千万别忘了。

那么，为何在秦汉时代，"枚"这个量词这么受欢迎？

前面说过了，"枚"就是"小树枝"的意思。你想想看，小树枝这个东西有个特点，就是容易摆弄。小树枝这个东西的尺寸，与我们手指与手掌的大小之间的匹配性很好，拿起来很顺手。从具身语言学的角度上来看，"枚"这个词得到偏好，本身就意味着我们有一种强烈的通过语词掌控世界的欲望——而"枚"所带来的关于"掌控小树枝"的认知图式正好满足了这个欲望。

此外，"枚"也可以和"五铢钱"（汉代的法定货币）相互配合，构成"钱一枚"这样的表达。我们知道，钱乃是我们直接掌控世界力量的一种神秘的中介——有了钱这样一个中介以后，所有的事物都可以成为你的掌控对象。所以，"枚"对于"掌控"的语义的指向与"钱"

对于"掌控"的语义的指向就构成了某种共振，使得"枚"的地位也借着"钱"带来的人气，水涨船高。从这个角度看，"枚"在秦汉时代之流行也就不足为奇了。

——不过，上面说的毕竟是秦汉时期的情况。那以后呢？

"帅哥一枚"与男色消费

随着时间的推移，以五铢钱为基础的汉代货币体系后来慢慢地崩坏了，所以我们对于"枚"这个词的心理依赖也会慢慢消失，但中国人喜欢使用量词的心理习惯却保留下来了。而且，从认知语言学的视角出发，中国人后来所使用的更为丰富的新量词仍然体现了中国人用身体把握世界的方式。

就拿本节开头所举的那些例子来说吧——比如说枪："手枪"为什么要说"一把"？手枪本身就是一种小巧的武器，一个手掌就可以抓住了。所以这个"把"字就暗示了这种武器是手所能把握的。那么，为何"机关枪"要说"一挺"呢？轻机枪要端起来才能打，就好像你挺着它打一样，所以，"挺"字就暗示了你应当如何去握这种枪。

又比如说香烟：我们一般说"一根香烟"——这个"根"字实际上就给你一种暗示，告诉你香烟看上去是长形的，而且也是可以被手指给夹住的。所以，"根"这个量词依然有强烈的具身意味。

现在，我们就可以回答蒯因提出的那个问题了：为何东亚人的语言里要用"量词"这个貌似冗余的语言机制？我的回答是：量词以一种隐微的方式告诉了我们：说话人是以怎样的身体图式与量词所为之服务的名词对象发生联系的。因此，量词的使用能够加强语言表达式的图式细节，增加这些表达式的感染力。

讲到这里，我们也可以猜一猜：为什么现在有一些汉代的量词表达方式——如"帅哥一枚"——在中国互联网当中又得到了复活呢？

我的解读是："帅哥"这个词用"一枚"加以修饰以后，就给人一种感觉：帅哥是像小树枝那样的可以被拿捏的东西——这样，这些表达式的使用者就能得到一种对于掌控欲的心理满足。

那么，为何"帅哥一枚"这样的表达式，在今天的中国流行开了呢？我的猜测是：随着目下中国女性的购买力与社会地位不断提高，整个社会也已经从所谓的"女色消费"的时代慢慢地进入了"男色消费"的时代。女性为了"报复"长久以来被男性物化的屈辱，试图把男性加以物化，把他们看成一枚小树枝，看成是一枚五铢钱，所以就会使用"帅哥一枚"之类表达。

我的这种分析到底对不对，欢迎读者自行判断。但至少我可以自信地说：我的这种既结合了社会心理学资源，又结合了认知语言资源的量词解释方案，至少要比蒯因的解释方案靠谱多了。

98. 这司马懿真是一条鳟鱼啊!

在上一节中我们讨论了量词这一对东亚语言来说非常重要的语言现象。在这一节中，我们则将要讨论一个几乎对所有的人类自然语言来说都非常重要的语言现象：隐喻。不过，"隐喻"是一个稍微有点门槛的修辞学术语。我们的讨论将从大家都知道的"打比方"说起。

打比方的两种形式：明喻和隐喻

"打比方"的意思我就不做解释了。它的术语化的说法就是"比喻"。比喻分两种：一种叫明喻，一种叫隐喻。什么叫明喻？"姑娘就像花一样"，这就是一个明喻。为什么是"明"的？因为这句话里面明明白白地出现了一个字："像"——你听到"像"这个字，就知道这是一个比喻了。当然也不一定要用"像"，你也可以用其他的表达式去传达类似的意思，如"仿佛"——比如下面这个句子："小芳读了这封信以后，脸颊上仿佛是泛出了两片红晕"。这句话里面的"仿佛"，也是在提示大家这是一个比喻。

至于隐喻，也算是比喻的一种，但是其特点是：句子里不会出现像"像""仿佛"这样的词来明确地告诉别人：这是一个比喻。听话人得自己体会出这是一个比喻。

比如说，1939年秋天日军的将领阿部规秀被八路军击毙后，日方的报纸就哀叹"帝国之花凋谢在太行山上"。这句话里，"帝国之花"指的就是阿部规秀——但是报纸上的标题并没有明说"阿部规秀像帝国之花"——它直接就用"帝国之花"这个表达式了。所以，这句话的字面意思似乎就是说一朵花凋谢了，但实际上它是指一个人死了。所以，看这份报纸的人，得想一想才能弄明白它到底是在说什么。这就是人类使用隐喻的一个案例。

人工智能可听不懂隐喻

在所谓的明喻和隐喻之间，哪个表达方式更让我们在哲学上感到困惑呢？我认为是隐喻。为什么呢？就是这句话里并没有出现"像"这个字，所以，语言哲学家就需要问一个问题：听话人是怎么知道这是在打比方呢？

这可不是一个非常容易回答的问题。我敢打赌说，大多数人工智能专家就没想明白这个问题，因为目前主流人工智能系统对于语言的自动化处理方案是很难精确地识别隐喻的。那么，为何偏偏是隐喻——而不是明喻——给人工智能提出了一个难题呢？

其道理并不难想见。明喻里毕竟有"像""仿佛"之类的字眼。看到这些字眼，计算机就知道这是一个比喻了。但是，对于计算机系统来说，只要一个句子里面没出现"像""仿佛"这样的字眼，它就有可能被句子的字面意思所迷惑，而无法了解到说话人到底在说啥了。

我们举个例子：我在我的手机上装了某个牌子的软件——其实就是一个聊天机器人。我和这个机器人聊天就故意使用了隐喻。我这样问这个机器人："司马懿是一条老狐狸吗？"机器人的回应就让人感到很无语。"你很关心这种问题吗？要不要找其他专家聊聊？"这就是它的回应——可什么问题不能用这种话来搪塞呢？人工智能的"智能"又体现在哪里呢？很显然，这样的聊天机器人是无法通过图灵测验的（请参看本书第51节对于"图灵测验"的介绍）。

不过，读者可能马上会问：我们人类是如何理解隐喻的呢？

人类是如何理解隐喻的？

关于这个问题，一种最自然的解释是这样的：一个表达式之所以被视为隐喻，乃是因为对于它的字面解释会与解释者的其他背景知识产生矛盾。

再拿"司马懿是一条老狐狸"这句话来说事。如果你已经知道司马懿是一个政治家和军事家，而且你知道所有的政治家和军事家显然都是人（而不是狐狸），那么你就能立即推理出：如果有人说"司马懿是一条老狐狸"，十有八九他并不是真的说司马懿是一条老狐狸，而是说司马懿的某些性质与狐狸的某些性质比较接近。否则的话，你就必须要做出这样一个奇怪的承诺了：至少有一个政治家、军事家并非是人类，而是狐狸。

但是这样的一种对于隐喻的解读方案，有时候可能会碰到一些小困难。毛主席说过一句名言："革命不是请客吃饭"（出自《毛泽东选集》第一卷）——这句话是不是一句隐喻？我相信这的确是一句隐喻，即告诉你革命是带有暴力色彩的，它不是请客吃饭。但是，就这句话的字面意义而言，这句话的意思也对——革命当然不是请客吃饭啦！——换言之，按照这句子的字面意思去解读它，你也不会发现这个字面意思与其他语境信息会发生什么逻辑矛盾。所以，若仅仅根据"对于一个表达式的字面解读是否会与其他语境信息产生矛盾"这一点来判断相关的表达式是否是隐喻，恐怕就无法解释为何"革命不是请客吃饭"这句话也包含了隐喻。

不过，我觉得只要对前面的隐喻解读方案略做修改，它还是能解释为何"革命不是请客吃饭"这句话也包含了隐喻。这个修改就是：一个表达式之所以是隐喻，既可能是因为对于它的字面解读会与解释者的其他背景知识产生矛盾，也可能是因为对于它的字面解读会导致一句缺乏足够有用信息的废话。按照这个新的方案，"革命不是请客吃饭"当然就是隐喻，因为这句话的字面意思是一句废话，就像"睡觉不是吃饭"是毫无营养的废话一样。但毛主席怎么可能在一篇重要的政论文章中写一句废话呢？所以这话显然另有深意。所以，我们就必须将这句话识别为一个隐喻。

但问题是，即使是上面这个已经被我修订过的隐喻识别方案，也仅仅能够告诉我们一个句子是不是包含了隐喻，却不能够告诉我们这个隐喻所要表达的真实意思是什么。所以，这个方案还需要升级。

怎么升级呢？很简单，那就将喻体各自所具有的特征全部罗列出来，一个个与本体进行尝试性的联系，看看由此导致的新表达是否能够同时满足两个条件：第一，该新表达不是一句废话；第二，该新表达没有与我们已知的事情发生矛盾。如果这两个条件都被满足了，这个新表达就可以说是原来的隐喻所要表述的真正含义。举例来说，在"司马懿是一条老狐狸"这句话中，我们先将喻体"老狐狸"的特征全部罗列出来："皮毛是昂贵的""胎生""狡猾"，等等。然后，我们再将这些特征与"司马懿"这个本体进行连接，由此产生下列的表达式：

（甲）司马懿的毛皮是昂贵的。

（乙）司马懿是胎生的。

（丙）司马懿是狡猾的。

（甲）显然无法满足"非矛盾性"要求，因为我们都知道司马懿是人，而人是没有毛皮的，所以，"司马懿的毛皮是昂贵的"就与前述背景知识产生了矛盾。（乙）则无法满足"不说废话"这一要求，因为"司马懿是胎生的"是一句非常无聊的废话。看来看去，只有（丙），既能满足"非矛盾性"条件，也能满足"不说废话"条件。所以，"司马懿是一条老狐狸"的真实意思就是"司马懿很狡猾"。

人类理解隐喻的重要前提——语境

不过，上述理论还是有一个问题留待解决：假设我们按照前面的这个理论，把喻体的含义做了全面的梳理，并将其一一与本体相互联系，结果却发现：由此产生的表达式中，有一个以上的含义都能够满足"非矛盾性"条件与"不说废话"条件，这又该如何是好呢？其中的哪一个表达式，才表述出了相关隐喻的真实含义呢？

我现在就来举例说明这个困惑到底是啥意思。请看看这个句子："司马懿是一条鳟鱼"。首先可以肯定的是，这肯定是一个隐喻，因为司马懿显然是人，而非鱼，所以，对于这个句子的字面解读就会与"司马懿是人"这一条背景知识发生冲突了。而要消除这个冲突，我们就只能假定我们不能根据此句的字面意思去解读它。所以，它是一个隐喻。

但这句话的真实意思是什么呢？按照前文提出的思路，我们就将

"鳟鱼"的特征——"肉味鲜美的""卵生的""可以成为别人猎取的对象""机灵的"——一一分解出,然后再将其与"司马懿"进行连接,由此判断新的表达式是不是能够同时满足"非矛盾性"条件与"不说废话"条件。这些新的表达式有:

（丁）司马懿是肉味鲜美的。

（戊）司马懿是卵生的。

（己）司马懿是可以成为别人猎取的对象的。

（庚）司马懿是机灵的。

（丁）与（戊）显然违背了"非矛盾性"条件,因为作为人,司马懿既不能成为食物,更不可能是卵生的。但是,在（己）与（庚）之间,我们却会感到难以选择。这是因为,这两个句子既没有与我们的背景知识发生冲突,也没有说废话。然而,说话人究竟要表达这两层意思中的哪一层呢？

唯一的办法,就是向相关的表述语境寻求答案。也就是说,隐喻的解读者需要更仔细地查看上下文,以寻找相关的暗示。现在我们就假设出现"司马懿是一条鳟鱼"这句话的上下文语境是这样的:

"司马懿每次都能够死里逃生,从诸葛亮所布置的各式各样的阵型里面逃脱,他真是一条鳟鱼。"

联系这样一个上下文,你应当马上能够得出:"鳟鱼"的意思就是说司马懿像鱼一样滑溜、机灵,等等,因为"能够死里逃生"这一语境信息是与"机灵"的意思完美吻合的。因此,（庚）胜出。

由此我们也就更深刻地了解了:为何现在的人工智能难以处理隐喻。这是因为:计算机要了解一个词到底是不是隐喻,它就需要有一个庞大的背景知识做支撑——同时它又要有足够的计算资源,来应对目标语句和其上下文语境之间的复杂的语义连接。而且,计算机要做到这一切，首先就要有一个能够被程序化的关于隐喻的语言学模型做指导。但令人失望的是，目前的深度学习框架，已经使得命题式的语言学知识的储存变得困难重重，遑论对目标语句与背景知识或语境信息之间的语义关系进行精密的断定。更麻烦的是，目下的主流人工智能专家只喜欢讨论大数据，而对语言哲学与语言学的研究缺乏兴趣，这就使得他们的研究难以具有真正深刻的学理根基。

99. 人类译员怎样才能不被人工智能替代?

　　上一节所说的隐喻的问题,其实已经牵涉到了"翻译"这个话题,因为"如何理解隐喻"这一问题,实际上就可略等于"如何将包含隐喻的语句翻译为不包含隐喻的语句"这个问题。现在,延续着上节所开启的这个话题,我们再来正面讨论一下翻译问题。

　　翻译活动的重要性是毋庸置疑的。我们生活在一个多元文化的世界上,在很多场合中,我们都需要把一种语言翻译成另外一种语言。但是翻译背后的哲学问题,人们在日常生活中却很少认真思考过。

　　我必须要指出,现在对于翻译背后的哲学问题的思考,不仅仅具有学术价值,而且也具有很强的社会关怀。随着人工智能技术的发展,很多人都在四处鼓吹,说日后我们就不需要专业的翻译人才了,因为在不久的将来,用翻译软件就可以搞定所有的翻译工作——这个想法是否靠谱? 这就需要我们结合语言学和语言哲学的知识来认真思考。我本人是倾向于为这种技术乐观主义泼冷水的。我认为,目前的翻译软件,在根底上是很难克服下面的学理障碍的。

难点一：人工智能无法具有"言语行为"

很多人认为，要把翻译搞好，无非就是要掌握很大的外语的词汇量，另外，一定要精通外语的句法。不过，这话只说对了一半。母语也好，外语也罢，本质上就是一种工具——而既然是工具，它们就是用来解决生活中的一些问题的——如果一个译员不知道这些外语表达式是用来解决什么实际问题的，而只是通过书本了解到了它们的表面特征，那么，相关的翻译工作就不能成功。

下面我们就举一个例子。不少外国人在说话时有个口头禅："You know what I mean"。如果把这话逐字逐句翻译成汉语是什么意思？就是"你知道我到底想说的是啥"。但这样说实在太啰唆了。我们得反过来思考一下，外国朋友是在怎样的语境里面使用这话的。我们不妨脑补一下这个场景：一个记者去问一个政治家一个有点敏感的问题，政治家欲言又止，话说了一半，另外一半却不想说，这时候，被问者就会用这样的一句话来搪塞问者，这就是："You know what I mean"——意思就是说，你知道我到底意指的是啥，你就别再问了。用语言哲学的术语来说，这就叫"以言取效"，即用一句搪塞语来起到"阻止对方继续发问"的效果（请参看本书第 91 节对于"言语行为"的讨论）。大家只要理解了这一点，就不难设想出中国人在面对类似的语境时会说什么话。譬如，当我们中国人欲言又止的时候，会说啥？会说"你懂的"。这也就是说，"你懂的"就是对于"You know what I mean"的合适译法。

"你懂的"这句话的语法结构，自然要比"You know what I mean"这句英文原句简单多了。这就说明，翻译并不是字对字的翻译。译者要回到对象语言的使用者的生活语境里面去思考，想清楚他们是用怎样的相关语言工具去解决他们的问题的。然后，译者还需要想清楚：说元语言的人在生活中是不是会遇到类似的问题，而当他们遇到类似的问题的时候，他们又会用怎样的工具去解决这些问题？沿着这个思路，译者才能够找到比较合适的翻译方法。

——那么，目下的人工智能是否能够完成这种任务呢？答案是否定的。上面的翻译方案，已经预设翻译者自己是能够执行各式各样的言语行为的（如以言表意、以言行事、以言取效），等等——换言之，这样的人工智能体肯定就是能够具有广泛的行动能力的"通用人工智能体"。而目前主流的基于大数据的翻译软件则都是专用的人工智能程序，根本谈不上具备广泛的行动能力。这也就是说，这些软件要么只能根据对象语句的字面意思对其进行信息处理，要么只能根据历史上既有的翻译方案来邯郸学步，却根本缺乏自主设想语用场景，进行翻译创新的能力。

难点二：人工智能无法处理隐喻

翻译之难，还难在如何处理隐喻。为什么隐喻会给翻译带来麻烦？一方面当然是因为我们有时候需要动动脑子才能看出一个句子是个隐喻；另一方面更是因为不同的民族打比方的方式是有所不同的：一个民族打比方的方式，另外一个民族就可能会不理解。对于前面一个方面的麻烦，前节已经说得够多了，下面我就来举例说明第二个方面的问题。

我们知道，在我们中国人的文化里，"狗"的认知图式往往是某种"低贱的打手"之类的东西。所以，这个隐喻往往在骂人的话里出现，比如"狗眼看人低""狼心狗肺""狗嘴里吐不出象牙"，等等。但是，这些话若翻译成英文，英文里是不能带"狗"(dog)字的，因为英美人一想起"dog"，所立即泛起的认知图景就是"人类忠实的朋友"——故此，若在新的英文译文里出现为"dog"，此词所自带的正面意蕴就会与原句所要表达的负面意蕴产生了冲突（请参看本书第96节对于认知图式的讨论）。所以，当一名"汉译英"的译者面对"狗眼看人低"这样的汉语表达式时，就需要以同情的态度设想英美人的认知图景是什么，用他们听得懂的话来翻译对象语言表达式的意思。

但是，当下的机器翻译技术是很难做到这一点的。我不是说当下的机器翻译技术无法应对所有的隐喻表达式——实际上，这些技术是勉强能够应对"死隐喻"的，也就是那些已经被高度惯例化的，并且有固定搭配模式的隐喻。然而，对于那些尚未被高度惯例化，且翻译方案未有统一答案的隐喻来说，目下的机器翻译技术所提供的资源是有点捉襟见肘的——因为正如我前文所指出的，对于元语言与对象语言中相关表达式的认知图式的理解，需要的是一种在符号与符号所代表的感性对象之间搭桥的能力，而这种能力只有在通用人工智能技术的框架中才能完成——而目前主流的机器翻译技术都是专用人工智能技术。为了更鲜明地展现这些主流技术的局限，我在下表中就会向读者展现它们是怎么翻译上面提到的这些带"狗"的表达式的（同时，我也会给出人类译员所给出的参考答案）。请诸位看官看表-1时忍住别笑。

从下表中我们不难发现两点：（1）除了"百度翻译"对于"狼心狗肺"的英译还算马马虎虎之外，机器翻译所给出的几乎所有的答案都错了；（2）人类所给出的所有翻译方案，其实都是消除了隐喻色彩，而力求澄清原来的表达式可能给英美人士所带来的误会。很显然，这种变通的存在本身，就向我们暗示了人类译员所已经付出的脑力劳动

表—1　对于几个牵涉到"狗"的隐喻的机器翻译方案与人类翻译方案的比对

待译的汉语表达式	"百度翻译"的英译	"谷歌翻译"的英译	人类译员的英译	人类译员的英译的汉语回译
狗眼看人低	A dog's eye is low on a man's	Dog eye nurse low	act like a snob	像一个势利小人那样行事
狼心狗肺	be as cruel as a wolf	Wolf heart lung	Cruel and unscrupulous	残忍且无原则的
狗嘴里吐不出象牙	A dog can't spit out its ivory	A dog can't spit out its ivory	a filthy mouth can not utter decent language	一张肮脏的嘴，是无法说出体面的言辞的

之艰辛。基于上述观察，我想任何一个有常识的读者都不难做出这样的判断：目下主流的机器翻译程序，并不是很清楚它们所翻译的材料究竟是啥意思，而且，它们也完全不能思考——所以，它们也就无法在面对隐喻表达式时灵活做出真正意义上的变通。

难点三：人工智能无法形成认知图景

在提到人工智能无法应对隐喻这一点时，我已经提到了：这些翻译软件只能处理字符与字符之间的映射关系，而在此过程之中，它们是无法形成与隐喻相关的认知图景的。与之相比，当人类译员在听或者看外语的语句时，其脑海里就会浮现出相应的图景——他要先看到这幅图景是什么，才能琢磨出怎么用元语言把它说出来。

有人说这个"图景"到底是什么？我就举一个例子，日语有一个特点，主语可以变得很长。为什么主语可以变得很长？因为在日语当中，在主语和余下的部分之间有一个分隔的符号"は"（念"哇"），让听众一下子就知道哪里到哪里了。而说话人也知道这一点，所以，在构造主语的时候可以"肆无忌惮"地增加表达式的长度。

如果一个人要用日语的上述思维方式来说汉语，那就有意思了。比如，我用汉语说一个句子："小张早上起来，梳头梳得很慢，洗澡也洗得很慢，吃饭也吃得很慢，上学的路上吊儿郎当、左顾右盼，最后进了教室，还迟到了五分钟"。这个句子应该说是体现了很典型的中文思维。但如果用"增加主语长度"这样的日语思维方式来讲这个句子的话，就有意思了。你会说："起きてぐずぐずしていて、髪を梳く時の動作がとても遅く、そして学校に行く途中で左を見て右を見て、最後にまた5分遅刻してやっと教室に入ってきたあれはクラスメイトの張さんです。"——直译成汉语就是：那个早上起床磨磨蹭蹭的、梳头的时候动作非常迟缓的、还在上学的途中左看右看，最后又迟到了五分钟才走进教室的家伙，就是小张同学。

当然，我这样举例，多少也是有一点夸张的，真正的日本人说话，主语也不会这么长（除非是在喜剧作品里）——但尽管如此，下面这样的包含较长主语的表达式，在日语中依然是很常见的：

"サンフランシスコから帰ってきって、時差ぼけの状態で東京へ出張するある働きマンというなら、きっとあの本田さんでしょう。"（直译：那个从旧金山一回来，连时差都没倒就去东京出差的工作狂，想必就是本田先生吧！——意译：山田先生从旧金山一回来，连时差都没倒就出差去东京了，真是工作狂啊！）

看到这里，读者是不是看出一点端倪了呢？日语的主语尽管很长，但这主语里其实出现的不是专名，而是一堆摹状词（请参看本书第82节对于"专名"与"摹状词"的区分）——而专名往往是在谓述部分出现的。所以，英语与汉语句子的典型思维方式是"专名＋是＋

抽象描述"，而日语却可以容纳这样的思维方式："抽象描述＋は（主、谓分界词）＋专名＋是"（日语中的"是"是放在句末的）。这两种不同的语法结构，自然就带来了说不同语言的人的不同认知图景之间的巨大差异：汉语与英语的认知图景是：先确定一个被描述的对象，然后，像在挂钩上挂包包一样，将不同的抽象的谓述加上去；日语却时常允许如下思维方式的存在：抽象的描述词先行，让它们先构成一个语义的场所，最后才亮出底牌：原来上面说的这些，都是关于小张或者山田的。换言之，对于个体的强调，在日语中被缩减到最小限度了（从这个角度看，如果用日语来表达"疼痛"的语义的话，反而更能接近维特根斯坦试图将"疼痛"去人格化的哲学方案。请参看本书第 93 节的讨论）。也正因为如此，部分日语专家甚至认为日语中的"は"所分隔出来的前面的语法成分不是主语，而是所谓的"主题"（topic）——因为这些成分已经失去了别的语言中的主语所具有的基本功能：成为抽象的谓述的述说对象。顺便说一句，至少在我看来，日语的这种"祛对象化"的思维方式，就使得其自然成了一种非常适合用以表述"蕴相殊"理论的语言工具（请参看本书第 89 节的讨论）。

上述中日认知图景之间的巨大差异，当然就为"汉译日"与"日译汉"的工作带来了巨大的挑战。具体而言，当被翻译的文本是日语时，译者需要在脑海中先涌现出日本式的降低个体凸显度的认知图景，等到吃透这幅图景以后，再考虑如何适当凸显个体的重要性，将上述的认知图景顺化为中国人能够顺利"吞咽"的新认知图景。而从汉语到日语的反向操作也要遵循同样的道理。然而，我是非常担心机器是否能处理这个问题的。譬如，目前的"百度翻译"与"机器翻译"对于那个关于"本田先生"的日语语句的翻译方案，都是建立在错误的认知图景之上的（参看下表）。具体而言，日语的原句并没有提到条件句，但相关的翻译软件都给出了"如果"这个表达，由此将一副关于事实描述的认知图景给模态化了——另外一方面，"谷歌翻译"的翻译方案还画蛇添足地增加了"您"这个主语——这或许是因为日语中省略的主语往往是关于听话人或者说话人的——但这一点恰恰暴露出"谷歌翻译"无法根据当下语句所提供的语境信息，给出一幅正常的认知图景。

表—2　对于长主语日语语句的机器翻译方案与人类翻译方案之间的对比

待译的日语表达式	"百度翻译"的汉译	"谷歌翻译"的汉译	人类译员的直译	人类译员的意译
サンフランシスコから帰ってきって、時差ぼけの状態で東京へ出張するある働きマンというなら、きっとあの本田さんでしょう。	从旧金山回来，如果是一个时差昏昏沉沉去东京出差的工作人员的话，一定是那个本田先生吧。	如果您是从旧金山回来并时差飞到东京的工人，那么您可能就是本田先生。	那个从旧金山一回来，连时差都没倒就去东京出差的工作狂，想必就是本田先生吧！	山田先生从旧金山一回来，连时差都没倒就出差去东京了，真是工作狂啊！

本节的讨论所带给我们的启发

从本节的讨论中，我们可以得到两点结论：第一，机器翻译最怕的是超出其所熟悉的套路的新奇表达式：新奇的隐喻、新奇的主—谓结构、新奇的反讽，等等。这是为啥？这是因为目下的主流机器翻译技术都是依赖于大数据所提供的各种翻译套路的，"新奇"就是反套路，就等于要了当下机器翻译技术的老命。真是"天下武功，唯新不破"。

第二，机器翻译技术还怕复杂的长句子。为何？因为长句内部的子要素之间的关系，牵涉到了说话人内部认知图景的各要素之间的微妙关系。你要将长句子捋清楚，就需要一个内感知意义上的可视化中介，以便展现对象语句所展示出来的那个微观世界是咋样的。然而，计算机是无法形成这样的一个内感知意义上的可视化中介的，遑论让这样的中介成为语言组织的参照系。计算机只能做非常抽象的句法分析，由此把一个复杂的句子平推到另外一种语言当中同样复杂的结构上，却无法根据其所看到的事实的图景，在句法层面上做大胆的修正。

讲到这里，我们就可以思考一下本节的标题所提出的问题了：机器翻译是否能够打败人类翻译呢？我认为，除非今天的机器翻译技术发生了朝向通用人工智能技术的革命化演进，上述问题的答案应当是否定的。不幸的是，今天的机器翻译技术依然是非常愚蠢的，或者说，是一种"人工愚蠢"，而不是"人工智能"——因此，即使上面所说的这种革命化的演进真的幸运地发生了，其过程也将是非常漫长的。

——不过，在写下上面这段文字之后，一种新的忧虑就立即涌上了我的心头：我不怕人工智能变得越来越智能，我担心的是人类自己变得越来越愚蠢。前面刚说了，人类打败机器的两个法宝，第一是思维的创新性，第二乃是思维的复杂与严密性——但目下的时代，却恰恰是一个贬低厚重文化、思维日趋肤浅的"小时代"。换言之，如果从现在开始，人类的词汇量越来越贫乏，越来越不能从伟大的文化传统中汲取文化营养，以至于大家都丧失了根据自己的新鲜经验创造新的语言表达式的能力，一张口就说那些缺乏真正感悟的"口水话"，那么，我们的思维套路就会被机器一一掌握，我们就会成为机器的瓮中之鳖，我们的人性与独特性都会被机器的机械性所压倒。而且，就目下的形势来看，上述这种担忧未必就是杞人忧天。不过，如果这一切真的不幸发生了，这本身就是对于人类技术史的一个巨大讽刺：人类的智慧之所以被机器所赶超，并不是因为机器变成了人，而是因为人变成了机器。

结语　感谢你，还保持着追求理想的初心

总算到了本书的最后一节了。在这最后一节中，我要对当今整个世界哲学的发展趋势做出总的点评。这当然也包含了我对于某些流派的一些私见，若有所偏颇，请诸位看官指正。

做哲学的两个路子及其利弊

总体上来说，在世界范围内做哲学有两个路子：一个是欧陆哲学；另外一个是英美分析哲学。

欧陆哲学的一个基本想法是：哲学的研究或学习应该以经典研读为主。你要读柏拉图，要读亚里士多德，要读康德，要读黑格尔，要读海德格尔……通过对于这些大哲学家的文本的熟悉，进入到欧洲思想史的脉络谱系之中，熟悉他们说的那些哲学术语、哲学典故、哲学桥段，并一一内化之——这样，你的哲学也就会越学越好。考试的时候，也主要是看学生是不是熟悉历史上那些重要的哲学文本中的思想。

英美分析哲学不是这样一个思维方式——它基本上是聚焦于哲学问题，然后通过论证的方式把哲学问题加以澄清。若不同的人有不同的观点，咋办？不要紧，我们可以通过辩与驳的方式，让真理越辩越明。

经过了前面 99 讲，大家可能都会发现，这本书总体上的思维路数是比较接近于英美分析哲学的。咱们是以问题为中心，兼顾哲学史上的那些桥段，以问题带历史，而不是以历史来牵扯问题。但是在本书最后，我必须得说一些更具平衡性的话了。我认为，现在的英美分析哲学的教学与研究也面临一些比较大的问题，因此也需要动大手术，进行大改革。他们面临的问题是什么？就是他们的哲学有点"用不上"了。凭什么这么说呢？因为现在很多主流的英美分析哲学的学习和训练方法，是高度脱离现实生活的。不少业内人士都以为学习英美分析哲学的方法，就是要好好掌握逻辑，掌握一些直觉，掌握一些非常粗浅的常识，常识加上逻辑推理就是哲学的全部了。但这样想是有问题的。

先来说逻辑这一块。在第一章我说过了，道理要分三层来讲，第一层是逻辑之理，第二层是语义之理，第三层是经验之理。逻辑之理虽然靠谱性最高，但它的有用性往往是最成问题的。比如你一天到晚就说"P 与非 P 两个之间必有一真"，这话绝对靠谱，但你觉得这话有用吗？

譬如，我们日常特别关心的问题是：这次考大学有没有希望考上？我追的那个女孩子有没有可能给我一个积极的反馈？这些问题都不是逻辑能够预测出来的——这就需要靠一些常识，靠一些情报，需要你对这个世界本身有所了解，需要语义之理与经验之理的辅佐。虽然语义之理与经验之理未必完全靠谱，但是它们有用！很有用！

过于强调逻辑的另外一个问题就是：逻辑往往非黑即白——这个

命题要么就是真的，要么就是假的。但是对于未发生之事，我们往往是采取一种概率的、或然的态度——比如，明天到底下雨不下雨，这是一件只能通过概然性来加以把握的事情，你是没办法非黑即白地把握的。然而，人类生活的本相，难道不正是充满了这种种的不确定性吗？所以只强调逻辑，是会使得我们无法正确面对人类生活的很大一个板块的。

另外，学院派分析哲学家所说的"常识"，我觉得也是需要细致分析的。常识当然很重要，但常识本身也不是铁板一块的，是分三六九等的。比如，一个国际事务专家所说的国际常识，对国际事务毫无兴趣的一个市井小民来说，有可能就是非常难懂的事情（我本人就在课堂上问过学生：有几个人听说过安哥拉内战？结果几乎无人回答——而对于我个人而言，这是我的常识）。

哲学家要提高自己的常识感，主要不是靠读哲学论文，而是要通过阅读很多非哲学性质的书籍，比如地理、气象、自然科学，尤其是历史、文学方面的书籍，来拓展自己的眼界。老看哲学论文，讨论一些空对空的问题，你怎么能培养正常的常识感呢？

这里就暴露了英美分析哲学在教学与研究上的一个大短板：英美分析哲学主张要讲论证，把问题讲清楚，这点我是举双手赞成。但是讲论证、把问题讲清楚的前提是：你要对这个世界有一个健康的背景知识。这个背景知识不是从天上掉下来的，而是要通过你与这个世界的亲密接触，通过你人生阅历的反复积累，才能慢慢获取的。

我在这里就说一句"自黑"的话：我自己就是搞哲学的，但是大家也不要把我们这帮人太当回事。为什么呢？因为搞哲学的人，他们的人生道路就是从学院走到学院（譬如大哲学家康德，一辈子没有走出家乡柯尼斯堡），日常生活的经历相对来说是比较少的，所以就常识感而言，他们未必就是人中翘楚。

——有人或许就要反问：难道一个人就一定要经历过大起大落，尝尽人生百态，才能获得丰富的人生阅历吗？这成本是不是太高一点了呢？

——还是存在着成本较小的获取人生经验的路径的！这路径刚才也提到过了，就是广泛的阅读！要阅读人类经验的方方面面，由此增加你的自然科学素养、审美力、人性洞察力、历史格局感与语文组织水平。这些知识积淀能够使得你在进行推理的时候，能够立即看出自己应该把自己的探索力量放到哪一个方向上去——就像一个老侦探一看案发现场，略加思索之后，就能够判断出未来的侦察方向到底是什么。

刚才，我已经提到了"格局感"这三个字。下面我就来详解这个词组的意思。

哲学学习不仅仅是论证加上常识，还需要格局感的培养

宏观意义上的人文教育的根本目的是什么？我觉得是为了培养大家的格局感。"格局感"到底是什么意思呢？我从一个简单的例子开始说。

有的读者或许会说了：我就是一个做工程的，我做的就是某个大器件上的一个小零件，对于我来说，格局感有什么用呢？我认为，格局感对你依然是有用的。你大致要知道你做的这个零件要用到什么东西上面去。如果你做的这个零件只是用到一个抽水马桶上面去，你就没有必要拿出做火箭零件的那个精、气、神了，因为这是浪费资源。当然，我不是说抽水马桶上的零件就可以粗制滥造了，但是此类零件所要求的精密度，要比火箭上用的零件所要求的精密度低上得多，所

以你可以根据具体的需要来恰当地控制你投入的资源。

日常生活中的很多人都缺乏这样的格局感，有些人就是对那些对他说话有点刺头的朋友非常不宽容，却对实际上对他构成威胁的敌人报以微笑。这些人没有办法透过重重伪装，看到每个人在社会中实际所处的生态位，由此深刻地理解到，到底谁是他的朋友，谁是他的敌人。

对于现代人来说，缺乏格局感可能是一个重大的能力缺陷。

我们生活的时代可和中世纪不太一样。如果你生活在欧洲的中世纪，且生来就是一个农奴的话，有没有格局感倒对你的生活影响不是特别大。为什么呢？因为农奴本身也不需要知道太多的事情，很多事情都是贵族老爷决定的。但现代社会就不一样了，我们所有人都需要在自己的人生中面临重大的人生选择——你如果选对了就能往上走一步，如果选错的话就得往下走一步了。所以，我们就非常需要格局感来判断哪些信息是真实的，哪些信息是虚假的。

我们和中世纪不同的另外一个地方，就是我们的信息获取媒介也不一样。如果你是一个中世纪的农奴的话，你获取的信息十有八九就是来自其他的农奴，或者是贵族老爷。你的信息量也就这么一点了，你也没有什么太多选择的机会。今天可不一样了：互联网上各种消息满天飞，有时候，同样一个故事的讲述版本却有五六个之多，你到底信哪一个才好呢？

而对这些芜杂的信息加以甄别的过程，也需要格局感的协助。譬如，只要有一定的生活阅历，你就会发现，有一些信息肯定是不能信的，比如"天上掉馅饼"这种事基本上都是忽悠你：很多免费的许诺背后，其实都有一把明晃晃的割韭菜的刀。其实在英语中，也有一句谚语以对应中国人的这个生活智慧："There is no free lunch"——天下没有免费的午餐。

再举一个例子：就拿我来说，我的格局感就决定了我对于自己的学术水平的估计到底是怎样的。这样的评估必须是尽量客观的，而不能肆意自我膨胀。如果哪一天我突然接到一个国际上很著名的猎头公司的一封信，说某一个非常著名的科研机构看中我了，要我到他那里去，给我高薪，希望进一步洽谈，我想我也不会轻易相信的。我对自己是何德何能、大致处在什么水平上，是有一个大方向上的认识的。基于这些认识，我知道：平白无故送来的馅饼，后面大概率会有陷阱的。

德性在逻辑论证中所起的作用

我还想要特别强调德性在逻辑论证中所起的作用，因为根据我自己的生活经验，我越来越发现很多人不讲逻辑不仅仅是智力的问题，而且也可能是个道德的问题。

前几年在互联网上疯传一个段子，有媒体采访了一个中国的学生，问他对美国的看法。受访者说美国是一个非常霸道的国家，非常讨厌美国。但媒体马上问他接下来的人生打算，他立即说要去美国留学，而且毕业后要尽量留在美国。你看，这不是自相矛盾吗？

我后来想来想去，这位老弟的智商没问题，否则他是没法考过托福与雅思的。他的问题是：在道德上不诚实，不愿意为自己的话负责。

请注意，逻辑上的一个很重要的要求叫融贯，融贯就是"丁是丁、卯是卯"，你如果发现自己的两句话彼此之间有冲突，你就得停下来想一想，删掉其中的一句话，以使得整个系统保持稳定。但有些人他就是不去删掉自己的话，为什么呢？因为他不是一个在道德上负责的人，他根本就不在乎他说的话会对别人有什么影响。换言之，他在此刻说这样一句话宣泄了这种感情，在彼刻说另外一句话宣泄了另外一种感情，反正就是随着感觉走，怎么开心怎么说。尽管这种人在专业领域内可能还是讲逻辑的，但是，他们不愿意把对于逻辑融贯性的要求贯彻到自己的日常言行当中去，因为这样的人生对他们自己来说，显得比较任性。而这种只顾自己爽，而不顾他人感受的做法，可能就是德性衰败的一个征兆。

与语言腐败做斗争

另外，在当今的世界，还有一个与德性衰败相对应的现象也出现了，这就是"语言腐败"——换言之，我们所使用的语词均成体系地指涉与其本意不一样的意思——因此，不是一两个词在指鹿为马，而是一堆词都指鹿为马。就拿"反歧视"一词来说吧：反歧视当然是好事，但在今天的美国，很多真正的歧视行为恰恰就是以"反歧视"的名义进行的。譬如，很多华裔学生明明成绩完全够格，却常常由于"要照顾某些少数族裔"的名义而被排斥在某些高等学校热门专业的录取范围之外，好像华裔在美国不是少数族裔似的。"言论自由"也是这样：你可以在美国的媒体上大胆地说"华盛顿总统也是罪孽深重的，因为他也蓄养了黑奴"——你的确有足够的"言论自由"去说这样的话。但是，恐怕你就没有充分的"言论自由"去说这样的话了："华盛顿总统未能解放黑奴固然是事实，但是，我们不能用今天的道德标准去要求伟大的先人去做我们今天所做之事。"这样的话，你恐怕就更不能说了："黑命固然攸关，但只要是人命，难道都不攸关吗？亚裔的命难道不是命吗？"我还记得，里根总统在世的时候，曾经以反讽的口吻，提到过当时的苏联人民与美国人民同时享受到了能够批评里根的言论自由——但是他是不是意识到了：能够毫无畏惧地赞扬自己的总统或者前总统，也是一种言论自由呢？当然，我承认，在里根时代，美国人民尚且还享受着能够大声表扬里根的自由。然而，今天美国的公共舆论环境，已经不是一个能够允许人民自由地赞扬某位或者某些前总统的环境了——但这样的一种言论环境，却依然被有些人说成是"自由的灯塔"。这若不是语言的腐败，又是什么呢？

哲学的任务之一，便是厘清语词的含义，以便能够让世界与语言的本相得到尊重。因此，哲学的任务本身就应该是与语言腐败的广泛存在格格不入的。而就与语言腐败做斗争这项任务而言，我认为现在欧陆哲学和英美分析哲学做得都不太好。欧陆哲学研究者的大量精力都被用来讨论经典文本，却没有像那些经典文本的创造者那样来直接面对社会生活本身；英美分析哲学则是把大量的精力消耗到对于那些学院化的论文的细节打磨上去了，由此也丧失了与日常世界的血肉联系。

除了哲学之外，与语言腐败做斗争的任务，本来也可以交给严肃文学来做。但是，随着各式各样的网络自媒体的兴起，严肃文学的阵地日益缩小，而各式各样的以"娱乐至死"为目的的短视频和肤浅的网络小说却占据了公众的注意力，并在一种间接的意义上成为语言腐败的帮凶。此外，随着大数据技术的横行，以资本逐利为目的的信息传播手段日益占据主流，而那些能够帮助大家认识个世界真正格局的声音则越来越被边缘化——因为这样的声音不是资本所偏好的。

然而，我还是希望大家保持着一颗追求理想与真理的初心。同时，我也非常感谢大家，能够在这样一个纷繁扰乱的俗世中，保持着这样的一颗初心，坚持读完这本小书。愿在剔除语言腐败、追求真理的道路上，你我能一路同行。

再次感谢大家。

附录　对进一步学习哲学的阅读建议

　　很多哲学圈子外的朋友都喜欢问我：要从零基础学习哲学，该读啥书？其实，这问题挺让我为难的，因为所谓的"零基础"，其实是一个非常含糊的词。哲学的本质乃是对于人类的知识体系的整体架构的反思，因此，任何哲学的学习者，都需要了解人类知识的大致情况——否则，你的反思就会失去反思的对象。而说到哲学之外的知识积累，谁又能说自己纯粹是"零基础"呢？严格地说，这方面的基础应当是因人而异吧。

　　——而且，即使是基础比较差的学生，也能通过后天学习夯实基础。记得一位来自俄罗斯的哲学求学者就曾问过黑格尔：我要做您的学生，您看我从哪本哲学书开始读比较好？黑格尔反问他：阁下懂拉丁文吗？懂希腊文吗？数学基础如何？物理学又懂多少？那求学者脸一红，回道："我不懂古代语言，科学方面也是半科盲，但我就是爱好哲学。"黑格尔笑道："那你还是先把这些基础课补上吧！学分都拿到了，再来找我学哲学。"没想到那俄国学生还真按照黑格尔的话去做了，终于有所成就。

上面这段典故告诉了我们啥？哲学的基础不在哲学，而在于别的。就拿语言功底来说，今天学习像希腊语、拉丁语这样的古代欧洲语言，已经不像黑格尔时代那么必要了——但是要读哲学文献，外语最好还是要好一点，英文至少要过阅读关。然而，根据我的教学经历所积累的观感，现在很多学生母语都写不利索，句子一长就有语病，别说写外语句子了。这叫我们哲学教师该咋办呢？让我们哲学教师去兼职干语文与英文老师的活，恐怕有点勉为其难吧！毕竟教学工作也是有分工的。

不过，如果你语文好、英文好、理科也好，那么，学习哲学的难度就会比较小——毕竟哲学的很多分支，都是预设了相关的经验科学知识的。本书的五个章节，其实就分别牵涉到了如下经验科学门类：第一章显然牵涉到了逻辑学，第二章则牵涉到了心理学，第三章牵涉到了人工智能与神经科学，第五章部分牵涉到了语言学。至于第四章对于知识论问题的讨论，其所牵涉到的特定学科知识固然比较少，但也至少牵涉到了一个正常人所应当具备的社会常识。所以，我下面所给出的阅读建议，也将根据本书相关的章节分类与其所牵涉到的具体经验科学知识来展开。

第一，关于逻辑学方面的图书阅读建议：其实，最近几年从国外引入的以"批判性思维"为名目的书籍很多，在这里我不想做特别的推荐。大家可以从"当当网"上去自己搜索，然后根据"豆瓣"评分，从中遴选出比较靠谱的那些书。只是要注意：黑格尔的著作《逻辑学》可不是我们这里所说的"逻辑学"，而是形而上学著作。黑格尔是我个人很崇敬的哲学家，但他的书绝对不向初学者推荐——因为他说话太绕。

第二，关于认知心理学与其相关的哲学问题的图书阅读建议：这几年西方的认知心理学教材大量被引入中国，但其中的大多数都是给心理学专业的学生与教师准备的。如果想仅仅通过一本书获得相关领域的印象的话，我推荐美国学者平克的《心智探奇——人类心智的起源与进化》（浙江人民出版社，2016 年）。其实我也写过一本关于认知偏见的书，题目叫《认知成见》（复旦大学出版社 2013 年）——但目前这本书已经不太好找了。

第三，关于心灵哲学方面的图书阅读建议：我建议大家看看塞尔写的《心灵导论》（上海人民出版社 2019 年）。这本书是我翻译的。塞尔的文笔很通俗，但思想却不肤浅，他的书很值得入手。

第四，关于知识论方面的图书阅读建议：很遗憾，我没找到一本内容既可靠，同时对初学者来说文笔也足够友好的相关中文图书。如果你觉得你不怕阅读那些缠人的翻译强汉语句子的话，我向你推荐蒂莫西·威廉森等主编的《知识论当代论争（第二版）》（上海译文出版社 2020 年）。不过，强烈建议英文基础好的读者找一本英文原版，与中文译文一起比对着读。

第五，关于语言哲学方面的图书阅读建议：在这里我向大家推荐日本学者服部裕幸的《语言哲学入门》（商务印书馆 2020 年出版）。篇幅不长，该提到的都提到了。

第六，本书的内容大量涉及人工智能哲学方面的知识。关于这方面的阅读建议：希望读者能够关注一下我的新著《人工智能哲学十五讲》（北京大学出版社 2021 年）。如果你有更多的时间的话，请阅读我的《心智、语言和机器——维特根斯坦哲学与人工智能科学的对话（修订版）》（人民出版社 2021 年）。

除此之外，如果有读者想读一本篇幅不长，但内容却比较有趣的纵览各种哲学问题的哲学入门书的话，我向你们推荐日本学者大森庄藏的《流动与沉淀——哲学断章》（北京大学 2011 年）。大森是本书所介绍的维特根斯坦的思想在日本的最重要的传播人。

最后需要提到的是，经典文学作品中的心理描写与人物对话，也有很多体现了认知理论和语言哲学理论（特别是言语行为理论），可以为阅读者提供不同的人称视角。读者可以通过阅读例如，简·奥斯汀的小说《傲慢与偏见》，陀思妥耶夫斯基的小说《卡拉马佐夫兄弟》，和钱锺书的小说《围城》等作品，来增加认知和语言方面的能力。

图书在版编目（CIP）数据

用得上的哲学：破解日常难题的 99 种思考方法 / 徐英瑾著 .
-- 上海：上海三联书店 , 2021.6

ISBN 978-7-5426-7414-2

Ⅰ . ①用… Ⅱ . ①徐… Ⅲ . ①思维方法—通俗读物
Ⅳ . ① B08-49

中国版本图书馆 CIP 数据核字 (2021) 第 076086 号

用得上的哲学
破解日常难题的99种思考方法

徐英瑾 著

责任编辑 / 宋寅悦
特约编辑 / 刘　畅
装帧设计 / 艾　藤
内文制作 / 陈基胜
责任校对 / 张大伟
责任印制 / 姚　军

出版发行 / 上海三联书店
　　　　　（200030）上海市漕溪北路331号A座6楼
邮购电话 / 021-22895540
印　　刷 / 山东韵杰文化科技有限公司

版　　次 / 2021 年 6 月第 1 版
印　　次 / 2021 年 6 月第 1 次印刷
开　　本 / 1230mm×880mm　1/32
字　　数 / 450千字
印　　张 / 17.25
书　　号 / ISBN 978-7-5426-7414-2/B・733
定　　价 / 88.00元

如发现印装质量问题，影响阅读，请与印刷厂联系：0533-8510898